千金镇
钟管镇
新市镇
干山镇
士林镇
下舍镇
高桥镇
勾里镇
徐家庄镇
雷甸镇
塘栖镇
南双林
新联
审塘
金城
东马干
西马干
泉庆
沈家墩
曲溪
东舍墩
北代舍
东驿达
谷门
向城
梅林
城西
白彪
宋市
子思桥
韶村
加元
丰年
后畢
勇兴
栎林
水北
玉公郎
舍渭
茅山
干村
葛山
东干
新塘
舍北
陈家圩
西庙桥
水产
三来
茅林
油车
新桥
安全
下舍
孙家桥
夏家
东溪
湖墩
米世
舍西
双溪
舍东
勾里
红丰
栖丰
木桥头
杨家坝
钱塘
解放
舍南
百富抖
西港
雷甸
新利
和平
龙光桥
长子
长春
姚家坝
邵家坝
五杭
圣塘河
杨墩
光辉
姚家埭
泉漳
金家墩
酒店埭
土山坝
龙安
高桥
金火
鼯头
东衡
千山
下塘
戈亭
泉心
泉益
星火
U0671409

本书的出版得到

国家重点文物保护专项补助经费资助

德清亭子桥

——战国原始瓷窑址发掘报告

浙江省文物考古研究所
德清县博物馆 编著

文物出版社

北京·2011

封面设计：张希广

责任印制：陈　杰

责任编辑：谷　原

图书在版编目（CIP）数据

德清亭子桥：战国原始瓷窑址发掘报告/浙江省文物考古研
究所，德清县博物馆编著. —北京：文物出版社，2011.7
ISBN 978-7-5010-3216-7

Ⅰ.①德…　Ⅱ.①浙…　②德…　Ⅲ.①瓷窑遗址－发掘报
告－德清县－战国时代　Ⅳ.①K878.55

中国版本图书馆CIP数据核字（2011）第140434号

德 清 亭 子 桥

战国原始瓷窑址发掘报告

浙江省文物考古研究所
德 清 县 博 物 馆　编著

*

文物出版社出版发行

（北京东直门内北小街2号楼）

http://www.wenwu.com

E–mail: web@wenwu.com

北京盛天行健印刷有限公司印刷

新 华 书 店 经 销

889×1194　1/16　印张：24.25　插页：2

2011年7月第1版　2011年7月第1次印刷

ISBN 978-7-5010-3216-7　定价：360.00元

DEQING TINGZIQIAO

Report on an Proto-porcelain Kiln Site of the Warring-States Period

(With an English Abstract)

by

Zhejiang Provincial Institute of Cultural Relics and Archaeology

Deqing County Museum

Cultural Relics Press

Beijing · 2011

目　录

第一章　概　述 1

　　第一节　历史沿革与地理环境 1

　　　　一　历史沿革 1

　　　　二　地理环境 1

　　第二节　历年来的考古调查、发掘与研究 4

　　第三节　发掘的起因、方法与室内整理 7

　　　　一　发掘起因 7

　　　　二　发掘方法 7

　　　　三　室内整理 8

第二章　地层堆积 9

　　第一节　探方分布及地层堆积 9

　　第二节　典型地层介绍 11

第三章　遗　迹 14

　　第一节　综　述 14

　　第二节　分　述 15

　　　　一　北处遗迹：Y3、Y4、Y5 15

　　　　二　中处遗迹：Y1、Y2 19

　　　　三　南处遗迹：Y6、Y7 25

第四章　出土遗物 28

　　第一节　原始瓷器 28

　　　　一　综述 28

　　　　　　（一）器形种类 28

　　　　　　（二）胎釉特征 28

　　　　　　（三）成型工艺 29

　　　　　　（四）装烧方法 29

（五）装饰艺术 32

　　二　分述 34

　　　　（一）仿铜礼器 34

　　　　（二）仿铜乐器 92

　　　　（三）生活日用器 104

　　　　（四）Y1、Y2窑床底部残留器物 121

　第二节　印纹硬陶器 125

　第三节　窑　具 126

　　一　支垫具 127

　　二　孔塞 136

第五章　认识与讨论 137

　第一节　窑址年代分析 137

　第二节　发掘的主要收获与意义 143

　第三节　窑址性质探讨 148

　第四节　关于从窑尾装窑出窑的分析判断 151

　第五节　三处窑炉遗迹的先后关系 153

　第六节　部分器物的用途与定名 154

附录一　德清亭子桥窑址出土原始瓷的科技研究 156

附录二　德清亭子桥窑址出土原始瓷的核分析研究 169

后　记 204

英文提要 206

插图目录

图一　德清县地理位置示意图 ……………………………………………………………… 1

图二　亭子桥窑址地理位置示意图 ………………………………………………………… 2

图三　亭子桥窑址地理环境图 …………………………………………………………… 插页

图四　亭子桥窑址发掘区地形图 …………………………………………………………… 3

图五　亭子桥窑址探方及遗迹分布图 ……………………………………………………… 10

图六　亭子桥窑址总平面图 ……………………………………………………………… 插页

图七　窑址地层剖面图 …………………………………………………………………… 12

图八　北处窑炉遗迹Y3、Y4、Y5平剖面图 ……………………………………………… 16

图九　Y5平剖面图 ………………………………………………………………………… 17

图一〇　Y4平剖面图 ……………………………………………………………………… 18

图一一　Y3平剖面图 ……………………………………………………………………… 19

图一二　中处窑炉遗迹Y1、Y2平剖面图 ………………………………………………… 20

图一三　Y2平剖面图 ……………………………………………………………………… 22

图一四　Y1平剖面图 ……………………………………………………………………… 24

图一五　南处遗迹Y6、Y7平剖面图 ……………………………………………………… 25

图一六　Y7平剖面图 ……………………………………………………………………… 26

图一七　Y6平剖面图 ……………………………………………………………………… 26

图一八　Aa型罐 …………………………………………………………………………… 35

图一九　Aa型罐 …………………………………………………………………………… 36

图二〇　Aa型罐 …………………………………………………………………………… 37

图二一　Ab型罐 …………………………………………………………………………… 38

图二二　Ab型罐 …………………………………………………………………………… 39

图二三　Ab型罐 …………………………………………………………………………… 40

图二四　Ab型罐 …………………………………………………………………………… 41

图二五　Ac型罐 …………………………………………………………………………… 42

图二六　B型罐 …………………………………………………………………………… 42

图二七　B型罐 …………………………………………………………………………… 43

图二八　B型罐 …………………………………………………………………………… 44

图二九　B型罐 …………………………………………………………………………… 45

图三〇　C型罐 46

图三一　C型罐 47

图三二　D型罐 48

图三三　E型罐 49

图三四　F型罐 50

图三五　G型罐 51

图三六　其他罐 51

图三七　瓿 52

图三八　瓿 53

图三九　A型盆 54

图四〇　A型盆 55

图四一　Ba型盆 56

图四二　Bb型盆 57

图四三　C型盆 58

图四四　D型盆 58

图四五　E型盆 59

图四六　A型鉴 59

图四七　B型鉴 60

图四八　B型鉴 61

图四九　Aa型、Ab型盘 62

图五〇　B型盘 63

图五一　C型盘 63

图五二　A型钵 64

图五三　B型钵 65

图五四　C型钵 65

图五五　D型钵 66

图五六　A型盒 67

图五七　B型、C型盒 68

图五八　D型盒 69

图五九　A型、B型、C型鼎 70

图六〇　匜 71

图六一　匜 72

图六二　尊 73

图六三　镂孔长颈瓶 75

图六四　镂孔长颈瓶 77

图六五　镂孔长颈瓶 78

图六六　镂孔长颈瓶 ……………………………………………………… 79

图六七　提梁盉 …………………………………………………………… 80

图六八　提梁壶 …………………………………………………………… 80

图六九　钫盖 ……………………………………………………………… 81

图七〇　镇 ………………………………………………………………… 82

图七一　豆 ………………………………………………………………… 82

图七二　A型、B型、C型小豆 ………………………………………… 83

图七三　Aa型器盖 ……………………………………………………… 84

图七四　Ab型、Ac型器盖 ……………………………………………… 85

图七五　Ba型器盖 ……………………………………………………… 86

图七六　Bb型器盖 ……………………………………………………… 86

图七七　Bc型器盖 ……………………………………………………… 87

图七八　Bd型器盖 ……………………………………………………… 87

图七九　Be型器盖 ……………………………………………………… 87

图八〇　C型器盖 ………………………………………………………… 88

图八一　D型器盖 ………………………………………………………… 89

图八二　其他不明器形器物残片 ………………………………………… 91

图八三　甬钟 ……………………………………………………………… 93

图八四　甬钟 ……………………………………………………………… 94

图八五　A型、B型錞于 ………………………………………………… 95

图八六　句鑃 ……………………………………………………………… 96

图八七　句鑃 ……………………………………………………………… 97

图八八　鼓座 ……………………………………………………………… 99

图八九　鼓座 ……………………………………………………………… 100

图九〇　鼓座 ……………………………………………………………… 101

图九一　鼓座 ……………………………………………………………… 102

图九二　鼓座 ……………………………………………………………… 103

图九三　缶 ………………………………………………………………… 103

图九四　Aa型、Ab型碗 ………………………………………………… 105

图九五　Ba型碗 ………………………………………………………… 106

图九六　Bb型碗 ………………………………………………………… 107

图九七　Bc型碗 ………………………………………………………… 108

图九八　Bc型碗 ………………………………………………………… 109

图九九　Ca型、Cb型碗 ………………………………………………… 110

图一〇〇　Cc型、Cd型碗 ……………………………………………… 111

图一〇一　A型杯 ………………………………………………………… 112

图一〇二　　B型、C型杯 113

图一〇三　　大杯 114

图一〇四　　A型、B型、C型盅 115

图一〇五　　碟 116

图一〇六　　A型、B型、C型盂 117

图一〇七　　A型、B型盏 118

图一〇八　　A型小罐 120

图一〇九　　B型、C型小罐 121

图一一〇　　Y1底部残留器物 122

图一一一　　Y2底部残留器物 124

图一一二　　印纹硬陶瓮、坛 125

图一一三　　印纹硬陶罐、盆 126

图一一四　　Aa型支垫具 127

图一一五　　Ab型支垫具 128

图一一六　　Ba型、Bb型支垫具 129

图一一七　　Ca型、Cb型支垫具 130

图一一八　　Da型支垫具 131

图一一九　　Db型、Ea型、Eb型支垫具 132

图一二〇　　Fa型支垫具 133

图一二一　　Fa型支垫具 134

图一二二　　Fb型、G型支垫具 135

图一二三　　H型支垫具 135

图一二四　　孔塞 136

彩版目录

彩版一　窑址发掘前远景及发掘现场

彩版二　窑址废品堆积层

彩版三　T303西壁废品堆积层

彩版四　T303、T304北壁地层堆积

彩版五　遗迹全景

彩版六　窑壁坍塌块上的草筋痕迹及竹木条痕迹

彩版七　Y3、Y4、Y5叠压打破关系

彩版八　Y3火膛和Y4窑床残部

彩版九　Y1、Y2叠压关系

彩版一〇　Y1、Y2叠压关系及Y2全景

彩版一一　Y2窑顶坍塌层

彩版一二　Y2窑顶坍塌层与窑底解剖

彩版一三　Y2火膛及窑床上遗留的原始瓷残器

彩版一四　Y2两侧窑壁

彩版一五　Y2南侧壁内面竹木条印痕

彩版一六　Y2后壁

彩版一七　Y1底部残留器物

彩版一八　Y6、Y7叠压打破关系

彩版一九　Y6火膛

彩版二〇　句鑃T201⑤∶4与支垫具T202④∶1装烧方法示意

彩版二一　叠烧标本

彩版二二　叠烧标本

彩版二三　叠烧标本

彩版二四　叠烧标本

彩版二五　A型铺首

彩版二六　A型、B型、C型、D型铺首

彩版二七　E型、F型铺首

彩版二八　F型、G型铺首

彩版二九　填彩与刻划符号标本

彩版三〇　　Aa型罐

彩版三一　　Aa型罐

彩版三二　　Aa型罐

彩版三三　　Ab型罐

彩版三四　　Ab型罐

彩版三五　　Ab型罐

彩版三六　　Ac型罐T304③：8

彩版三七　　B型罐

彩版三八　　B型罐

彩版三九　　B型罐

彩版四〇　　B型罐

彩版四一　　B型罐

彩版四二　　C型罐

彩版四三　　C型罐

彩版四四　　C型罐

彩版四五　　D型罐

彩版四六　　E型罐

彩版四七　　F型罐

彩版四八　　G型及其他罐

彩版四九　　瓿

彩版五〇　　瓿

彩版五一　　瓿T304⑤：15

彩版五二　　瓿

彩版五三　　A型盆

彩版五四　　A型盆

彩版五五　　A型盆

彩版五六　　Ba型盆

彩版五七　　Ba型盆

彩版五八　　Bb型盆

彩版五九　　Bb型、C型盆

彩版六〇　　D型盆

彩版六一　　E型盆T403④：45

彩版六二　　A型鉴

彩版六三　　B型鉴

彩版六四　　B型鉴

彩版六五　　Aa型盘

彩版六六　Aa型盘

彩版六七　Ab型、B型盘

彩版六八　C型盘

彩版六九　A型钵

彩版七〇　B型、C型钵

彩版七一　D型钵

彩版七二　A型盒

彩版七三　B型盒

彩版七四　B型、C型、D型盒

彩版七五　D型盒

彩版七六　A型鼎T403④：24

彩版七七　A型、B型鼎

彩版七八　B型鼎

彩版七九　C型鼎

彩版八〇　匜

彩版八一　匜

彩版八二　尊T201⑤：69

彩版八三　尊T304⑤：36

彩版八四　尊

彩版八五　镂孔长颈瓶T302⑤：14

彩版八六　镂孔长颈瓶T304⑤：31

彩版八七　镂孔长颈瓶T304⑤：49

彩版八八　镂孔长颈瓶T304⑤：30

彩版八九　镂孔长颈瓶

彩版九〇　镂孔长颈瓶

彩版九一　镂孔长颈瓶与提梁盉

彩版九二　提梁壶

彩版九三　钮盖T403④：7

彩版九四　镇

彩版九五　镇

彩版九六　豆与A型小豆

彩版九七　A型、B型、C型小豆

彩版九八　Aa型、Ab型器盖

彩版九九　Aa型器盖

彩版一〇〇　Ab型、Ac型器盖

彩版一〇一　Ba型、Bb型器盖

彩版一〇二　　Bc型、Bd型、Be型、C型器盖

彩版一〇三　　C型、D型器盖

彩版一〇四　　口沿、流、平底器

彩版一〇五　　三足器、圈足器(？)

彩版一〇六　　甬钟T303④：7

彩版一〇七　　甬钟

彩版一〇八　　甬钟

彩版一〇九　　A型錞于

彩版一一〇　　A型、B型錞于

彩版一一一　　句鑃T201⑤：4

彩版一一二　　句鑃T201⑤：8

彩版一一三　　句鑃

彩版一一四　　鼓座T303⑤：126

彩版一一五　　鼓座T302⑤：88

彩版一一六　　鼓座

彩版一一七　　鼓座

彩版一一八　　缶T303④：5

彩版一一九　　Aa型碗

彩版一二〇　　Ab型碗

彩版一二一　　Ba型碗

彩版一二二　　Ba型、Bb型碗

彩版一二三　　Bb型碗

彩版一二四　　Bc型、Ca型碗

彩版一二五　　Bc型、Cc型碗

彩版一二六　　Cb型碗

彩版一二七　　Cc型、Cd型碗

彩版一二八　　A型杯

彩版一二九　　B型、C型杯

彩版一三〇　　大杯

彩版一三一　　A型、B型盅

彩版一三二　　B型、C型盅

彩版一三三　　碟

彩版一三四　　A型、B型、C型盂

彩版一三五　　A型盏

彩版一三六　　A型、B型盏与A型小罐

彩版一三七　　A型、B型小罐

彩版一三八　　B型、C型小罐

彩版一三九　　Y1底部残留的Aa型盘、E型钵、Aa型碗

彩版一四〇　　Y1底部残留的Bb型碗、A型杯

彩版一四一　　Y2底部残留的小罐、Ab型罐、C型盅、Ba型碗

彩版一四二　　印纹硬陶瓮、罐、盆

彩版一四三　　印纹硬陶坛

彩版一四四　　Aa型支垫具

彩版一四五　　Aa型、Ab型支垫具

彩版一四六　　Ab型支垫具

彩版一四七　　Ba型、Bb型支垫具

彩版一四八　　Bb型支垫具

彩版一四九　　Ca型支垫具

彩版一五〇　　Cb型、Da型支垫具

彩版一五一　　Da型支垫具

彩版一五二　　Db型支垫具

彩版一五三　　Ea型、Eb型支垫具

彩版一五四　　Fa型支垫具

彩版一五五　　Fa型支垫具

彩版一五六　　Fb型、G型、H型支垫具

彩版一五七　　孔塞

彩版一五八　　亭子桥原始瓷核分析研究样品图

彩版一五九　　亭子桥原始瓷瓷胎微形貌样品图

第一章　概　述

第一节　历史沿革与地理环境

一　历史沿革

商周时期的德清县境，除春秋晚因吴败越而曾短暂属吴外，一直为于越之地。据《史记·越王勾践世家》记载，公元前333年，"楚威王兴兵而伐之，大败越，杀无彊，尽取故吴地至浙江。……而越以此散，诸族子争立，或为王，或为君，滨于江南海上，服朝于楚"。位于钱塘江之北的德清，遂成为楚的属地。公元前222年，秦统一中原后，派大将王翦攻下江南，降越君，更名大越为山阴，置会稽郡，越国遂灭亡，这里纳入会稽郡版图。秦汉两代，为乌程县南疆、余杭县北境。三国时入东吴版图，吴黄武元年（222），立永安县。晋太康元年（280）改永安为永康。太康三年（282）改名武康。唐天授二年（691），析武康东境17乡立德清县，初名武源，景云二年（711）改名临溪，天宝元年（742）又改名德清。此后两县长期并存。1958年，武康并入德清县，县治城关镇，1994年县城搬迁至武康。

二　地理环境

德清县今属浙江省湖州市，位于浙江省北部、杭嘉湖平原西部，北纬30°26′~30°42′、东经119°45′~120°21′之间，县城面积947.93平方千米。东邻桐乡，南毗杭州市余杭区，西界安吉，北接湖州市区（图一）。气候属亚热带湿润季风气候，温暖湿润，四季分明。地势西高东低，平均海拔74米。地势自西向东倾斜，西部为天目山余脉，中部为丘陵低山区，东部为平原水乡，东苕溪南北纵贯整个德清县境。县城

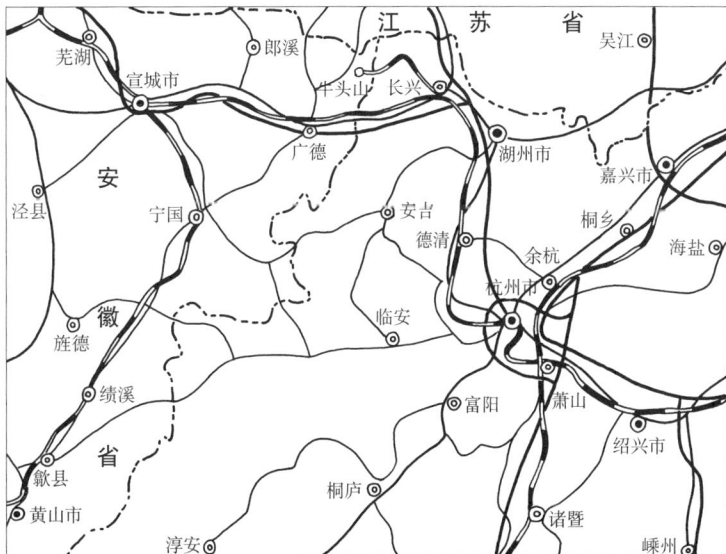

图一　德清县地理位置示意图

武康镇以西，是天目山的余脉——莫干山区，山峦逶迤，竹清林茂，莫干山主峰塔山海拔719 米，唐头山主峰五指山海拔 745 米，是全县最高点。武康镇以东、东苕溪以西的县中部地区，属于西部山区向东部平原过渡的丘陵低山区，丘陵起伏，松竹茂密，东苕溪南北纵贯。东苕溪流经的中部丘陵地区，低山起伏，山丘坡度平缓，多数山坡坡度在 10°~20°间，极适合砌筑龙窑，烧造瓷器；山上树木茂盛，是烧窑取柴的理想之所；丘陵附近的陶土、瓷土资源丰富，可就近取土；东苕溪滚滚北流，注入太湖，可直抵苏州、无锡等苏南地区，溯江南上，越钱塘江，可达宁绍平原。东苕溪流域河网密布，支流环绕窑区山前丘后，交通运输条件相当便利，是置窑烧瓷的理想场所，这里分布有数十处商周时期烧造原始瓷器的窑址，是商周时期烧造原始瓷的中心窑场。东苕溪以东是杭嘉湖平原水乡，京杭大运河斜贯，河湖港汊交织成网。德清山水田兼有，土地肥沃，气候适宜，占天时而得地利，自古以来就是富庶之地，无论是"上有天堂，下有苏杭"，还是"湖苏熟，天下足"，德清都置于其中。

　　亭子桥位于德清县经济开发区龙胜村东山自然村北，是一处缓坡状小山丘。东、南、北三边为水田，新老武（康）洛（舍）公路在亭子桥东南角交叉，其中新公路自东向西而去，老公路则折向西北，紧贴窑址的南坡。窑址东坡山脚，一条山脚便道自南而北穿过，山脚便道的东边是一高约 1.5 米左右的断面，断面下即为大片水田（图二、图三、图四；彩版一，1）。

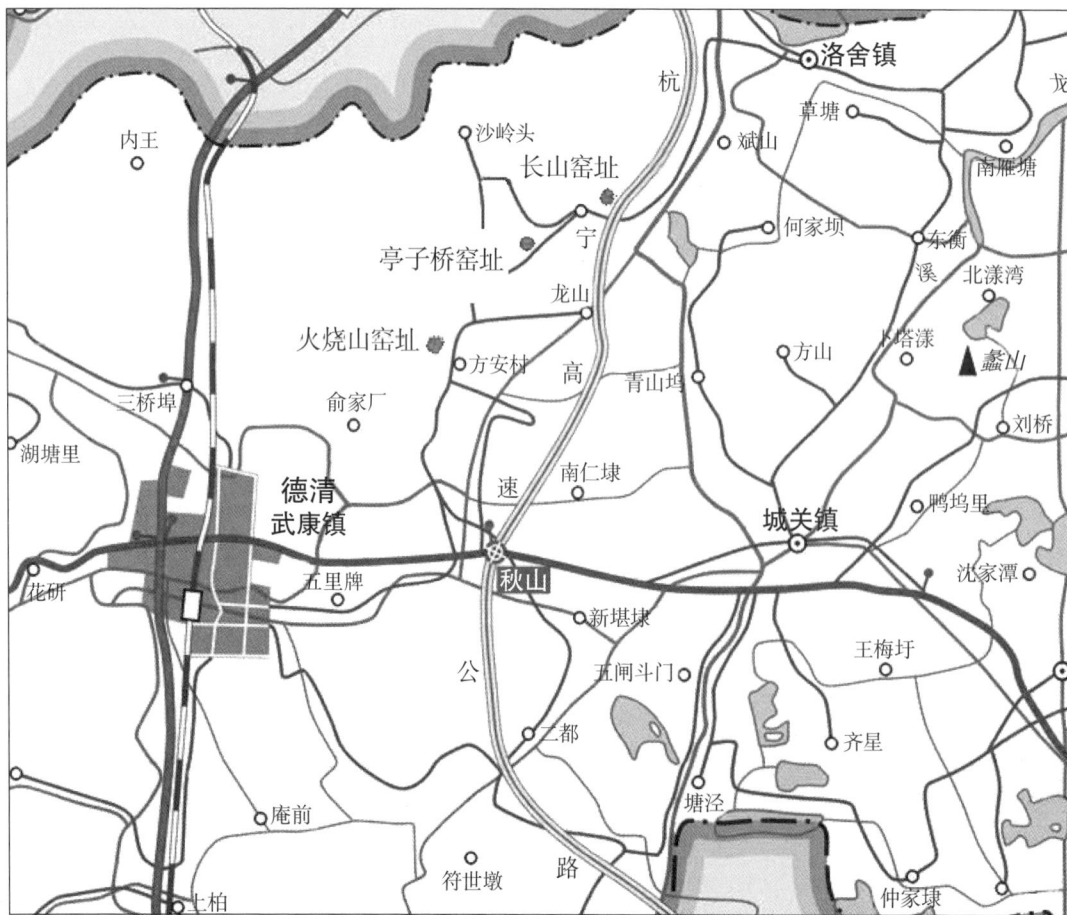

图二　亭子桥窑址地理位置示意图

眼岭

定安山

·36.2

·26.7

茶

·25.8

·26.0

·4.8

18.0

·11.3

·2.亭子桥窑址

·2.1

社桥

·2.1

桑

5.1

·2.4

东山

·16.0

13.0

·20.4

·20.7

茶

·4.3

·3.1

·2.8

·2.6

·12.0

桑

·22.0

·18.0

桑

鱼

鱼

·2.0

鱼

鱼

·2.2

鱼

鱼

桑

洋口

鱼

桑

鱼

·2.3

鱼

·2.1

鱼

鱼

桑

鱼

桑

鱼

·4.8

·1.5

·3.3

小山漾

鱼

鱼

鱼

·4.4

·3.9

鱼

鱼

鱼

鱼

·4.4

鱼

·3.6

·1.9

鱼

桑

鱼

·4.3

鱼

·3.4

140

·3.3

鱼

·1.9

鱼

·5.1

·2.1

·3.7

·1.9

桑

鱼

·2.0

鱼

鱼

地理环境图

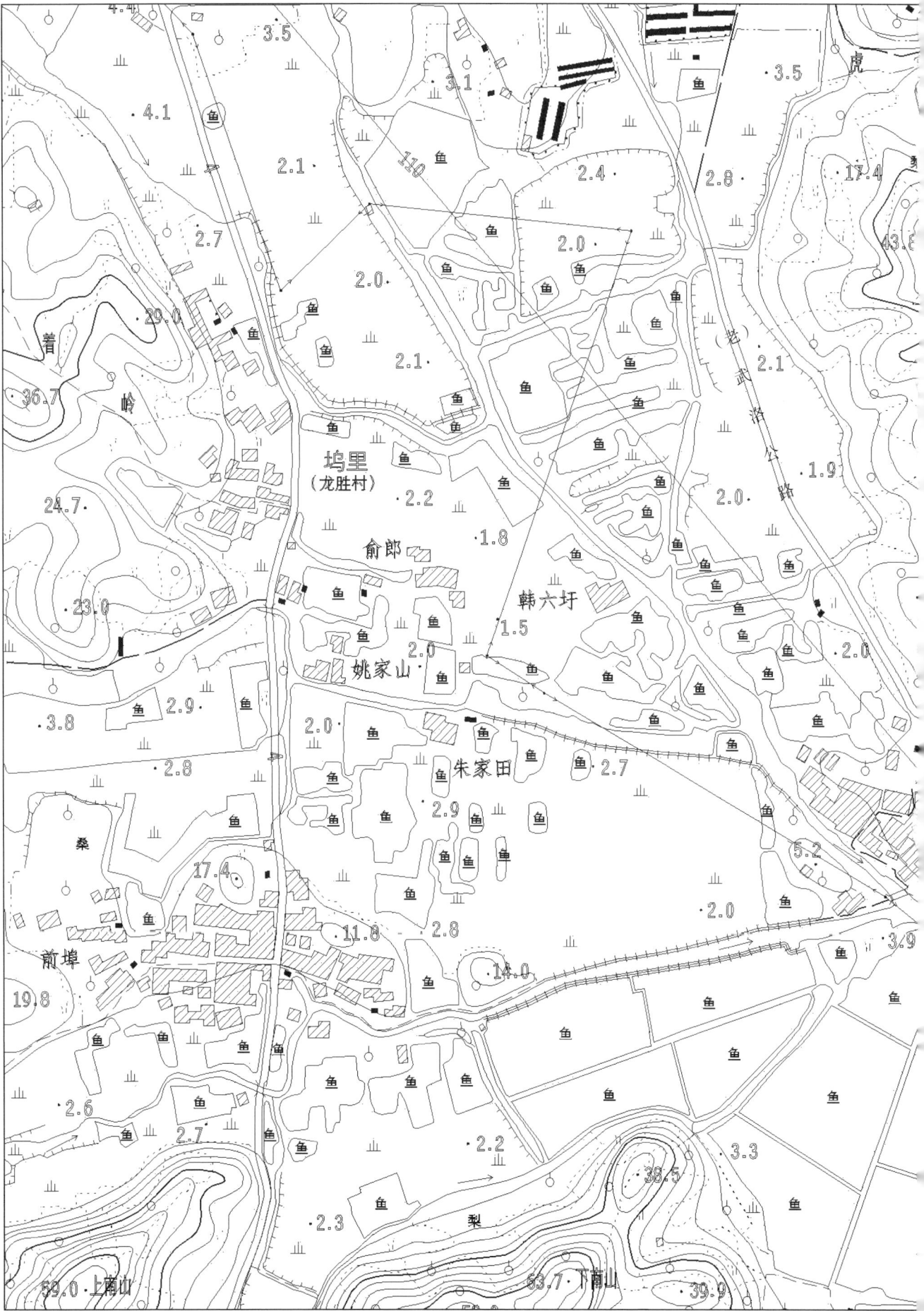

图三　亭子桥窑址

图四 亭子桥窑址发掘区地形图

据村民介绍，山坡南边原有一条河，河上有一座带亭子的桥，亭子桥地名由此而来。后来随着历史的变迁，河淤桥废，但地名延续至今。从现今地貌来看，这里虽然为低山缓丘地带，但其东南面已河网密布。亭子桥以西约 300 米处，是浙江省级文物保护单位元代社桥，其横跨的河道至今面阔水深，是附近村民水运的重要通道。沿河南下，再折向东，是宽阔的水面"小山漾"，这是东苕溪上的重要天然贮水库。东苕溪发源于临安境内的天目山南麓，流经杭州市余杭区的良渚、瓶窑一带，南北贯穿德清、湖州市中部，在湖州市区与西苕溪汇合后注入太湖。包括亭子桥窑址在内的德清商周时期窑址群即分布于东苕溪中游地区。这里是西部高大的天目山脉与东部水乡沼国的过渡地带，低山起伏，河湖纵横，既有瓷土、燃料之利，也有舟楫运输之便，制瓷条件相当优越。

第二节　历年来的考古调查、发掘与研究

德清古窑址的发现，主要始于上个世纪 50 年代，在当时的德清县城所在地城关镇，即今天乾元镇的焦山、丁山、城山等地发现了六朝时期的古窑址。这些窑址在烧造青瓷的同时兼烧黑瓷，黑釉匀润饱满，色黑如墨，光亮如漆，深受人们喜爱，是当时已经发现的我国较早生产黑瓷的窑场，被古陶瓷界命名为"德清窑"。但当时认为德清窑的烧造历史并不长，1982 年中国硅酸盐学会编《中国陶瓷史》认为是"从东晋开始到南朝初期结束，共一百多年"。由于越窑东汉黑瓷的发现，德清窑在中国陶瓷史上的地位急剧下降，有的甚至认为它仅仅是受六朝越窑的影响而短暂存在的一个窑场。到上世纪 80 年代初文物普查工作开展以后，德清县的文物工作者先后新发现古代窑址近 50 余处，表明德清境内古代瓷业生产自西周晚期烧制原始瓷器始，经战国、东汉、六朝，延至唐宋，其历史跨度将近两千多年。其中原始瓷窑发现了多处，时代基本跨越从西周晚期到战国的各个时期。

随着工作的深入和材料的积累，当地的文物工作者对相关的原始瓷资料进行了整理研究。1989 年，朱建明在第 9 期《考古》发表了《浙江德清原始青瓷窑址调查》一文，第一次对德清原始瓷窑址采集的标本进行了系统全面的梳理与研究。该文将当时已经发现的原始瓷窑址分为三类。

第一类窑址包括火烧山与防风山两处，产品以原始瓷为主，印纹陶基本不见。产品胎质较粗，夹杂较大的颗粒和气孔，呈灰或灰黄色。成型采用泥条盘筑结合轮修的方法；部分碗系拉坯成型，器形规整，胎体厚薄匀称。罐类以大口筒腹的形制为主，一般都有装饰性系，外壁拍印云纹、变体云纹、大小重圈纹或锥刺纹等。器物除外底无釉外，其余部位均施釉，釉层厚而不匀，常见凝聚的釉斑。釉色较深，除青绿、青灰、青黄色外，并有一些酱褐色釉，有的已近似黑釉。采用套装叠烧法装烧碗类器物，以粗砂粒、窑渣颗粒以及经专门捏制成型的泥团形垫珠作为叠烧时器物之间的间隔物。由于火候掌握不准，器物多见过烧变形、开裂、粘连或欠烧引起的生胎、胎釉结合差等现象。年代在西周晚期到春秋早中期。

第二类窑址有白洋坞、泉源坞、叉路岭三处，原始青瓷制作在工艺上较前阶段有了较明显的提高，胎质一般较细，质地坚致。器形以碗、盅等小件饮食器为主，大件容器极少见。制作均一次拉坯成型，器形规整。釉层比前期明显变薄；釉面匀润，胎釉结合好。以素面无纹为主。年代在春秋中晚期到战国早期。

第三类窑址有南山、亭子桥、冯家山三处。这类窑址的产品，除碗、盘、豆、盂等小件饮食器和少量甬钟等乐器外，瓿、罐、洗等大件贮存器数量较多，器形丰富。碗、盅等的装饰纹样以水波纹、弦纹为主。罐、瓿的肩腹部多见压印直条纹、云纹、刻划或戳印锯齿纹、C形纹等。瓿多见堆贴铺首或铺首衔环。釉层厚而不匀，聚釉较多见。釉色有青绿、青黄、酱褐色。值得注意的是几处窑址普遍发现了支垫窑具。年代在战国中期以后。

由此基本构建了德清原始瓷发展的年代大框架。

以上均为调查工作，正式的考古发掘则始于 2007 年的火烧山窑址。

火烧山窑址位于浙江省湖州市德清县武康镇龙胜村武洛公路西北 500 米处的掘步岭水库，是一处西周末期至春秋时期的原始瓷窑址。1984 年发现，2007 年 3 月下旬至 5 月下旬，为配合德清县水利建设"千库保安工程"之一的掘步岭水库加高加固工程建设，浙江省文物考古研究所、故宫博物院、德清县博物馆组成联合考古队，对窑址进行了抢救性发掘，发掘面积近 900 平方米，发现了窑炉、灰坑、柱洞等一大批遗迹及包括鼎、罐、卣、尊、碗、盘等器物在内的大量精美标本。龙窑窑床遗迹的揭露，填补了中国陶瓷史上的一段空白，对于探索中国早期青瓷的烧造技术具有重要意义；火烧山窑址堆积极厚，地层叠压关系明显，器物早晚变化清晰，这一方面从地层学上印证了此前学者们对原始瓷器物的早晚排序和分期断代，同时在此基础上进一步细化和建立了自西周晚期至春秋晚期的年代序列；同时，火烧山窑址出土的一大批包括卣、鼎、簋在内的仿铜原始瓷礼器产品，为江南大型土墩墓中出土的此类器物找到了原产地。这对于探索当时社会的手工业生产状况、交通运输情况以及社会分工具有重要价值。

除了窑址资料外，德清县还是商周时期重要的土墩墓分布区。历年来的文物普查资料及考古发掘表明，无论是中部的丘陵地区的山崎、山坡和平地，还是东部的水乡平原，都广泛分布着此种类型的墓葬，它与湖洲市其他市县，以及江苏南部茅山丘陵的同类遗存连成一片，文化内涵也基本一致。德清土墩墓的发掘清理材料主要有：新市镇的皇坟堆、洛舍镇的独仓山、三合乡的塔山和刘家山，以及新市镇的邱庄战国墓等。

皇坟堆土墩墓[①]：位于德清县新市镇东北约 4 千米，1976 年 3 月在平整土地修建校舍过程中出土了包括桶形器、罐、尊、簋、卣、鼎和碟等器物在内的共计 27 件原始青瓷器。这批器物器形大，制作规整，胎色灰黄，内外都施满釉。有的施釉均匀，釉面润净，胎釉烧结紧密；有的釉层不匀，常留有釉斑、釉泪等现象；也有的胎釉结合不够紧密，以致釉层大多

---

① 姚仲源：《浙江德清出土的原始青瓷器》，《文物》1982 年第 4 期。

剥落。大件桶形器可以明显看出采用泥条盘筑法制作的痕迹。器表大多拍印纹饰，以云纹、水波纹间以横 f 纹、变体云纹等为最多见，也有戳印圆圈纹、刻划重线水波纹。此外，还习惯用绞索状环形假器耳及 S 形、羊角形附加堆纹作装饰。其中的尊、簋、卣等，与商周时代的青铜礼器很近似。时代为西周晚期至春秋早期。皇坟堆是德清县境内首次发现以仿铜礼器的原始青瓷作为主要随葬品的土墩墓，其出土器物器形之大、数量之多为当时省内少见。

塔山土墩墓①：塔山土墩墓位于德清县中部地区的三合乡朱家村的塔山之巅，系一座石室土墩墓，1987 年 4 月三合乡朱家村石料厂民工在取山皮泥时发现，并将大部分随葬品取出，德清县博物馆工作人员闻讯后立即前往现场调查，并于同年 4 月 24 日至 5 月 1 日，对该石室土墩墓进行了清理。石室长 8.5、宽 1.8、高 0.98 米，呈东北—西南走向，整个石室用大石砌筑，仅南端开口，并用小石块封闭。墓内出土的遗物均为原始青瓷，共有 34 件。器形有鼎、尊、罐、盂、碗、卣、羊角形把杯等。器物均施青釉，纹饰主要有拍印勾连纹、变体勾连纹、水波纹，戳印锥刺纹，多数器物上还贴附有倒 U 形绳索状系和 S 形堆纹。时代在西周晚期至春秋初期。

独仓山土墩墓②：独仓山是浙江土墩墓发掘中较为重要的一次，为配合杭宁高速公路的建设，1999 年由浙江省文物考古研究所与德清县博物馆联合进行了发掘，共清理土墩墓 11 座，其中 6 座为石室土墩墓。出土随葬器物 265 件，其中原始瓷器 183 件，主要器类有豆、碗、盘、盂、碟、罐和尊等，常见的器表装饰有弦纹、网格纹、S 形堆贴、篦点纹、折线纹、扉棱状堆纹等。独仓山土墩墓形式丰富，时代跨度大，自西周早期延续到春秋晚期，而且一部分石室土墩墓内具有一室多墓的上下叠压现象，为研究土墩墓及原始瓷的早晚分期和不同时代原始瓷器物的特征变化，提供了十分重要的野外考古学依据。

刘家山土墩墓③：1999 年 10 月至 2000 年 1 月，配合杭宁高速公路的建设，在德清县三合乡瓦窑组刘家山进行了考古发掘，除在刘家山的西南坡，发掘分别属于马家浜文化、良渚文化、马桥文化和商周时期居住堆积外，另在刘家山顶发现并清理了土墩墓，出土一批原始瓷器，器形主要有罐与尊，器物釉层厚，施釉不均匀，釉色深，时代在西周中晚期。

新市邱庄战国墓④：2001 年 8 月，新市镇郭门村邱庄砖瓦厂取土时发现一座战国墓葬，民工从墓葬中挖出一批原始青瓷器，后被新市镇派出所收缴。2004 年 7 月 9 日，新市镇派出所将这批文物移交给德清县博物馆收藏。出土的原始青瓷器共 6 件，器形有甗形鼎、盆形鼎、盖鼎、带流罐和提梁盂。器物胎色灰白，外施黄绿色釉，器形规整，均为轮制产品，质量较高。这批原始瓷器是德清地区发现的规格比较高的战国原始瓷仿铜礼器，其中一件罐的肩部一侧设有上侧切有梯形缺口的粗大圆流，另外三侧各贴有铺首一个，器形十分少见，实系不可多得的珍品。

这些土墩墓内出土的大量原始瓷器，大大丰富了原始瓷的研究材料。

---

① 朱建明：《浙江德清三合塔山土墩墓》，《东南文化》2003 年第 3 期。

② 浙江省文物考古研究所、德清县博物馆：《独仓山与南王山》，科学出版社，2007 年。

③ 王海明：《德清瓦窑遗址——马家浜文化筒形陶器瓮棺葬的发现》，浙江省文物考古研究所编《浙江考古新纪元》，科学出版社，2009 年。

④ 朱建明：《德清窑》，西泠印社出版社，2009 年。

第三节　发掘的起因、方法与室内整理

一　发掘起因

对越文化的考古发掘与研究，一直是浙江考古工作中的一项重要课题。上世纪80年代初，首次对长兴便山30多座土墩进行发掘，其后陆续在长兴、海宁、德清、湖州、安吉、慈溪、余姚、上虞、萧山、衢州、东阳、义乌等地发掘了一大批土墩遗存，出土了大量的原始瓷器和印纹硬陶器，基本建立了土墩墓的分期序列，并确认广泛分布于浙江大部分地区山顶山脊上的土墩遗存，是商周时期一种富有民族特色的于越族墓葬。自20世纪90年代后期以来，浙江地区又先后发掘清理了一批越国贵族墓葬，墓中出土了一批精美的仿铜原始瓷礼器与乐器。2003~2005年江苏无锡鸿山邱承墩等越国贵族大墓出土的原始瓷礼乐器不但数量惊人，而且器类丰富，成为近些年越文化考古的最大亮点。越墓中出土的原始瓷礼器有鼎、豆、罐、瓿、尊、甒、钫、壶、匜、提梁盉、镂孔长颈瓶、镇、盆、盘、鉴、盒、烤炉、冰酒器、温酒器等，原始瓷乐器有甬钟、磬、句鑃、錞于、钲、振铎、镈钟、缶、悬鼓座等。由此，考古学者们逐渐认识到，越国及先越时期，不用青铜的礼乐器、而代之以仿铜的原始青瓷或硬陶的礼乐器随葬，既是越国贵族墓葬很有特色的重要葬俗，也是于越民族一贯的文化传统。[①]

随着墓葬中仿铜礼器与乐器的大量出土，寻找与探索这些原始瓷礼乐器的产地和窑口，无疑成为越文化考古研究中的一项重要内容，成为越文化研究中迫切需要解决的学术课题，因而也成为这些年来我们开展越文化考古的重点工作之一。烧造原始青瓷产品的窑址，在浙江、福建、江西和广东等南方地区均有发现，特别是以浙江的德清、湖州南部和萧山最为集中，原始瓷窑址发现数量已相当可观。但其他地区发现的窑址中，均没有烧造仿铜原始瓷礼乐器的现象，在以往的调查中，唯有在德清地区亭子桥、冯家山等窑址上采集到了原始瓷礼乐器的标本，表明这里可能就是烧造原始瓷礼乐器的窑场所在。适逢亭子桥窑址所在地已纳入正在规划中的开发区域，同时又已面临窑旁武洛公路拓宽工程的破坏威胁，于是，对亭子桥窑址进行抢救性考古发掘的申请得到了国家文物局的批准。因此，2007年9月~2008年4月，带着探索原始瓷礼乐器产地这一学术课题，配合当地的武洛公路拓宽工程，浙江省文物考古研究所会同德清县博物馆，对亭子桥窑址进行了抢救性发掘，并获得了丰硕的考古成果。

二　发掘方法

窑址分布于亭子桥山坡的东南坡，面积近1500平方米。本次发掘面积720平方米。发掘前，地表散布有大量的瓷片和窑具标本，其分布明显集中在山坡的东南坡，从山脚到山脊均有分布。在山坡与山坡下水田之间的断面上可发现窑址地层堆积，结合地面散布的标本情况，我们分析窑址中心区南北长约40米，东西宽约30米左右，发掘基本在此范围内进行。

[①] 浙江省文物考古研究所：《浙江越墓》，科学出版社，2009年。

与晚期龙窑相比，早期龙窑窑炉规模均显得很小，又因建筑简单，牢固程度较差，使用时间不长，反复的修建与易地重建活动比较频繁，因而形成窑址窑炉遗迹多，分布范围大，遗迹的叠压打破关系较多较复杂。同时由于反复修建与易地重建，窑址堆积也同样会显得较多较复杂。因此，发掘采取与遗址相同的方法，布探方进行全面的揭露。以近山坡顶部的堆积西北角为基点，向东、向南依次布探方发掘，先后共布探方11个，其中10×10米探方5个，其余探方因位于发掘区的边缘，依地形及实际可发掘面积布探方。（彩版一，2）

三 室内整理

亭子桥窑址的发掘，至少取得了以下几方面的成果：首先，就整个南方地区乃至全国来说，德清亭子桥窑址，是首次发现的烧造高档仿铜原始青瓷礼器与乐器的窑场，这在全国瓷窑址考古上是一次极其重大的发现。其次，这次发掘的德清亭子桥窑址所见产品器类，几乎囊括了江浙地区大型越国贵族墓中已出土的各类原始青瓷礼器与乐器。因此，亭子桥窑址的发掘，为江浙地区越国贵族墓葬中出土的一大批仿铜原始青瓷礼器与乐器找到了明确的原产地，达到了预期的学术成果。第三，亭子桥窑址出土的原始瓷产品质量已达到了接近成熟青瓷的水平，对于重新认识战国原始青瓷在成熟青瓷出现过程中的重要地位与作用，对于研究中国陶瓷发展史，特别是有关中国成熟青瓷的起源，有着极其重要的学术意义。因此，为了考古成果尽快发表，以尽早提供给学术界进一步研究和利用，2008年4月野外考古发掘结束，即在德清博物馆转入室内整理工作。由于出土标本极为丰富，面对数以吨计的产品标本，室内整理首先必须进行的拼对工作显得相当艰巨而辛苦。亭子桥窑址仿铜的礼器与乐器类产品不仅器形硕大，且在质量上代表了本窑址的最高制作水平，因此拼对工作主要针对此类器物进行。经过近半年时间的整理拼对，在各个地层单位中，先后拼对并修复了130多件器物，基本上使各种器形都有了比较完整的标本，使亭子桥窑址产品面貌显得更加直观与明了。同时，通过在整理过程中对器物的观察，基本明确了各类器物的成型、施釉和装烧工艺。尤其是通过对甬钟、句鑃和窑具的观察，弄清楚了此类特殊器物的装烧方法，解决了此前难以明了的问题。

在亭子桥窑址整理工作进行到一定程度的基础上，2008年4月28日~30日，浙江省文物考古研究所、故宫博物院、中国古陶瓷学会、德清县人民政府共同主办了"瓷之源——原始瓷与德清窑"国际学术研讨会。会议在德清召开，来自全国各地及日本、韩国等地的专家学者围绕火烧山、亭子桥原始瓷窑址考古成果，进行了充分的论证与研讨，一致认为亭子桥、火烧山窑址的发掘成果在探索中国瓷器发展史和瓷器起源方面意义重大，德清县的制瓷历史悠久，早在商周时期就是原始瓷器诞生地及中心产地，至战国时期原始瓷烧造达到了当时最高的工艺水平，在中国陶瓷史上占有重要地位。充分证明了以德清为中心，包括湖州南部在内的东苕溪中游地区，在中国瓷器起源研究中的特殊重要的地位，誉之为"瓷之源"可谓实至名归。

第二章 地层堆积

第一节 探方分布及地层堆积

亭子桥窑址处在由北向南伸展的小山岗南端之东坡部位,西面、南面和东面均为低洼的农田。特别是东面沿山脚有一条南北向便道,便道东侧为高约1.5米的断坎,坎下为大片农田。发掘前,山坡上生长有茂密的竹林和杉木。由于长期的地面翻耕,整个山坡和便道表面均散布着较多的原始瓷片、窑具以及红烧土块和窑炉烧结块,分布范围较大。在上坡山顶部位的一些沟壁上,还可看到局部已被破坏暴露的窑炉遗迹。按照地面遗物的分布范围,窑址总面积约1500平方米。(彩版一,1)

本次发掘选择了地面遗物分布较多,又已有局部遗迹暴露,基本可确定系窑炉遗迹主要分布处的部位进行布方发掘,统一由北向南布方3排,每排4个探方,每探方10×10米大小,考虑到选定的发掘区以北可能还有扩大发掘的必要,故探方编号时预留一排,第一排以"2"开头。实际发掘时,发现处在山顶的部位土层极薄,几无堆积,很浅就见生土,显然已无发掘必要,故第一排第一个探方T201只挖了东部半个,10×5米大小;第二排和第三排的第一个探方T301与T401均未作实际发掘;第三排第二个探方T402范围内,由于有一座现代坟墓的存在,无法全部予以清理,故实际只发掘了东南部5×4米范围。而位于山脚最下坡的T204、T304和T404这三个探方,均因山脚便道的存在,分别只发掘了10×5米、10×4米和10×3米。另外,因揭露遗迹的需要,在T403之南侧,扩挖了T503,10×3米大小。这样,本次共开挖大小不同探方11个,实际发掘面积为720平方米。(图五、图六;彩版一,2)

由于山岗低矮,山坡比较平缓,又紧邻村庄,长年来当地村民在山地上的翻耕和平整,对地下遗迹造成了很大的扰乱与破坏。从发掘情况看,整个窑址的地层堆积,西部上坡面诸探方堆积较薄,地层较少,东部下坡面诸探方堆积较厚,地层较多。在整个发掘区内,战国时期窑址堆积层以下均分布有西周时期地层,从堆积性状和包含遗物情况分析,此地层并非窑址堆积层,表明建窑前,这里曾是一处西周时期的聚落遗址。

随着地形,窑址的地层堆积也呈坡状分布。位于东面下坡山脚边的T203东半部、T204全部、T303东北角和T304北半部,地层堆积最厚、层次最丰富。位于西面上坡面的T201、T202全部,T203西半部、T302全部、T303西边小半部和T403与T503的全部范围内,地层较少。而且上坡处的地层与下坡处的地层,不但厚薄和多少不同,还多不能直接连接对应。经打去隔梁通层后,按照上下坡地层之间的叠压关系,统编为7个地层。其中③层和⑤层分

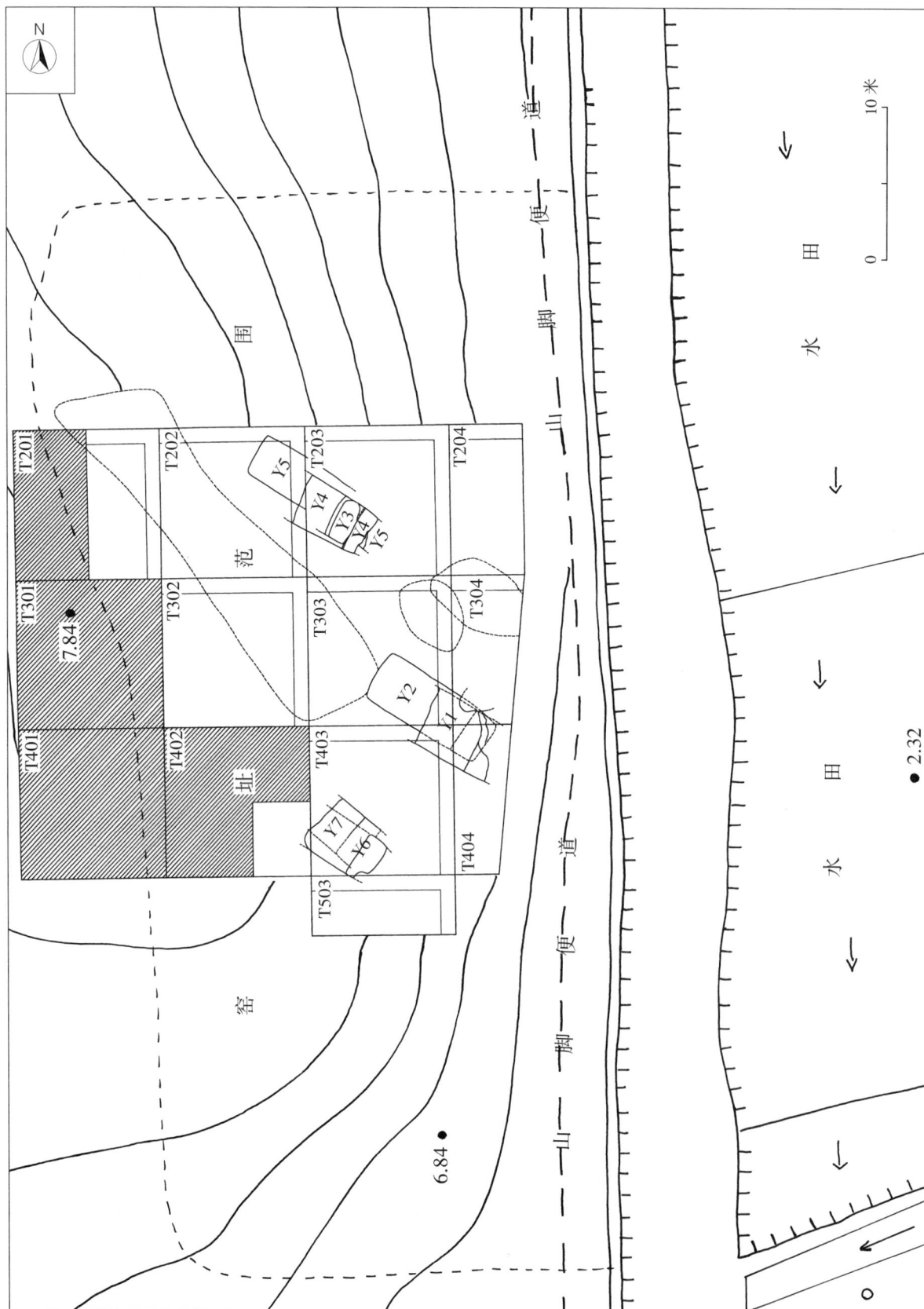

图五　亭子桥窑址探方及遗迹分布图

别为很纯的原生废品堆积；⑥层以下为西周时期聚落遗址堆积，编为⑦层，基本未发掘，只局部作了解剖，解剖显示⑦层下为生土。

窑址废品堆积主要集中分布在上坡部位（即⑤层），处在各处窑炉遗迹的窑后位置，在T201、T202（彩版二，1）、T302（彩版二，2）和T303（彩版三，1、2）内连成一大片，T303东北角和T304西北角有一小片。这一废品主要堆积区呈西北—东南走向，分布面积大，自Y3、Y4、Y5处的后方开始，经Y1、Y2的后部，延伸至Y6、Y7的左后方。堆积十分丰厚，最厚处达40厘米，基本属于纯净的原始瓷片和窑具堆积，少有泥土夹杂，大部分未经扰乱。另外在窑址下坡部位T303的东北角、T304北半部和T204的西南角，即Y1与Y2的左前方，也有一片窑址废品堆积（③层），分布范围很小。

第二节　典型地层介绍

综观各探方地层情况，以纵贯上下坡的T302、T303、T304这三个探方之北壁地层（图七，1；彩版四，1、2）最具典型性和代表性，特别是T303北壁在东隔梁打掉后的关键柱剖面上，正是反映各地层相互关系的关键部位。而T203、T303西壁，T304、T404西壁，T201北壁，T403东壁和T302西壁，这些剖面最能反映原生瓷片堆积（分别编为③层和⑤层）与其他地层堆积之间，窑炉遗迹之间及窑炉遗迹与地层堆积之间的叠压打破关系（图七，2~8）。下面以T302、T303、T304北壁地层剖面为例，说明本窑址的地层堆积情况。

第①层：耕土层。厚10~50厘米，分布于所有探方。土层疏松，也含有少量红烧土和原始瓷片。

第②层：厚0~25、深25~50厘米，灰黄色土，土内夹有大量烧土块，结构松散，含有较多原始瓷片和窑具。此层仅分布于T303东北角、T204北部和T304北半部的范围内，分布面很小，距地表也很浅。

第③层：原生废品堆积层。厚0~50、深30~60厘米，系大量纯净的原始瓷片与窑具堆积，未经扰动。此层废品堆积分布面很小，仅见于T303东北角、T204西南角和T304北半部的一片范围内，并向东面下坡山脚便道下延伸。废品堆积较丰厚，最厚处达50厘米左右。剖面显示，此层西头稍稍压住从发掘区西部上坡面诸方伸过来的④层。

第④层：局部地方堆积较厚，厚0~60、深10~90厘米，土质土色与②层相近似，略偏红，土中夹杂有大量比较细碎的烧土块，也包含大量原始瓷片与窑具，结构松散。主要分布在T201、T202、T302、T403的全部，T203东北部和T303的大部。T203的西南部和T303的东南角以及T304的大部与T204的全部，均不见有此层分布。窑炉遗迹均发现于此层之下。

第⑤层：原生废品堆积层。厚0~40、深50~70厘米，主要分布在发掘区的西部上坡面探方，T201的东北部、T202的西半部、T302的东半部和T303的西半部均有此层废品堆积的存在。从与窑炉遗迹的位置关系看，此层废品堆积全部分布在窑炉遗迹的上坡面窑后位置。整体分布范围呈西北—东南走向的长条状，与窑炉遗迹的分布走向一致。堆积内均系大量纯净的窑址废品及窑具堆积，厚达40厘米左右。未经扰动。此层废品堆积分布面积大，堆积丰厚，

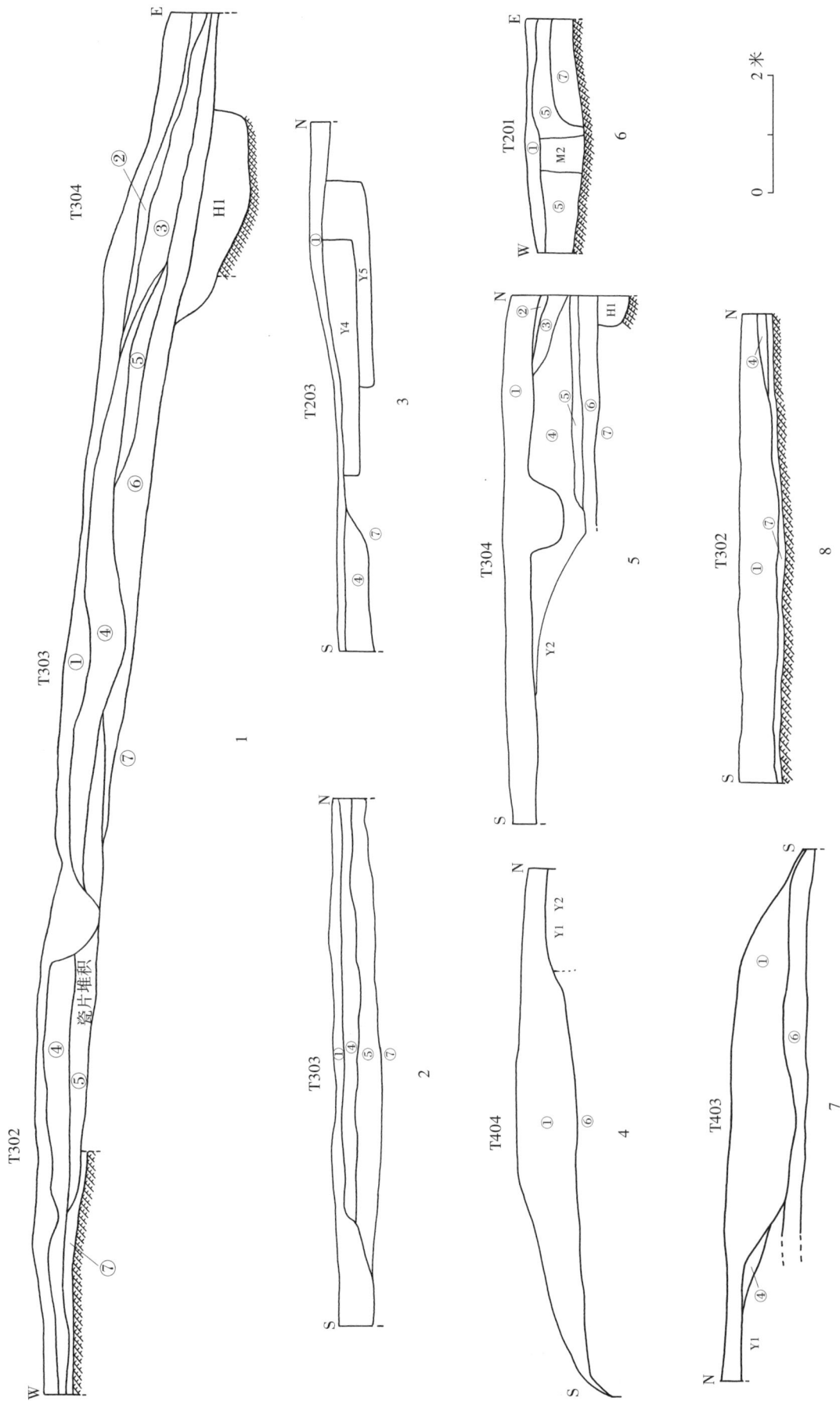

图七　窑址地层剖面图

1. T302、T303、T304 北壁　2. T303 西壁　3. T203 西壁　4. T404 西壁　5. T304 西壁　6. T201 北壁　7. T403 东壁　8. T302 西壁

发掘区内总分布面积约 100 多平方米，西北角尚有一部分向发掘区外延伸而未作彻底发掘清理，这是本窑址最为主要的原生废品堆积区。另外，在 T303 的东北角和 T304 的西北角一小片范围内，也有此层的存在，但分布面积很小，仅约 4 平方米左右。从位置关系看，此小范围堆积是分布在位于 Y1 与 Y2 北侧和 Y3、Y4、Y5 的窑前部位，与西部上坡部位大面积分布的⑤层没有直接连接，但它们均为④层所压。

第⑥层：厚 0~60、深 50~100 厘米。主要为黑色灰土，土内含有较多的细碎红烧土粒，结构紧实，质地比较坚硬，包含少量原始瓷片与窑具。堆积范围较小，主要分布在 T203 东部、T204 全部、T303 东北部、T304 北半部、T403 大部和 T503 北部范围之内。

第⑦层：为早于窑址的西周时期聚落遗址地层堆积。青灰色土，杂红烧土块粒较多，结构紧实，内含西周时期的原始瓷片、印纹硬陶片、夹砂陶片和泥质陶片等遗物。窑炉遗迹叠压在此层之上，也有打破此层的。分布在整个发掘区，由于保护窑址遗迹的需要，仅对 T302 的西半方作解剖清理，其余部位均未发掘。

第三章 遗 迹

第一节 综 述

本次发掘区内发现并揭露的遗迹主要为窑炉遗迹，其他作坊遗迹未有发现。由于各方面的原因，发掘区南侧较平缓地带可能存在作坊遗迹的区域最后未能按计划实施发掘。

在 720 平方米的发掘范围内，发现并揭露出窑炉遗迹 7 条。窑炉均分布在小山东坡，依山而建，平面皆呈长条形，系富有南方地区特色的龙窑。窑顶均已坍塌，只存窑体下部。七条窑炉遗迹分北、中、南三处集中分布，顺山势呈南北向排列，窑向基本朝东，每处遗迹间隔 7 米左右。其中，北处遗迹位置最高，窑尾接近山岗的顶部，中处遗迹其窑头部位已接近山脚便道和断坎。从清理结果看，每处遗迹均有二三条窑炉叠压在一起，其中北处为 Y3、Y4、Y5 三条窑炉叠压，中处为 Y1、Y2 两条窑炉叠压，南处为 Y6、Y7 两条窑炉叠压。窑炉又多有多层窑底，表明其经过多次整修或重建。从每条窑炉的平面位置关系看，多是叠压在上面的晚期窑炉较下面的早期窑炉向南和向东（即下坡方向）略作移动。（彩版五）

由于遗迹离地表一般都较浅，长期以来村民在山坡上的开垦与种植，使窑炉遗迹遭到了较大程度的破坏，普遍保存较差，底部窑床和火膛保存完整者仅 Y2 一条。特别是接近山岗顶部的上坡部位，地表土层本来就薄，加之长年以来村民种植时不断地往下坡扒土平整，除 Y2 外，位在上坡部位的窑炉后段和窑尾，均已遭彻底破坏而不存。因此，揭露的七条窑炉遗迹，多数仅保留窑床前段与火膛，整体长度不明。如 Y1 后段已不存，火膛部位因已近山脚便道也有部分被破坏。Y3 只保留火膛，整条窑床全已被破坏。Y4 窑头火膛和窑床前段保存，窑床后段被毁。Y5 整体保存尚可，虽窑壁保存不佳，火膛也有局部破坏，但窑炉位置清楚明确，整条窑炉遗迹大体保存完整，长宽度可知。Y6 窑头火膛基本保存完整，但窑床保存很差，除后段已破坏不存外，前段保存也不理想，北壁遭破坏。Y7 也仅火膛和窑床前段保存尚可，而窑床后段已毁。在发现的七条窑炉遗迹中，唯有 Y2 保存最好最完整，除火膛和窑床前段外，窑床后段和窑尾也得以保存，而且窑壁保存也较高较好，窑炉的整体平面形状基本保存完整，为我们比较完整地了解认知当时窑炉的结构、形状与大小，提供了十分重要的资料。

尽管大部分窑炉遗迹保存不完整，但我们从所留遗迹中已较清楚地看到了这些窑炉诸多方面的共性：如窑形都是系依山坡而建的长条形龙窑；窑床宽度都在 3 米以上，窑身显得宽而较短，两侧窑壁没有发现后期龙窑常见的在一侧开窑门现象；火膛显得较大，火膛的平面形状均接近长方形；窑底铺垫的不是后期窑炉常见的较厚沙层，而是一层很细很薄的瓷土粉末，其颜色偏黄；窑基均高凸于周围地面，窑壁外有护窑土保护，两侧都有便于散水的护土坡。以上这些共性，应该代表了亭子桥窑址窑炉形制结构上的整体特点。

从野外迹象观察，各窑炉在构建上尚未使用砖坯垒砌窑壁和起券拱顶，全部是用黏土糊抹而成，窑壁普遍显得较厚，达 20~30 厘米。所发现的坍塌块中都可清晰地看到许多草筋痕迹的存在（彩版六，1~5），表明当时为了增强窑炉的坚固性，黏土内掺杂有稻草。另外，在窑壁呈青褐色的烧结内面上，还可看到横向密集排列的一条条凹弧形痕迹，应是竹木条之类的印痕（彩版六，6）。根据这些迹象，推测窑室的建造过程：先以竹木条绑扎出一长条形的圆拱顶窑炉框架，然后在此框架上反复糊抹上一层很厚的草拌泥，待草拌泥晾干并具有一定牢度后，再在里面生火烧烤，一待黏土烧结，窑室即成。烧烤过程中，原先用竹木条构筑的圆拱形框架燃烧消失，窑壁和窑顶内面自然就留下一道道凹弧形的印痕。

第二节 分 述

一 北处遗迹：Y3、Y4、Y5

位于整个发掘区的最北部，分布在 T202 和 T203 两个探方内，叠压在④层下。按照地势比较，在发现的三处窑炉遗迹中，是位置处在最上坡、地势最高的一处窑炉遗迹。共有 3 条窑炉，方向基本一致，存在叠压打破关系，野外分别编号为 Y3、Y4、Y5。Y5 在最下，Y4 叠压在 Y5 之上，之间以大量 Y5 坍塌的烧结块作垫层，垫层厚 15~20 厘米。其上被 Y3 正位叠压。从叠压关系看，Y5 最早，Y4 次之，Y3 最晚。相对较晚的窑炉均是在早期窑炉的废址上稍稍移位重建。因保护遗迹的需要，野外发掘时只对叠压关系做了必要解剖，未对每条窑炉全面揭露。（图八；彩版七；彩版八，1）

1. Y5

窑炉遗迹大体保存完整，原整体为 Y3 和 Y4 叠压，由于 Y3 和 Y4 的窑床后段均被破坏，故清除上面土层后，Y5 的窑床后段暴露，其窑床前段和火膛被 Y3 和 Y4 残留的火膛与窑床前段所叠压。（图九）

Y5 窑床后段遗迹在耕土层下就露头，距地表很浅。从暴露部分看，窑基直接挖建在早于窑址的西周遗址地层上，即是在西周遗址地层上挖出浅槽修建窑炉。尾部离地表仅 20 厘米左右，未能保留明显高起的窑壁，但根据窑底所铺瓷土粉末痕迹和窑顶与窑壁坍塌烧土块的分布范围，基本可确定其后壁的位置。南侧窑壁相对保存稍好，保存高度 10 厘米左右，北侧窑壁基本不存。

解剖发现，Y5 的窑头火膛大部分保存，位置基本与叠压在其上面的 Y4 火膛上下重叠。底部烧结呈青灰色，十分坚硬明显，底面平整而略向前倾。火膛低于窑床 16 厘米。由于火膛和后壁位置清楚明确，因此，该窑的整体长度与宽度基本可确定。Y5 通长约 9.6 米，方向 109°，其中窑床长 8.3、宽 3 米，火膛基本呈长方形，长约 1.3 米，宽度因残破不清。窑床坡度 10°左右。

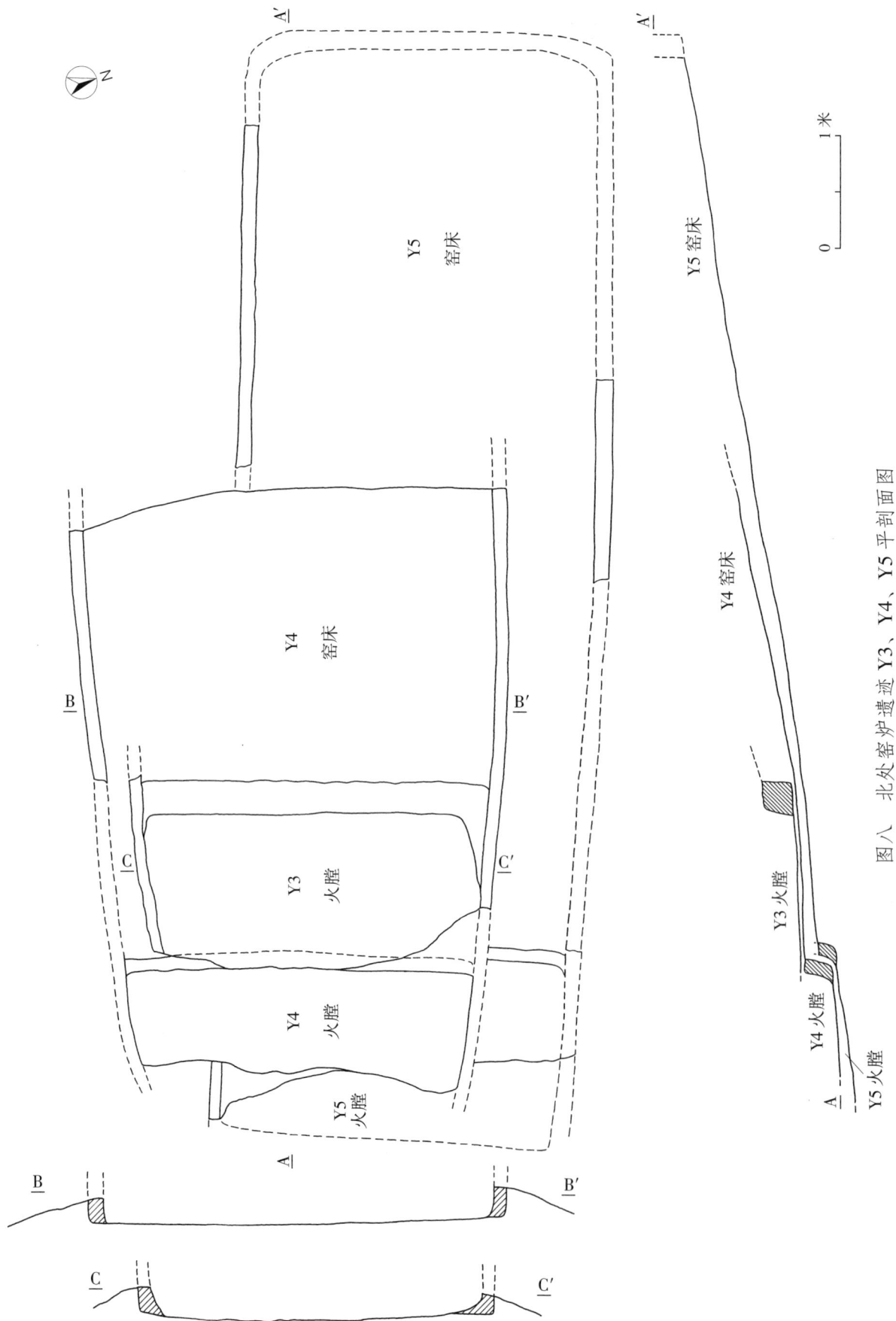

图八　北处窑炉遗迹 Y3、Y4、Y5 平剖面图

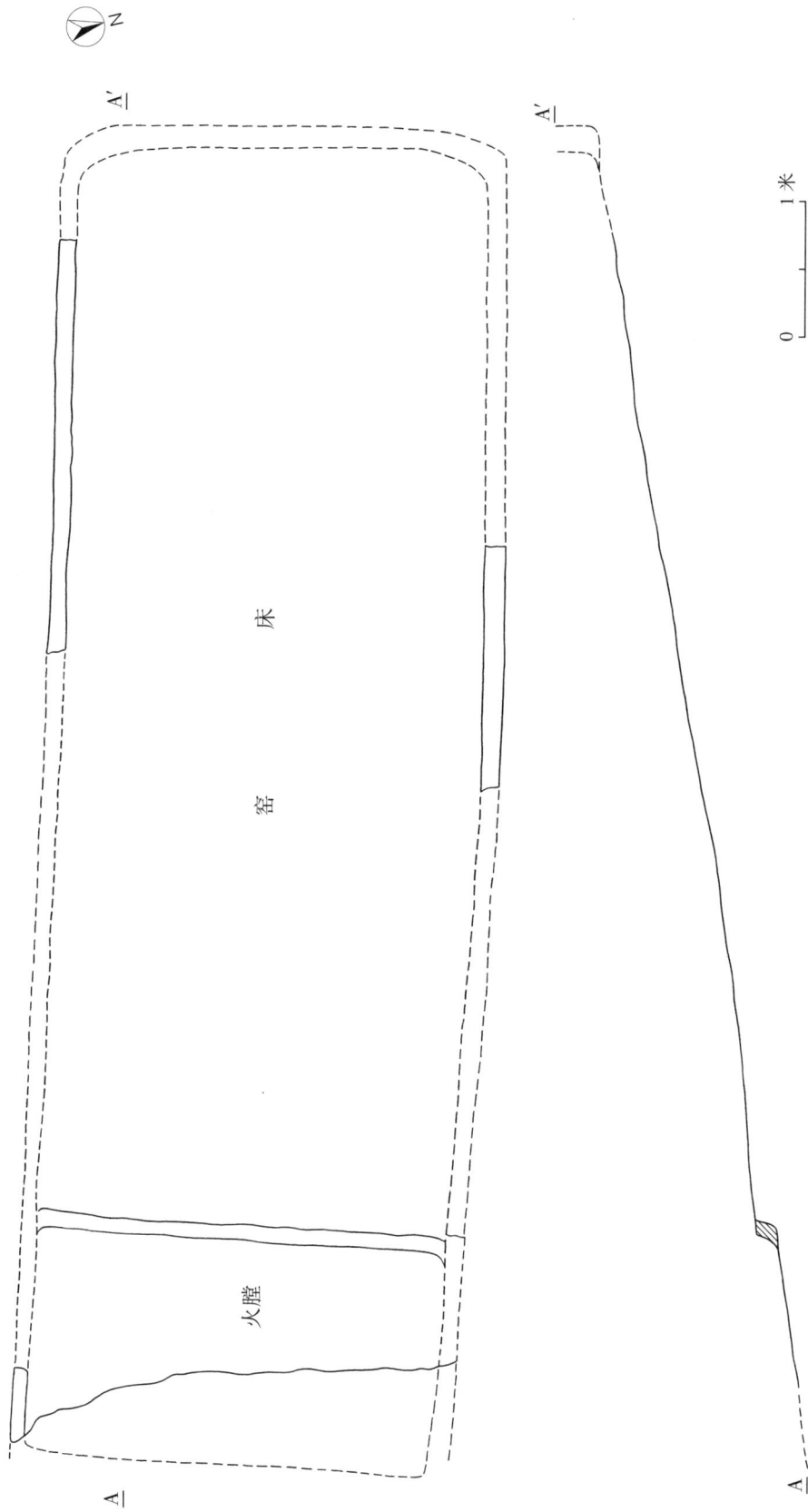

图九 Y5 平剖面图

床

窑

火膛

N

A'

A'

A

A

0 1 米

Y5 是此处窑炉遗迹中唯一保存比较完整并且能确认长度的一条窑炉。

2. Y4

仅保留大部分火膛和一部分窑床前段，窑床后段因离地面太浅而遭彻底破坏。方向 105°，坡度 12°左右。（图一〇；彩版八，1）

Y4 的火膛位置基本与 Y5 火膛上下对应，保存尚可，平面形状接近长方形，火膛口略有破坏。残存部分长 0.9 米，后壁宽度为 3.2 米，略大于压在其上的 Y3 火膛。火膛低于窑床 25 厘米，后壁显得整齐挺直，烧结十分坚硬，壁面呈青灰色，北端已被破坏。火膛底部平整略向前倾斜，底面烧结坚硬。

窑床前段残长 4.3 米，从平面形状看，窑床宽度往后渐有扩大，呈前窄后宽的状态。保存部分前部宽 3.2 米，后部宽 3.8 米。两侧壁保存最高处为 20 厘米左右，底部铺有瓷土粉末。解剖显示，该窑床具有 2 层窑底，每层厚 8 厘米左右，均是在一层烧结块堆积之上铺垫一层较薄的瓷土粉末，表明该窑在使用过程中，窑底曾经过一次整修垫高，整修垫高时先铺垫窑顶坍塌的烧结块，其上再铺瓷土粉末作为底面。此两个底面以下即为当时修建 Y4 时的垫层，

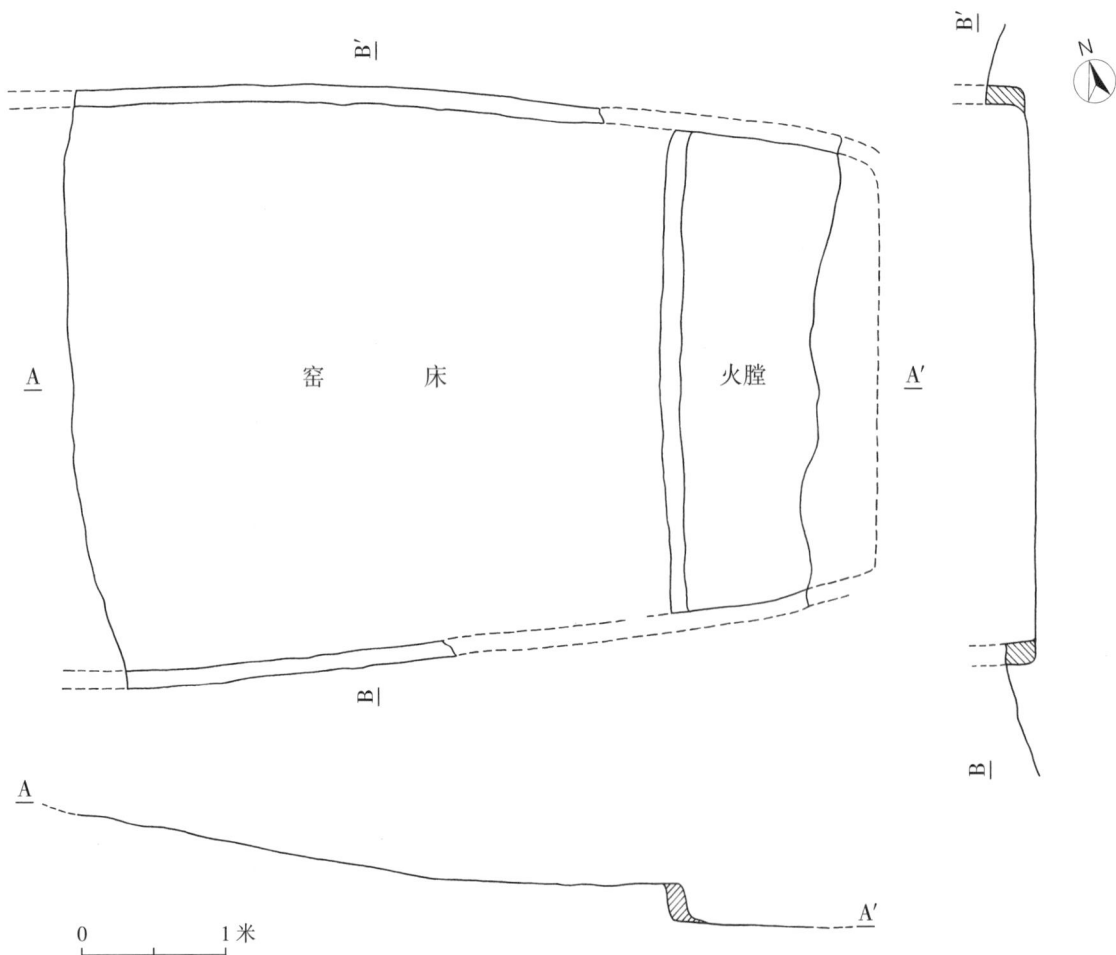

图一〇　Y4 平剖面图

垫层为 Y5 倒塌的烧结块堆积，厚达 15~20
厘米左右。

从叠压关系与平面位置关系看，Y4 基
本是在 Y5 废址上重建，重建时只将窑位较
Y5 略有南移，而两窑的前后位置基本不变，
至少两窑的火膛基本保持在同一位置。

在未被 Y3 火膛压住的窑床底面上，残
留有较多的器物残碎片，当系最后一窑出窑
时遗弃的部分废次品。器形多为碗类，未见
窑具。器物直接置于铺有瓷土粉末的底面上。
但有一个现象值得重视，即有一些残器底部
朝上摆平，这或许说明它们是被用来支垫坯
件的。

3. Y3

此处窑炉遗迹中最晚的一条。由于叠压
在最上面，离地面最浅，故保存最差，仅存
火膛，窑床基本被破坏殆尽。（图一一；彩
版八，1、2）

从平面关系看，保存着的火膛完全压在
Y4 窑床前段之上，而与 Y4 火膛前后相连接，
Y4 火膛在前，Y3 火膛在后，Y3 火膛口压在
Y4 火膛后壁上，表明 Y3 基本是在 Y4 原来位置上抬高重建，略有后缩，其北侧壁仍在 Y4
北侧壁的位置上，只是南侧壁较 Y4 南侧壁略有内收。

火膛后壁高出 Y4 窑床 25 厘米，火膛底面与 Y4 窑床间隔 5~10 厘米。火膛平面近长方形，
长 1.3、后壁宽 3 米左右，火膛低于窑床 20 厘米左右，后壁显得比较整齐挺直，表面烧结。
底部基本平整而略向前倾，底面烧结，呈青灰色，十分坚硬。

图一一 Y3 平剖面图

二 中处遗迹：Y1、Y2

位于整个发掘区的中部，叠压在④层下，位置也最靠下坡。分布在 T303、T304、T403
和 T404 内。有 2 条窑炉，存在叠压打破关系，方向基本一致，编号 Y1、Y2。从叠压关系看，
系 Y1 叠压 Y2。Y1 基本是在 Y2 的废址上重新修建，只是稍向南侧、东侧移动。从 Y1 被破
坏残断部位观察，两窑上下间隔垫土厚 40 厘米。Y1 仅保存一部分火膛与窑床的前半部分，
窑床的后半部因离地表太浅而遭破坏，窑底宽度略大于 Y2。Y2 火膛、窑床、窑尾均基本保
存完整，平面形状清楚，窑壁保存也较高，是整个发掘区揭露的七条窑炉遗迹中保存最为完
整的，故野外发掘时，清掉了 Y1 压住 Y2 部分，揭露了 Y2 全貌。（图一二；彩版九，1、2；
彩版一〇，1）

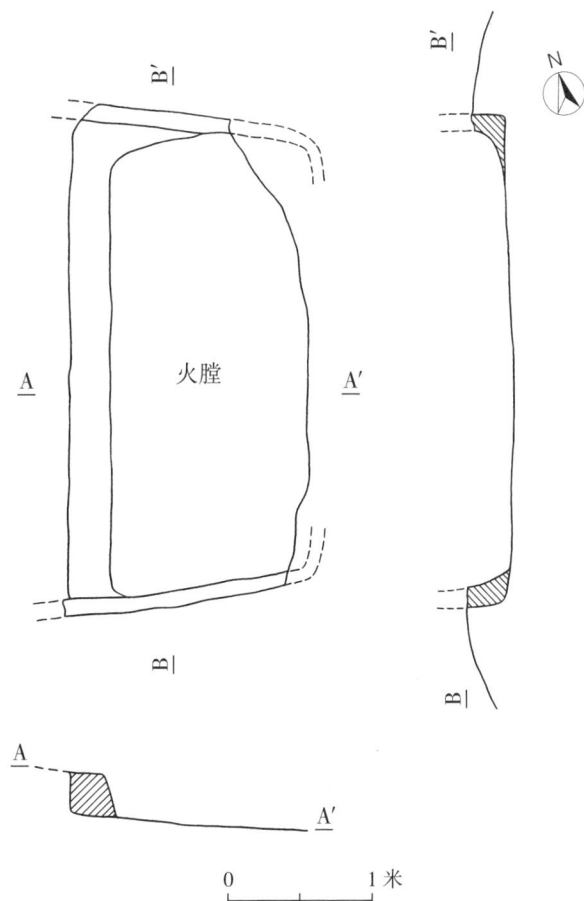

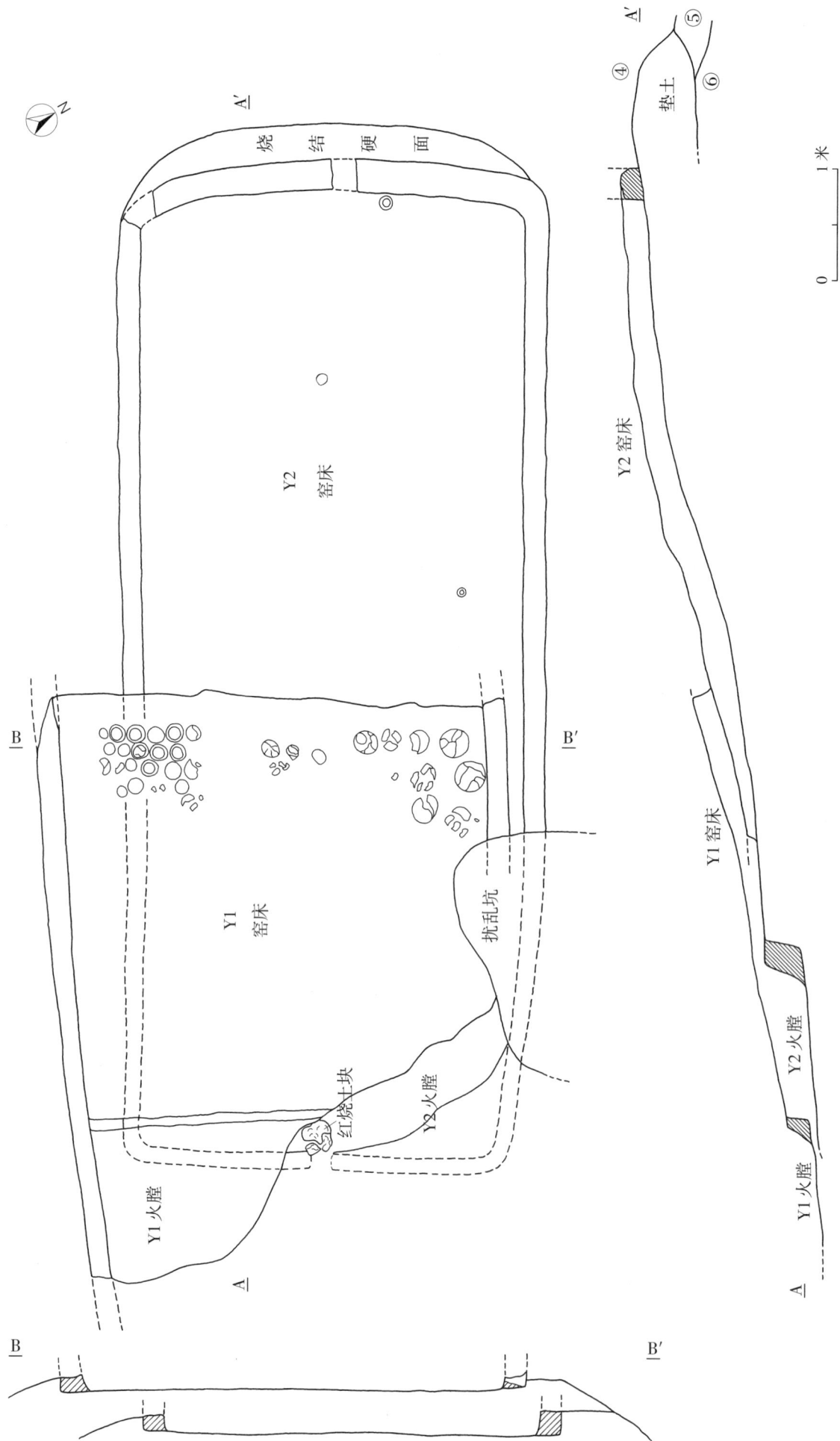

图一二 中处窑炉遗迹 Y1、Y2 平剖面图

1. Y2

窑床和火膛平面保存基本完整，在七条窑炉遗迹中保存最好（图一三；彩版一〇，2）。斜坡状长条形龙窑，通长 8.7 米，方向 112°。存火膛和窑室两部分。窑之拱顶已坍塌不存，但在未被 Y1 压住的窑床后段，窑顶坍塌块基本平整地塌在窑底上，保存较好而明显，整片连体，未经扰动，结构坚硬，厚达 30 厘米左右，青灰色的烧结硬面朝下直接覆于窑床上，其上依次分别呈经烧烤形成的紫红色和土红色（彩版一一，1~3）。此层堆积之下直接为窑底（彩版一二，1、2）。从窑顶坍塌块整齐连片的现象分析，当时此段窑顶系大面积同时坍塌。大块的烧结块中，当时搅拌在糊壁泥土中的稻草类植物秆子痕迹清晰可见。前段窑底上的窑顶坍塌块没有后段那样整齐完整，可能是建 Y1 时扰乱破坏所致。

火膛位于窑床前端，低于窑床 36 厘米，平面接近长方形，向前略有收拢。火膛后壁宽为 3.32 米，高 36 厘米，后壁距火门长 1.7 米，底部不铺瓷土或沙，整个底面为青灰色的烧结面，烧结程度很高，显得极其坚硬，底面平整而由后向前略有倾斜。南侧壁保存较好，残高 23 厘米左右，内面烧结呈青黑色。与窑床连接的后壁，烧结程度较高，上部烧结面虽已剥落坍塌，但下部保存明显。北侧壁和前壁已遭破坏不存，但底部烧结面基本完整保存，据其分布范围，可确定北侧壁和前壁原先位置。火膛内堆积有 10~15 厘米厚的黑灰土。前壁正中留有直径约 30 厘米左右的一堆红烧土块，此处原先应是火门位置，推测留下的堆状烧结块，可能系当时窑烧好之后闷窑时封堵火门所用。（彩版一三，1~4）

窑床斜长 7 米，整体显得很宽，并且往后逐渐加宽，其中前段宽 3.32 米，后段宽 3.54 米，较之其他地方已发现的同时期窑炉，总体具有短而宽的特点，颇具地方特色。窑底斜平，坡度不一，以中段最大，达 17°，前段和后段较小，分别为 5° 和 7°。窑底铺有 1~3 厘米厚的瓷土粉末，因长期烧烤，颜色偏黄。有少量原始瓷废次品与残碎片留于底面上，但未见支垫窑具留存（彩版一三，5）。解剖显示，Y2 共有上、中、下 3 层窑底，表明窑底先后经过两次整修与增高，每层窑底总厚 8 厘米左右，每次整修时先垫一层厚约 5 厘米左右的窑顶坍塌烧结碎块粒，然后在其上铺一层厚约 3 厘米左右的瓷土粉末（彩版一二，1、2）。

两侧窑壁总体保存较好，特别是未被 Y1 压住的后半部分两侧窑壁保存较高。南侧壁保存好于北侧壁，南侧壁保存高度普遍在 40 厘米左右（彩版一四，1~3），而北侧壁保存高度普遍在 20~30 厘米（彩版一四，4）。被 Y1 残部压住的前半部分，两壁保存相对较低较差些，可能是重建 Y1 时破坏所致。其中南侧壁有向内挤塌现象，北侧壁局部被晚期扰乱坑打破。窑壁普遍厚 20 厘米左右，内面整体不甚整齐平直，略有凹凸不平现象，烧结面十分明显，烧结层很厚，呈青黑色，显得极其坚硬且有较厚的窑汗，整体联结。烧结面外依次呈紫褐色和土红色（彩版一四，5）。窑壁自底部即逐渐向内侧弧收，从窑底开始起拱顶，窑壁与窑顶连为一体。不见用土坯砌壁和起券拱顶现象，均是用掺杂稻草的黏土制成，在保存的窑壁内侧烧结面上，局部可见排列紧密的横向条状凹弧形印痕（彩版一五，1、2），应该是竹木条痕迹。据此可以推测当时建造的长条状圆拱形顶窑室，应是在事先用竹木条构建而成的半圆形窑室拱架上，反复用草拌泥糊抹并晾干后，再经火烧烤而成。窑之两侧壁均未见开边门现象，可能此时的龙窑因长度较短，窑门还未出现。根据窑床的宽度，按照半圆形拱顶推测，

图一三 Y2 平剖面图

床

窑

扰坑

火膛

红烧土块

垫土

N

0　1米

当时窑室的高度在 1.6~1.8 米之间。

窑之后壁相对保存较差，保存高度仅 10~20 厘米，厚 30 厘米左右（彩版一六，1~4）。与两侧壁明显不同的一个重要现象是，内壁未见整体联结的明显烧结面，在烧结程度上远远不如两侧窑壁，只是土被烧红，但壁体结构较松散，没有像侧壁那样整体烧结坚硬，烧结层很厚，特别是在与两侧窑壁相连接的转角部位（彩版一六，4），更不见互相能连为一体的烧结硬面，反映出后壁与侧壁的联系是不紧密的。联系废品堆积大部分分布在窑后上坡面的现象，推测当时可能是从窑尾装窑与出窑，一窑烧成后即打掉后壁将器物出窑，装窑后再重建后壁封堵窑室进行烧造，窑之后壁可能是每窑拆建，它的使用是一次性的。因尾部较高，离地面很浅，后壁局部被地面种植挖坑扰破。在保存的高度内，未见明显的出烟孔。但在紧贴后壁之外侧，有一个宽 40 厘米左右的烧结硬面，此处原先很有可能是储烟坑。

此窑非本窑场中最早建造，是易地重建之窑炉，可能由于当时重建时地面过于平缓，不够建窑所需坡度，因此，建窑时窑之后段部位在原地面上经过垫土增高，然后在垫高的土层上再构建窑炉。用以垫高的土层中含有大量红烧土和烧结块以及少量原始瓷片，表明用于垫高的泥土，取自窑址自身的堆积区域内。窑炉两侧和后壁外侧，均堆筑有保护性护土，并设有护坡。护土则多取于生土层，土质较硬，经过加筑后，结构坚实。这种让窑炉高出周围地面和两侧筑护土、设护坡的做法，既能保护窑壁，又可以自然排除雨水，有效地防止山坡雨水对窑炉的冲击损毁，增强窑炉的坚固性并延长使用寿命。

由于窑头火膛已紧挨山脚便道，因此，窑前操作面未能清理。

2. Y1

残存火膛和窑床前段，窑床后段遭破坏。保存部分长 5.4 米，其中窑床保存长 4 米，火膛保存长 1.4 米。（图一四）

火膛保存南半部，北半部遭破坏，位置明确，范围大体清楚。火膛平面近长方形，长约 1.4 米，宽与窑床对应。火膛低于窑床 20 厘米，底面烧结呈青灰色，上有黑灰土堆积，底部也有略向前倾斜现象。南壁残高 15 厘米左右，因已至山脚便道，火膛北壁和前壁已被破坏。

残留的前段窑床之北侧壁，已被一个扰乱坑破坏，南侧壁保存尚可，残高 20~25 厘米，厚 20 厘米左右，内面有明显坚硬的青黑色烧结面，外侧因火烤分别呈紫褐色和红色。窑壁和窑顶未见用土坯叠砌起拱现象。

Y1 是在 Y2 倒塌的原址上整理垫高重建而成，上坡面窑床被破坏残断部位显示，Y1 在 Y2 坍塌面上垫高达 40 厘米，往前（下坡）略有减薄，而往后（上坡）可能还会更厚。窑底铺有厚 1~2 厘米的瓷土粉末。因当时是在 Y2 倒塌的顶、壁烧结块堆积上再垫高重建，结构不够紧实，因此，保存着的窑底底面局部有下陷现象。窑底坡度在 15° 左右。

在窑床接近残断部位，底部残留着一批窑炉废弃时未被取走的原始瓷产品（彩版一七，1、2）。南北两侧的产品略有不同，南侧均为小型的杯、盅式碗和弧腹碗（彩版一七，1），北侧均为较大型的浅盘（彩版一七，2）。这些器物出土时排列整齐，有的还保持着叠烧的状态，显然未经移动。器物均直接放置在窑底瓷土粉末面上，仰置裸烧，未见使用支垫窑具，表明此类产品是不用窑具支烧的（地层出土的较多窑具，可能只用于其他大件仿铜类高档产品）。

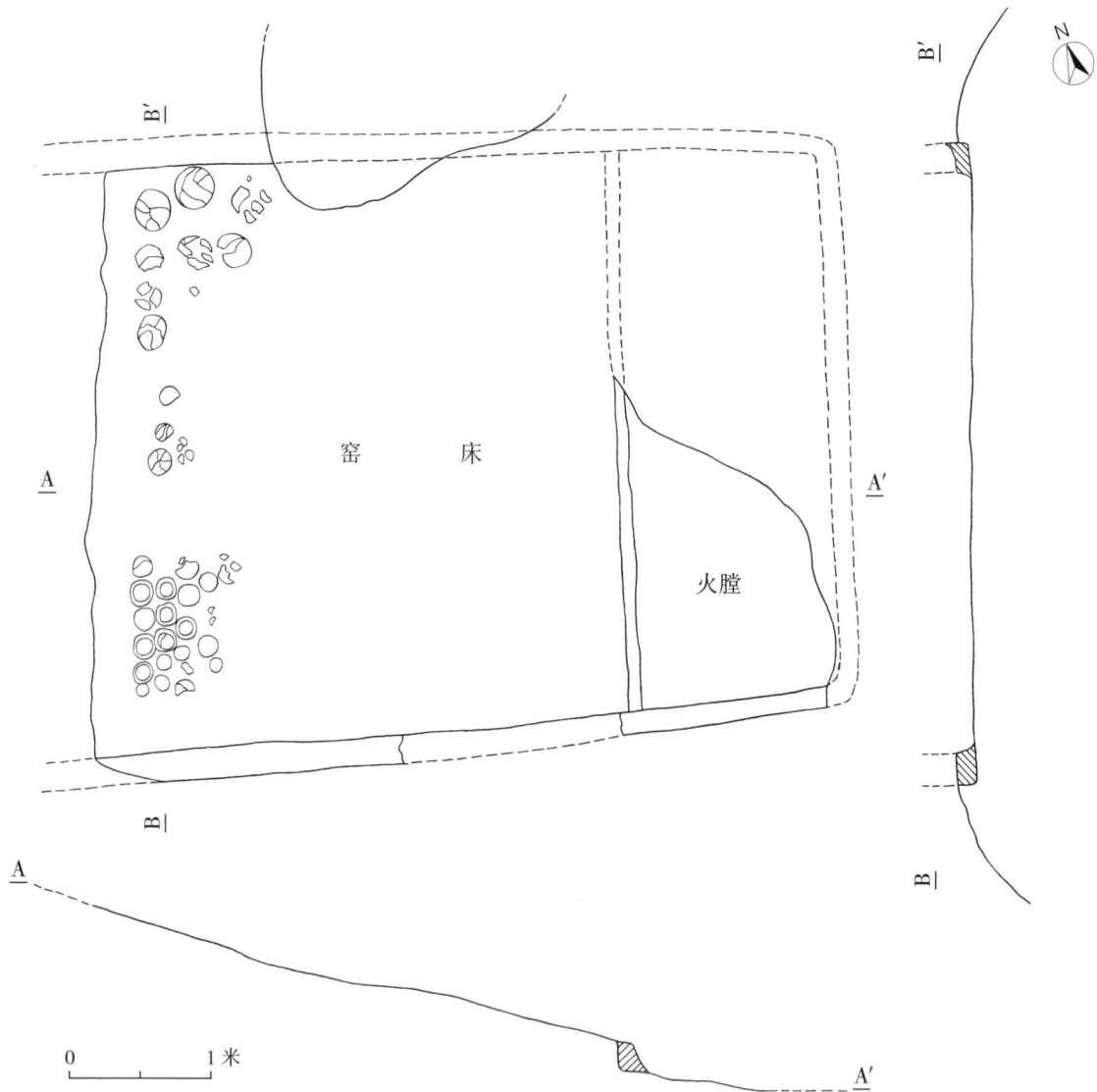

图一四　Y1平剖面图

南侧所见盅式碗和弧腹碗等产品均采用叠烧方法，大碗套小碗。叠烧数量不多，最多见3件叠烧。北侧一批较大型浅盘则均不见叠烧现象，皆单件着地装烧。这些现象表明，当时每窑的装烧量很小很有限。叠烧器物不但没有在底面上使用任何支垫具，也没有在各件器物之间使用小泥饼、垫珠等间隔具，只是在器物内底撒上一些瓷土粉末用以防止器物间的粘结，器物的内外底往往可见大面积不规则分布的白色粘结物，着地者外底多见程度不同的生烧，胎呈土红色。这批残留在窑底的原始瓷器物还有一个共同现象，即这些器物的釉面均局部釉色变深，呈褐色甚至黑色，变色部位往往出现在口部或口和上腹部，就一件器物而言，上半部釉色显得相对要深要黑，下半部釉色相对较浅而接近青色。而且这些釉面变黑的器物，其胎也不是灰白或青灰色，呈褐色甚至棕红色的烧焦状态，也有部分器物内底起泡。这些迹象反映出这批器物存在严重的过烧现象，显然是因过烧而成为废次品被遗弃于窑底。

三 南处遗迹：Y6、Y7

位于整个发掘区的最南部，压在④层下，距离地面很浅。有两条窑炉，分别编号为 Y6 与 Y7。Y6 在上，叠压打破 Y7。从平面关系看，晚建的 Y6 也是在 Y7 倒塌的废墟上重新修建，重建时向南和向东稍有移位。（图一五；彩版一八，1、2）

两窑保存均很差，都只保留火膛和与火膛连接的一小段窑床，靠上坡部位大部分窑床因离地面很浅，已遭地面耕种破坏，是发掘区三处窑炉遗迹中保存最差的一处。野外发掘时，未对 Y7 残部作全面揭露，仅作一半解剖。

1. Y7

基本被 Y6 正位叠压，保存很差，残存火膛和与火膛连接的一小段窑床。

火膛为 Y6 的火膛后部和窑床前端所压，平面位置较 Y6 火膛偏后，接近长方形，只作解剖，未全面揭露。长约 1.3 米，宽约 3.1 米。三壁壁面烧结明显，火膛内有大量黑灰土堆积。（图一六）

窑床残长 2.4 米，宽约 3.1 米，底面铺厚 1 厘米左右的瓷土粉末。窑床的底面低于 Y6 窑床底面 10 厘米左右。

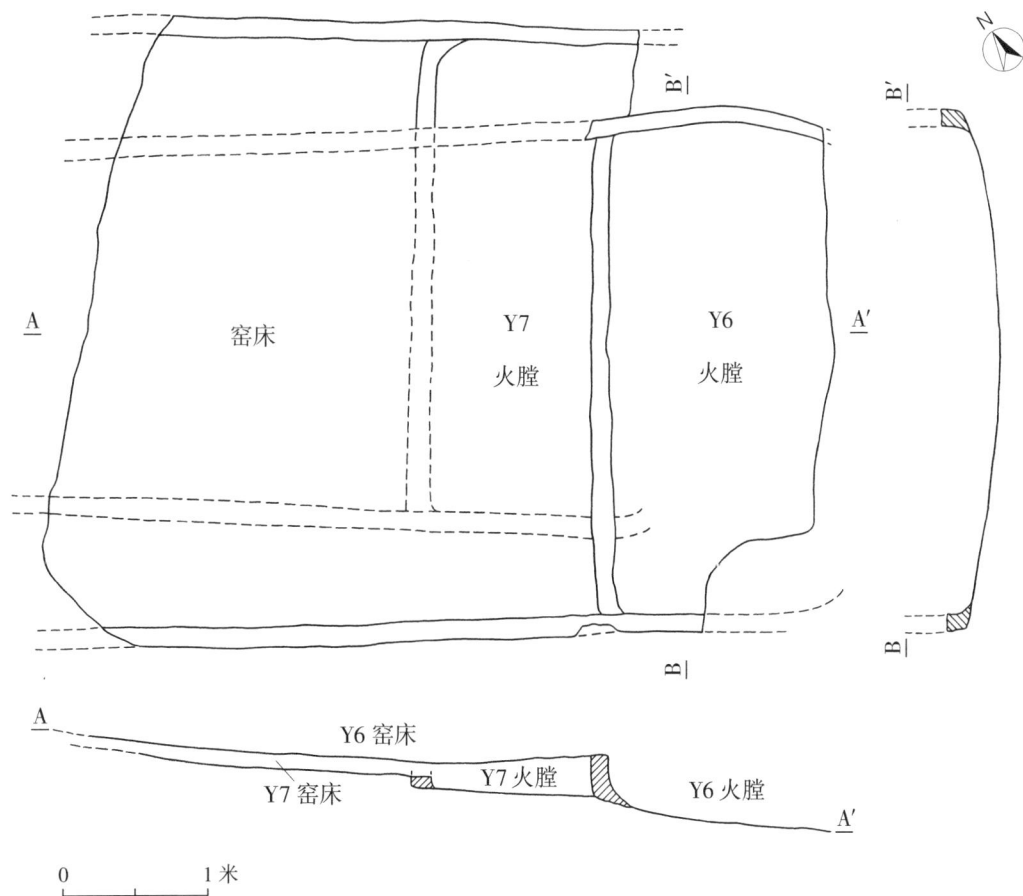

图一五 南处遗迹 Y6、Y7 平剖面图

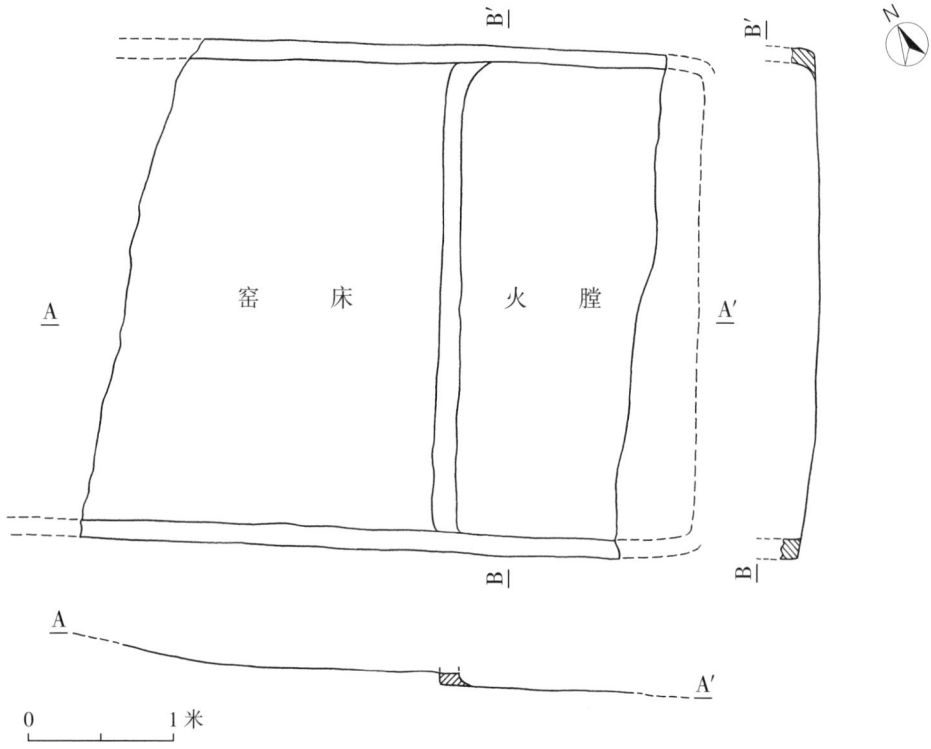

图一六　Y7 平剖面图

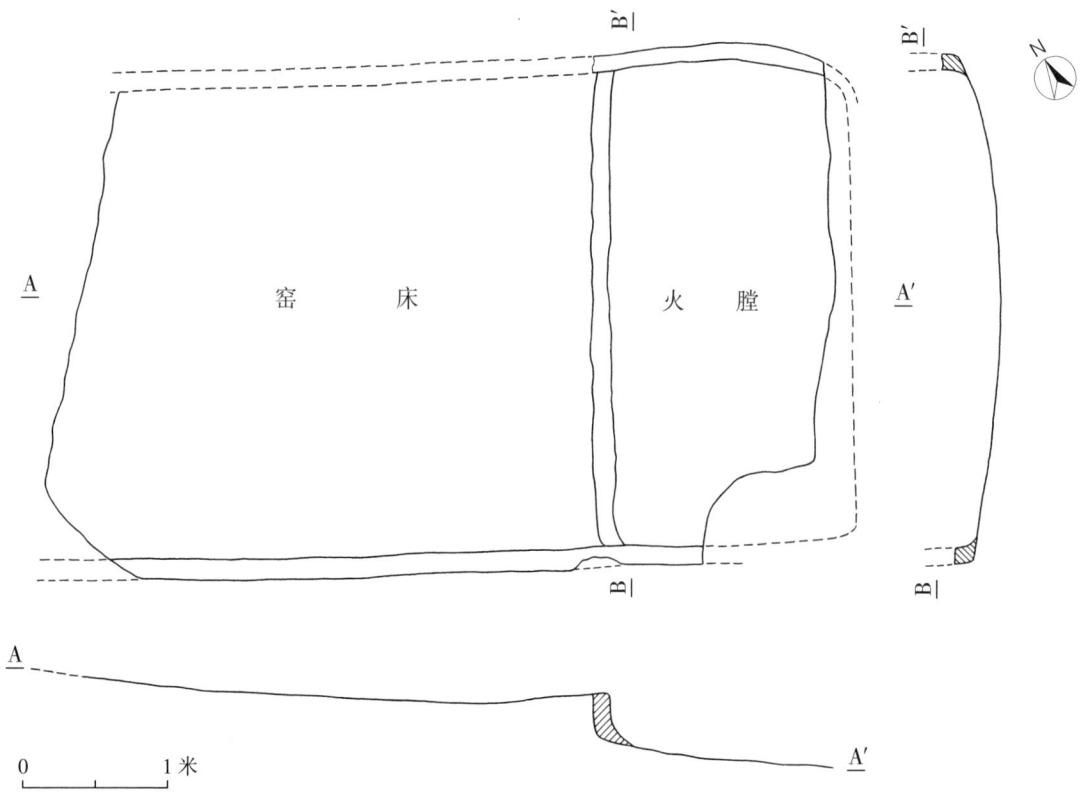

图一七　Y6 平剖面图

2. Y6

保存火膛和与火膛连接的一小段窑床。发现时，窑床上覆盖着大量的窑炉坍塌块。其火膛压住 Y7 火膛的前半部，两者相隔 10~20 厘米。从平面位置关系看，Y6 是在原 Y7 废址上重新修建，位置较 Y7 稍向南和向东移动接近 1 米。（图一七）

火膛接近长方形，保存基本完好，只是前壁和火膛口遭破坏，南侧壁一部分被破坏，北侧壁保存较好。残长近 1.6、宽 3.2 米，侧壁残高 20~30 厘米。火膛低于窑床约 40 厘米，即火膛后壁高 40 厘米左右，后壁显得十分整齐平直，烧结程度很高，烧结面明显，烧结层很厚。火膛底部基本平整，略向前（下坡）倾斜，底面烧结坚硬，呈青灰色。火膛内堆积有厚 10~20 厘米的黑灰土。（彩版一九，1、2）

窑床残长 3.8、宽 3.2 米，方向 120°。北侧壁基本遭破坏，南侧壁也仅留一些底部痕迹，但铺设瓷土粉末的底面十分明显，保存较好。底面上未见有废次品和窑具遗留。

火膛前的操作面及其周围较大面积有大量的黑灰土堆积，最厚处达 50 厘米左右，剖面显示这些黑灰土堆积有极薄的分层，每小层厚不足 1 厘米，应系当时分次向窑前低处倾倒窑灰所致。

第四章 出土遗物

发掘出土的遗物有产品和窑具两类，其中产品数以吨计，绝大多数为各种器形的原始瓷器，偶见极少量的瓮、坛等大件印纹硬陶器，表明此窑主要烧造原始瓷，兼烧少量印纹硬陶。窑具的出土数量也较多，形式十分丰富。

第一节 原始瓷器

一 综述

原始瓷器是本窑址烧造的主要产品，主要出土于③层和⑤层这两个未经扰乱的原生废品堆积层内，其他一些地层中虽也有出土，但数量较少。出土的原始瓷标本复原率较高，特别是碗类器物完整或基本完整的数量较多。产品器类丰富，普遍质量较高。

（一）器形种类

出土的原始瓷产品，可分成仿铜礼器、仿铜乐器和生活日用器三大类。

仿铜礼器数量较多，器物种类最为丰富，包括罐、瓿、盆、鉴、盘、钵、盒、鼎、匜、尊、镂孔长颈瓶、提梁盉、提梁壶、钫、镇、豆、小豆等，器类丰富，形式多样。

仿铜乐器数量最少，器类不多，包括甬钟、镈于、句鑃、鼓座、缶等，每种器类的器形也不多。

日用器包括碗、杯、盅、碟、盂、盏、小罐等，器物种类较多，数量较大，尤其是碗，是出土产品标本中数量最多的一类器物。

（二）胎釉特征

原始瓷器胎质大多十分细腻致密，胎色多呈灰白色和灰黄色，少量呈青灰色。大口浅腹器物内外施满釉，外壁施釉及底，外底多不施釉。小口深腹器物多仅外壁施满釉，外底与内壁不施釉，但也有器形基本相同的罐类器，有的内外壁均施釉，有的仅外壁施釉。施釉普遍较薄较匀，釉色变化较多，以青中泛黄色者最为多见，也有青中泛灰和泛绿色的，少量的呈淡青色。胎釉结合紧密，基本无脱釉现象，但釉面比较普遍地存在汗状凝釉斑点，罐类器的凝釉现象往往在肩部表现得比较明显与严重，这可能与这一部位施釉相对较厚有关。出土标本中，有相当一部分烧成较好的产品，火候很高，质地坚硬，扣之发音清脆，产品釉面匀净莹润，透影性较好，玻璃质感强，质量上乘，从质地到釉色，可与东汉成熟青瓷媲美。由于埋藏土壤中含铁矿物成分较多，出土的产品标本内外釉面上普遍粘结有棕红色的泥锈斑。

　　从综合比较看，器物胎釉质量的高低与器物种类、器形大小密切相关，仿铜礼器和仿铜乐器类器物的胎釉质量明显较日用器类要高，而同是礼器与乐器类器物，器形越大，胎釉质量似显得越高。釉色与胎色之间似也有一定的对应关系，釉色青翠的器物，其胎多呈较深的青灰色，青黄色釉的器物，其胎则多呈浅灰泛黄色。

　　产品中较多见有乳白色的窑变现象，俗称"乳浊釉"。但这种现象不见在一件器物上全部发生，它往往只是局部的和小范围的，窑变面积一般并不大，极少有成片大块分布的现象，分布范围也显得很不规整，斑驳不均。窑变现象一般多出现在器物的内外底和下腹与底边部位，也有少量出现在大件罐类器的肩部，且多发生于点状凝釉的厚釉处。器物内外底的窑变现象往往发生在碗、杯、碟、盏等叠烧器物上，即被叠器物的内底和叠置器物的外底，这种窑变应该是因叠置接触部位烧成温度不足所引起，器内没有叠置其他器物的产品，内底一般不见窑变现象，有见者也多有窑汗和窑渣的落入粘结，表明窑变与窑汗和窑渣的落入也有关系。器物下腹与底边部位的窑变现象，则多产生在直接着地装烧的大件器物上，而且往往多发生在朝窑底上坡面的底边或下腹部，说明这类窑变现象也与烧成温度不足有关。

　　（三）成型工艺

　　绝大多数原始瓷产品均采用快轮拉坯成型，器身形体规整匀称，胎壁较薄，厚薄均匀一致，器物的耳和三足，则是另行粘贴上去的。但也有一些器形特殊的产品采用手制成型的方法，如乐器中的甬钟、錞于、句鑃等。錞于系采用手工泥条盘筑法成型，出土的残件标本上，泥条盘筑的制作痕迹十分明显。甬钟和句鑃这两种器物，其合瓦形的器身应该是分片制作后再拼接粘合而成，而甬上的枚则也系一个个另行粘贴。

　　（四）装烧方法

　　观察出土标本和留存于Y1窑底的部分器物，结合出土的窑具，可知产品均系明火裸烧。具体存在三种装烧方法：单件用支垫具支烧、多件着地叠烧和单件着地装烧。

　　1. 单件支烧

　　此种方法主要用于烧造仿铜的礼器与乐器。由于仿铜礼乐器大多器形硕大厚重，用支具单件支烧，可以使坯件抬高窑位，使之离开窑底一定距离，以便让下腹和底部也能充分受火，避免和减少底部与下腹的生烧或欠烧现象，也可避免因叠烧留下的痕迹，提高产品的质量和成品率。

　　根据不同的器形使用不同的支烧具，其中罐、瓿、盘、盆、鉴等平底器用喇叭形、束腰形和直腹形支具支烧，支具的支面上撒些瓷土粉末作为间隔物，以防止器底与窑具的互相粘结。尊、圈足盘、錞于等圈足器则用盘类支烧具支烧，器物的足尖粘上一些瓷土粉末以防止与窑具粘结。三足鉴、三足缶、三足盘等矮三足器则使用带三个孔的覆盘形支烧具支烧，三矮足置于三个孔内不着地，器物外底部直接搁置在窑具承托面上，器物外底与承托面之间用瓷土粉末间隔。

　　仿铜的乐器中，甬钟和钩鑃有两种装烧方式：最主要的一种方法是把甬钟的甬部或钩鑃的柄部插入设在倒置直筒形支具顶面的中心孔内，将舞部搁置在支具之上，于口朝上支烧（彩版二〇）。采用这种支烧方法，甬与柄因插入窑具内，窑温较低，釉多未烧出玻化，尖部多生烧，而其他部位均烧成较好，有的朝上的舞部内壁还可见到落灰形成的自然釉和积窑渣现象。另外，也有少量甬钟和句鑃不使用这种支烧方法，而是采用于口朝下，两侧铣部直接着地竖立装烧的方法。采用这种方法装烧的甬钟与句鑃，装烧时两侧尖锐的铣部往往会插入窑底铺垫的瓷土粉末内，不能正常受火，因此，其他部位烧成均好，而两侧铣部往往有明显生烧现象。

2. 多件着地叠烧

此种方法主要见于日用器物上，包括碗、杯、盅、碟、盏、小罐等类器物，礼器类器物则仅见于盆、匜、小豆等大口浅腹的小型器物上。叠烧器物既有大小不一的同类器物套装叠烧，如碗与碗、杯与杯、盅与盅、小罐与小罐等。也有两种不同的器类套装叠烧，如碗与杯、碗与盏、盒与盅叠烧等。小豆有叠烧标本出土，为同类器物叠烧。盆与匜则情况不明。从器物大小来看，既可以是大小不同的同类器物叠烧，也可以是与较小的他类器物叠烧。叠烧数量不多，一般只有2~3件叠烧，从迹象看，最多也不过4件。这些明火叠烧器物既没有在底面上使用任何使之离开地面的支垫具，也没有在各件叠置的器物之间使用垫饼、托珠等间隔具，只是在上釉的器物内底撒上一些瓷土粉末，用以防止上下件器物之间的互相粘结。因此，这类叠烧器物的内、外底，往往可见大面积不规则分布的白色粘结物。出土的产品标本中，因上下叠烧器物互相粘结而成为废品的标本也有较多发现。

从出土的叠烧粘结废品标本看，器物存在着以下几种叠烧情况：

1）Ba 型碗叠烧

T302⑤：32，2件叠烧粘结。上件内底不见叠烧痕迹，内底积釉较厚，并呈乳白色窑变，下件外底有较多的粗砂，当为窑床上之粘砂。表明仅为2件叠烧。（彩版二一，1）

T202⑤：43，2件叠烧粘结。上件内底不见叠烧痕，下件外底见有大量的白色砂性烧结物。推测至少在3件以上叠烧。（彩版二一，2）

T304③：74，2件叠烧粘结。上件内底不见叠烧痕，下件外底有大量的白色砂性烧结物。推测叠烧不少于3件。（彩版二一，3）

T304③：59，3件叠烧粘结。上件内底不见叠烧痕，下件外底有大量的白色砂性烧结物。推测叠烧不少于4件。（彩版二一，4）

T304③：86，3件叠烧粘结。上件内底不见叠烧痕，下件外底有大量的白色砂性烧结物。推测叠烧不少于4件。（彩版二一，5）

2）Bc 型碗叠烧

T202⑤：35，2件叠烧粘结。上件器物内底有叠烧痕，并有白色砂性烧结物，下件器物外底素净，并生烧。推测原先叠烧器物不少于3件。（彩版二二，1）

T202①：6，2件叠烧粘结。上件器物内底、下件器物外底均有叠烧痕，并有白色砂性烧结物。推测原先叠烧器物不少于4件。（彩版二二，2）

3）Cc 型碗叠烧

T304③：27，2件叠烧粘结。上件偏向一侧与下件粘结，碗内积有大块窑渣，表明其是叠烧中的最上件器物。下件外底可见叠烧留下的白色粘结物，可知其并非最下面的着地器物。推测当时叠烧最少3件。（彩版二二，3）

T304③：58，2 件大小基本相同的 Cc 型碗叠烧粘结。釉均未烧出玻璃质感，下件外底生烧。（彩版二二，4）

T304③：98，2 件叠烧粘结。从上件内底和下件外底都有叠烧留下的白色粘结物现象看，其上下均还有器物叠置，表明叠烧器物最多可达 4 件。（彩版二二，5）

4）碗与盅、杯叠烧

T201⑤：29，Ba 型碗与 C 型盅叠烧粘结。上盅下碗，盅内底不见叠烧痕，碗外底有大量的白色砂性烧结物。推测为多件碗叠烧，最上装一件小盅。（彩版二二，6）

T302⑤：31，Ba 型碗与 C 型盅叠烧粘结。上盅下碗，盅残。盅内底不见叠烧痕，碗外底有大量的白色砂性烧结物。推测为多件碗叠烧，最上置一件小盅。（彩版二三，1）

T304③：138，Cb 型碗与 A 型杯叠烧粘结。（彩版二三，2）

5）C 型盅叠烧

T304③：45，2 件叠烧粘结。均完整。（彩版二三，3）

T302①：19，2 件叠烧粘结。下件外底粘有窑渣。（彩版二三，4）

6）A 型杯叠烧

T201⑤：54，2 件叠烧粘结。上件器物内壁可见一墨绿色斑块。（彩版二三，5）

T202⑤：56，2 件叠烧粘结。（彩版二三，6）

7）盒与盅叠烧

T302④：45，A 型盒内底叠烧粘结有一件 C 型盅的底部，外底白色砂性烧结物较厚，不见生烧。（彩版二四，1）

8）碗与盏叠烧

T304③：146，1 件 Ba 型碗与 2 件 A 型盏叠烧。上件残，下 2 件基本完整。浅灰色胎，胎质细腻坚致。青釉极佳，施釉均匀，胎釉结合好，玻璃质感强。上件内底不见叠烧痕，下件外底有叠烧痕，并有大量白色砂性烧结物。推测叠烧不少于 4 件。（彩版二四，2）

9）Aa 型碗与 Bb 型碗叠烧

此类叠烧均见于 Y1 窑床底部未取走的残存废次品。留存数量较多，因过烧发黑、起泡而成废品。未经移动，叠烧关系和叠烧数量明确。均是 Bb 型碗叠在 Aa 型碗之内两件叠烧，下件器物直接着地。出土时上下两件均未粘结。

Y1：9 与 Y1：26 叠烧。26 号 Bb 型碗叠于 9 号 Aa 型碗内。上件碗内结有大块窑渣，表明其上原无器物叠烧。（彩版二四，3）

Y1：19 与 Y1：36 叠烧。36 号 Bb 型碗叠于 19 号 Aa 型碗内。上件碗外底有叠烧形成的白色粘结物，内底釉面未见叠烧痕迹，并积有较多细粒窑渣，表明其上原无器物叠烧。（彩版二四，4）

Y1：16 与 Y1：33 叠烧。33 号 Bb 型碗叠于 16 号 Aa 型碗内。上件碗外底有叠烧形成的白色粘结物现象，内底釉面烧结玻璃质感，未见叠烧痕迹，并结有较多细粒窑渣，有大型气泡。表明其上原无器物叠烧。（彩版二四，5）

10）小罐叠烧

T304③：76，2 件相同器物叠烧粘结。均完整。上件侧置，釉层较薄，玻璃质感不强，外底不见生烧。（彩版二四，6）

3. 单件着地装烧

从 Y1 底部未经扰动的残留器物和其他出土标本观察，一类体形不是很大的平底浅盘，均是采用单件着地装烧的方法，内底均未见叠烧痕迹，外底或有不同程度生烧，或粘有铺于窑底的白色瓷土粉末。鼎类高三足器多见足尖不同程度的生烧现象，应是单件直接置于窑床上装烧所致。另外，罐、瓿、盆等大件平底器，甬钟、句鑃等乐器，也有少量采用这种单件着地装烧的方法。

（五）装饰艺术

装饰较为常见，主要见于礼器与乐器以及部分日用器上，几乎所有的礼器与乐器均有装饰。装饰技法主要包括堆贴、戳印、压印、拍印、刻划等几种，装饰内容有铺首、小 S 形堆贴、云雷纹、弦纹、直条纹、瓦棱纹、水波纹、C 形纹、S 形纹、蟠螭纹、篦状纹及文字与刻划符号，以云雷纹最为多见，使用也最为普遍。堆贴主要是铺首与小 S 形，普遍见于各种类型的罐、瓿等器物的肩部，悬鼓座、部分盘、盆类器物的腹部，匜与流相对的一侧等；戳印主要是见于各种乐器以及部分罐、盘、镇等器物上的各种阴线云雷纹（包括卷云纹），及鼓座上阳纹凸起的蟠螭纹，少量罐类器物 S 形纹亦分别由两个正反戳印的 C 形纹构成；刻划多为水波纹、弦纹和篦状纹，水波纹主要见于盆类器物腹部和 Bc 型碗的内底，弦纹则集中于 Bb、Bc、Cb 型碗的腹部，篦状纹则多为简化铺首的地纹。除此类纹饰外，在罐类器物及 Cc 型碗见有大量的瓦棱纹和直条纹，在两件小罐残片上还发现了釉下填彩的现象。在 D 型深腹钵和镂孔长颈瓶上见有少量的刻划，前者多为"∧"，后者则近似于叶脉纹。一件句鑃上发现文字。

1. 铺首

主要见于罐、瓿、盆、匜等器物上。按其形态可分为 7 型。

A 型　近似于倒梯形，刻划最细致具体：近方形眼，眼角上卷，眼上分别为上卷的眉与角，眼下两侧为下卷的獠牙，半环形兽鼻高耸。多衔活环。平贴，略凸起于器表。鼻与兽面分段拼接，先鼻后面。数量最多，主要见于 Aa 型罐、悬鼓座上，少量见于 B 型、F 型罐上。

T201⑤：65，Aa 型罐。灰胎。青黄色釉较佳。（彩版二五，1）

T302⑤：68，Aa 型罐。浅灰泛黄胎。青釉极佳。（彩版二五，2）

T303⑤：25，Aa 型罐。深灰胎。青釉极佳。衔活环，肩部有一圈卷云纹。纹饰排列较杂乱。（彩版二五，3）

T304⑤：20，Aa 型罐。深灰胎。青釉极佳。（彩版二五，4）

T403④：36，Aa 型罐。深灰胎。青黄釉不佳。仅存的肩部有云雷纹，纹饰较浅，排列不整齐。（彩版二五，5）

T302⑤：70，B 型罐。深灰胎。青釉极佳。（彩版二五，6）

T202④：9，B 型罐。深灰胎。内外均有釉，青釉有大量的黑褐色点。内腹口沿下有手印痕。（彩版二六，1）

B 型　近似于三角形，两角上翘，半环形鼻，表面有近似于规矩纹的装饰。平贴，略凸起于器表，半环形鼻几乎与兽面平齐。数量很少，主要见于 Aa 型罐上。

T403④：28，浅灰色胎。略泛黄青釉极佳。两角中部有两个凸起。兽面有圆点状凸起。（彩版二六，2）

T403④：30，浅灰色胎。青釉极佳。兽面戳印规矩形纹。（彩版二六，3）

C 型　形态与 B 型近似，兽面高耸于器表，鼻下探，多衔死环。数量极少，主要见于 Aa 型罐上。

T303⑤：26，浅灰色胎。土灰色釉保存不佳。（彩版二六，4）

D 型　简化铺首，中间以乳凸状象征兽面，细泥条上卷成兽角，下为小泥条环，或细泥条上、下卷，无环。数量极少，主要见于 A 型罐、匜、盆等器物上。

T202⑤：69，Ab 型罐。深灰胎。青釉较佳。圆圈纹为地。（彩版二六，5）

T403④：27，Aa 型罐。深灰胎。青釉极佳。（彩版二六，6）

E 型　以鼻衔为中心，再用细阴线刻划成兽角状。数量极少，主要见于 Ab 型罐上。

T201⑤：75，灰胎。泛黄青釉极佳。刻划简单，两则各有一云雷纹。（彩版二七，1）

T302⑤：80，深灰胎。青釉极佳。（彩版二七，2）

T302⑤：81，灰胎。青黄色釉较佳。云雷纹为地。（彩版二七，3）

T304③：14，浅灰胎。青釉较佳。（彩版二七，4）

F 型　仅兽鼻衔环，方形或梯形、倒梯形内填云雷纹、圆圈纹等纹饰作为地纹。数量极多，主要见于 Ab 型罐上，少量见于 Aa 型罐。

T302⑤：74，Ab 型罐。深灰胎。青釉较佳。铺首云雷纹较大。（彩版二七，5）

T302⑤：76，Ab 型罐。深灰胎。深青色釉较佳。铺首卷云纹较细密。（彩版二七，6）

T302⑤：79，Ab 型罐。浅灰胎。青釉较薄。铺首衔死环，戳印小圆圈纹。（彩版二八，1）

T304⑤：22，Ab 型罐。土黄色胎。土黄色釉斑驳。铺首云雷纹较粗大。（彩版二八，2）

T302④：78，Ab 型罐。灰胎。青釉较佳。戳印小圆圈纹。（彩版二八，3）

T403④：29，Aa 型罐。深灰胎。青釉较佳。云雷纹较细密。（彩版二八，4）

G 型　仅兽鼻衔环。数量较多，主要见于 Aa 型、Ab 型罐和三足盆上。

T302⑤：83，Aa 型罐。浅灰色胎。青釉极佳。铺首衔死环。（彩版二八，5）

T302⑤：84，Ab 型罐。深灰色胎。青釉保存不佳。铺首衔死环，倒梯形素面。罐体饰瓦棱纹。（彩版二八，6）

2. 填彩

发现两片，均为小罐的口肩部残片。肩部均有两道釉下褐彩装饰，其做法是：先在施彩位置的胎体表面刮掉薄薄一层，内填褐色颜料，然后与其他部位一起上釉。

Y2：1，口肩部残片。灰白色胎。青釉较佳。直口，方唇，短直颈，宽弧肩。肩部有半环形耳。填彩呈深褐色。近颈部和两道褐彩之间均饰以卷云纹。此标本出于火膛底部的灰土中，很有可能是因过烧而使褐彩颜色较深。（彩版二九，1）

T503④：1，肩部残片。灰白色胎。青釉极佳。填彩呈棕褐色，近颈部和两道褐彩之间均饰以卷云纹。（彩版二九，2）

3. 刻划符号

主要位于 D 型深直腹钵的外腹近底处，也有位于外底中间的，刻划简单，多见"⼃"。

T201 ⑤：67，底残片。灰胎。青釉较佳。外腹近底处刻划"⼃"一个。（彩版二九，3）

T201 ⑤：68，器底。灰胎。青釉较佳。底部生烧，素净，为着地烧。外腹近底处刻划"⼃"一个。（彩版二九，4）

T302 ④：84，器底残片。灰胎。釉基本剥落。外腹近底处刻划"⼃"一个。（彩版二九，5）

T204 ③：19，器底。灰胎。青釉较佳。外底生烧，素净。外腹近底处刻划"⼃"一个。（彩版二九，6）

T202 ⑤：72，底残片。灰胎。青釉较斑驳。外底生烧。外腹近底处刻划一"⼂"，近似于小篆的五字。（彩版二九，7）

T304 ⑤：48，颈部残片。灰白胎。青釉较好。残存半个叶脉状刻划纹。（彩版二九，8）

二　分述

出土的大量原始瓷产品，可分仿铜的礼器、乐器和生活日用器三类。

（一）仿铜礼器

数量较多。主要器形有平底罐、三足罐、瓿、盆形鼎、盖鼎、甗形鼎、豆、小豆、盆、平底盘、三足盘、圈足盘、提梁壶、三足壶、提梁盉、镂孔长颈瓶、尊、钫、三足鉴、匜、镇、盒等，器类十分丰富，形式极其多样。这些仿铜器制作的器物，不仅造型与青铜器一致，往往还贴有青铜器常见的各种铺首。在纹饰上，鼎、盆、盘、提梁壶、尊、鉴等器类，多饰有云雷纹和少量的 S 形纹与 C 形纹，而罐、匜等器物上，则常见凹弧状的瓦棱纹，部分器物上同时还饰有云雷纹。此类仿铜礼器，造型工整端庄，做工精巧细致，大多体形硕大厚实，庄重而大气，不论是成型工艺、烧成技术，还是产品质量，堪称原始瓷中的精品。

罐

数量极多，是该窑址的主要产品。器形和纹饰丰富，大多体形硕大，胎壁厚重。绝大多数仅外壁施满釉，少量内外施满釉。产品制作精致，釉面状况较好。无完整器，但可复原器较多。按口沿、腹部可分为 7 型。

A 型　直口圆肩鼓腹罐。

直口，方唇，短直颈，圆肩，鼓腹，平底或三小矮足，肩部有一对铺首衔环。按纹饰可分为 3 个亚型。

Aa 型　云雷纹或素面罐。

胎质细腻坚致，胎色呈灰白色或青灰色。仅外壁施满釉，底部无釉，内壁在口沿下也往往有釉一道。大部分器物青釉较佳，施釉均匀，釉面玻璃质感强，胎釉结合好，但凝釉现象普遍。大多数器物肩及上腹部釉层厚、釉面玻璃质感强，而下腹部多釉层薄、釉色斑驳。釉色较佳器物多器形较大，胎色青灰，釉色青中微泛黄。釉色较差器物则器形多较小，胎则呈灰白色。均为平底。素面占绝大多数，偶见装饰云雷纹者，在肩部有对称铺首一对，以 A 型铺首为主，偶见 D 型。部分器物底部有生烧现象。

　　T302⑤：3，复原器。胎呈夹心饼干状，内外表呈深灰色，中心呈淡灰色，胎质细腻坚致。施釉较厚，釉层匀净，通体青釉极佳，玻璃质感强。肩、上腹部、中腹部三个部位均饰有云雷纹纹饰带。肩部与上腹部的云雷纹拍印在略隆起于器表的凸面上，肩部纹饰带较宽，有三层云雷纹，上腹部为两层。云雷纹纵向分布，纹饰细密规整，但排列不甚整齐。下腹部云雷纹直接在腹壁平面上拍印，仅横向一层，个体较大，相邻纹饰之间间距大小不一。外底部无明显生烧，有白色粘结物。口径16.8、底径20.8、高23.8厘米。（图一八，1；彩版三〇，1）

　　T304⑤：29，复原器。灰白色胎，胎质细腻坚致。青黄釉，通体釉色佳，釉层薄，施釉均匀，玻璃质感强。肩部有A型铺首一对。肩、上腹、下腹部位各饰有云雷纹纹饰带，纹饰拍印于略隆起于器表的凸面上。纹饰带上腹部最宽，为三层云雷纹，肩部次之，由上下两层云雷纹构成，下腹部仅一层云雷纹。云雷纹均为纵向，纹饰细密规整，排列整齐。底部不见明显的生烧，但有白色粘结物。口径15.2、底径18、高24厘米。（图一八，2；彩版三〇，2）

　　T303⑤：6，下腹及底残。青灰色胎，胎质细腻坚致。施釉均匀，青釉釉色较佳，玻璃

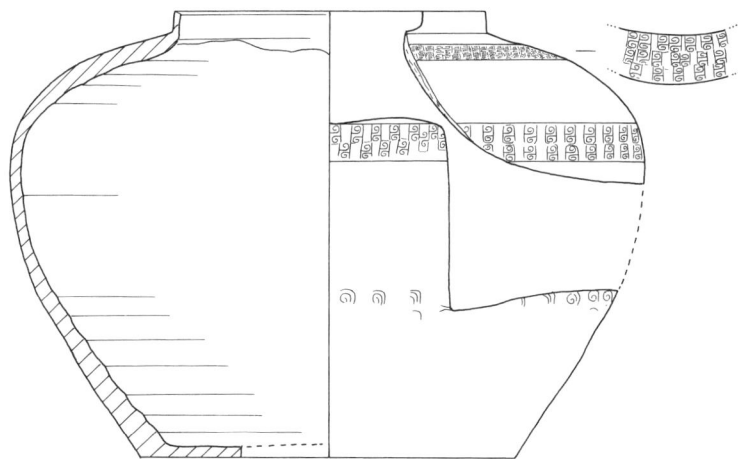

1. T302⑤：3

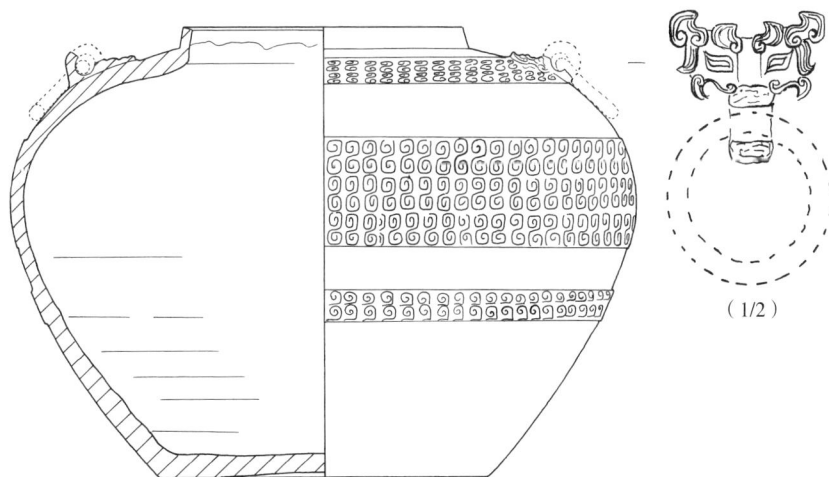

2. T304⑤：29

（1/2）

图一八　Aa型罐（1/4）

质感强。下腹部有不规则的棕色条状斑块。素面。肩部有对称 A 型铺首，环已残。底部不见生烧现象，白色粘结物较厚。口径 19.2、残高 24 厘米。（彩版三一，1）

　　T303⑤：8，复原器。青灰色胎，胎质细腻坚致。釉层较厚，施釉均匀，通体青釉极佳，釉面匀净润泽，玻璃质感强。素面。肩有 A 型铺首一对。白色砂性粘结物除覆盖整个外底部外，下腹部一侧亦有分布。口径 18.8、底径 19.6、高 25 厘米。（图一九，1；彩版三一，2）

　　T303⑤：12，口腹部残片。灰白色胎，胎质细腻坚致。釉色偏黄，釉层极不均匀，凝釉严重，胎釉结合不佳。素面。肩部保存一个完整 A 型铺首。在与铺首相对应的内壁，有四个手指印，当在粘贴铺首时形成。口径 16.8、残高 11.2 厘米。（图二〇，1；彩版三二，1）

　　T303⑤：13，口肩部残片。灰白色胎，胎质细腻坚致。釉色偏黄，釉层不匀，凝釉严重，凝釉厚处釉色泛青，局部呈乳白色窑变。素面。肩部有对称 D 型铺首，其中一个脱落。口径 14、残高 9 厘米。（图二〇，2；彩版三二，2）

　　T304⑤：2，口腹部残片。青灰色胎。仅外壁施釉，釉色青中泛灰，有玻璃质感，肩部有点状凝釉。素面。肩部设两个对称 A 型铺首。口径 22.8、残高 18 厘米。（图一九，2；彩版三二，3）

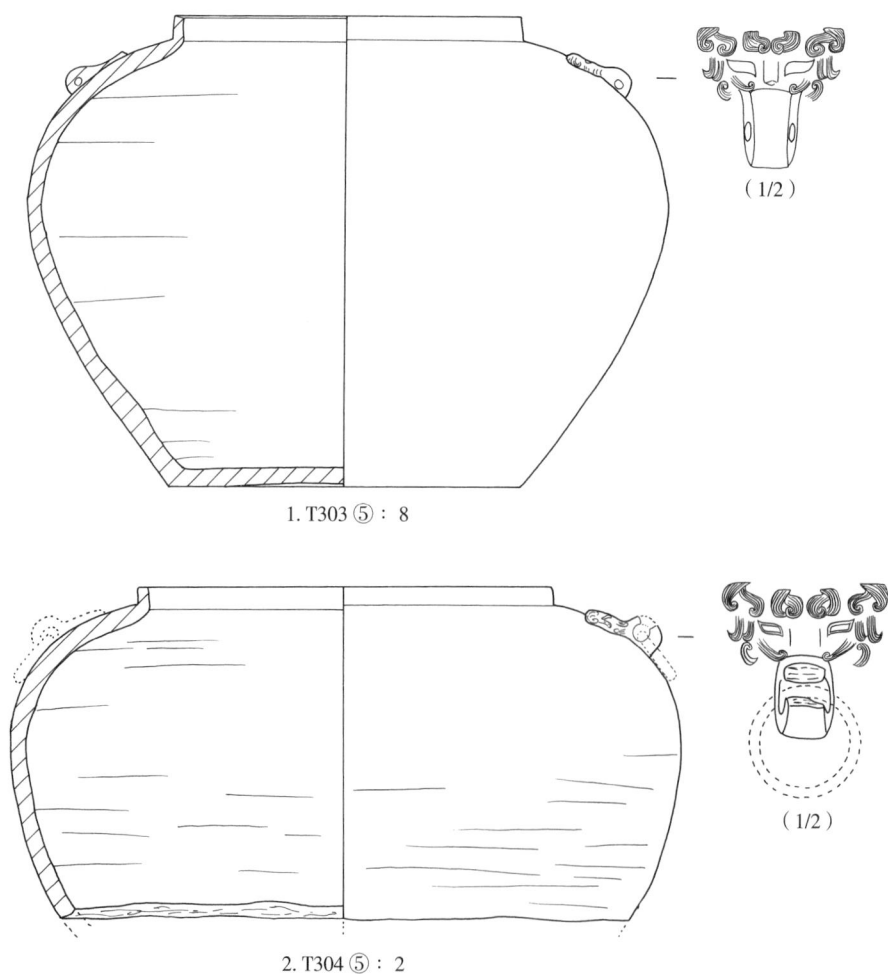

1. T303⑤：8

（1/2）

2. T304⑤：2

（1/2）

图一九　Aa 型罐（1/4）

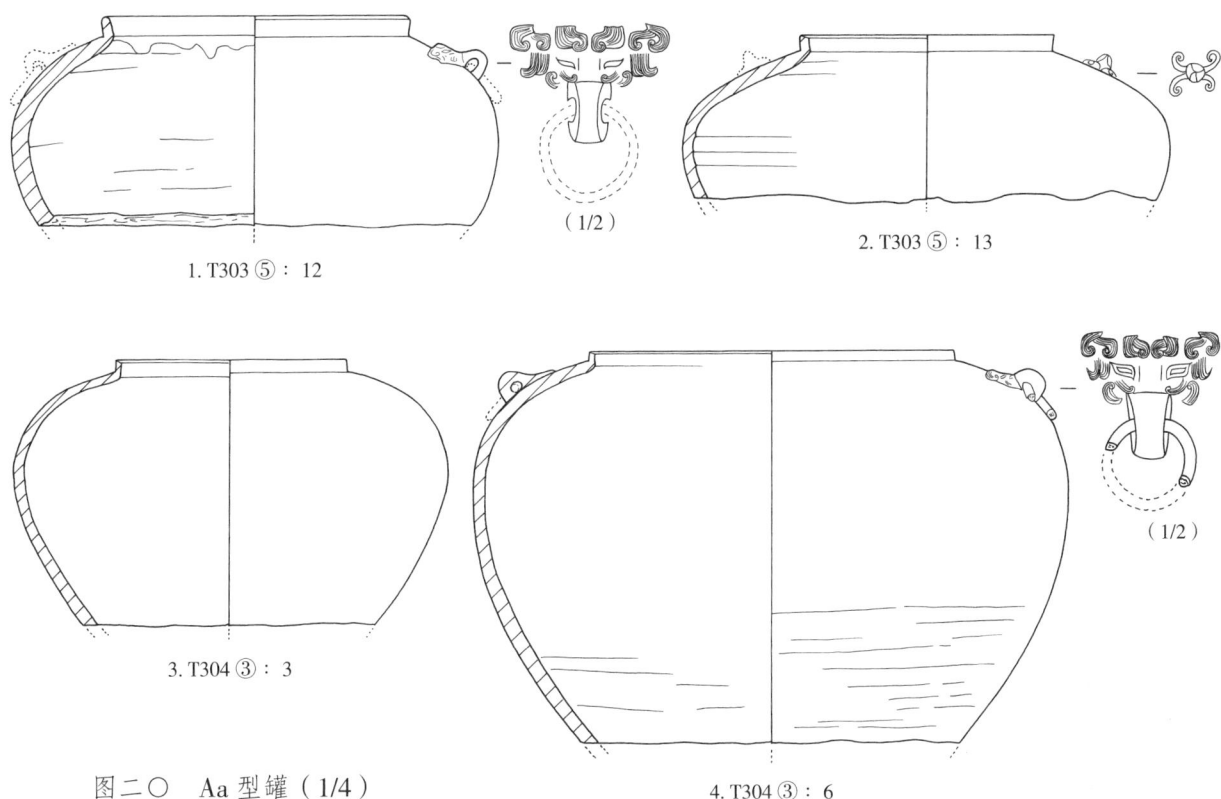

1. T303⑤：12

（1/2）

2. T303⑤：13

3. T304③：3

图二〇 Aa 型罐（1/4）

（1/2）

4. T304③：6

T304③：3，口腹部残片。体形较小。灰白色胎，胎质细腻坚致，胎壁较薄。釉层较薄，施釉均匀，青釉较淡，釉面玻璃质感较强。素面。口径12.8、残高14.2厘米。（图二〇，3；彩版三二，4）

T304③：6，底残。完全生烧，胎呈橘黄色，质地较软。肩部保留有A型铺首一个，衔环，环与肩部粘结不可动。素面。口径20、残高21厘米。（图二〇，4；彩版三二，5）

Ab型 瓦棱纹罐。

胎质细腻坚致，胎色以浅灰色为主，极少量为深灰色。外壁满釉及底，普遍施釉均匀，釉色显佳，玻璃质感强，胎釉结合良好。肩及上腹部釉一般较下腹部釉色更青，釉层更厚，玻璃质感更强。肩及上腹部均饰有瓦棱纹，纹饰凸出于器物表面，肩部较短，上腹部较长，宽窄基本一致。偶见在瓦棱纹上下拍印云雷纹的。平底为主，部分平底下有粗矮的三小足。肩部对称铺首一对，以A型为主，衔活环，部分简化为E、F、G型。此型器物多体形硕大，浑厚端庄。底部不见生烧，往往有白色粘结物。

T304⑥：1，口肩部残片。灰白色胎，胎质细腻坚致。釉层较厚，施釉均匀，青釉略泛黄，釉面匀净润泽，玻璃质感特强。肩部铺首简化成最简单的G型：仅有兽鼻。肩部瓦棱纹分成极短的两圈，此种做法仅此一件。口径20、残高13厘米。（图二一，1；彩版三三，1）

T304⑥：3，口稍残。灰白色胎，胎质细腻坚致。外壁施满釉，釉色青中略泛黄，通体施釉均匀，釉面匀净明亮，有很强的玻璃质感。平底下有三只粗矮小方足。外底不见生烧，有大面积白色粘结物。保存的口肩部残片未见铺首，对照其他同类器物，肩部原应有对称的

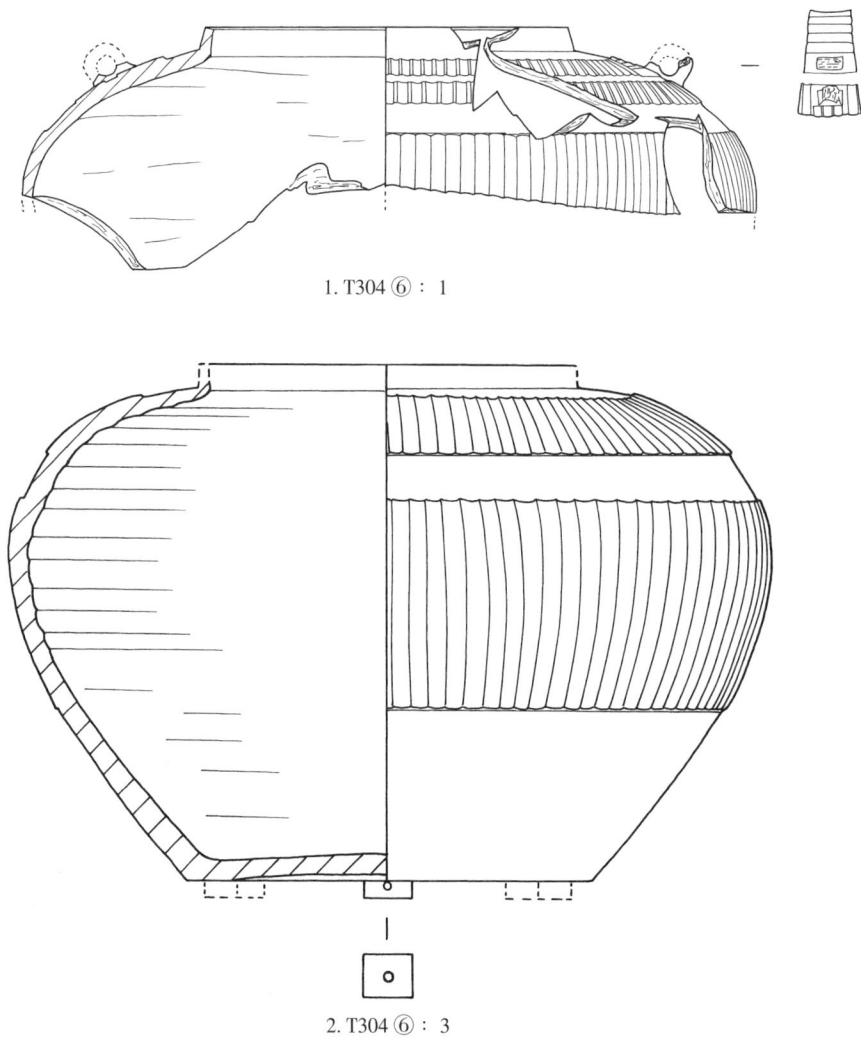

1. T304⑥：1

2. T304⑥：3

图二一　Ab 型罐（1/4）

A 型铺首衔环。底径 22.2、通高 28.5 厘米。（图二一，2；彩版三三，2）

　　T304⑥：5，复原器。灰白色胎，胎质细腻坚致。外壁施满釉，通体青釉极佳，施釉均匀，釉面匀净明亮，有很强的玻璃质感。平底下有三只粗矮小圆足。底部不见生烧，整个外底有较厚的白色粘结物。保存的口肩部残片未见铺首，对照其他同类器物，肩部原应有对称的 A 型铺首衔环。口径 18、底径 22、高 29.2 厘米。（图二二，1；彩版三三，3）

　　T302⑤：2，残。灰白色胎，胎质细腻坚致。釉层较厚，施釉均匀，釉面匀净，胎釉结合良好，釉色甚佳，色微青中泛黄，玻璃质感极强，下腹近底局部无釉，可见明显的流釉现象。肩部 F 型铺首，地纹云雷纹较为粗大。腹部瓦棱纹下有一圈拍印云雷纹。外底未见生烧，有白色粘结物。口径 20.8、底径 20、高 27 厘米。（图二二，2；彩版三四，1）

　　T303⑤：14，口腹部残片。灰白色胎，胎质细腻坚致。通体釉较佳，青釉泛灰，釉层厚，施釉均匀，玻璃质感强，胎釉结合好。肩部铺首为 F 型：在梯形范围内拍印云雷纹为地，云雷纹较为粗大，中间为半环形兽鼻。口径 18、残高 21 厘米。（图二三，1；彩版三三，4）

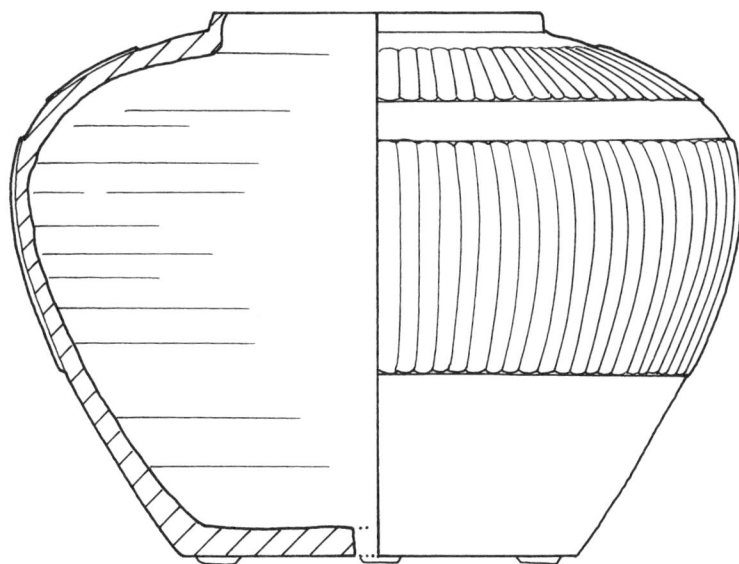

1. T304⑥：5

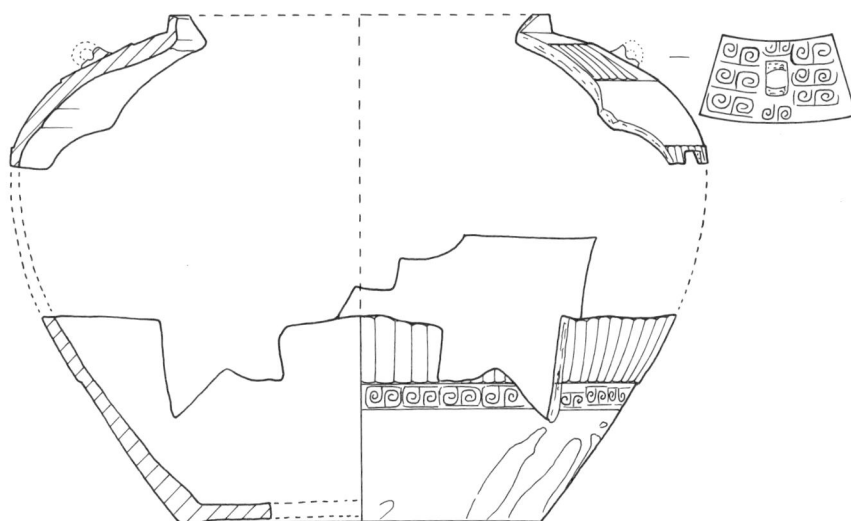

2. T302⑤：2

图二二　Ab 型罐（1/4）

　　T303⑤：15，口肩部残片。灰白色胎，胎质细腻坚致。釉层较薄，施釉均匀，通体釉面匀净，胎釉结合良好，釉色泛黄，有很强的玻璃质感。肩部有 F 型铺首。口径 18.8、残高 14 厘米。（图二三，2；彩版三四，2）

　　T303⑤：17，复原器。灰白色胎，胎质细腻坚致。通体釉层较薄，施釉匀净，胎釉结合良好，釉色较佳，大部分青中泛灰，下腹部釉略泛黄，玻璃质感强。平底。肩部为 A 型铺首。口径 21.2、底径 24、高 28.8 厘米。（图二三，3；彩版三五，1）

　　T304⑤：28，复原器。灰白色胎，胎质细腻坚致。青釉匀净，釉色极佳，有较强的玻璃质感。平底。肩部铺首为 A 型，保留的一个铺首尚衔活环。口径 21.6、底径 22.4、高 29.2 厘米。（图二四，1；彩版三五，2）

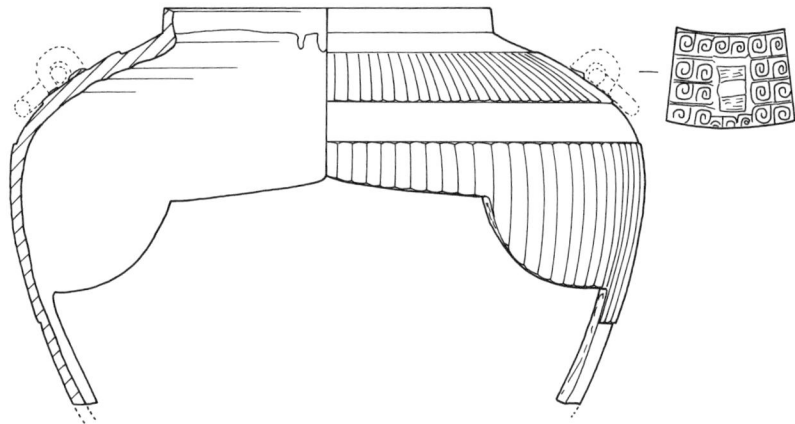

1. T303⑤：14

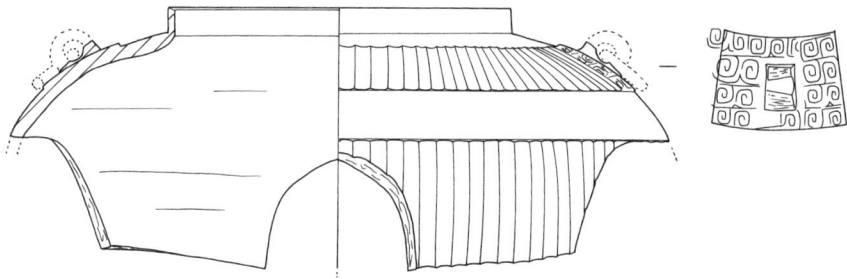

2. T303⑤：15

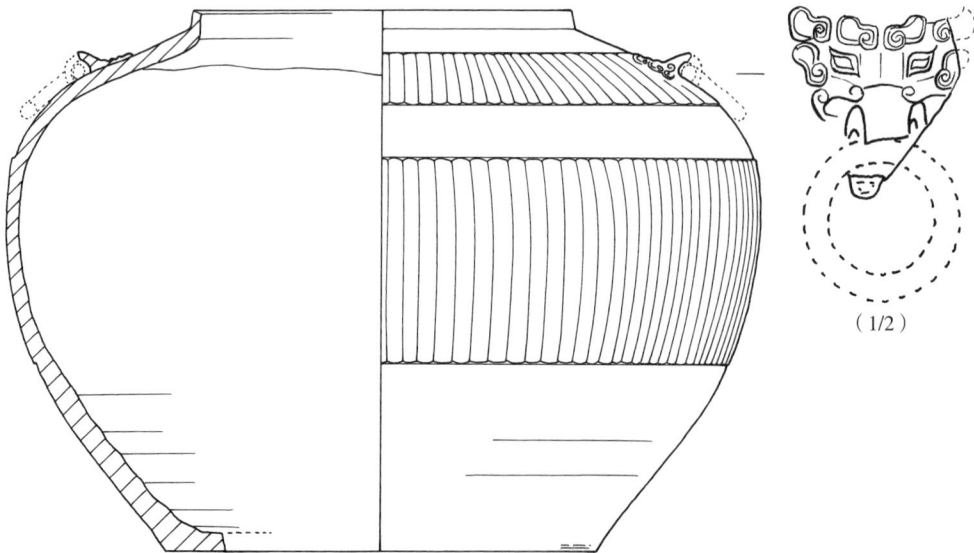

3. T303⑤：17

图二三　Ab 型罐（1/4）

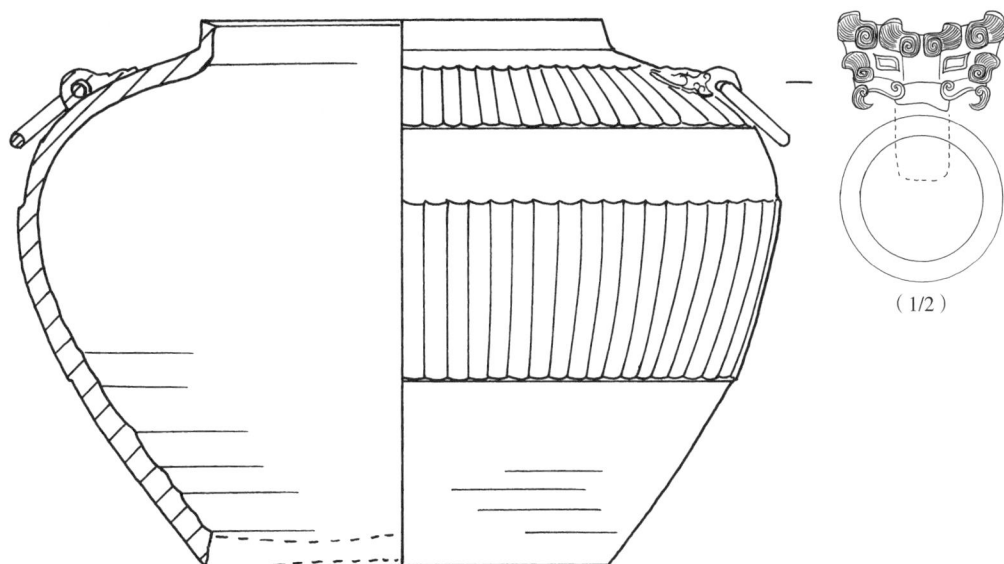

1. T304⑤：28

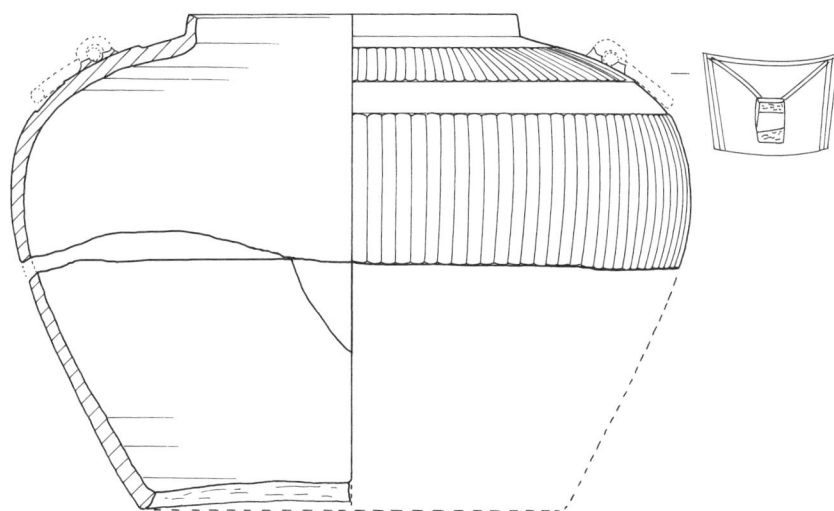

2. T304⑤：51

图二四　Ab 型罐（1/4）

T304⑤：51，口腹部残片。灰白色胎，胎质细腻坚致。青釉极佳，釉色较深。肩部 E 型铺首，铺首外围以细凹弦纹刻划倒梯形，中间为兽鼻衔环，兽鼻上刻划两道倒"八"字形凹弦纹代表兽角。口径 18、底径 23.2、高 26.8 厘米。（图二四，2；彩版三四，3）

Ac 型　细条纹罐。

胎质细腻坚致，胎色以灰白色为主，极少量为青灰色。外壁满釉及底，普遍施釉比较均匀，釉色显佳，玻璃质感强，胎釉结合良好。肩及上腹部均饰有细密的直条纹。均为平底器。肩部对称铺首一对，底部不见生烧，往往有白色粘结物。

T304③：8，复原器。青灰色胎，釉层较厚，通体釉色青翠，玻璃质感强，但凝釉明显。肩部对称设 A 型铺首，做法较为特殊，以横向虚点纹为地纹。口径 17.2、底径 15.2、高 16.8

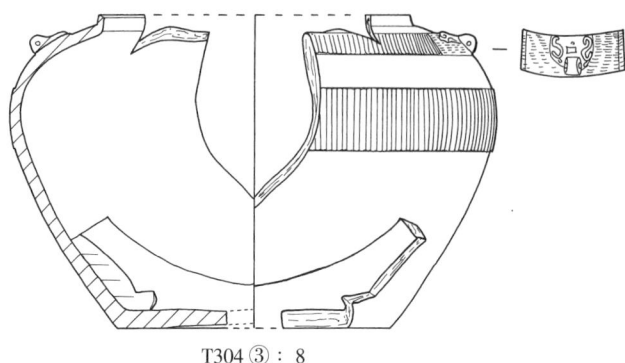

T304③：8

图二五　Ac 型罐（1/4）

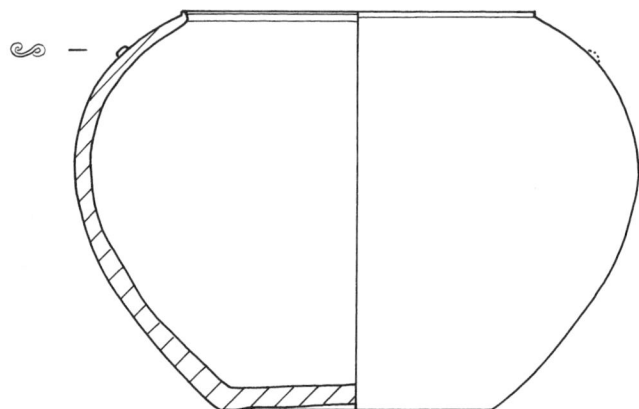

1. T201⑤：2

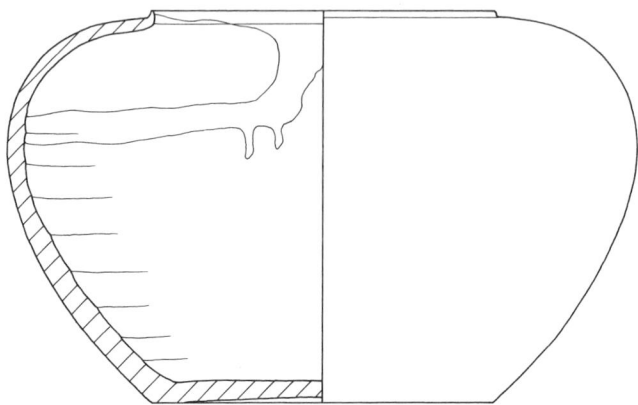

2. T202⑤：3

图二六　B 型罐（1/4）

厘米。（图二五；彩版三六）

B 型　敛口圆肩鼓腹平底罐。

胎色包括灰白色与青灰色两种，胎质细腻坚致。釉色较为多样，以青釉为主，包括青黄釉、青灰釉和近乳白色的淡青釉。大部分器物仅外壁施满釉，内壁仅在口沿下一圈有釉，施釉线整齐，少量器物内外均施满釉。大多施釉均匀，胎釉结合好，玻璃质感强。胎色较深釉色亦较深，青釉器物胎往往呈青灰色，且一般器形较小，釉面有密集的凝釉点。青黄釉和乳白色的淡青釉器物胎则一般为灰白色。敛口，圆唇或尖圆唇略凸，圆肩，鼓腹，下腹斜收，平底。肩部以 S 形堆贴为主，两只 S 形纹横向对称堆贴，少量为 A 型铺首。器物大小不一，较大型器物底部往往粘结有白色砂性烧结物，不见生烧痕迹，当为使用支烧具支烧。而较小型器物则往往直接着地装烧，底部生烧明显。

T201⑤：2，复原器。灰白色胎。内外均满釉，釉层厚，施釉均匀，青黄色釉极佳，胎釉结合好，釉面匀净明亮，内壁釉面优于外壁，有很强的玻璃质感。器形较大，胎壁厚重。肩部有对称的横向 S 形堆贴。口径 19.2、底径 15、高 21.3 厘米。（图二六，1；彩版三七，1）

T202⑤：3，复原器。灰白色胎。仅外壁施满釉，釉层较厚，施釉均匀，胎釉结合好，釉色淡青，接近乳白色，有较好的玻璃质感。器形较大，胎壁厚重。内壁有明显的修刮痕迹。残留肩部不见 S 形堆贴，但参照其他同类器物，肩部原应有横向 S 形堆贴。底部不见生烧，有白色粘结物。口径 19、底径 19、高 21 厘米。（图二六，2；彩版三七，2）

T202⑤：4，复原器。灰白色胎。内外均满釉，釉层厚，施釉均匀，胎釉结合良好，釉色青中泛黄，釉面匀净明亮，内壁釉面优于外壁，玻璃质感强。器形较大，胎壁厚重。肩部有对称的横向 S 形堆贴。底部不见生烧痕迹，整个外底有白色粘结物。口径 20.4、底径 18.6、高 23.1 厘米。（图二七，1；彩版三七，3）

T202⑤：77，复原器。灰白色胎。仅外壁施满釉，釉层较厚，施釉均匀，胎釉结合良好，通体釉色淡青，接近乳白色，有较强的玻璃质感。器形较大，胎壁厚重。肩部有横向 S 形堆贴。内腹有明显的修刮留下的痕迹。底部不见生烧痕迹，有白色粘结物。口径 18.4、底径 19.2、高 22.6 厘米。（图二七，2；彩版三七，4）

T203⑤：1，口沿略残。灰白色胎。仅外壁施满釉，釉层较厚，施釉均匀，釉色淡青，接近乳白色，通体釉面较佳，有较强的玻璃质感。器形较小，胎壁厚重。底部不见生烧痕迹，整个外底部有白色粘结物。口径 12.4、底径 12.6、高 15 厘米。（图二七，3；彩版三八，1）

T203⑤：3，口肩部残片。灰白色胎。仅外壁施釉，釉层厚，施釉均匀，釉色青中泛黄，釉面明亮，玻璃质感强，肩部有点状凝釉现象。器形较小，胎壁厚重。肩部有横向 S 形堆贴。口径 13.6、残高 8 厘米。（图二七，4；彩版三八，2）

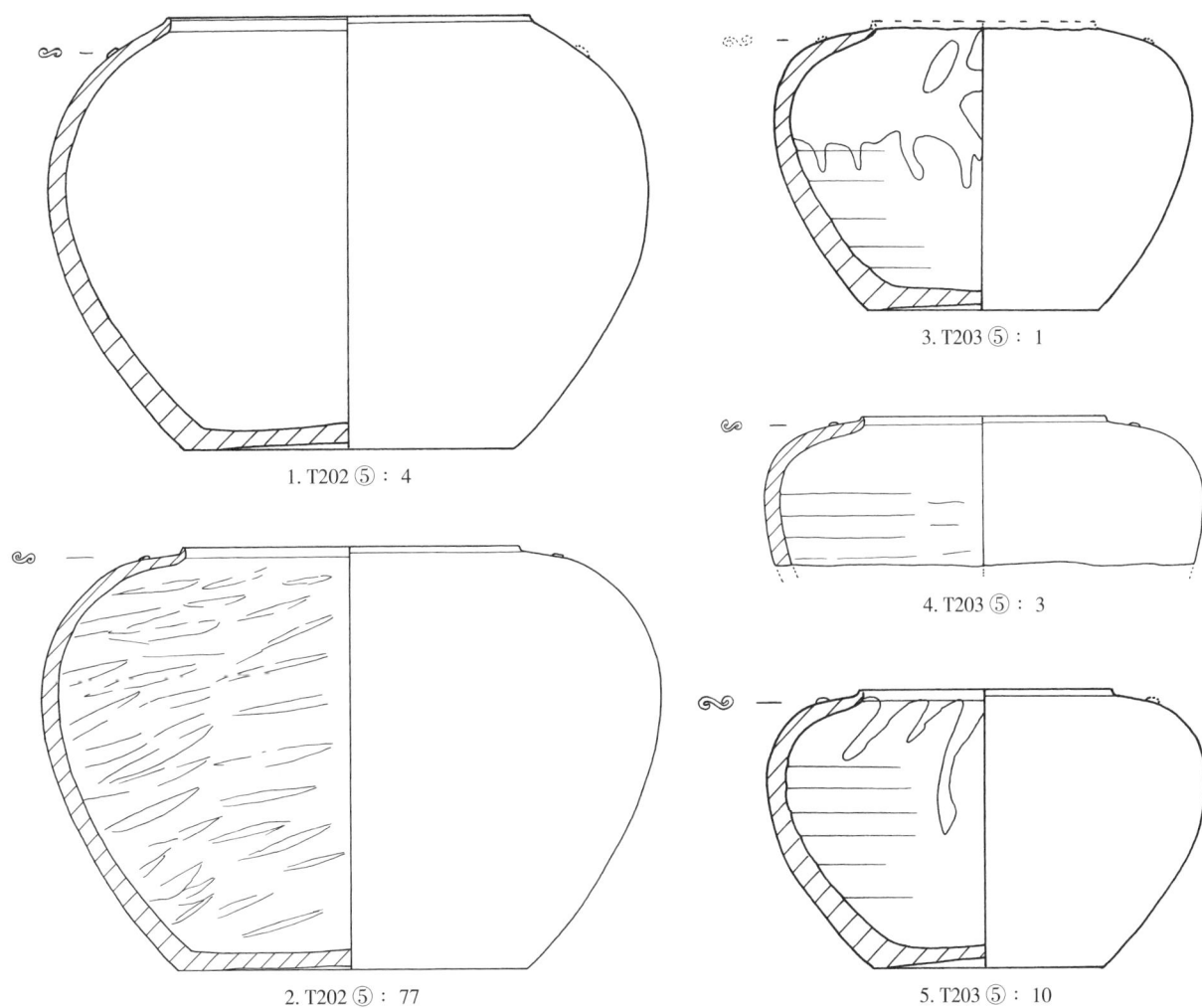

1. T202⑤：4

3. T203⑤：1

4. T203⑤：3

2. T202⑤：77

5. T203⑤：10

图二七　B 型罐（1/4）

　　T203⑤：10，残，复原。胎、釉、器形与 T203⑤：1 相同。残存肩部有 S 形堆贴。口径 13.8、底径 13、高 14.8 厘米。（图二七，5；彩版三九，1）

　　T302⑤：1，复原器。灰白色胎。内外均满釉，釉层厚，施釉均匀，胎釉结合良好，釉色青中泛黄，釉面匀净明亮，玻璃质感极强。器形较大，胎壁厚重。底部不见生烧痕迹，整个外底分布有白色粘结物。口径 14.4、底径 18.6、高 21.3 厘米。（图二八，1；彩版三九，2）

　　T302⑤：4，口腹部残片。青灰色胎。仅外壁施釉，釉层较厚，釉色青中泛灰，肩部点

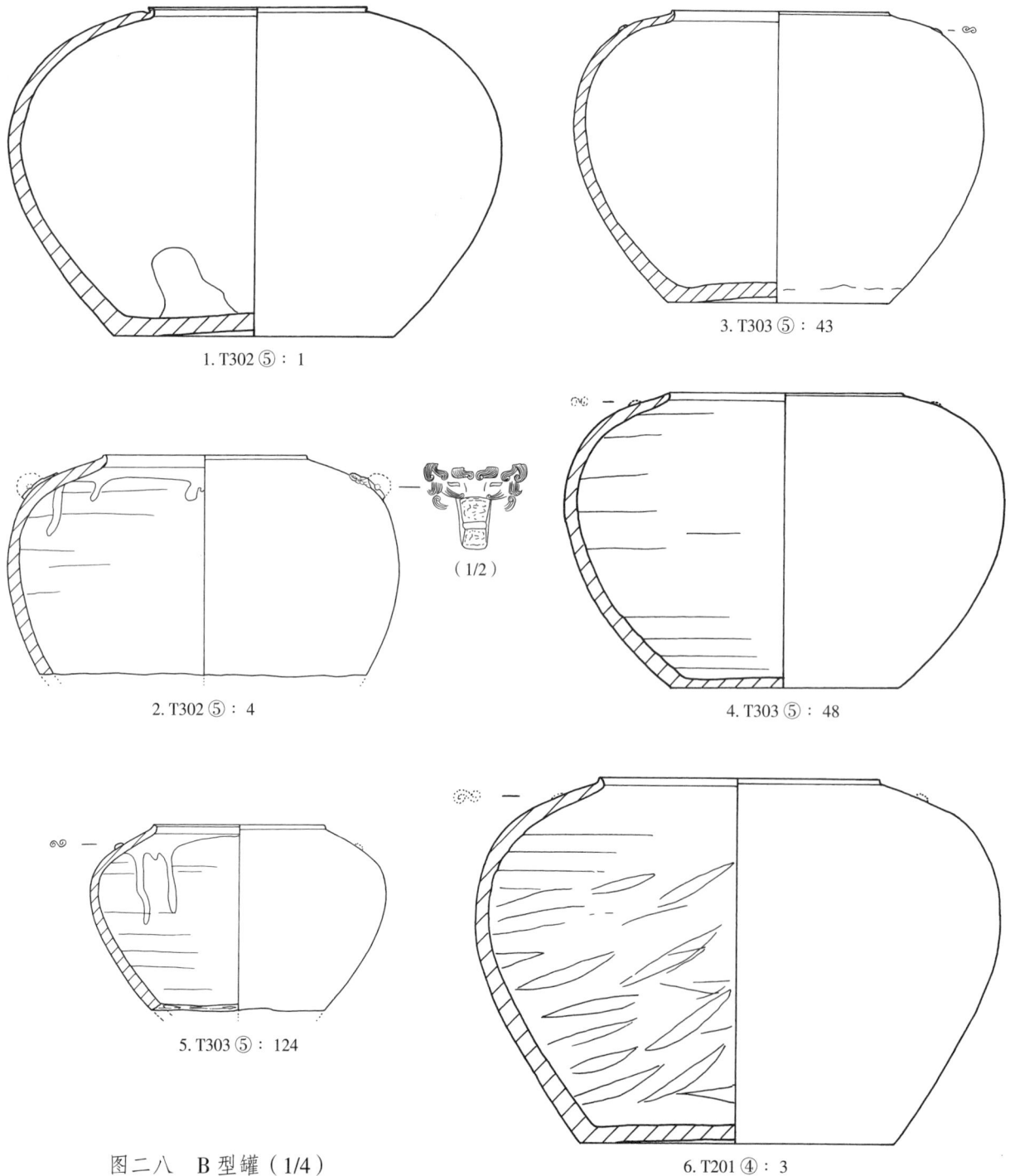

1. T302⑤：1

2. T302⑤：4　（1/2）

3. T303⑤：43

4. T303⑤：48

5. T303⑤：124

6. T201④：3

图二八　B 型罐（1/4）

状凝釉明显，釉面较佳，有一定的玻璃质感。肩部有对称的 A 型铺首，铺首下有长短不一的刻划线。口径 13.6、残高 14.2 厘米。（图二八，2；彩版三八，3）

T303⑤：43，复原器。青灰色胎。仅外壁施满釉，青釉凝釉点密集，釉较佳，青釉较青翠，玻璃质感强，胎釉结合好，肩部釉色好于腹部。肩部有对称的横向 S 形堆贴。外底生烧明显，不见白色砂性烧结物。口径 14、底径 14.8、高 18.8 厘米。（图二八，3；彩版四〇，1）

T303⑤：48，残，可复原。体形较小。青灰色胎。仅外壁施满釉，青釉凝釉点密集，釉较佳。下腹部有较多的呈水指印状的棕色斑块。外底不见生烧现象，整个底部有白色粘结物。口径 15.6、底径 15、高 19.2 厘米。（图二八，4；彩版三八，4）

T303⑤：124，底残。体形较小。青灰色胎。仅外壁施满釉，肩部釉层较厚，青釉泛黄，凝釉现象严重，局部有乳白色窑变。肩部有对称的横向 S 形堆贴一对。口径 11.6、残高 12 厘米。（图二八，5；彩版四一，1）

T201④：3，复原器。深灰色胎。外腹施釉及底，内腹上腹部大部分有釉，但施釉线不整齐，局部流釉至器物底部，釉保存较差，釉层薄，剥落严重，玻璃质感不强。肩部有横向 S 形堆贴。外底生烧不明显，但无白色砂性烧结物。口径 18.6、底径 21、高 23.4 厘米。（图二八，6；彩版四一，2）

T201④：5，口肩部残片。浅灰色胎，内外施釉，釉层较薄，施釉均匀，釉色泛黄，玻璃质感不强。器形极大。肩部有对称的横向勾云纹形堆贴。口径 20、残高 10 厘米。（图二九，1；彩版四一，3）

T302④：14，复原器。胎呈夹心饼干状，

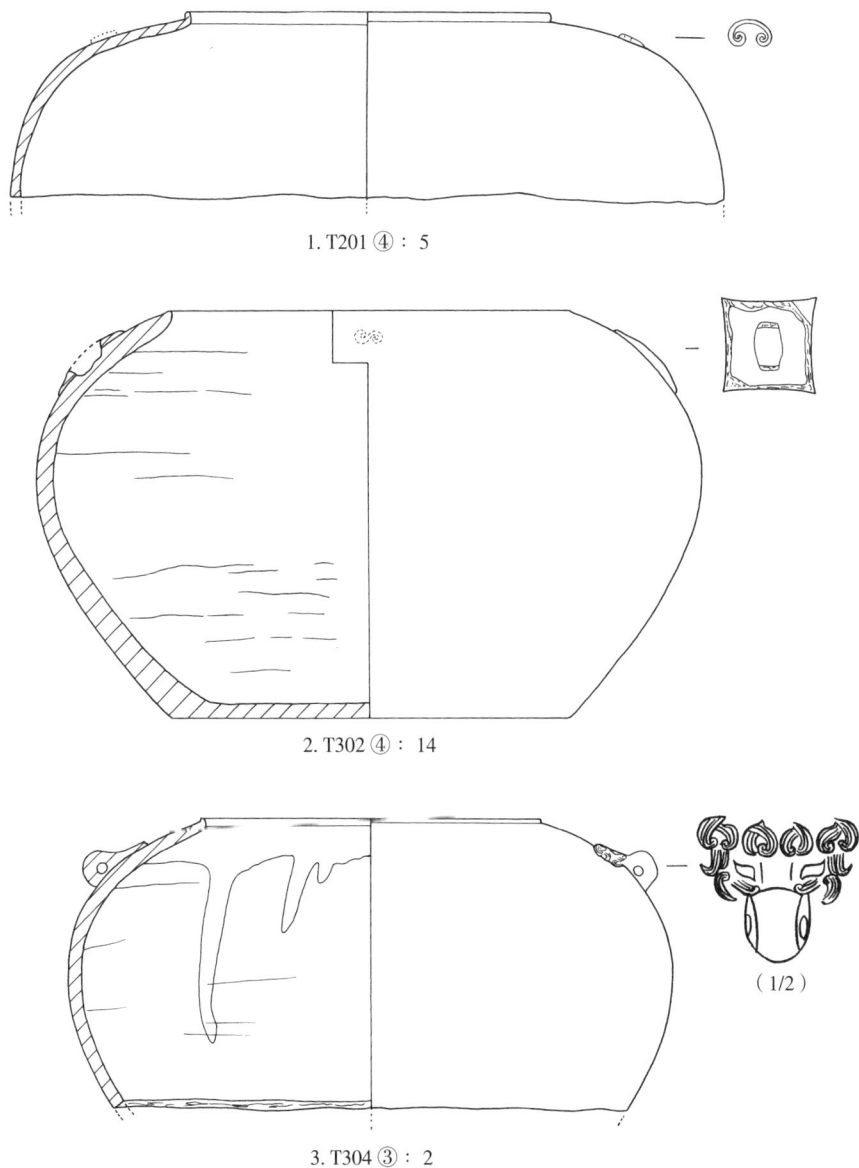

1. T201④：5

2. T302④：14

3. T304③：2

图二九　B 型罐（1/4）

胎芯青灰色，内外表为灰白色。仅外壁施釉，釉层厚，施釉均匀，釉色青中泛黄，玻璃质感极强。器形较大，胎壁厚重。肩部有对称的横向S形堆贴。平底不见生烧现象，白色砂性烧结物较厚。口径22、底径22、高21.6厘米。（图二九，2；彩版四〇，2）

T304③：2，口腹部残片。灰白色胎。仅外壁施釉，釉层较薄，施釉均匀，釉色青中略泛灰，有一定的玻璃质感。肩部有对称的A型铺首。口径18.8、残高15.4厘米。（图二九，3；彩版四一，4）

C型　直口隆肩深斜弧腹罐。

直口，方唇，短直颈，隆肩，深腹弧收，腹较瘦高，最大腹径在肩部，平底或三小足。

T201⑤：1，复原器。灰白色胎略泛黄。仅外壁施满釉。釉层较厚，施釉均匀，釉色偏黄，玻璃质感强。平底，体形较大。保存的肩部残片未见有耳，原先肩部应有铺首衔环。肩腹过渡部位拍印云雷纹，云雷纹排列整齐紧密，但上下、左右有重叠拍印现象。云雷纹上下侧分别有凹弦纹二道和一道。下腹近底的较宽部位饰瓦棱纹，瓦棱纹凸起于器表，其上侧有二道凹弦纹，弦纹之间拍印横向云雷纹，云雷纹较粗大，排列紧密。口径19.2、残高28.8厘米。（图三〇，1；彩版四二，1）

T201⑤：77，口肩部残片。胎釉、器形和纹饰特征均与T201⑤：1相同。口径19.6、残高22厘米。（图三〇，2；彩版四二，2）

T302⑤：10，底残。灰白色胎略泛黄。仅外壁施满釉，釉层较厚，施釉均匀，釉色偏黄，玻璃质感强。平底。肩部有F型铺首，兽鼻衔环，铺首周围以卷云纹为地，纹饰细密清晰，排列较为整齐，从保存的情况来看，环朝上。肩及下腹部施较窄的瓦棱纹。口径15.2、残高25.2厘米。（图三一，1；彩版四三，1）

T302⑤：11，复原器。胎釉、

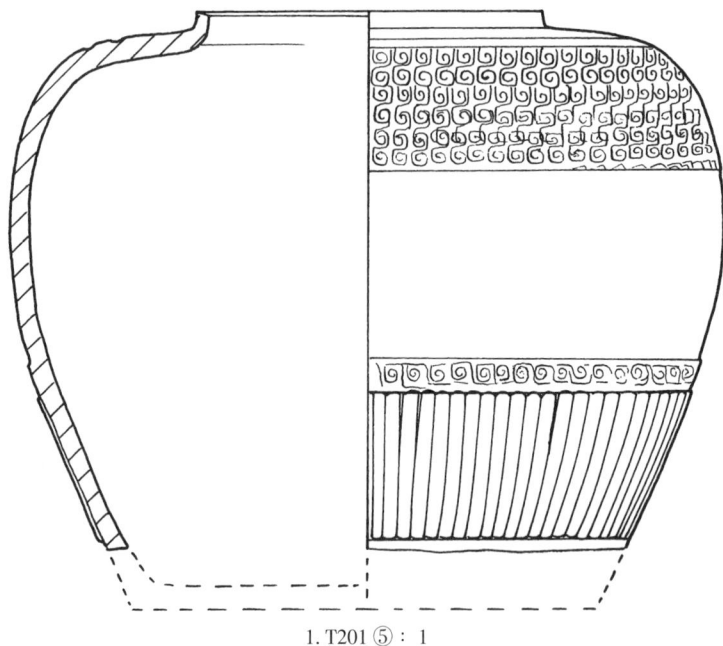

1. T201⑤：1

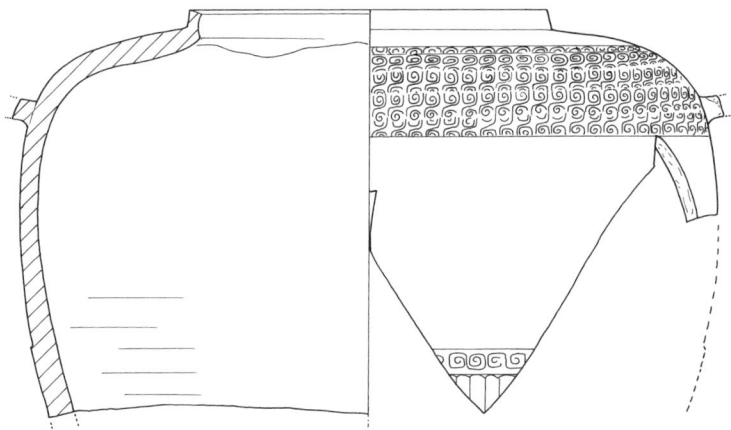

2. T201⑤：77

图三〇　C型罐（1/4）

器形和纹饰均与 T302 ⑤：10 相一致，残存的肩部未保留下铺首。残高 23.5 厘米。（图三一，2；彩版四三，2）

T302 ⑤：12，下腹及底部残片。青灰色胎，仅外壁施满釉，青釉局部泛黄，釉色斑驳，

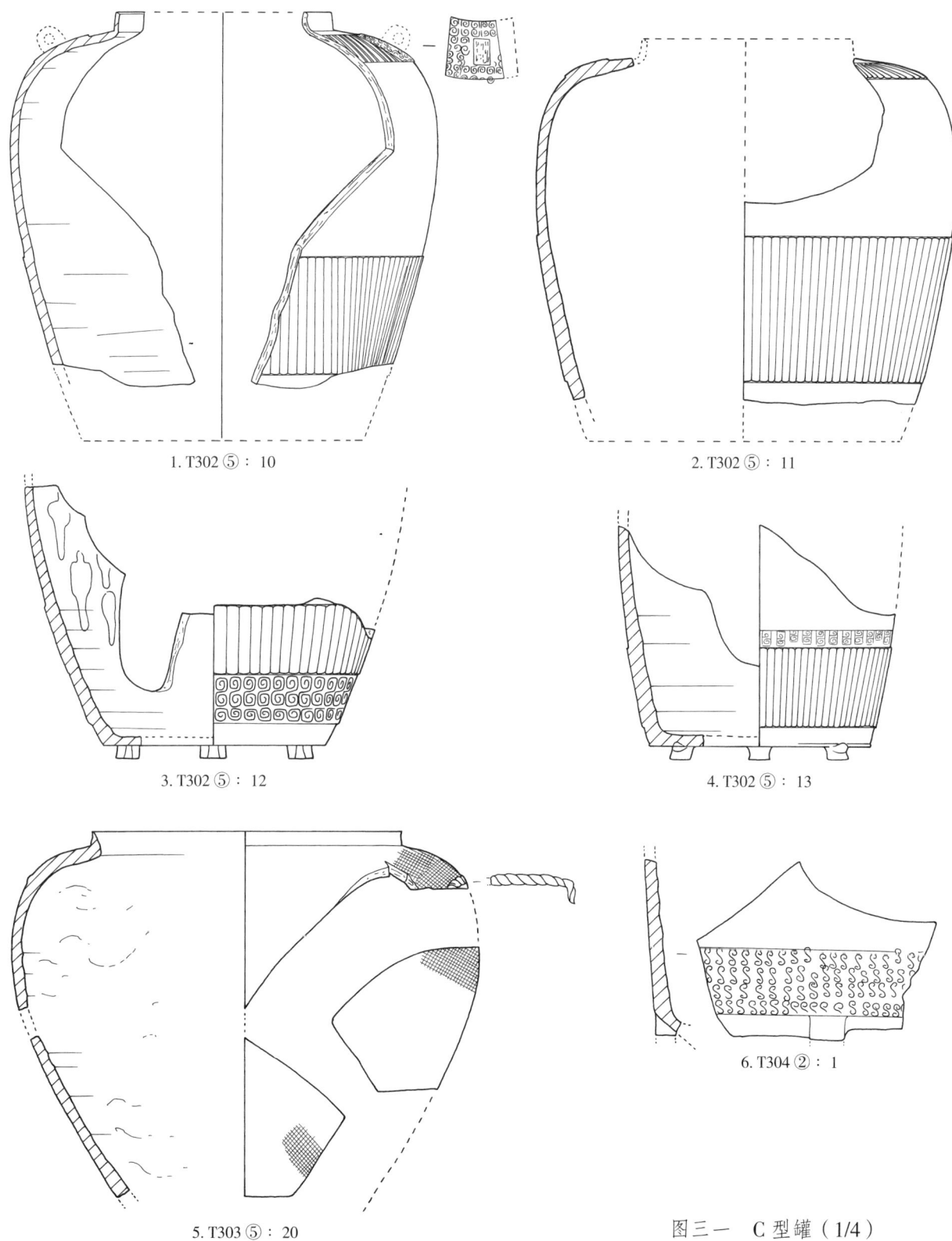

1. T302 ⑤：10

2. T302 ⑤：11

3. T302 ⑤：12

4. T302 ⑤：13

5. T303 ⑤：20

6. T304 ②：1

图三一 C 型罐（1/4）

玻璃质感较强。近底处台形内收，平底下有三只矮足，矮足横截面呈多棱形。下腹部饰瓦棱纹，瓦棱纹下拍印云雷纹，云雷纹较粗大，排列不甚整齐。外底有白色粘结物。底径15.6、残高19厘米。（图三一，3；彩版四四，1）

T302⑤：13，下腹及底部残片。胎呈夹心饼干状，胎芯土黄色，内外表青灰色。仅外壁施满釉，釉层厚，施釉均匀，青釉略泛灰，釉面较佳，玻璃质感强，但有细点状凝釉。近底处台形内收，平底下有三只粗矮兽足。下腹部饰较窄的瓦棱纹，瓦棱纹之上侧拍印云雷纹，云雷纹纵向单层，纹饰清晰，排列较整齐。足尖略有生烧，外底有白色粘结物。底径15.6、残高16厘米。（图三一，4；彩版四四，2）

T303⑤：20，口肩部残片。青灰色胎。内外施釉，施釉均匀，青釉较佳，玻璃质感强。通体拍印麻布纹。肩部对称堆贴装饰性的绞索状耳。内腹有大量的制作时留下的小凹窝。口径21.6、残高25厘米。（图三一，5；彩版四四，3）

T304②：1，下腹及底部残片。灰白色胎。釉完全剥落。平底下有三只粗矮的扁方形足。下腹近底处有S形纹一圈，纵向四层，排列较整齐，单个S形纹较细长。底及足部生烧明显。残高12厘米。（图三一，6；彩版四四，4）

D型　带流罐。

均为残片。从墓葬出土的同类器物看，基本器形与A型罐近似，一侧肩部设有较大的流。

T303⑤：102，浅灰色胎。内外青釉略泛乳白色，釉极佳，釉层厚，施釉均匀，玻璃质感强。残高10.4厘米。（图三二，1；彩版四五，1）

T304③：4，浅灰色胎略泛黄。青黄色釉，肩部釉层厚，玻璃质感强；腹部釉层薄，局部剥落，并呈土黄色。残高15厘米。（图三二，3；彩版四五，2）

T403①：2，深灰色胎。釉斑驳棕色，玻璃质感强。流下有细条纹。残高7.2厘米。（图三二，2；彩版四五，3）

E型　直口隆肩深弧腹罐。

均为口沿及上腹部残片。胎质细腻坚致。器形较小，方唇，直口，颈极短，隆肩，腹较直。

T202⑤：22，胎呈夹心饼干状，胎芯浅灰色，内外表深灰色。内外有釉，青釉较佳，施釉均匀，釉层较厚，胎釉结合好，玻璃质感强。其中肩部较腹部釉层更厚、点状凝釉更明显。下腹部釉极薄处呈棕色的斑驳状。素面。残高14.2厘米。（图三三，1；

1. T303⑤：102　　　　2. T403①：2

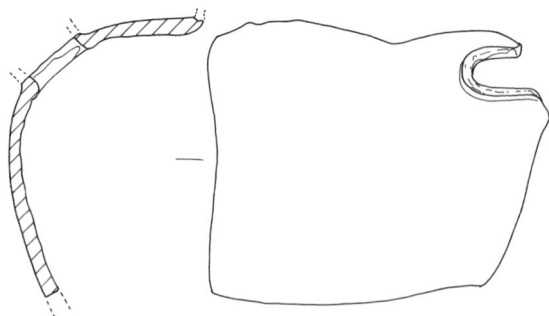

3. T304③：4

图三二　D型罐（1/4）

彩版四六，1）

T303⑤：97，浅灰色胎。仅外壁施釉，青黄色釉较佳，玻璃质感强。上腹部有凹弦纹五道。口径10、残高7.2厘米。（图三三，2；彩版四六，2）

T303⑤：98，深灰胎。内外有釉，青釉色较深，玻璃质感不强，釉较斑驳。肩下有凹弦纹一道。口径12.8、残高3.6厘米。（图三三，3；彩版四六，3）

T201④：7，胎呈夹心饼干状，胎芯浅灰色，内外表深灰色。釉几乎完全剥落。上腹部有凹弦纹两组，上组两道，下组六道，上下两组之间填以水波纹。残高7.4厘米。（图三三，4；彩版四六，5）

T201④：8，可复原。深灰色胎。釉几乎完全剥落，仅在肩部保留有少量的釉，青釉较佳，玻璃质感强。平底。生烧明显。上腹部有细密直条纹一圈。口径26、残高15厘米。（图三三，5；彩版四六，4）

T201④：10，深灰色胎。仅外壁施釉，青釉保存不佳，仅肩部凝釉较厚处釉色较青，玻璃质感较强。肩部有横S形堆贴一个，S形较短。上腹部有细密的直条纹，纹饰略凸起于器表。口径13、残高5.2厘米。（图三三，6；彩版四六，7）

T302④：77，浅灰色胎。青釉较佳，釉面均净，玻璃质感强。肩部有云雷纹，纵向三层，较细密，排列不甚整齐。上腹近肩处有贯耳，耳面有粗直条纹。残高6.6厘米。（图三三，7；彩版四六，6）

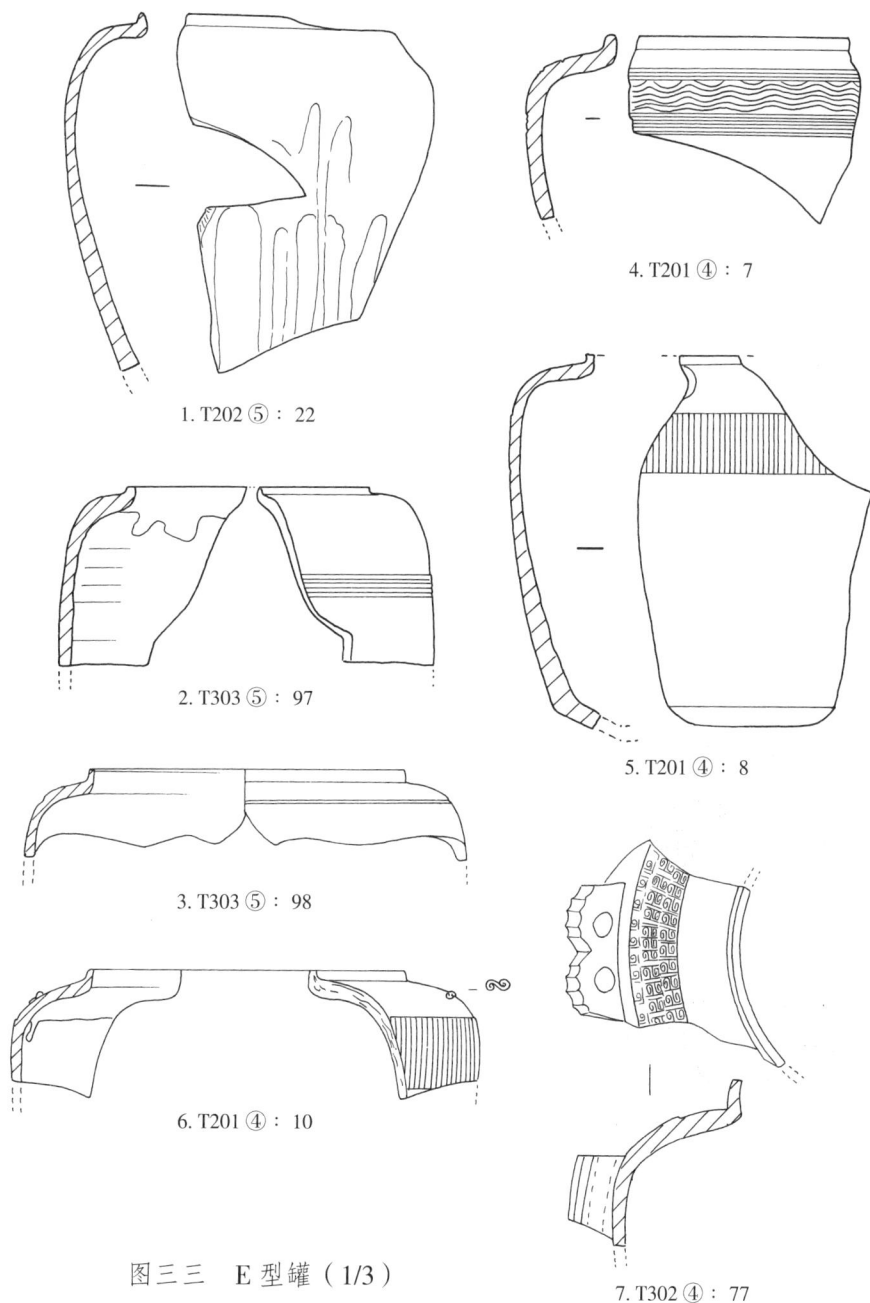

1. T202⑤：22

4. T201④：7

2. T303⑤：97

5. T201④：8

3. T303⑤：98

6. T201④：10

7. T302④：77

图三三　E 型罐（1/3）

F 型　敛口隆肩鼓腹罐。

均为口沿及肩部残片。圆唇略上凸。

T202⑤：73，浅灰略泛黄色胎。青釉略泛黄，玻璃质感强，胎釉结合好。肩部有 A 型铺首。口径 7.4、残高 3.2 厘米。（图三四，1；彩版四七，1）

T303⑤：96，深灰色胎。青釉色釉，肩部釉层较厚，玻璃质感强，下腹部剥落严重，釉色斑驳。上腹部有细密的直条纹。口径 7.4、残高 9.7 厘米。（图三四，2；彩版四七，2）

T303⑤：101，浅灰色胎略泛黄。内外有釉，青黄色釉，肩部釉较佳，釉层厚，胎釉结合好，玻璃质感强，下腹有剥落，釉色斑驳。肩部有横 S 形堆贴。口径 10.8、残高 8.6 厘米。（图三四，3；彩版四七，3）

T302④：80，灰白色胎。青釉色较浅，玻璃质感强，胎釉结合好。肩及腹部有粗直条纹。口径 5.6、残高 6 厘米。（图三四，4；彩版四七，4）

T403④：32，深灰色胎。深青色釉，施釉均匀，胎釉结合好，玻璃质感强。肩部有贯耳，耳面有细密的直条纹。上腹部有细密的直条纹。口径 7.6、残高 6.4 厘米。（图三四，5；彩版四七，5）

T403④：33，浅灰色胎。青黄色釉，施釉均匀，胎釉结合好，玻璃质感强。肩部有贯耳，耳面直条纹较粗。上腹部有细密的直条纹。口径 7.6、残高 2.8 厘米。（图三四，6；彩版四七，6）

G 型　斜直腹罐。

数量极少。

T302④：1，底残。浅灰色胎，胎质细腻坚致。仅外壁施釉，内腹包括口沿下无釉，灰

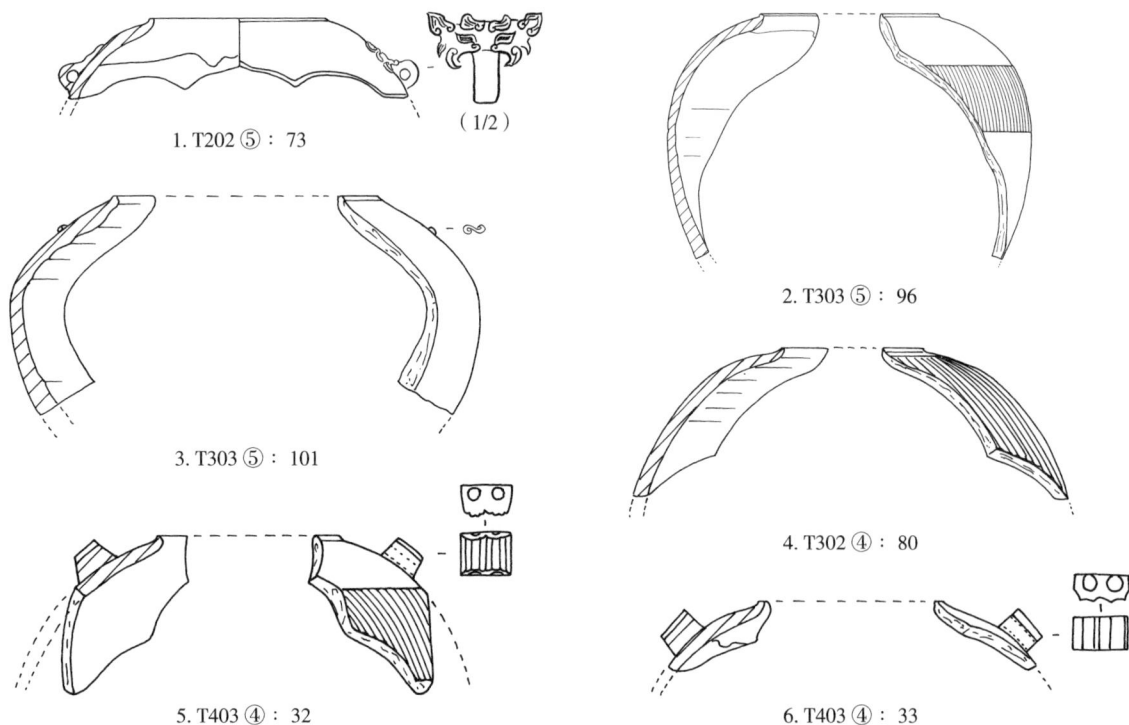

1. T202⑤：73　　（1/2）

2. T303⑤：96

3. T303⑤：101

4. T302④：80

5. T403④：32

6. T403④：33

图三四　F 型罐（1/3）

黄色釉，釉层极薄，局部剥落，玻璃质感不强。近敛口，方唇，斜直腹略垂。口沿下有 B 型铺首。腹部饰纹饰三层，最上层较窄，为细密的水波纹，中下两层为直条纹与戳印的正反 C 形纹，两者左右、上下相间使用，直条纹较粗。口径 18、残高 20 厘米。（图三五；彩版四八，1）

其他罐　近底部或腹部残片，无法归入上述各型罐中。

T201⑤：74，近底下腹部残片。浅灰色胎。青黄色釉较佳，玻璃质感较强。上下部数道凸弦纹间饰云雷纹。残高 10.6 厘米。（图三六，1；彩版四八，2）

T302⑤：51，底及下腹部残片。深灰色胎。青黄色釉，有一定的玻璃质感。腹部有凸弦纹数道，凸弦纹上刻划斜线纹。胎体因过烧而有较大的气泡。底部生烧明显。残高 15.2 厘米。（图三六，2；彩版四八，3）

瓿

数量不多，部分可复原。灰白色胎为主，少量青灰色。均仅外壁施釉，釉面情况普遍较差。器形较小，直口，方唇，短直颈，上腹扁鼓，肩部宽平，下腹缓收，平底，肩部有对称的各类铺首，器形显得低矮，腹径大于器高。肩及上腹部均饰直条纹，条纹凸出于器物表面，肩部条纹较短，上腹部条纹较长，条纹细密，宽窄基本一致。

T304⑥：6，底残。浅灰色胎，胎质细腻坚致。青黄釉有一定的玻璃质感，并有点状乳白色窑变。从残存的情况来看，铺首当为 G 型，素地。口径 14.4、残高 14.8 厘米。（图三七，1；彩版四九，1）

T304⑤：8，复原器。灰白色胎，胎质细腻坚致。施釉较薄，釉层均匀，青釉略佳，有

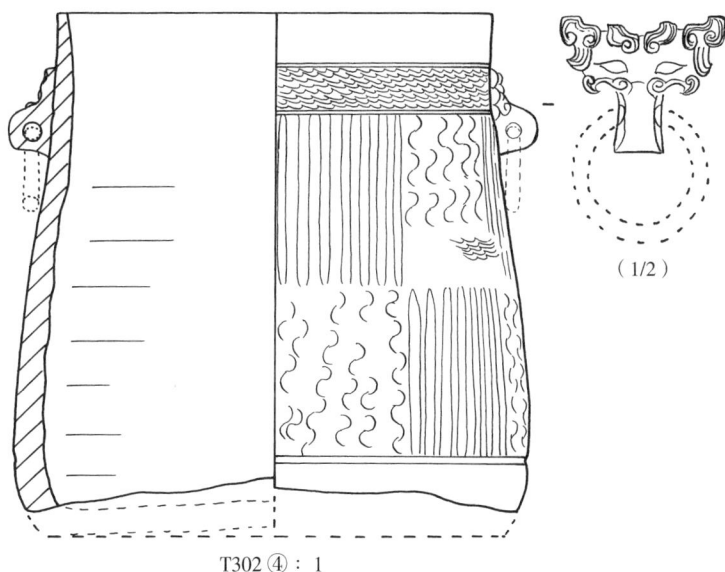

T302④：1

图三五　G 型罐（1/3）

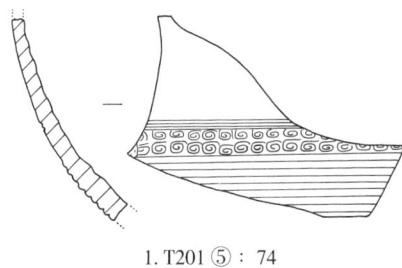

1. T201⑤：74

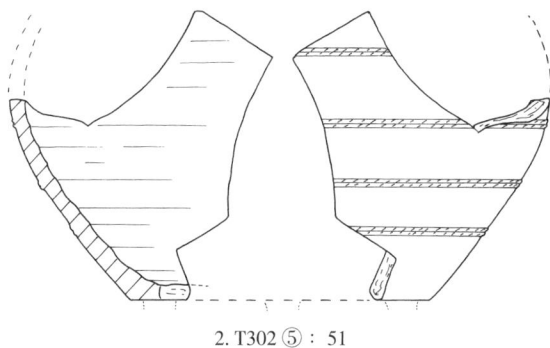

2. T302⑤：51

图三六　其他罐（1/4）

一定玻璃质感。肩部对称有 F 型铺首：倒梯形范围内拍印云雷纹为地纹，云雷纹细密，排列不甚整齐，中间为半环形兽鼻。口径 20、残高 20 厘米。（图三七，2；彩版五〇，1）

　　T304⑤：9，残，可复原。灰白色胎，胎质细腻坚致。釉层薄，釉色青黄，有一定玻璃质感。肩部有 F 型铺首：倒梯形范围内拍印云雷纹为地，云雷纹较粗，排列较为整齐，中间为半环形兽鼻。条纹细密。平底生烧明显。口径 19.6、底径 20.8、高 21.2 厘米。（图三七，3；彩版四九，2）

　　T304⑤：10，残，可复原。灰白色胎，胎质细腻坚致。釉较差，呈土灰色，釉层薄，大多已剥落，仅在条纹下凹处保留部分釉，玻璃质感不强。条纹细密。肩部有 F 型铺首：梯

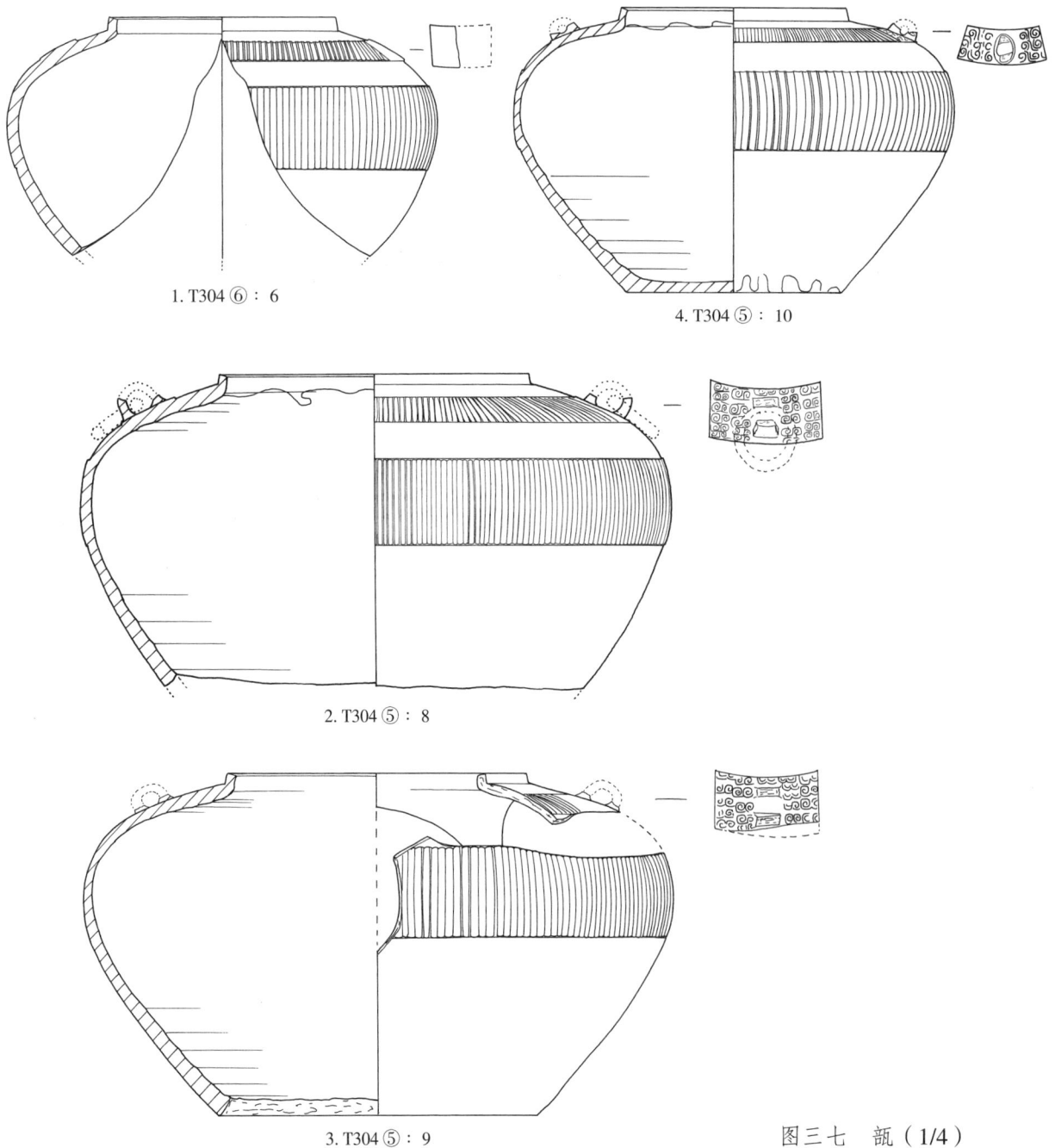

1. T304⑥：6

4. T304⑤：10

2. T304⑤：8

3. T304⑤：9

图三七　瓿（1/4）

形范围内拍印云雷纹为地，云雷纹较细密，排列不甚整齐，中间为半环形兽鼻。底部生烧明显，有白色粘结物。口径 14.4、底径 14、高 17.6 厘米。（图三七，4；彩版五〇，2）

T304⑤：13，残，可复原。灰白色胎，胎质细腻坚致，施釉较薄，釉层不匀，釉色青中泛黄，有一定的玻璃质感，并有大面积的乳白色窑变。从残存的情况看，肩部为 G 型铺首。底部生烧不明显，有白色粘结物。口径 14.8、底径 13.2、高 18 厘米。（图三八，1；彩版四九，3）

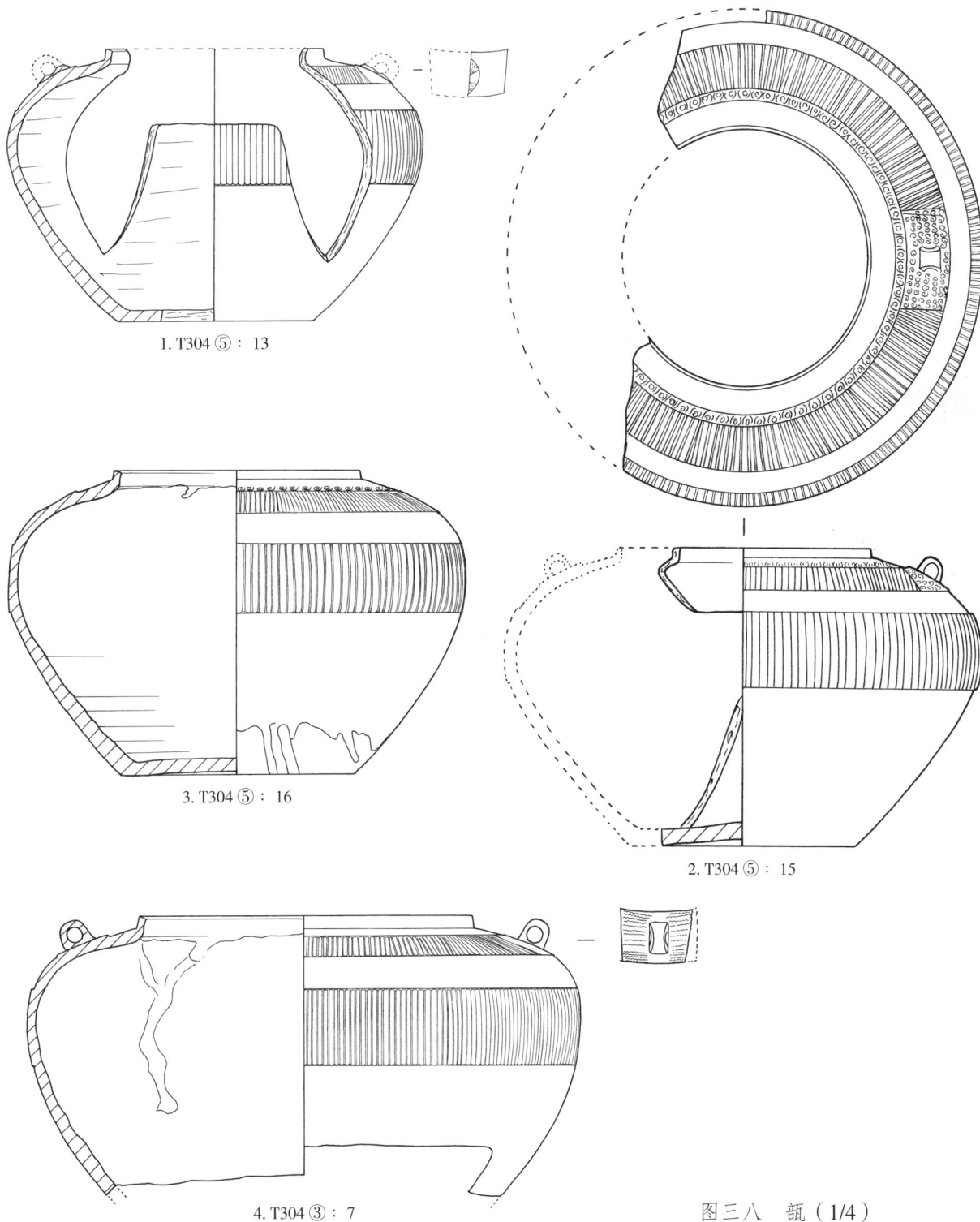

1. T304⑤：13

2. T304⑤：15

3. T304⑤：16

4. T304③：7

图三八 瓿（1/4）

T304⑤：15，修复。灰白色胎，胎质细腻坚致。施釉较薄，釉色偏灰，基本无玻璃质感。肩部有对称 F 型铺首。底部不见生烧，有白色粘结物。口径 17.4、底径 15、高 19.5 厘米。（图三八，2；彩版五一）

T304⑤：16，残，可复原。灰白色胎，胎质细腻坚致。施釉较薄，釉层较匀，釉色偏灰，有一定的玻璃质感。肩部条纹之上有一圈较细密的云雷纹。底部生烧不明显，有白色粘结物。口径 16.8、底径 16、高 20 厘米。（图三八，3；彩版五二，1）

T304③：7，口腹部残片。灰白色胎，胎质细腻坚致。施釉不匀，凝釉现象严重，釉色青中泛黄，凝釉处有较强的玻璃质感。肩部对称 F 型铺首，铺首四周倒梯形范围内以横向虚点纹为地纹。兽鼻无环。口径 22.4、残高 18 厘米。（图三八，4；彩版五二，2）

盆

按口、腹可分为 5 型。

A 型　敛口深腹平底盆。

弧敛口，深弧腹，平底，内底、腹之间折棱明显。内外施釉。

T203⑤：4，复原器。灰白色胎。青黄色釉，施釉均匀，玻璃质感强，其中内腹釉较外腹更佳。腹较深。下腹近底处明显生烧。并刻划有一个"⼭"符号。因口沿部位保存太少，外壁有否铺首衔环不能确知，但对照 T303⑤：22 等同类器物，外壁口沿下可能有 2~4 个对称分布的铺首衔环。口径 40、底径 24、高 21.6 厘米。（图三九，1；彩版五三，1、2）

T303⑤：21，口腹部残片。土黄色胎。青黄釉剥落严重，玻璃质感不强。腹部饰粗直条纹。口径 32、残高 16 厘米。（图三九，2；彩版五三，3）

T303⑤：22，复原器。青灰色胎。青釉，施釉均匀，内腹玻璃质感强，外腹釉色泛黄，玻璃质感不强。口沿下有

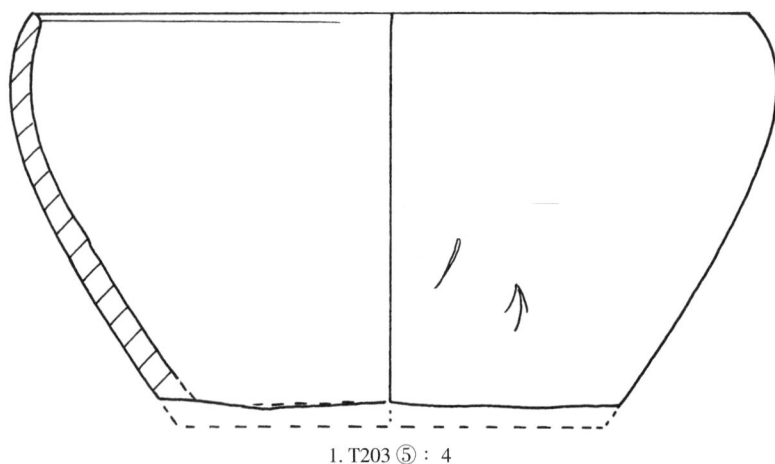

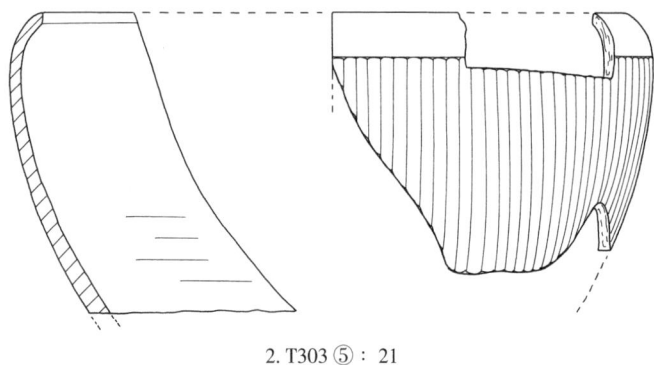

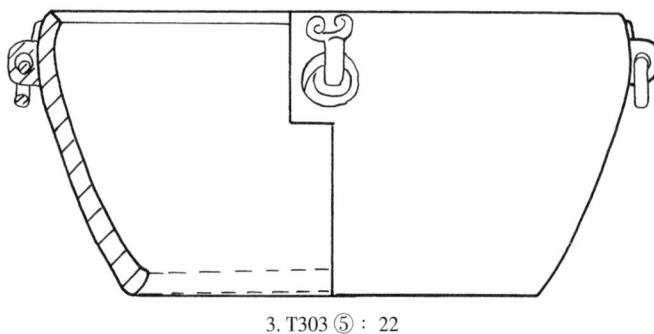

1. T203⑤：4

2. T303⑤：21

3. T303⑤：22

图三九　A 型盆（1/4）

D 型铺首，衔活环。底部生烧痕迹明显。口径 32、底径 23.2、高 15.2 厘米。（图三九，3；彩版五四，1）

T303⑤：23，底残。青灰色胎。青釉不佳，釉层薄，有棕色小斑块，釉面斑驳，玻璃质感不强，仅凝釉点釉色较青。口沿下有 D 型铺首，从出土的情况来看，可能是四个等距分布。口径 36.4、残高 13 厘米。（图四〇，1；彩版五四，2）

T304②：4，底残。灰白色胎。青黄色釉极佳，釉层薄，施釉均匀，胎釉结合好，玻璃质感强，内腹釉面匀净。器形较大。口径 40、残高 16 厘米。（图四〇，2；彩版五五，1）

T304②：5，复原器。青灰色胎。釉层薄，剥落严重，玻璃质感不强，釉面斑驳，外底

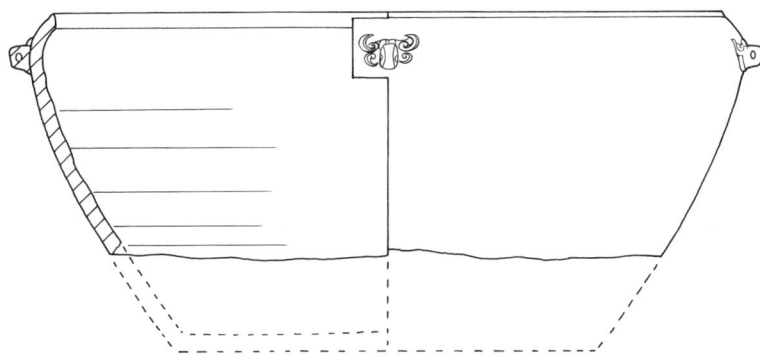

1. T303⑤：23

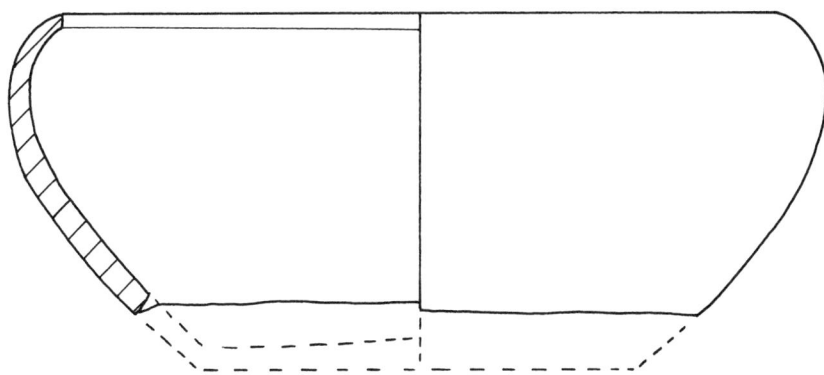

2. T304②：4

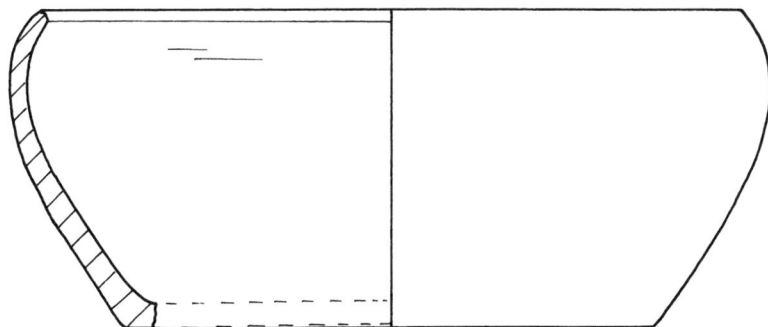

3. T304②：5

图四〇　A 型盆（1/4）

不见白色砂性烧结物，有生烧痕迹。因口沿部位保存太少，外壁有否铺首衔环不能确知，但对照 T303 ⑤：22 等同类器物，外壁口沿下可能有 2~4 个对称分布的铺首衔环。口径 38.8、底径 29.6、高 16.8 厘米。（图四〇，3；彩版五五，2）

B 型　敛口浅腹平底盆。

弧敛口，浅弧腹，平底，内底、腹之间折棱不明显。胎质细腻坚致。内外施釉，釉不及底，施釉线不整齐。叠烧，内底釉多未烧出玻璃质感，有明显的叠烧痕迹，外底生烧明显。按口沿可分为 2 个亚型。

Ba 型　方唇盆。

T303 ⑤：64，残，可复原。青灰色胎。外腹仅在口沿下朝上一面有极薄的点状釉斑，其余通体呈火石红色，内腹釉剥落严重。口沿下有勾云纹堆贴。口径 22、底径 8、高 6.4 厘米。（图四一，1；彩版五六，1）

T203 ④：1，残，可复原。灰白色胎。青黄色釉剥落严重，玻璃质感不强。口沿下有勾云纹堆贴。口径 27.6、底径 12.4、高 7.6 厘米。（图四一，2；彩版五六，2）

T302 ④：17，复原器。灰白色胎，釉层薄，釉未烧出玻璃质感。口径 24、底径 10、高 8.2 厘米。（图四一，3；彩版五七，1）

T302 ④：19，复原器。灰白色胎。青黄色釉剥落较为严重，玻璃质感不强，局部未施釉。口径 25、底径 12、高 8.8 厘米。（图四一，4；彩版五七，2）

T403 ④：2，复原器。灰白色胎。青黄色剥落严重，玻璃质感不强。内外底均有白色粘

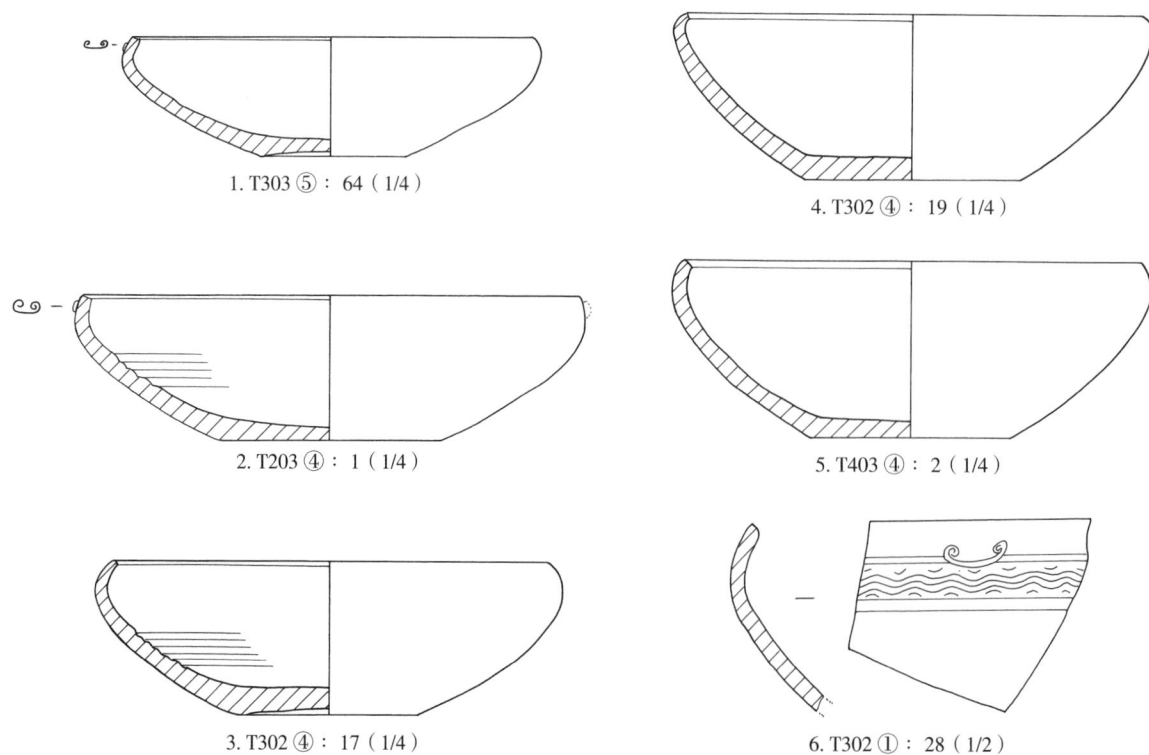

1. T303 ⑤：64（1/4）

4. T302 ④：19（1/4）

2. T203 ④：1（1/4）

5. T403 ④：2（1/4）

3. T302 ④：17（1/4）

6. T302 ①：28（1/2）

图四一　Ba 型盆

结物。口径 25、底径 11.2、高 9.4 厘米。（图四一，5；彩版五七，3）

T302①：28，下腹及底残。浅灰色胎，青黄色釉有一定的玻璃质感。口沿下有凹弦纹两组，每组两道，凹弦纹之间填以水波纹，水波纹上堆贴勾云纹。残高 5 厘米。（图四一，6；彩版五六，3）

Bb 型　尖圆唇盆。

T201⑤：66，口沿残片。灰白色胎。釉色青黄，有剥釉现象。外壁口沿下有 D 型铺首和凹弦纹两道，弦纹之间填以刻划水波纹。残高 6 厘米。（图四二，1；彩版五八，1）

T201④：9，口沿残片。灰白色胎。青黄色釉，有一定的玻璃质感。外壁口沿下有凹弦纹两组，上组三道，下组四道，两组弦纹之间填以刻划水波纹。残高 8 厘米。（图四二，2；彩版五八，2）

T201④：20，复原器。灰胎。外腹仅在口沿下朝上一面有极薄点状釉斑，其余通体呈火石红色，内腹釉几乎完全剥落。外壁口沿下饰有细凹弦纹七道。内下腹叠烧痕迹明显。口径 29、底径 16、高 8.8 厘米。（图四二，3；彩版五九，1）

T203④：2，口沿残片。灰白色胎。青黄釉色釉剥落严重。口沿下有水波纹。残高 12 厘米。（图四二，4；彩版五八，3）

T302④：81，口沿残片。灰白色胎。青黄色釉，剥落严重。口沿下有水波纹，水波纹上堆贴 S 形纹，残存一个。残高 9.5 厘米。（图四二，5；彩版五八，4）

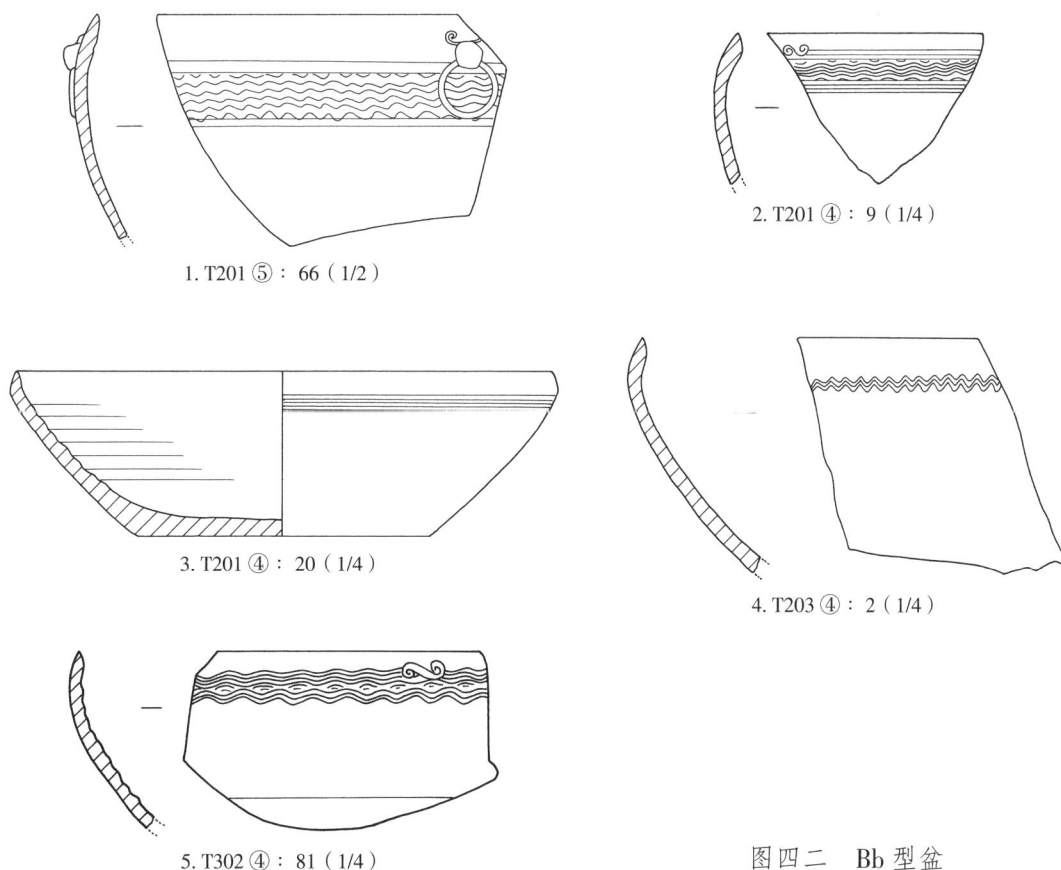

1. T201⑤：66（1/2）

2. T201④：9（1/4）

3. T201④：20（1/4）

4. T203④：2（1/4）

5. T302④：81（1/4）

图四二　Bb 型盆

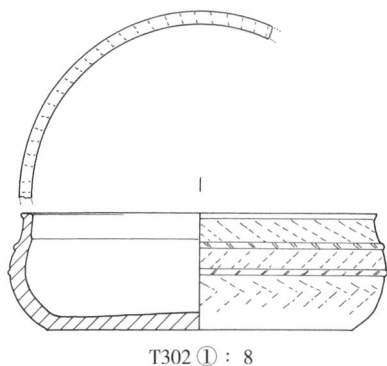

图四三　C 型盆（1/4）

C 型　直口鼓腹平底盆。

直口，窄平沿，腹略鼓，平底。

T302①：8，复原器。灰白色胎。内外施釉，釉层极薄，釉色青黄，内壁釉色较佳，玻璃质感强。口沿上有篦点纹。外腹有凸弦纹二道，凸弦纹上有短斜线纹，两道凸弦纹之间和上下侧均饰以斜向篦点纹。生烧明显，内底有叠烧痕，外底局部有极细的白色砂性烧结物。口径18.4、底径16.8、高6.2厘米。（图四三；彩版五九，2）

D 型　敞口浅弧腹平底盆。

敞口，口沿下微束，弧腹剧收，平底。胎质细腻坚致。内外施满釉。

T302⑤：52，口沿残片。窄平沿。灰白色胎。青黄色釉较佳，施釉均匀，玻璃质感强。口沿下内束处及上腹部有水波纹。内腹下部可见明显的叠烧痕迹。口径33.6、残高8厘米。（图四四，1；彩版六〇，1）

T302①：9，口沿残片。大敞口，圆唇。灰白色胎。釉面有较普遍和严重的乳白色窑变，玻璃质感较强。素面。内底残存有明显的叠烧痕迹。口径30、残高8厘米。（图四四，2；彩版六〇，2）

T303①：2，口沿残片。窄平沿，尖唇略外凸。灰白色胎。青黄色釉剥落严重。口沿下内束处及上腹部有细密水波纹。内外腹近底处均可见明显的叠烧痕迹。残高5.4厘米。（图四四，3；彩版六〇，3）

T403①：4，口沿残片。青灰色胎。外腹施釉较薄，内腹青釉略佳。口沿下内束处及上腹部均有水波纹。口径18.8、残高6.4厘米。（图四四，4；彩版六〇，4）

E 型　直口折肩盆。

仅发现1件。T403④：45，方唇，直口，折肩，弧收腹，大平底。体形极大，胎体厚重。

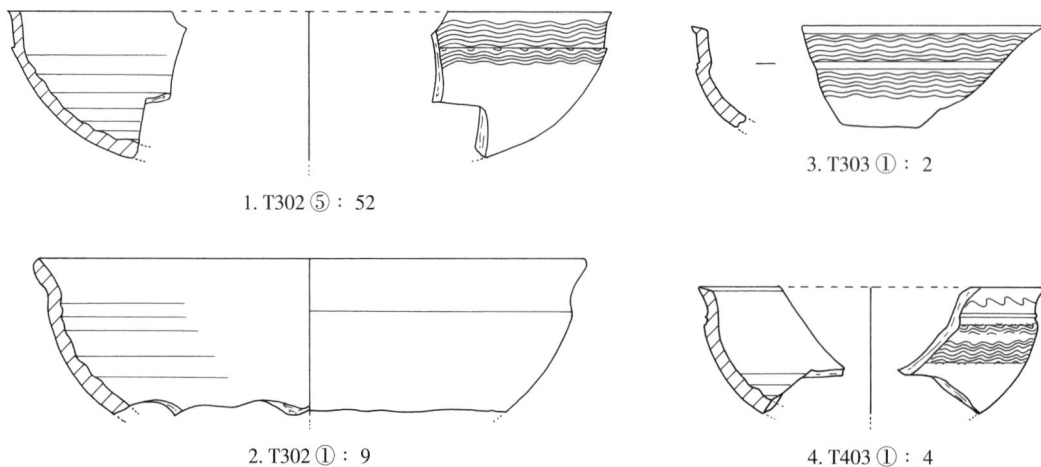

1. T302⑤：52

3. T303①：2

2. T302①：9

4. T403①：4

图四四　D 型盆（1/4）

青灰色胎，胎质细腻坚
致。内外满施青釉，釉色
甚佳，施釉均匀，釉层厚，
玻璃质感强。口径 42、底
径 33.6、高 13.6 厘米。（图
四五；彩版六一）

鉴

数量不多，无完整器。
内外施满釉，外底部釉多

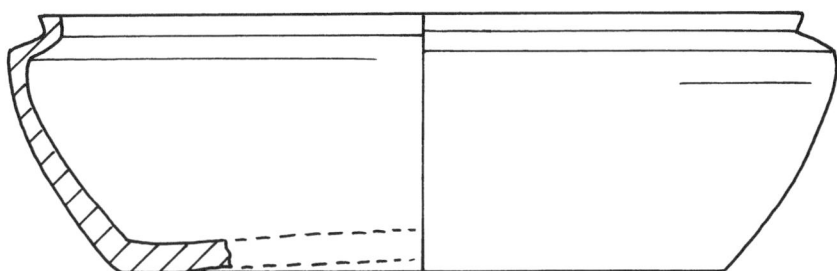

T403④：45

图四五　E 型盆（1/4）

未烧出。直口，窄沿向外折平，口沿下略内束，肩部微鼓，腹弧收，平底下均有三只小矮足。
有对称双耳，多数残片耳未保存下来。大多腹部饰云雷纹。按腹部深浅可分成 2 型。

A 型　深腹鉴。

T302④：90，复原器。灰黄色胎。内外施满釉，釉层较薄，釉面不佳，没有玻璃质感。
口沿两侧对称附耳一对，平底下三小兽蹄足。耳高基本与口沿平齐，耳面有凸起的云雷纹。
口沿下内束处与腹部之间的肩部修刮成尖棱状，尖棱上下和下腹部各有一道凸弦纹，尖棱上
下的两道凸弦纹上还刻划斜线纹。下腹近底处拍印一圈云雷纹。足、底生烧。口径 34、通
高 16.4 厘米。（图四六，1；彩版六二，1、2）

T202①：23，口沿残片，双耳不存。灰白色胎，施釉很薄，外壁釉未烧出玻璃质感。
肩部尖棱上下侧分别有一或二道凸弦纹，腹部有二道凸弦纹。复原口径 42.8 厘米。（图
四六，2；彩版六二，3）

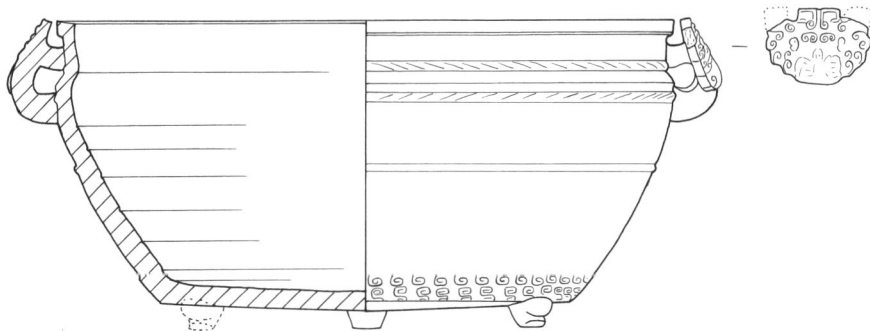

1. T302④：90

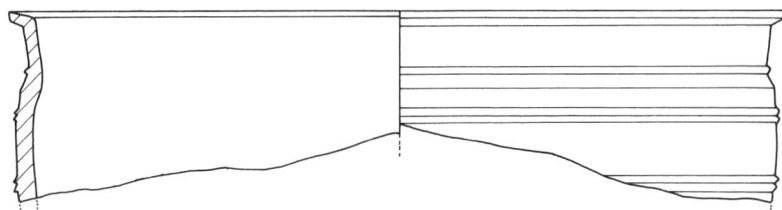

2. T202①：23

图四六　A 型鉴（1/4）

B 型　浅腹鉴。

T201⑤：73，基本可复原，足残，耳不存。胎、釉、纹饰与 T202①：3 基本相似，腹中部凸弦纹亦刻划斜向短直线纹，除口沿下内束处、上腹部、尖棱上下有云雷纹外，窄平沿、方唇上亦有云雷纹。口径 24.4 厘米，器身高 8.6 厘米。（图四七，1；彩版六三，1）

T303⑤：66，残片。胎、釉、器形、纹饰与 T202①：3 相近。口径 23.2、器身高 8.4 厘米。（图四七，2；彩版六三，2）

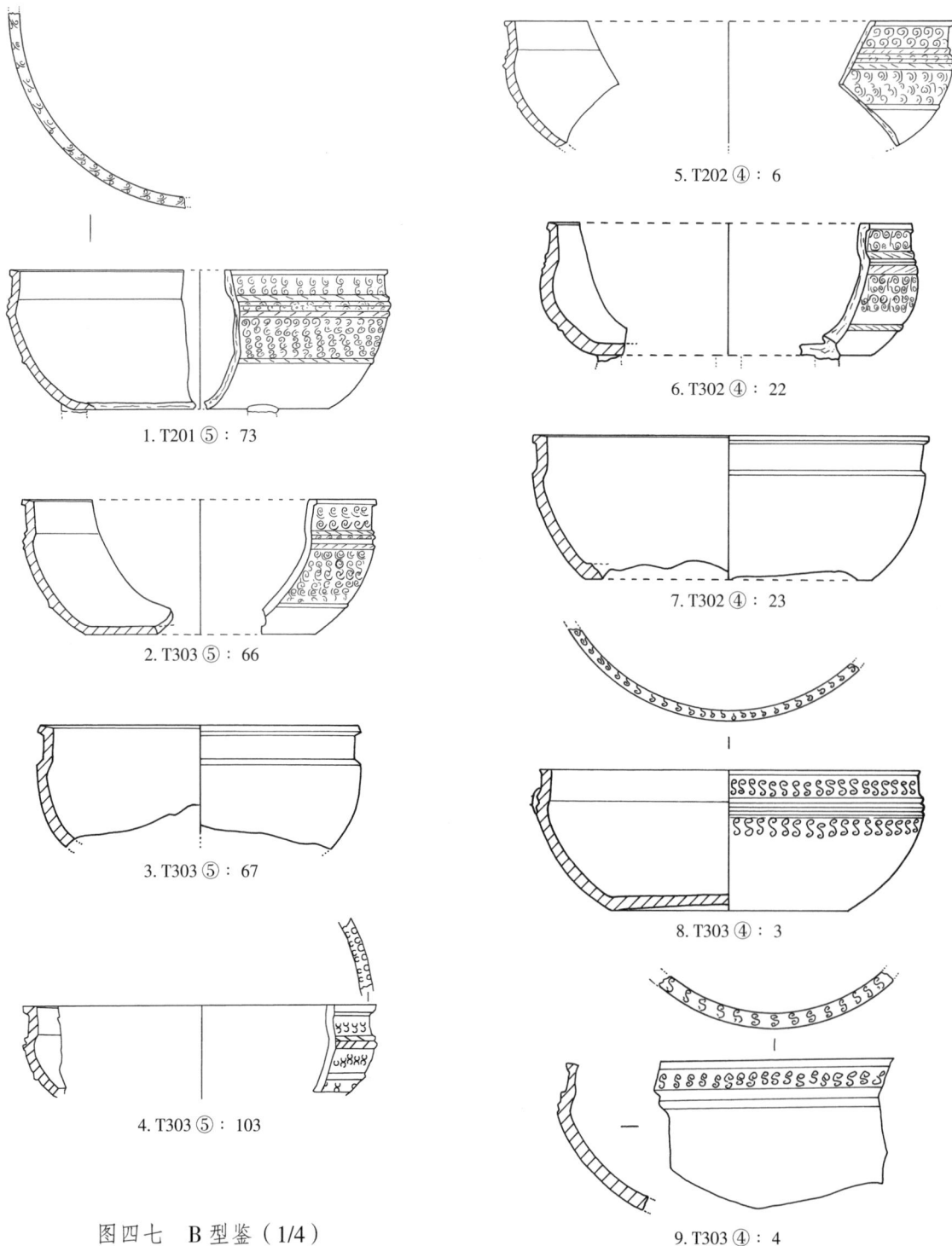

1. T201⑤：73

2. T303⑤：66

3. T303⑤：67

4. T303⑤：103

5. T202④：6

6. T302④：22

7. T302④：23

8. T303④：3

9. T303④：4

图四七　B 型鉴（1/4）

T303⑤：67，口腹部残片。灰白色胎。釉色偏黄，釉面匀净，玻璃质感强。素面。口径20.8、残高7.6厘米。（图四七，3；彩版六三，3）

T303⑤：103，口沿残片。深灰色胎。釉完全剥落。口沿下内束处与腹之间有两道凸弦纹，上刻划短斜线，腹部亦有凸弦纹。口沿上、口下内束处和腹部戳印C形纹。口径22.8、残高5.6厘米。（图四七，4；彩版六三，4）

T202④：6，口腹部残片。胎、釉、器形、纹饰与T202①：3相近。口径28.8、残高7.6厘米。（图四七，5；彩版六三，5）

T302④：22，残片。深灰色胎。釉剥落严重，釉色斑驳，玻璃质感不强。腹中部凸弦纹刻划斜向短直线纹。口下内束处、上腹部拍印云雷纹，云雷纹较粗深、清晰，两个云雷纹为一个印模。此种纹饰仅此一件。残存的外底部生烧明显。口径23.2、器身高8厘米。（图四七，6；彩版六三，6）

T302④：23，口腹部残片。灰白色胎。青黄色釉极佳，施釉均匀，釉层厚，玻璃质感强。素面。口径25、残高9厘米。（图四七，7；彩版六四，1）

T303④：3，残，基本可复原，但残片上未保留双耳与三足。灰白色胎。青灰色釉剥落严重，玻璃质感不强。窄沿，方唇略外凸。口下内束处下侧有凸弦纹两道，内束处及上腹部各有S形纹一圈。底部生烧明显，内底满釉，口径24.4、器身高8.8厘米。（图四七，8；彩版六四，2）

T303④：4，底残。胎、釉、器形近似于T303④：3。腹部仅在内束处有一圈S形纹。残高9.4厘米。（图四七，9；彩版六四，3）

T202①：3，基本可复原，足残，耳不存。灰白色胎，偏黄色釉极佳，施釉均匀，胎釉结合好，玻璃质感强。口沿下内束处与腹部之间修刮成尖棱状，尖棱上下和下腹部各有一道凸弦纹，口沿下内束处、尖棱上下、上腹部均饰有拍印的细密云雷纹，尖棱上下的凸弦纹上刻划短斜线纹，使其略呈绳索状。小兽蹄足，足尖残。底部呈火石红色，生烧不明显。口径24、通高10厘米。（图四八，1；彩版六四，5）

T202①：16，底腹部残片。灰白色胎。内外施满釉，釉色泛灰，施釉均匀，釉面玻璃质感强。兽首足，腹部纹饰与以上两件相同。残高8.4厘米。（图四八，2；彩版六四，4）

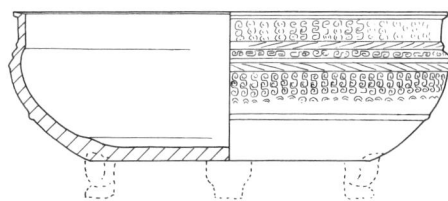

1. T202①：3

1. T202①：16

图四八　B型鉴（1/4）

盘

数量不多，一般器形较大，胎釉质量高。按底足可分成3型。

A型　平底盘。

按口、腹部不同可分成2个亚型。

Aa型　敞口斜直腹盘。

胎质细腻坚致。均内外施满釉，普遍釉层厚，施釉均匀，胎釉结合好，釉面较佳，特别是内壁与内底，釉面匀净，玻璃质感特强。多数体形较大。方唇，口斜敞，腹斜直，近底处剧收成小平底，内底宽平。内底、腹均有细密轮旋纹。大多数器物外底生烧明显，均单件着地装烧。

T201⑤：21，复原器。灰白色胎。青釉略泛黄。体形较大。口径31.2、底径14、高7.4厘米。（图四九，1；彩版六五，1）

T201⑤：22，复原器。灰白色胎。青釉略泛黄。体形较大。口径33、底径17.2、高7.4厘米。（图四九，2；彩版六五，2）

T201⑤：71，复原器。灰白色胎。釉青中略泛黄。体形较大。口径32.4、底径16、高8厘米。（图四九，3；彩版六五，3）

T201⑤：72，复原器。灰白色胎，内外釉面极佳，釉色青中泛灰。外底有白色粘结物，不见生烧痕迹。口径20、底径10、高5.4厘米。（图四九，4；彩版六六，1）

T302⑤：17，复原器。青灰色胎。青釉较好，底心有一大气泡。口径27.6、底径8、高6.4厘米。（图四九，5；彩版六六，2）

T202④：2，复原器。灰白色胎。青釉。器形较小，腹相对较深。口径18.4、底径11.2、高5.8厘米。（图四九，6；彩版六六，3）

Ab型　敛口弧腹盘。

数量极少。弧敛口，弧收腹，大平底。内底底腹之间有一条凹陷，底腹分界明显，内底宽平。

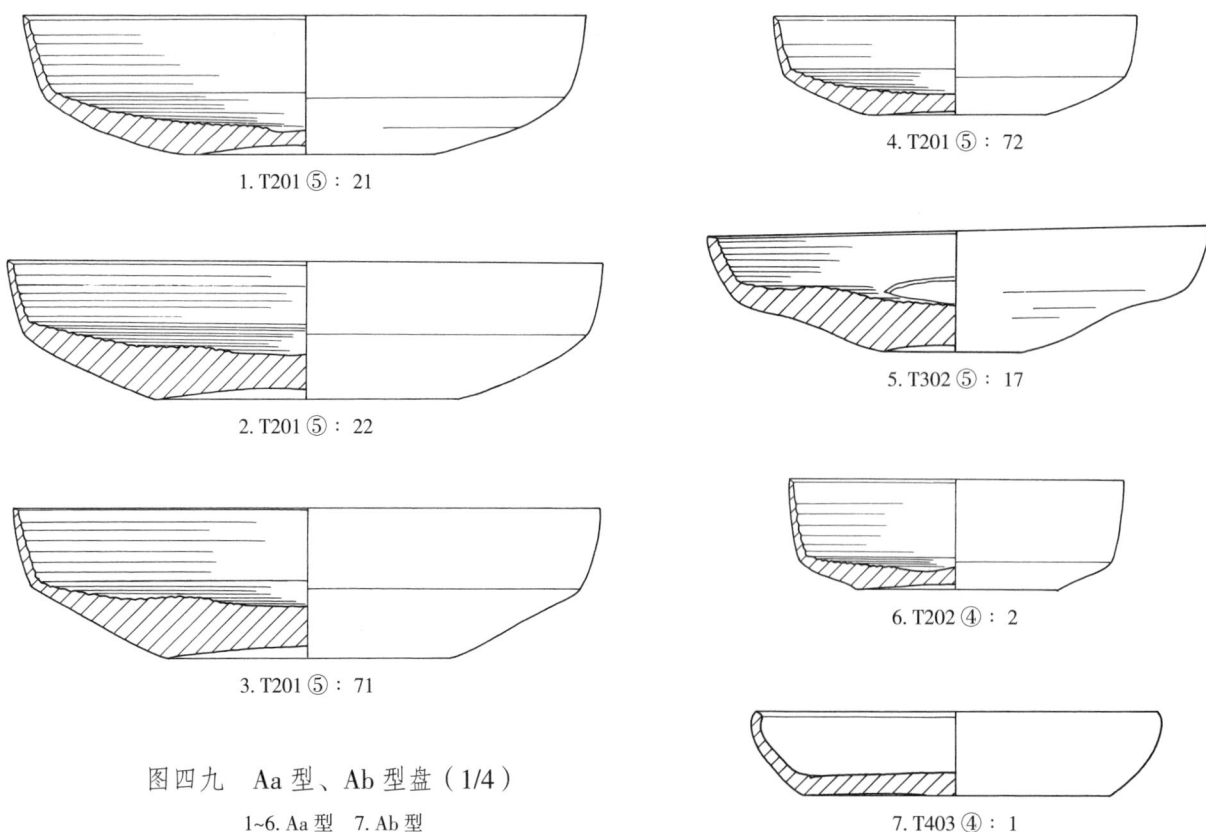

1. T201⑤：21

2. T201⑤：22

3. T201⑤：71

4. T201⑤：72

5. T302⑤：17

6. T202④：2

7. T403④：1

图四九　Aa型、Ab型盘（1/4）

1~6. Aa型　7. Ab型

T403④：1，残，可复原。生烧，胎呈灰黄色，釉未完全烧出玻璃质感，外壁有手指印。口沿下有两周细弦纹。口径22、底径17.2、高4.4厘米。（图四九，7；彩版六七，1）

B型 三足盘。

方唇，直口，浅直腹，平底下三小足。

T302⑤：15，复原器。浅白色胎。内外施满釉，青黄色釉极佳，施釉均匀，釉层厚，玻璃质感强。平底下为三只兽头形矮足，足尖残。腹部两侧有一对环形耳。腹壁中间有细凹弦纹两道，凹弦纹上下各有一圈较大的云雷纹。内底中部以两圈凹弦纹构成两个同心圆。外底不见生烧现象，外圈有白色粘结物，为使用窑具支烧。器形略有扭偏变形。口径29、通高6.5厘米。（图五〇，1；彩版六七，2）

T303④：6，残，可复原。胎、釉、器形、纹饰与上件相同。足尖残，但残留的尖部可见生烧痕迹，外底也有较多白色粘结物。口径25、通高6.8厘米。（图五〇，2；彩版六七，3）

C型 圈足盘。

此型盘数量不多，可复原2件。形式一致。直口，方唇，浅直腹，内底宽平，圈足较高略外撇。腹和圈足外壁均有粗凸弦纹。

T303⑤：62，复原器。灰白色胎。内外施釉，釉色青中泛黄，施釉不匀，有脱釉现象。口径23.2、足径20、高6.4厘米。（图五一，1；彩版六八，1）

T303⑤：122，残，可复原。灰白色胎。内外施釉，釉色青中泛灰，釉面玻璃质感较强，有凝釉现象。口径24.4、足径20.8、高6.2厘米。（图五一，2；彩版六八，2）

钵

数量较多，胎釉质量较佳。按口沿、腹部可分为4型。

A型 折敛口深弧腹钵。

均内外施满釉，多数器物釉保存较佳，施釉均匀，胎釉合较好，玻璃质感强。折敛口，尖唇或圆唇微侈，唇沿下有凹弧一道。弧腹较深，小平底。内底、腹有细轮旋纹，外底可见细密线割痕迹。

T202⑤：9，修复。灰白色胎。淡青黄色釉较佳，釉面匀净。外腹部满饰瓦棱纹。内底

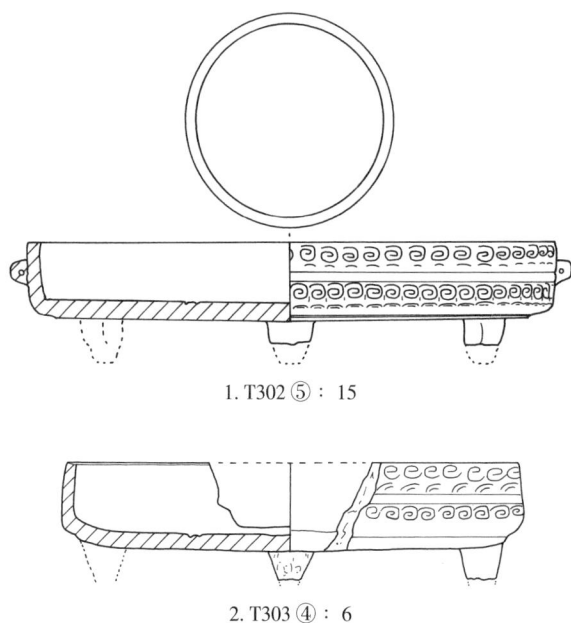

1. T302⑤：15

2. T303④：6

图五〇 B型盘（1/4）

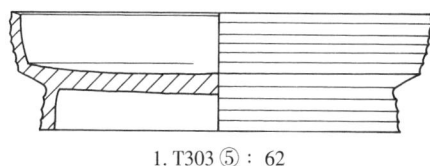

1. T303⑤：62

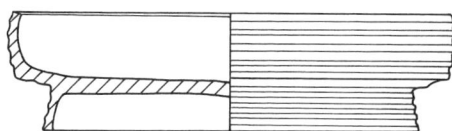

2. T303⑤：122

图五一 C型盘（1/4）

有叠烧痕，外底生烧。口径 15.6、底径 10、高 11.2 厘米。（图五二，1；彩版六九，1）

T202⑤：20，修复。灰白色胎。淡青色釉极佳，釉面匀净，玻璃质感强。外底有叠烧形成的白色粘结物痕迹，白色砂性烧结物较厚。口径 19.2、底径 11.2、高 12 厘米。（图五二，2；彩版六九，2）

T303⑤：53，修复。灰白色胎。青黄色釉极佳，玻璃质感强。内腹上部、内底外圈粘结有小块窑渣粒。内外腹均有小片瓷片粘结。内外底均有叠烧形成的白色粘结物痕迹，外底不见生烧现象，白色砂性烧结物较厚。口径 14、底径 8.4、高 9 厘米。（图五二，3；彩版六九，3）

T303⑤：54，修复。胎、釉和装烧造方式相同于 T303⑤：53，内腹粘结有较多的小片瓷片，叠烧形成。口径 14、底径 8、高 9 厘米。（图五二，4；彩版六九，4）

T303⑤：55，残，可复原。青灰色胎。青釉色较深，釉较佳。外底生烧明显。口径 16、底径 8.4、高 9.6 厘米。（图五二，5；彩版六九，5）

T302④：18，修复。生烧，胎呈橘黄色。口旁两侧各有上下两个反向的勾云纹堆贴。口径 22、底径 12、高 12.8 厘米。（图五二，6；彩版六九，6）

B 型　折敛口浅弧腹钵。

内外施满釉，多数器物釉保存较佳，施釉均匀，胎釉结合较好，玻璃质感强。折敛口，尖或圆唇微侈，唇沿下有凹弧一道，弧腹较浅，小平底。大多内底、腹有较细轮旋纹，外底可见细密线割痕迹。

T303⑤：65，残，可复原。青灰色胎。青釉极佳。内外底均有叠烧形成的白色粘结物痕迹，不见生烧。口径 19、底径 10.4、高 5.8 厘米。（图五三，1；彩版七〇，1）

T403④：3。残，可复原。灰白色胎。青黄色釉剥落严重。上腹部有短直条纹一圈。底生烧，内底有叠烧痕。口径 15、底径 8、高 6 厘米。（图五三，2；彩版七〇，2）

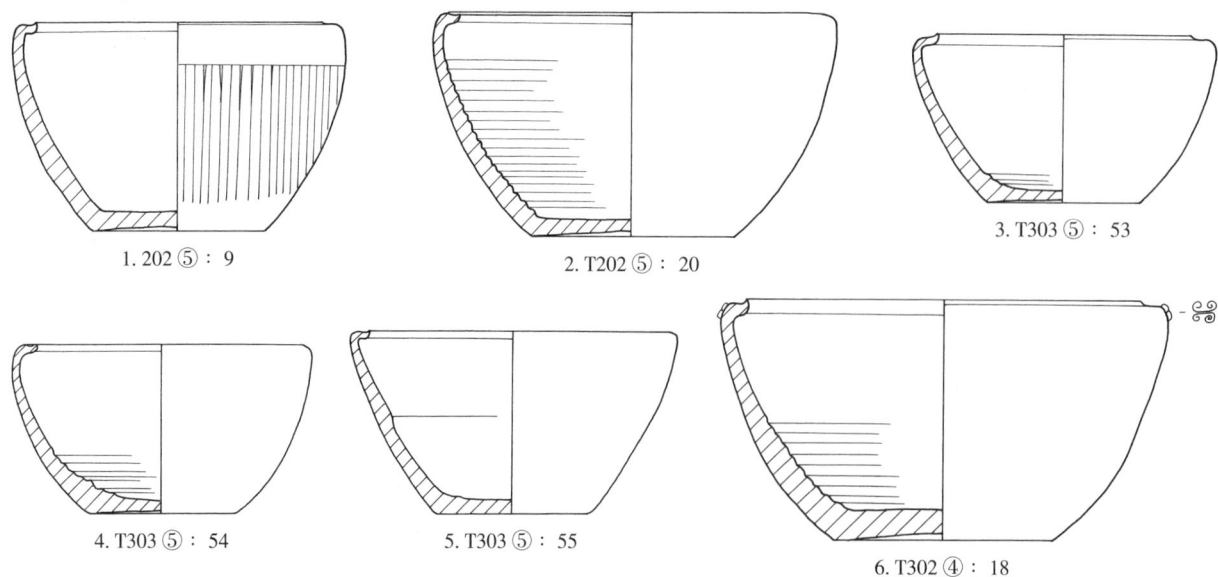

1. 202⑤：9　　2. T202⑤：20　　3. T303⑤：53
4. T303⑤：54　　5. T303⑤：55　　6. T302④：18

图五二　A 型钵（1/4）

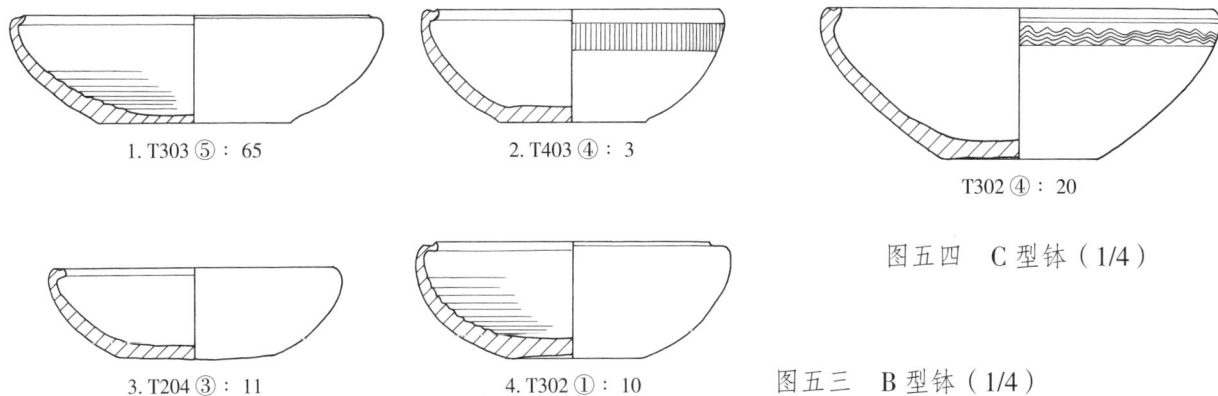

1. T303 ⑤ : 65

2. T403 ④ : 3

T302 ④ : 20

图五四　C 型钵（1/4）

3. T204 ③ : 11

4. T302 ① : 10

图五三　B 型钵（1/4）

T204 ③ : 11，残，可复原。灰白色胎。青釉泛黄，釉极佳，釉层较匀，玻璃质感强。外底有叠烧形成的白色粘结物，不见生烧。口径 15、底径 8.4、高 4.8 厘米。（图五三，3；彩版七〇，3）

T302 ① : 10，残，可复原。浅白色胎。内腹、底釉保存较好，釉色青中泛绿，有一定的玻璃质感，外腹釉极薄，玻璃质感不强，棕色，斑驳。内底有叠烧痕，外底生烧。口径 15、底径 7、高 6.2 厘米。（图五三，4；彩版七〇，4）

C 型　子母口内敛弧腹较深钵。

数量极少。子母口内敛，弧腹斜收，腹较深，小平底。

T302 ④ : 20，复原器，灰白色胎。釉色青中泛黄，施釉均匀，胎釉结合好。外壁口下在凹弦纹之间饰刻划水波纹。内外底均有叠烧痕迹，底部生烧不明显。口径 20、底径 8.4、高 8 厘米。（图五四；彩版七〇，5）

D 型　直筒形钵。

直口，直腹微敞，腹较深，近底处折收成平底。大多体形硕大，胎壁厚重。胎多呈夹心饼干状，胎芯浅灰色，内外表深灰色。内壁、底均有细密的轮旋纹，外底可见细密的线割痕迹。除外底外均有釉，青釉多数较佳，胎釉结合好，玻璃质感强。内底多数不见叠烧痕，外底生烧严重，说明多数为单件着地烧造。

T201 ⑤ : 23，修复。青灰色胎。内外青釉极佳，但满布细密凝釉点。口径 20、底径 13、高 13.6 厘米。（图五五，1；彩版七一，1）

T201 ⑤ : 70，修复。青灰色胎。釉色偏黄。外底线割痕迹近圆形，中心刻划一"∧"符号。口径 21.6、底径 16、高 18.4 厘米。（图五五，2；彩版七一，2）

T303 ⑤ : 123，残，可复原。灰白色胎。施釉均匀，青釉极佳，玻璃质感强。内底有叠烧痕。口径 19.4、底径 11、高 11.8 厘米。（图五五，3；彩版七一，3）

T204 ③ : 13，修复。釉色青中泛灰，凝釉较普遍。体形大，腹较深。口径 36、底径 24、高 24 厘米。（图五五，4；彩版七一，4）

T204 ③ : 14，修复。外腹釉层薄，釉色青灰，釉面较斑驳，内腹青釉较佳，凝釉点密集。胎体有多处较大气泡。口径 33.6、残高 18.4 厘米。（图五五，5；彩版七一，5）

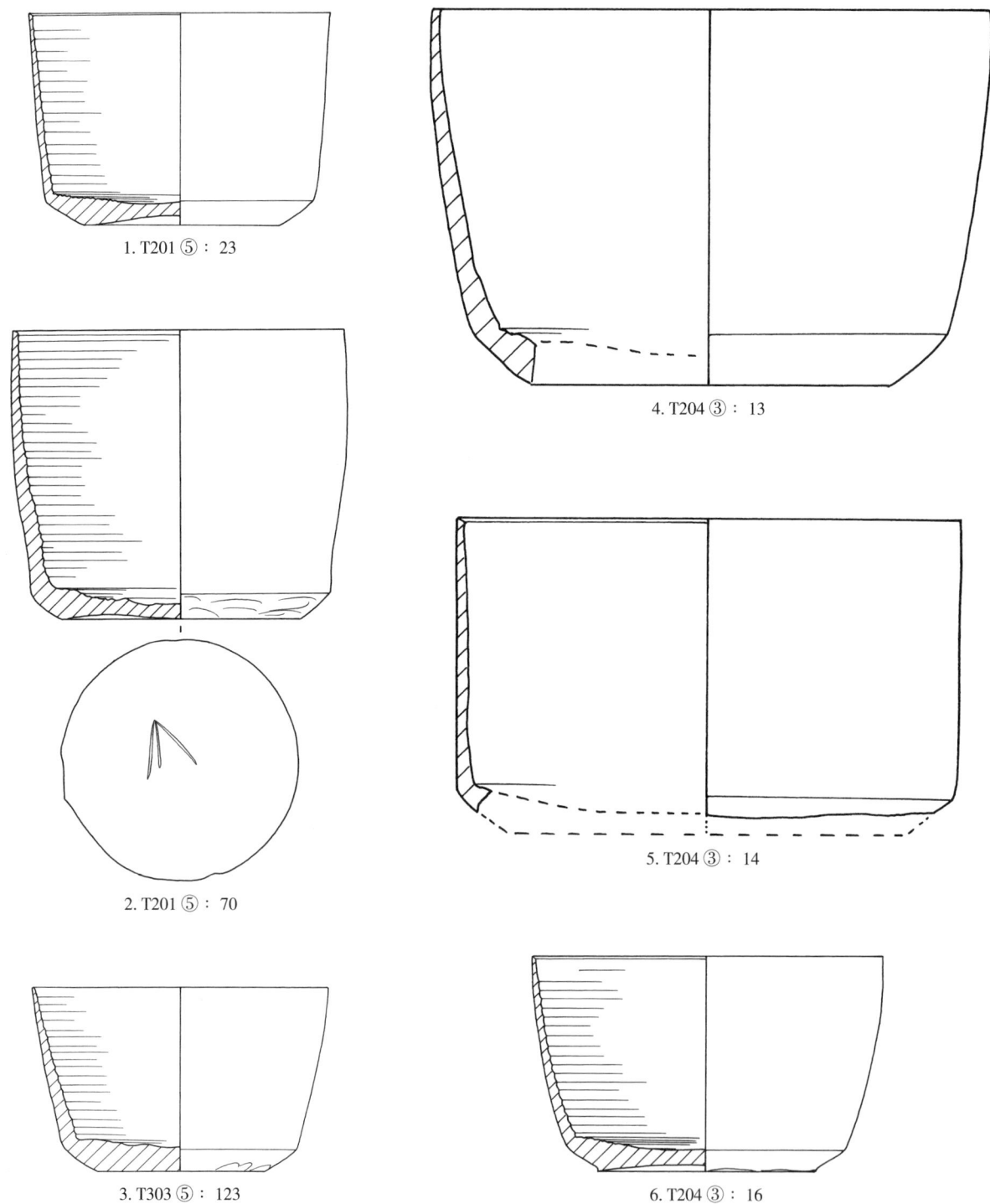

图五五　D型钵（1/4）

T204③：16，修复。青灰色胎。青釉极佳，釉面匀净润泽，胎釉结合佳，玻璃质感极强。外底部生烧。口径 23、底径 14.4、高 13.7 厘米。（图五五，6；彩版七一，6）

E型　直口浅弧腹钵。

仅见于 Y1 窑床上。

盒

数量较多，器形大小不一，以小型器物为主，胎釉质量与器形大小成正比，器形越大，胎质越细，釉层越均匀，玻璃质感越强。按腹可分为 4 型。

A 型　深弧腹盒。

子母口微敛，深弧腹略斜收，小平底。内底有较粗凸的轮旋纹。内外施满釉。大多内外底叠烧痕明显。

T304③：29，基本完整。灰白色胎。釉完全剥落。器形小。内底不见叠烧痕迹，外底白色砂性烧结物不明显，但不见生烧。口径 8、底径 5.4、高 4.8 厘米。（图五六，1；彩版七二，1）

T304③：102，基本完整。灰白色胎。釉完全剥落。器形较大。内外均因叠烧而呈生烧的橘黄色。口径 11.8、底径 7.8、高 5.6 厘米。（图五六，2；彩版七二，2）

T304③：120，稍残，可复原。浅灰色胎。青釉斑驳。器形较大。内外底均有叠烧形成的白色砂性烧结物。口径 9.6、底径 5.2、高 5.7 厘米。（图五六，3；彩版七二，3）

T304③：150，稍残，可复原。灰白色胎。青黄色釉有一定的玻璃质感，内外腹均有大面积点状乳白色窑变。外底生烧明显。口径 12.8、底径 6.8、高 7.4 厘米。（图五六，4；彩版七二，4）

T304③：152，残，可复原。青灰色胎。青黄釉有一定的玻璃质感。外底白色砂性烧结物较厚，下腹粘结有一小块瓷片。口径 11.6、底径 5.5、高 8 厘米。（图五六，5；彩版七二，5）

T304③：158，残，可复原。青灰色胎。青釉剥落较为严重。外底生烧明显。口径 12.5、底径 8、高 7.4 厘米。（图五六，6；彩版七二，6）

B 型　浅弧腹盒。

子母口略敞，浅弧腹或弧腹坦敞，小平底。内底有较粗凸的轮旋纹，叠烧痕迹明显，大小不一，内外施满釉。极少量器物内底不见叠烧痕迹。

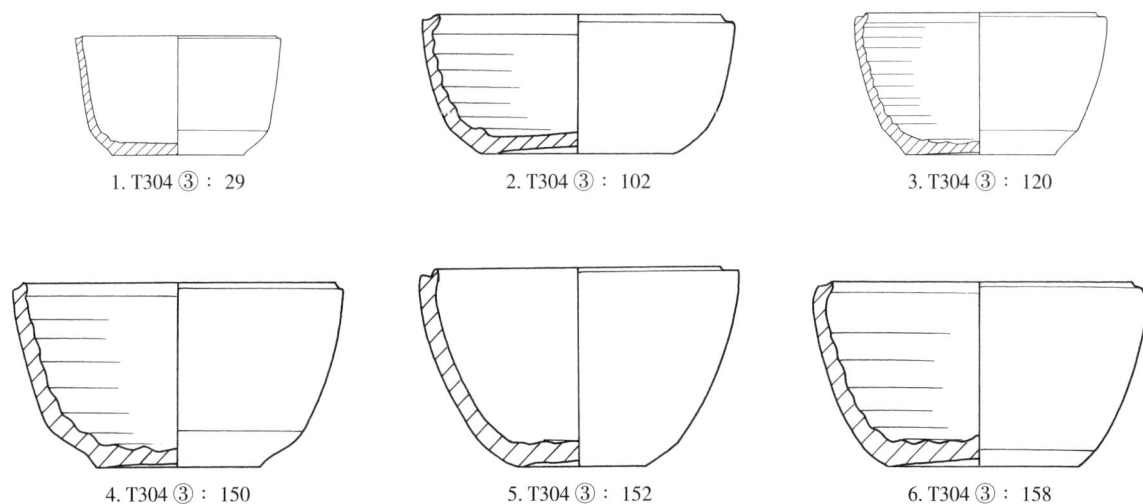

1. T304③：29　　2. T304③：102　　3. T304③：120

4. T304③：150　　5. T304③：152　　6. T304③：158

图五六　A 型盒（1/3）

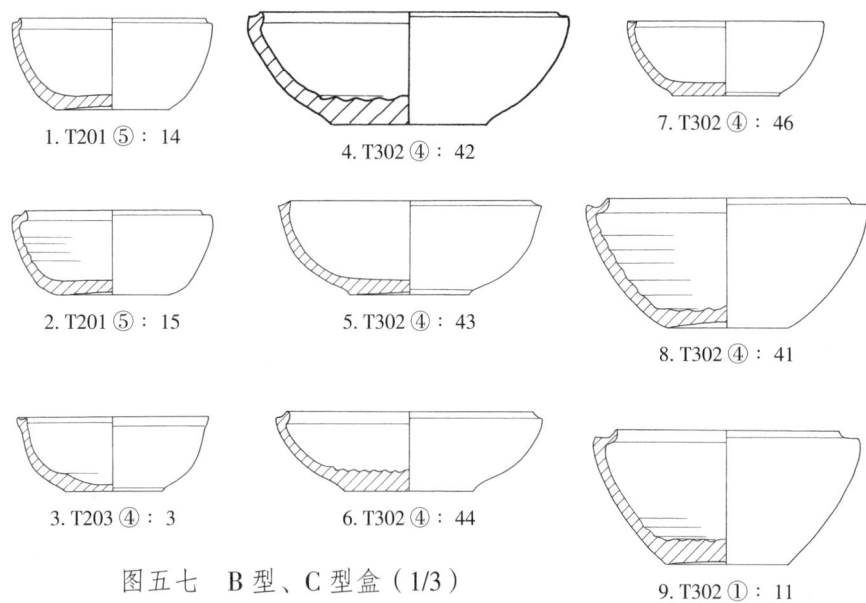

1. T201⑤：14

4. T302④：42

7. T302④：46

2. T201⑤：15

5. T302④：43

8. T302④：41

3. T203④：3

6. T302④：44

9. T302①：11

图五七　B 型、C 型盒（1/3）

1~7. B 型　8、9. C 型

T201⑤：14，残，可复原。灰白色胎。青黄色釉，玻璃质感不强。器形小。内底有叠烧形成的白色砂性烧结物，外底白色砂性烧结物不明显，但不见生烧。口径 7.6、底径 4.5、高 3.7 厘米。（图五七，1；彩版七三，1）

T201⑤：15，基本完整。灰白色胎。釉完全剥落。器形小。内外底均有叠烧形成的白色砂性烧结物，外底不见生烧。口径 7.2、底径 4.5、高 3.4 厘米。（图五七，2；彩版七三，2）

T203④：3，基本完整。灰胎。釉完全剥落。器形小。内底不见叠烧痕迹，外底白色砂性烧结物不明显，但不见生烧。口径 7.8、底径 4、高 3 厘米。（图五七，3；彩版七三，3）

T302④：42，残，可复原。灰白色胎。青黄色釉较佳，施釉均匀，釉层厚，玻璃质感强，局部因剥落而较薄，玻璃质感不强。器形大。内底叠烧痕迹明显，外底生烧。口径 12.2、底径 6.4、高 4.5 厘米。（图五七，4；彩版七三，4）

T302④：43，基本完整。青釉色斑驳。器形较大。内外底均有叠烧形成的白色砂性烧结物，外底不见生烧。口径 10、底径 5、高 3.8 厘米。（图五七，5；彩版七三，5）

T302④：44，残，可复原。青釉较佳。器形较大。白色砂性烧结物几乎覆盖整个内外底腹部，外底不见生烧。口径 10、底径 5.4、高 3.2 厘米。（图五七，6；彩版七三，6）

T302④：46，残，可复原。灰白色胎。釉几乎完全剥落。器形小。内外底均有叠烧形成的白色砂性烧结物。外底不见生烧。口径 8、底径 4.3、高 3 厘米。（图五七，7；彩版七四，1）

C 型　浅斜腹盒。

子母口内敛，深腹斜直收，小平底。内底有较粗凸轮旋纹。个别有未施釉现象。

T302④：41，完整。灰白胎。施釉仅限于器物外腹部，釉层较匀，釉色偏黄，口沿、内腹、底无釉。内底不见叠烧痕，外底部白色砂性烧结物较厚。口径 9.6、底径 5、高 5.2 厘米。（图五七，8；彩版七四，2）

T302①：11，残，可复原。灰白色胎。通体无釉。外底不见生烧，整个下腹部及上腹部一侧呈火石红色。口径 9.1、底径 5、高 5.4 厘米。（图五七，9；彩版七四，3）

D 型　深直腹盒。

多数器物内外施釉，釉一般不佳，内外底因叠烧而破坏釉面。子母口微敛，筒形深直腹，

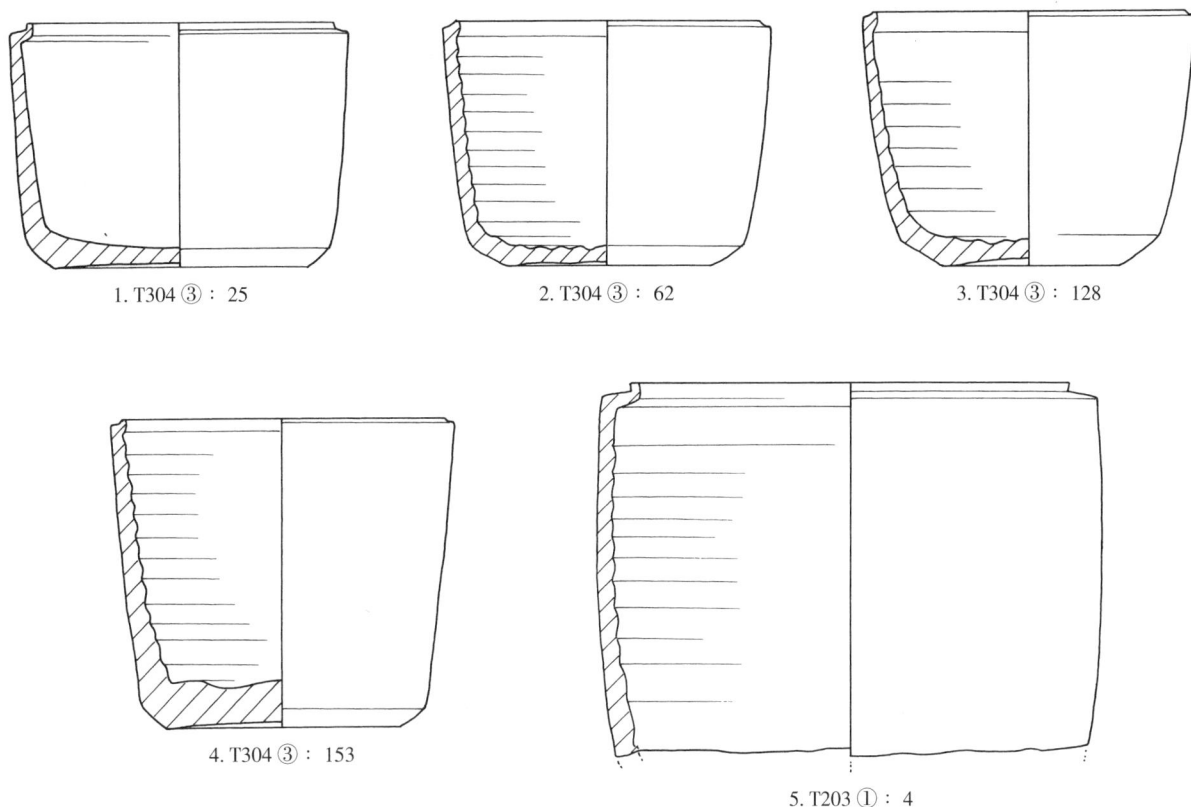

1. T304③：25　　2. T304③：62　　3. T304③：128

4. T304③：153

5. T203①：4

图五八　D 型盒（1/3）

近底处剧收成平底。内底、腹有较粗的轮旋纹，外底有细密的线割痕迹。器物多着地装烧，内底多有叠烧痕，多数器物下腹及底部因生烧而呈橘黄色。

T304③：25，修复。外壁施釉，釉基本剥落，内腹有大面积挂釉。方唇，折肩较宽。口径 12、底径 10.4、高 9.8 厘米。（图五八，1；彩版七四，4）

T304③：62，完整。灰白色胎。内外施满釉，釉层较薄，釉色泛黄。外腹上部有一大拇指印，相对的内侧有四个手指印。底部生烧。口径 12、底径 8、高 9.8 厘米。（图五八，2；彩版七四，5）

T304③：128，修复。釉基本剥落。折肩较窄。口径 12.4、底径 7、高 10.2 厘米。（图五八，3；彩版七五，1）

T304③：153，修复。内外釉基本剥落。折肩较窄。口径 13、底径 10、高 12.4 厘米。（图五八，4；彩版七五，2）

T203①：4，修复。外壁施釉，釉基本剥落，内腹仅在口沿下一圈有釉。方唇，折肩较宽。口径 18、残高 15 厘米。（图五八，5；彩版七五，3）

鼎

数量不多，复原 4 件，其余为残片。可分为 3 型。

A 型　盆形鼎。

直口，平折沿或平沿，直腹，下腹微鼓，圜底近平，瘦高足，足尖外撇。立耳。

T403④：24，变形，复原器。青灰色胎。除三足外，其余施满釉。釉层薄，釉面较斑驳，玻璃质感不强。窄平沿外折，腹较深，两侧口沿上对称桥形立耳，耳上有叶脉纹。足尖有着地装烧痕迹，略生烧。口径 19.6、通高 24.4 厘米。（图五九，1；彩版七六）

T201④：2，残片。灰白色胎。包括残留的半截足均施釉，青黄色釉较佳，施釉均匀，

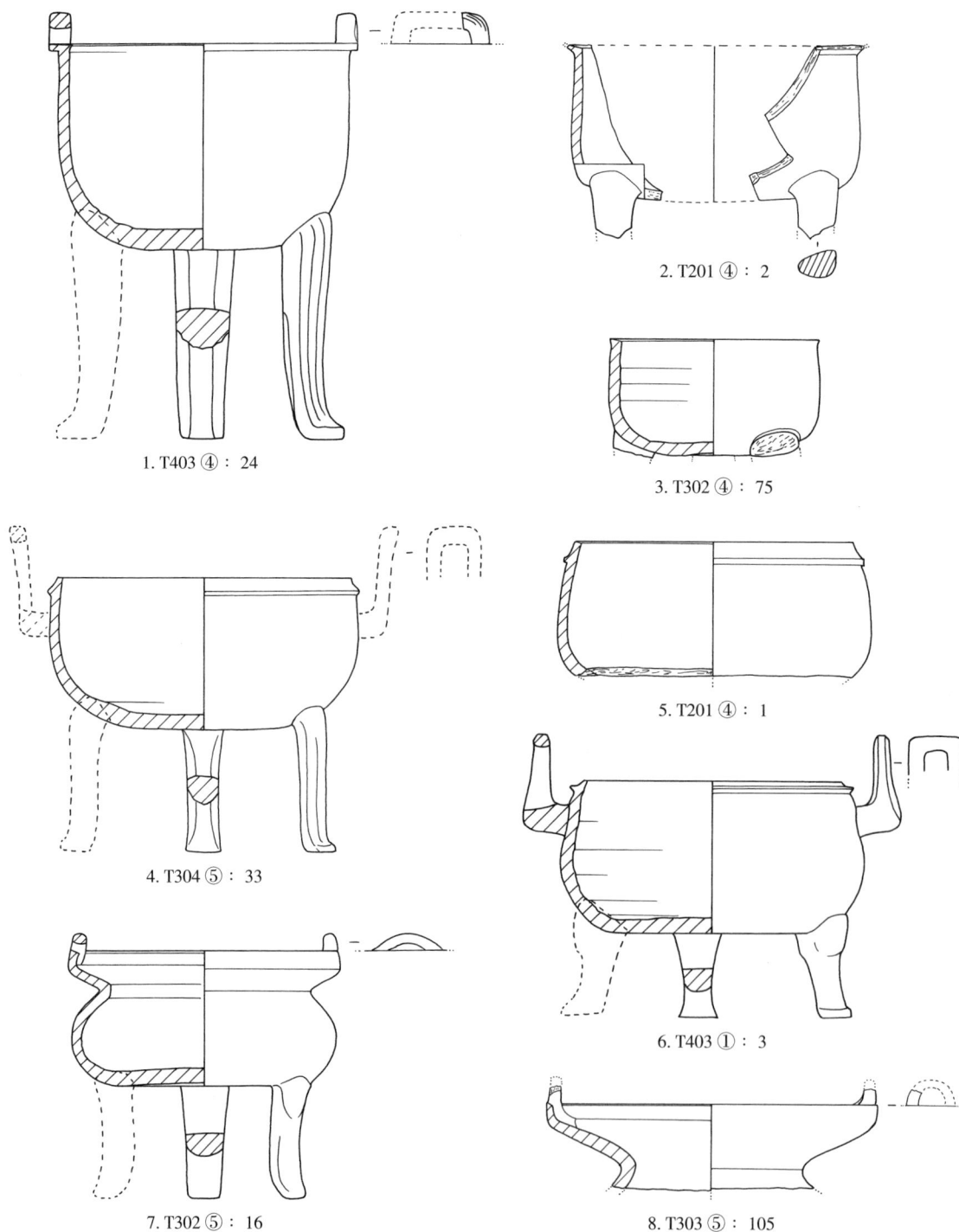

1. T403④：24

2. T201④：2

3. T302④：75

4. T304⑤：33

5. T201④：1

6. T403①：3

7. T302⑤：16

8. T303⑤：105

图五九　A型、B型、C型鼎（1/4）

1~3. A型　4~6. B型　7、8. C型

玻璃质感强。窄平沿外折。口径 19、器身高 9.6 厘米。（图五九，2；彩版七七，1）

T302④：75，残片。灰白色胎。内外施满釉，青釉色釉较佳，施釉均匀，釉层厚，玻璃质感强，釉面匀净。内底有叠烧痕。口径 13、器身高 7.2 厘米。（图五九，3；彩版七七，2）

B 型　盖鼎。

子母口内敛，腹略弧，圜底近平，口沿两侧设对称长方形附耳，耳略外敞，足有瘦高足与兽蹄足两种。鼎盖均残缺。

T304⑤：33，基本复原，耳不存。灰白色胎。外壁和足部施釉，内腹仅在口沿下有釉，施釉线较整齐，釉色青中泛灰。三瘦高足，足尖外撇。外底有白色砂性烧结物，足尖不见。口径 19、残高 16.8 厘米。（图五九，4；彩版七八，1）

T201④：1，残片。灰白色胎。外壁施釉，内腹仅口沿下一圈有釉，青釉保存不佳，玻璃质感不强。腹部较浅。口径 17.6、残高 8.4 厘米。（图五九，5；彩版七七，3）

T403①：3，复原器。灰白色胎。仅外腹、底、耳、足施釉，内壁不施釉，青釉较薄，釉色泛灰，玻璃质感不强。三蹄足，足较粗矮。足尖有白色砂性烧结物。口径 16、通高 17.5 厘米。（图五九，6；彩版七八，2）

C 型　甗形鼎。

方唇，盘口，束颈，扁鼓腹，圜底近平，三瘦高足，足尖外撇。近半环形立耳。

T302⑤：16，复原器。青灰色胎。仅外壁与足部施釉，釉色深青，釉面较斑驳，凝釉较严重。足尖有白色砂性烧结物。口径 17、通高 16.4 厘米。（图五九，7；彩版七九，1）

T303⑤：105，口沿残片。灰白色胎。内外施釉，施釉均匀，釉色偏黄，玻璃质感极佳。盘口较大。口径 20.8、残高 6.2 厘米。（图五九，8；彩版七九，2）

匜

数量较多，器形较小，形制单一。胎质细腻坚致。浅灰泛黄色胎、青黄色釉占据绝大多数。大多数器物釉极佳，施釉均匀，釉层厚，玻璃质感强。方唇，弧敛口，浅弧腹，小平底。内底、腹之间折棱不明显。小尖流略上翘，与流相对的一侧有铺首或勾云纹堆贴，铺首包括 D 型与 G 型两种。大多数器物腹部有瓦棱纹。内底常见明显的叠烧形成的白色粘结物痕迹，底部生烧严重。

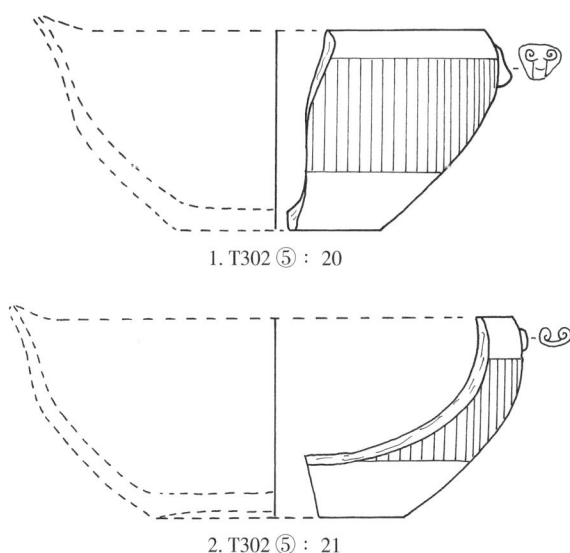

1. T302⑤：20

T302⑤：20，流一侧残。浅灰略泛黄色胎。青黄色薄釉。与流相对的一侧设 D 型铺首。腹部有瓦棱纹。口径 17.2、底径 8.4、高 8 厘米。（图六○，1；彩版八○，1）

2. T302⑤：21

T302⑤：21，流一侧残。浅灰略泛黄色胎。青黄色薄釉。与流相对的一侧设勾云纹堆贴。腹部有瓦棱纹。口径 19.6、底径 11、

图六○　匜（1/3）

高 8 厘米。(图六〇,2;彩版八〇,2)

T302④:2,复原器,变形。灰白色胎。釉层较薄,釉色青黄,凝釉较严重。与流相对位置有 G 型铺首。腹部无瓦棱纹。口径 16、底径 10、高 8.6 厘米。(图六一,1;彩版八〇,3)

T403④:4,复原器。灰白色胎。青釉泛灰。与流相对位置有勾云纹堆贴。腹部有瓦棱纹。口径 17、底径 7.6、高 7.6 厘米。(图六一,2;彩版八一,1)

T304③:32,铺首一侧残。浅灰略泛黄色胎。青釉泛灰,玻璃质感不强。腹部有瓦棱纹。口径 16.8、底径 9、高 7.6 厘米。

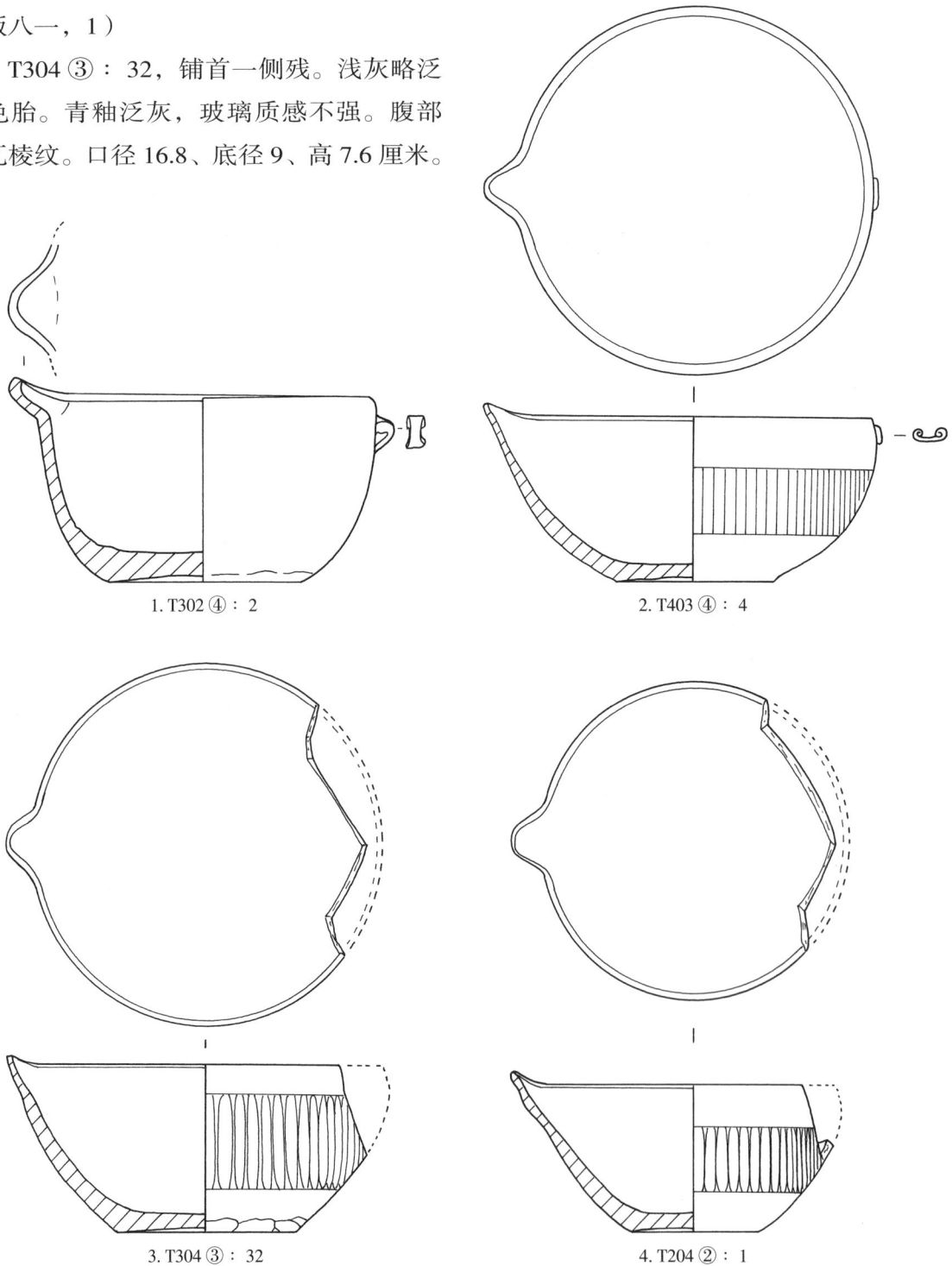

1. T302④:2

2. T403④:4

3. T304③:32

4. T204②:1

图六一　匜(1/3)

（图六一，3；彩版八一，2）

T204②：1，铺首一侧残。灰白色胎。深青色釉，玻璃质感较强。腹部有瓦棱纹。内外底白色砂性烧结物较厚，不见生烧。口径13.2、底径6、高6.8厘米。（图六一，4；彩版八一，3）

尊

出土数量不多，复原2件，其他为无法复原的残片。从2件复原器与其他残片看，器形基本一致：喇叭形大敞口，粗高直颈，扁鼓腹，高圈足，足尖折直似倒置盘口状。腹部装饰纹饰。

T201⑤：69，复原器。体形较小。灰白色胎。内外施满釉，釉层较厚，施釉均匀，釉色青中泛黄，釉面晶莹润泽，玻璃质感极强，胎釉结合良好。大敞口，沿向外翻平，粗高直颈，扁鼓腹，高圈足，足壁陡直，足尖折直。腹部满饰细密的刻划水波纹，显得小巧精致。内底腹部有细密的轮旋纹，外底有修刮痕迹，系分段制作粘接。足尖有白色粘结物，残存部分不见生烧现象。口径14.8、足径10.4、高16.6厘米。（图六二，1；彩版八二）

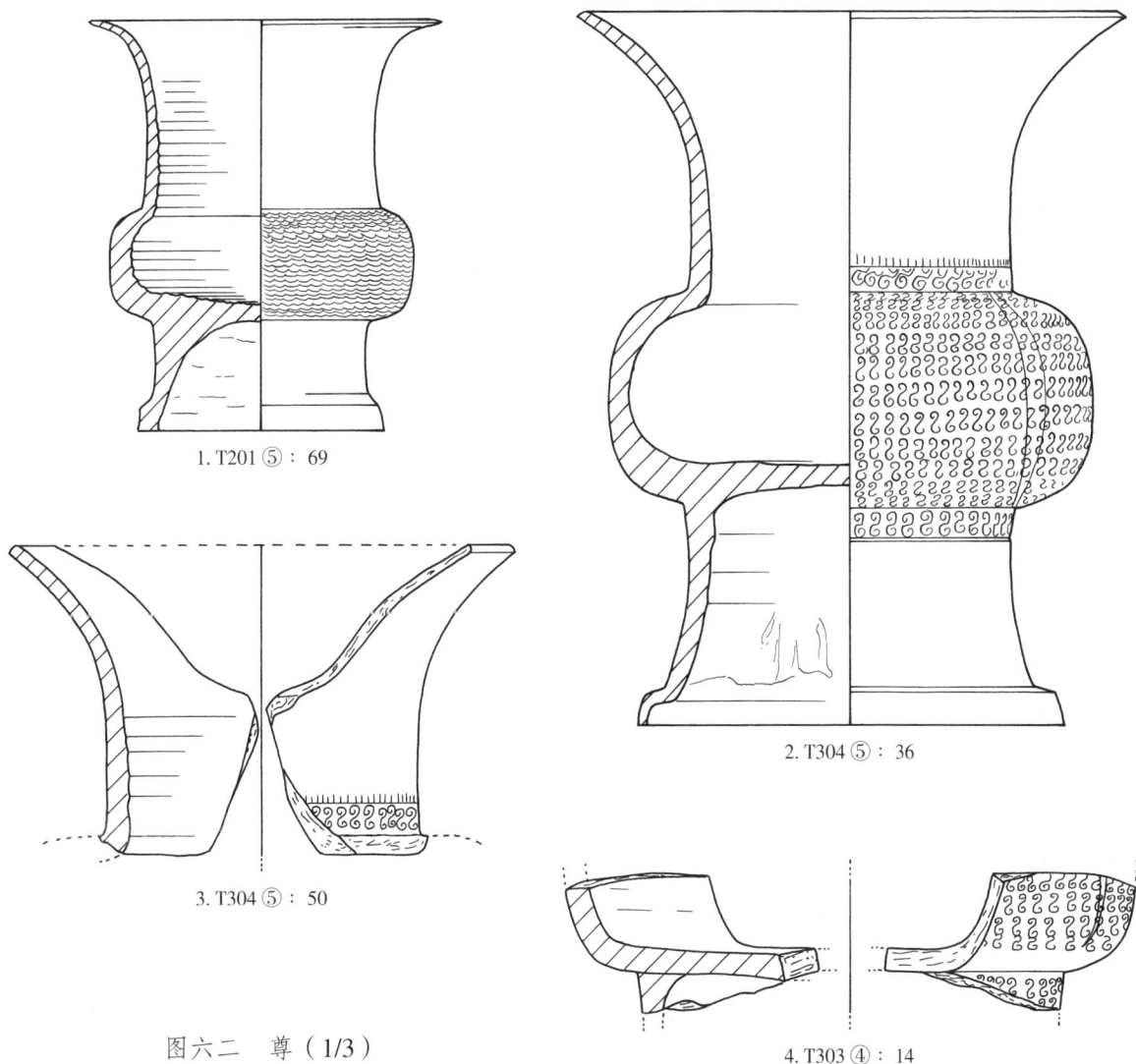

1. T201⑤：69

2. T304⑤：36

3. T304⑤：50

图六二　尊（1/3）

4. T303④：14

T304⑤：36，复原器。灰白色胎。内外施满釉，釉层较厚，施釉匀净，釉色青中泛黄，釉面玻璃质感极强，胎釉结合良好。大口斜敞，粗高颈，扁鼓腹，高圈足，足壁外撇，足尖折直，似倒置盘口状。腹部满饰细密规整的云雷纹，残存部分可见纵向细凹弦纹一组两道，由此可以推测整个腹部可能有此种细凹弦纹2或4组。颈与腹和底与腹的交接处，各有两圈凹弦纹，两圈凹弦纹内饰精细的云雷纹，颈部细凹弦纹上侧，还饰有一圈短直线纹。应系分段制作粘接。足尖粘结有大量的白色砂性烧结物及一粒粗砂粒，外侧的烧结痕迹线呈斜线形，为着地装烧。口径22.4、足径18、高29厘米。（图六二，2；彩版八三）

T304⑤：50，口颈部残片。灰白色胎。青黄釉较薄，凝釉明显。大口斜敞，粗高颈，与腹部交接处饰有云雷纹与短直线纹，口形和纹饰与T304⑤：36相同。口径21.6、残高12.6厘米。（图六二，3；彩版八四，1）

T303④：14，下腹部残片。灰白色胎。外壁施青黄釉，釉层较薄。腹部纹饰与T304⑤：36相同。残高5.6厘米。（图六二，4；彩版八四，2）

镂孔长颈瓶

出土数量较多，修复完整或基本完整者4件，另有较多不同个体的残片标本，无法拼对复原。器形基本特征是：细长颈，口微敞，方唇，大多口沿下有一圈较厚，外观多似盘口状，溜肩，鼓腹，平底为主，少量平底下有三足。体形高大。大多在肩与上腹部有两圈或三圈三角形镂孔，上下镂孔交叉排列，以两圈居多，三圈较少。上下圈镂孔之间以凸弦纹或云雷纹相隔。小部分器物的镂孔位置较低，下圈镂孔至中腹偏下。

T302⑤：14，修复。长颈口沿下有一圈较厚，外观似盘口状。平底。青灰色胎。外壁施釉，深青釉较佳，施釉均匀，玻璃质感较强，下腹部局部失釉；内壁仅在口沿下有一圈釉，施釉线整齐，内颈腹有明显的自腹部向口沿流淌的流釉线。肩与上腹部有两圈上下交叉分布的狭长三角形镂孔，两圈镂孔之间和其上下侧，各饰有拍印的卷云纹。口径11.2、底径19.2、高44.4厘米。（图六三，1；彩版八五）

T304⑤：31，修复。口沿下有一圈较厚，外观似盘口状。平底。青灰色胎。外壁施釉，釉色深青，施釉均匀，胎釉结合好，但玻璃质感不强；内壁仅在口沿下有一圈釉，施釉线整齐，内颈腹有明显的自腹部向口沿流淌的流釉线。肩与上腹部有两圈上下交叉分布的狭长三角形镂孔，两圈镂孔之间和其上下侧，以一或二道粗凸弦纹分隔，中间和下侧凸弦纹上刻划短斜线纹，镂孔上侧凸弦纹上未刻划短斜线，但在其上下侧刻划相对应的短斜线纹。残存的底部生烧明显。口径11.2、底径20、高46厘米。（图六三，2；彩版八六）

T304⑤：49，修复。口沿下有一圈较厚，外观似盘口状。平底。青灰色胎。仅外壁施釉，釉色深青，施釉均匀，颈、上腹部釉较下腹部明显要好，青釉胎釉结合佳，玻璃质感强，下腹部失釉严重；内壁仅在口沿下有一圈釉，施釉线整齐，内颈腹有明显的自腹部向口沿流淌的流釉线。肩与上腹部有两圈上下交叉分布的狭长三角形镂孔，两圈镂孔之间和其上下侧，以二或四道粗凸弦纹分隔，凸弦纹上刻划短斜线纹。长颈近口沿处一侧饰有一刻划的叶脉纹，整个长颈部位有多处比较随意的细刻划线，颈的下部有二道粗凸的弦纹。残存的底部生烧明显。口径11.2、底径19.2、高46.4厘米。（图六三，3；彩版八七）

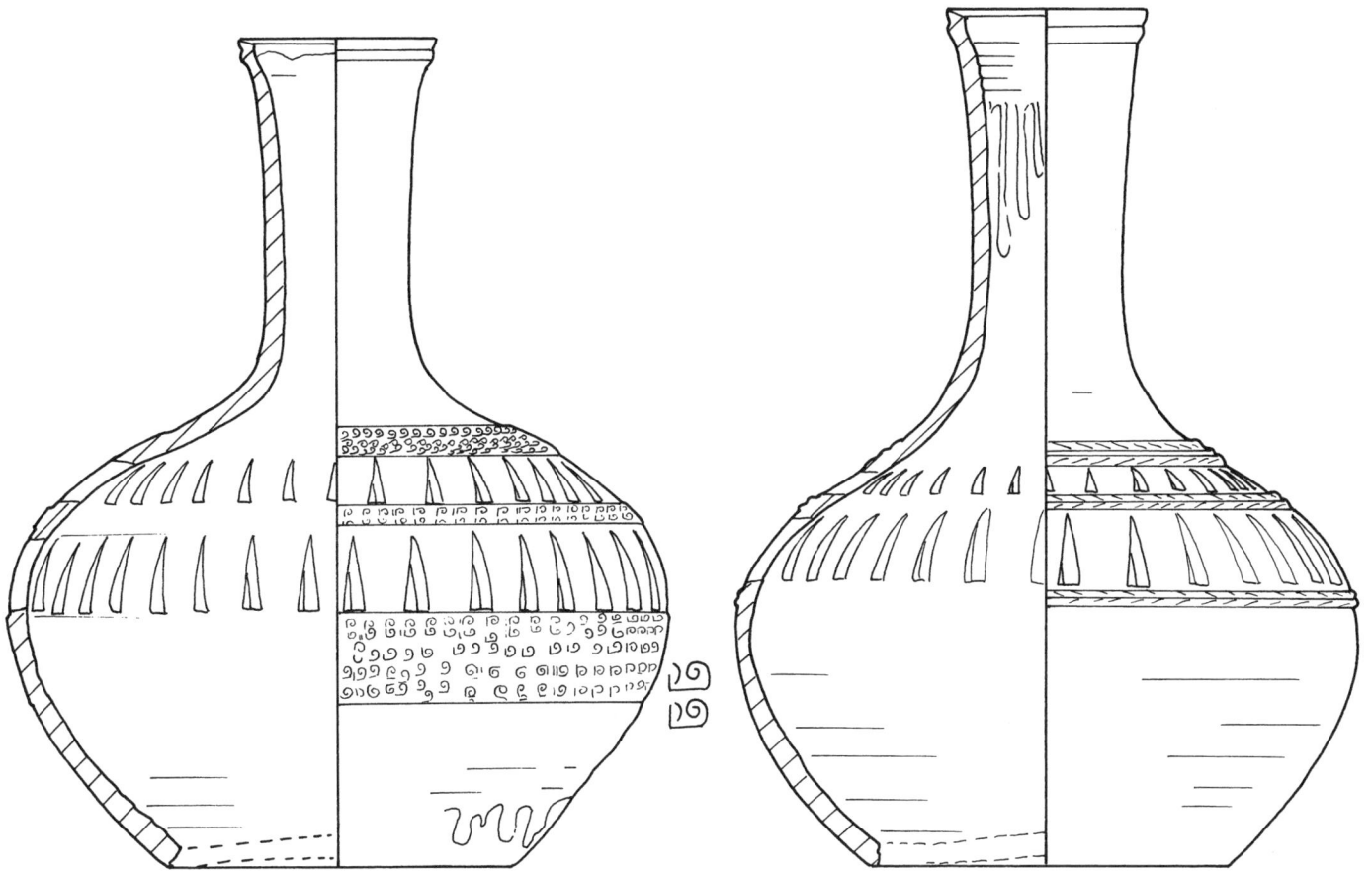

1. T302⑤：14　　　　　　　　　　　2. T304⑤：31

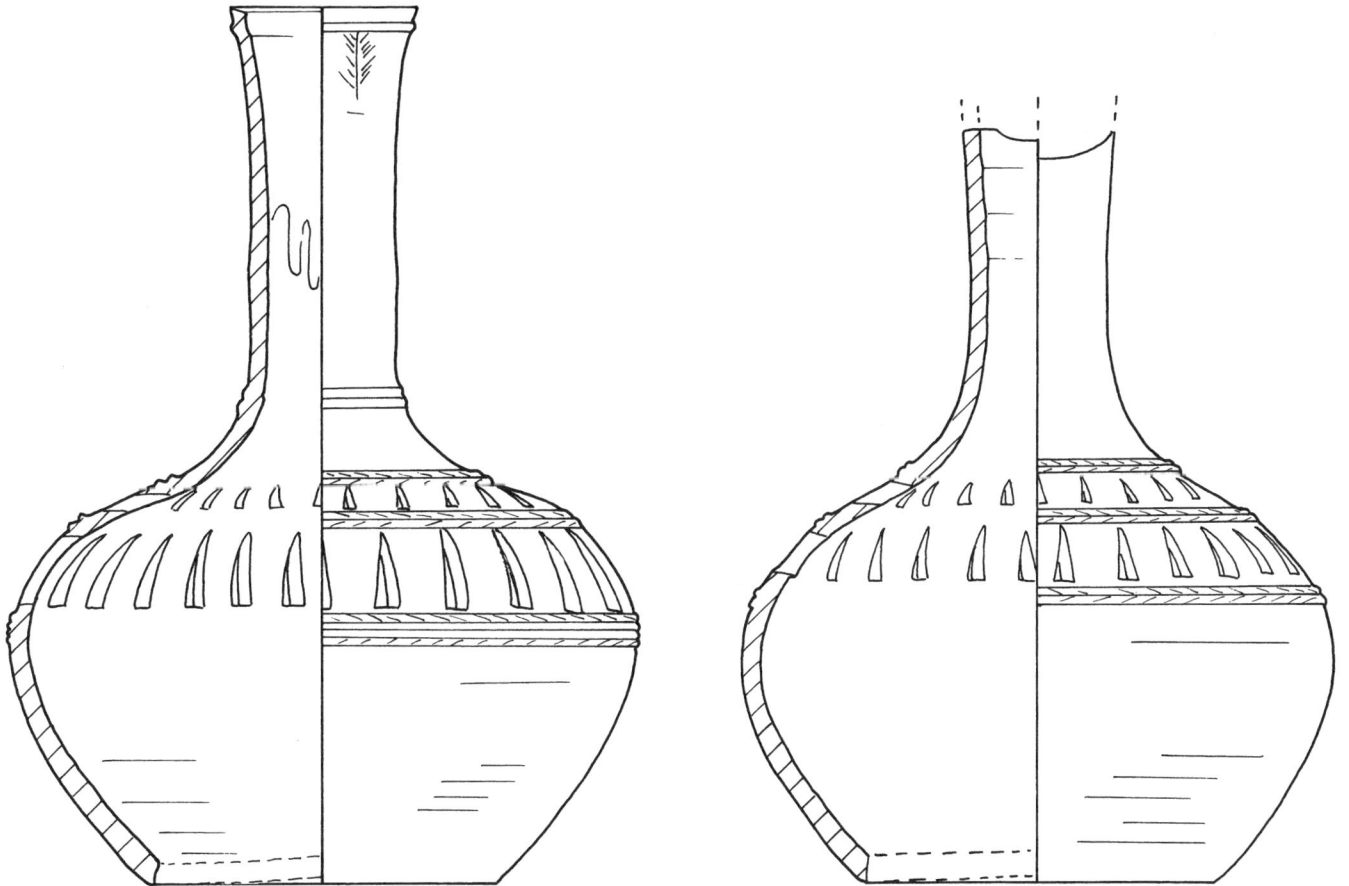

3. T304⑤：49　　　　　　　　　　　4. T304⑤：30

图六三　镂孔长颈瓶（1/4）

T304⑤：30，口沿残。平底。青灰色胎。外壁施釉，釉色深青，颈及上腹部釉较佳，施釉均匀，釉层厚，玻璃质感强，下腹部釉层较薄，局部失釉，玻璃质感不强；内壁仅在口沿下有一圈釉，施釉线整齐，内颈腹有明显的自腹部向口沿流淌的流釉线。肩与上腹部有两圈上下交叉分布的狭长三角形镂孔，两圈镂孔之间和其上下侧，各以二道粗凸弦纹分隔，凸弦纹上刻划短斜线纹。底径20、残高40厘米。（图六三，4；彩版八八）

T201⑤：3，长颈标本。灰白色胎。青黄色釉较佳，胎釉结合好，玻璃质感强。口沿下较厚的一圈较宽，上饰凹弦纹数道。颈下部和颈肩之间各有一圈斜向篦点纹。口径9.2、残高24.8厘米。（图六四，1；彩版八九，1）

T202⑤：5，长颈标本。灰白色胎。釉层薄，玻璃质感不强，并有乳白色窑变点。口沿下较厚的一圈较宽，盘口状明显，上有戳印C形纹正反相对构成的S形纹，纹饰细密，排列不甚整齐。厚口沿下有短直条纹，颈中、下部各有细凹弦纹两道。内颈、肩之间拼接痕迹明显。口径11.2、残高30厘米。（图六四，2；彩版八九，2）

T304⑤：32，长颈标本。灰白色胎。釉剥落严重，内壁有自腹部向口沿流淌的流釉线。口沿下和颈、肩之间均有一圈凸起于器表。内壁可见呈纵向凹弧的瓦棱纹状修刮痕迹。口沿上、口沿下和颈肩之间凸起的一圈上均饰卷云纹，纹饰细密，重复重叠拍印。口径12、残高32厘米。（图六四，3；彩版八九，3）

T201⑤：5，长颈口沿残片。浅灰色胎。青黄色釉较佳。口沿下无较厚的一圈，素面。口径8.4、残高8.6厘米。（图六四，4；彩版八九，4）

T304⑤：38，口沿残片。浅灰色胎。青黄色釉极佳。口沿下有较厚的一圈，形似盘口状，其上拍印云雷纹，云雷纹细密规整，排列整齐。口沿上有一较大的泥点痕，可能是叠烧器物留下的痕迹。口径12、残高5厘米。（图六四，5；彩版八九，5）

T304⑤：46，口沿残片。深灰色胎。深青色釉较佳。口沿上有云雷纹。口沿下无较厚一圈，饰两道粗凸弦纹。口径11.6、残高8厘米。（图六四，6；彩版八九，6）

T204②：4，口沿残片。灰白色胎。青黄色釉保存不佳。口沿下有较厚的一圈，形似盘口状。素面无纹。口径11.2、残高10.8厘米。（图六四，7；彩版八九，7）

T202①：2，口沿残片。灰白泛黄色胎。青黄釉极佳。口沿下无较厚一圈，饰两道粗凸弦纹，弦纹之间刻划相对短斜线。口径14、残高14厘米。（图六四，9；彩版八九，8）

T403①：1，口沿残片。浅灰色胎。青釉较佳，釉色较深。口沿上有两道细凹弦纹，口沿下有宽厚一圈，形似盘口状，上饰较粗的凹弦纹五道，以下饰云雷纹，云雷纹细密，重复重叠拍印。口径13.6、残8高厘米。（图六四，8；彩版八九，9）

T304⑤：34，肩部残片。浅灰色胎。青黄釉极佳。肩部饰有细密的云雷纹。残高6厘米。（图六五，1；彩版九〇，1）

T304⑤：37，肩部残片。深灰色胎。青釉极佳。颈、肩之间有三道粗凸弦纹，弦纹上刻划短斜线。残高7厘米。（图六五，2；彩版九〇，2）

T304⑤：39，下腹部残片。青灰色胎。青釉极佳。镂孔下饰云雷纹，云雷纹排列整齐。残高6.4厘米。（图六五，3；彩版九〇，3）

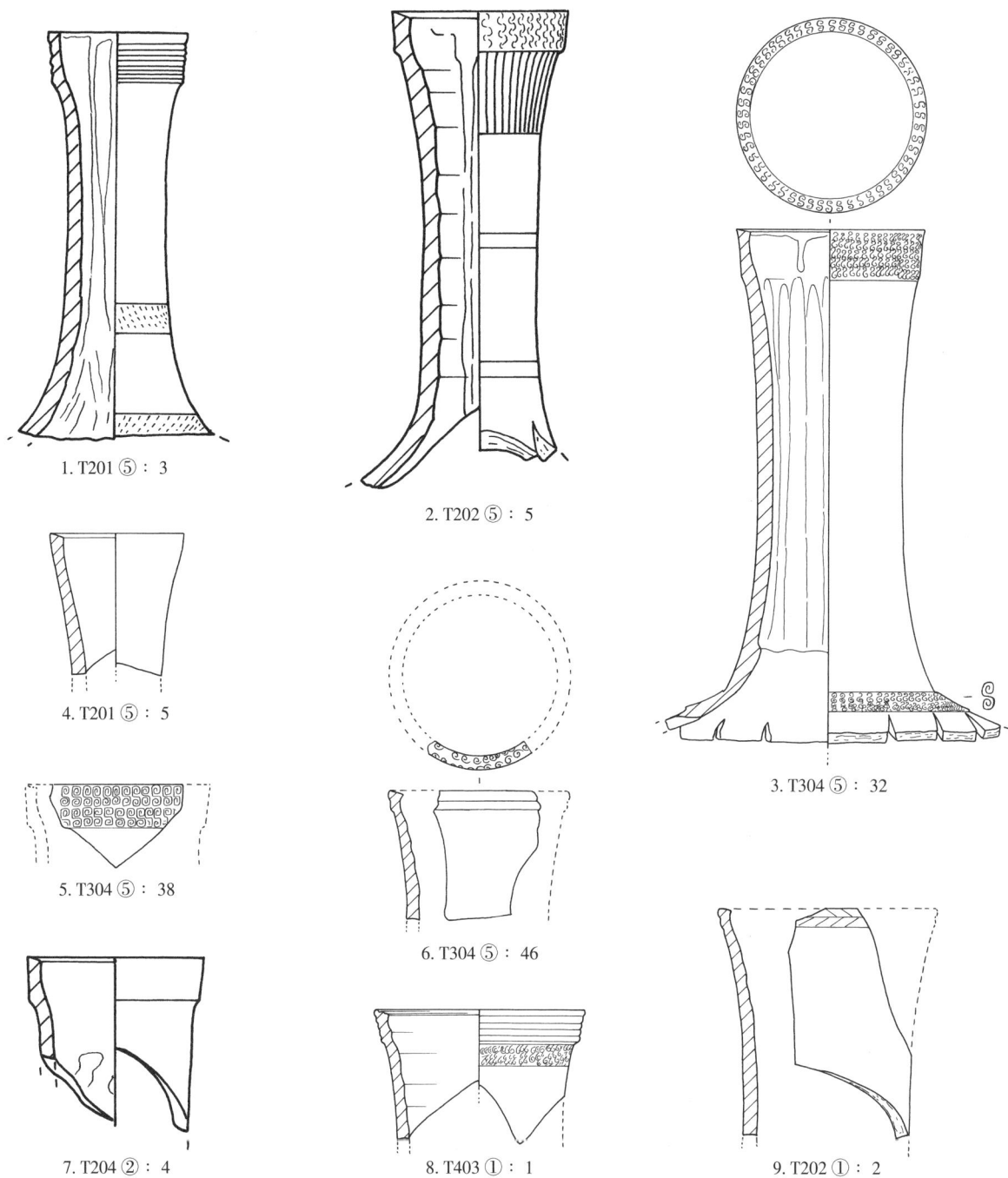

1. T201⑤：3

2. T202⑤：5

4. T201⑤：5

3. T304⑤：32

5. T304⑤：38

6. T304⑤：46

7. T204②：4

8. T403①：1

9. T202①：2

图六四 镂孔长颈瓶（1/4）

T304⑤：40，肩部残片。深灰色胎。青釉极佳。肩部饰细密云雷纹。残高6.8厘米。（图六五，4；彩版九〇，4）

T304⑤：48，肩部残片。浅灰色胎。青黄釉极佳。颈近肩处残存半个叶脉纹。肩部有两圈粗细不同的云雷纹：上圈较细密，与器表平齐；下圈较粗疏，略凸起于器表。残高5.4厘米。（图六五，5；彩版九〇，5）

T304⑤：41，上腹部残片。灰白色胎。青黄色釉保存不佳，釉层薄，下腹剥落。有三

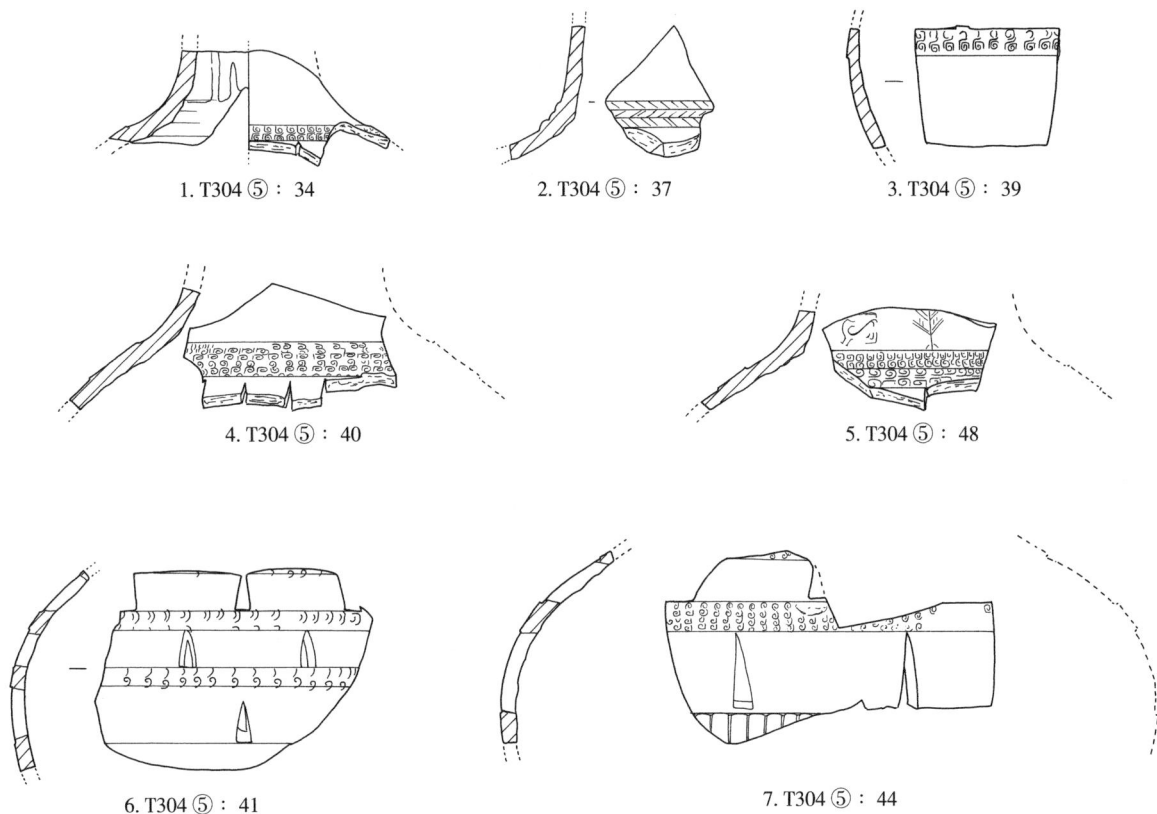

1. T304⑤：34　　　　2. T304⑤：37　　　　3. T304⑤：39

4. T304⑤：40　　　　　　　　5. T304⑤：48

6. T304⑤：41　　　　　　　　7. T304⑤：44

图六五　镂孔长颈瓶（1/4）

圈三角形镂孔，镂孔较其他同类器物显得短而宽，三圈镂孔之间为两圈卷云纹。残高10.4厘米。（图六五，6；彩版九〇，6）

T304⑤：44，上腹部残片。深灰色胎，深青色釉保存不佳，玻璃质感不强。镂孔比较稀疏，两圈镂孔之间为细密云雷纹。镂孔之下为瓦棱纹。残高10厘米。（图六五，7；彩版九〇，7）

T304⑤：45，下腹部残片。灰白色胎。深青色釉保存不佳，剥落严重，并有乳白色窑变。镂孔下有一圈戳印的C形纹，两排C形纹一上一下正反相对，纹饰细密。腹部有4道粗凹弦纹。内壁有大量的流釉线。残高11.2厘米。（图六六，1；彩版九〇，8）

T303④：13，下腹部残片。深灰色胎。深青色釉保存不佳，釉面较斑驳。镂孔下拍印卷云纹，卷云纹下为七道凹弦纹。残高10.4厘米。（图六六，2；彩版九一，1）

T303①：1，下腹及底部残片。浅灰色胎。青黄色釉极佳，内外满釉。平底下有三只略向外撇的乳丁状小足。残存的最下一圈镂孔位置较低，已在中腹偏下。近底处有一圈短瓦棱纹，瓦棱纹下为三道粗凸的弦纹。平底上粘结有大量的白色砂性烧结物，不见生烧，三乳丁状小足足尖生烧明显。底径19.2、残高12.8厘米。（图六六，3；彩版九一，2）

T304⑤：35，下腹及底部残片。灰白胎。内外满釉，青黄色釉极佳，施釉均匀，釉层厚，胎釉结合好，玻璃质感强。平底。残存的最下一圈三角形镂孔位置较低，已在中腹偏下，孔较宽大。孔下有两道粗凸弦纹，内壁有大量的流釉线。外底生烧明显。底径21.6、残7.2高厘米。（图六六，4；彩版九一，3）

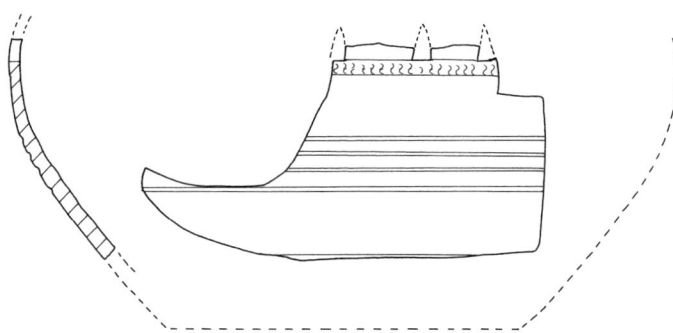

1. T304⑤：45

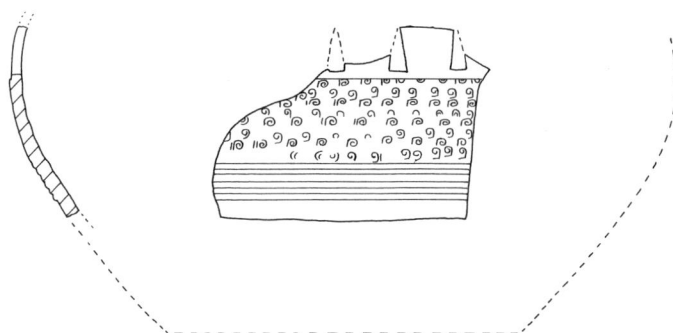

2. T304④：13

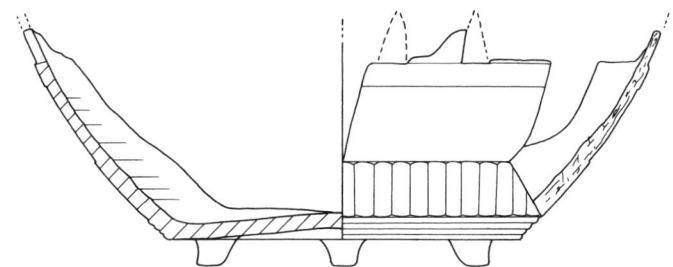

3. T303①：1

4. T304⑤：35

图六六　镂孔长颈瓶（1/4）

提梁盉

出土数量很少，均为残片，无复原器。

T303⑤：108，提梁残片。灰白色胎。青釉薄而匀净，釉面极佳。整体呈半环形，截面方形。中部有扉棱，一侧堆贴小泥条。下侧有一半圆形纽。提梁两侧面有云雷纹。残长6.4厘米。（图六七，1；彩版九一，4）

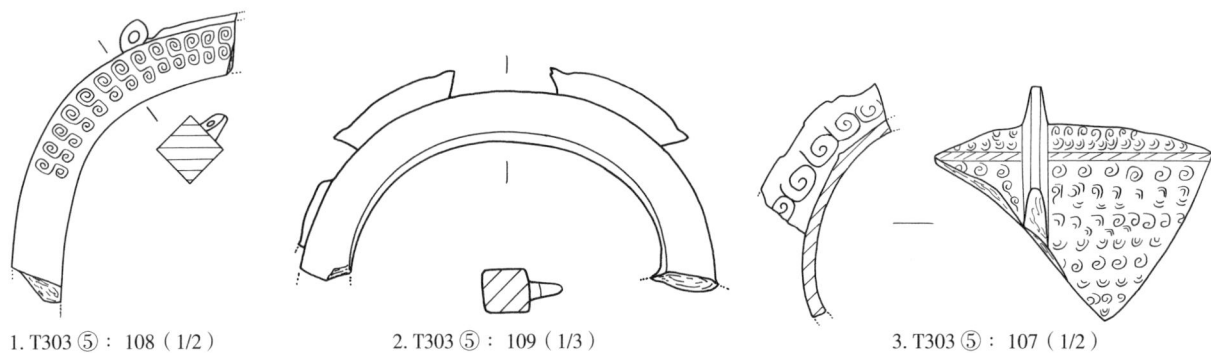

1. T303 ⑤：108（1/2）　　　2. T303 ⑤：109（1/3）　　　3. T303 ⑤：107（1/2）

图六七　提梁盉

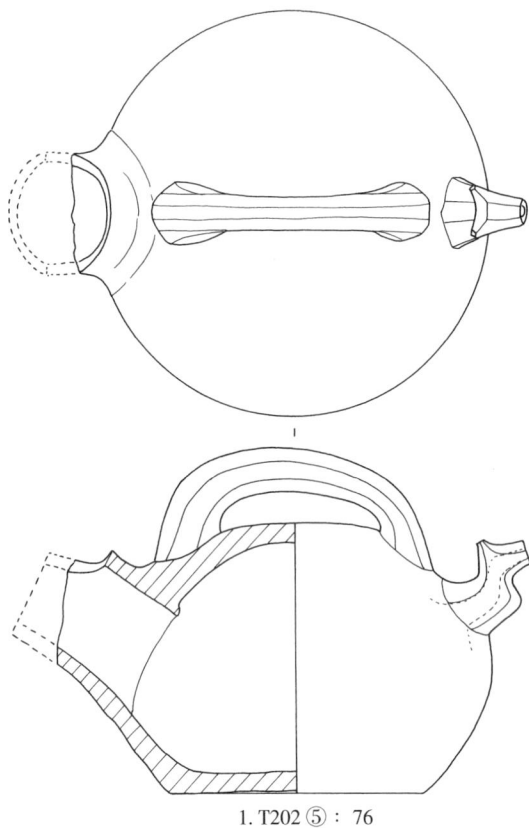

1. T202 ⑤：76

2. T302 ⑤：53

3. T302 ④：85

图六八　提梁壶（1/4）

T303 ⑤：109，提梁，完整。灰白色胎。青釉厚而匀净，玻璃质感极佳。整体呈半环形，截面方形。提梁顶上有两冠状扉棱，扉棱两端上翘。一侧堆贴小泥条。长 17 厘米。（图六七，2；彩版九一，5）

T303 ⑤：107，腹部残片。灰白色胎，胎壁较薄。外表施釉，釉层厚，施釉均匀，釉色青中泛灰，玻璃质感强。腹部有纵向的鸡冠状大扉棱，扉棱两侧面拍印粗大云雷纹；残存凸弦纹一圈，凸弦纹上刻划短斜线纹；弦纹上下饰浅细的拍印饰云雷纹。残高 5.2 厘米。（图六七，3；彩版九一，6）

提梁壶

出土数量很少，复原 1 件，另有提梁标本 2 件。

T202 ⑤：76，复原。灰白色胎。外表施满釉，釉层较厚，施釉均匀，釉色青中泛黄，虽有密集的斑点状凝釉现象，但通体釉面玻璃质感极强。弧顶，扁圆腹，大平底。顶部有近半环形提梁，提梁截面呈八棱形。两侧均有流，一侧为粗管状流，口上翘，流的上侧有梯形缺口；另一侧流呈兽首形，流与腹也相通。底部生烧明显，近底部一侧釉未烧结玻化，并有乳白色窑变，系着地装烧产品。底径 14、通高 18.4 厘米。（图六八，1；彩版九二，1、2）

T302 ⑤：53，提梁。灰白色胎，施釉较薄，釉色青黄。接近半环形，下侧为圆形，上侧修成

三棱形。长 19 厘米。（图六八，2；彩版九二，3）

T302④：85，提梁。紫灰色胎，外侧呈灰黑色。截面略呈长方形。残长 15.2 厘米。（图六八，3；彩版九二，4）

钫

能明确的仅有钫盖。

T403④：7，修复完整。灰白色胎。盖面施釉，釉层较厚，施釉均匀，釉色青黄，玻璃质感极佳。近正方形母口，盖顶呈盝顶式，中心平，四面呈斜坡状，中心平顶四角各立一兽首形纽，盖缘折直。盖顶上满饰拍印云雷纹，纹饰分布杂乱，重叠重复拍印。兽首纽上戳印细小的圆圈纹。盖口沿略有生烧。通高 5.6 厘米。（图六九；彩版九三）

镇

出土数量很少。除一件基本拼对完整外，其余均为不同个体残片，基本复原。个体略有大小不同。大多为灰白色胎质。仅外壁施釉，普遍施釉均匀，釉层厚，釉色青中泛黄，

T403④：7

图六九　钫盖（1/3）

胎釉结合好，玻璃质感强，在隆顶有明显的凝釉点。器形基本相同，呈馒首状，隆顶，弧腹外鼓，底口内敛，底部开敞，中空。顶部中心有一个半环形纽，内套圆形小环，环往往在烧制时与顶部粘结。顶部中心及下腹近底处各有一圈略凸起于器表，上饰云雷纹，顶部云雷纹细密，下腹近底部云雷纹粗大方正，纹饰清晰，排列整齐规矩。少量腹部有纹饰，多数素面。底部不见生烧，有白色粘结物，多呈火石红色。

T202⑤：6，基本完整，纽及环残。底径 7、残高 5.2 厘米。（图七〇，1；彩版九四，1）

T202⑤：7，复原器，纽及环残。底径 6.8、残高 5.1 厘米。（图七〇，2；彩版九四，2）

T202⑤：12，复原器，纽及环残。底径 7.6、残高 5.3 厘米。（图七〇，3；彩版九五，1）

T202⑤：13，复原器。底径 7.6、残高 5.9 厘米。（图七〇，4；彩版九五，2）

T202⑤：14，复原器，纽及环残。底径 7.6、残高 5.9 厘米。（图七〇，5；彩版九五，3）

T202⑤：15，复原器，纽及环残。底径 7.6、残高 5.3 厘米。（图七〇，6；彩版九五，4）

T202⑤：8，腹部残片。除上下云雷纹外，腹部饰有上下两层夔纹，回首张口，身弯曲。底径 8.2、残高 4.8 厘米。（图七〇，7；彩版九五，5）

T202⑤：11，底腹部残片。腹部饰有夔纹。（图七〇，8；彩版九五，6）

豆

编号 2 件，均残，1 件豆盘基本完整，另 1 件把与盘均残。器形一致。直口，弧腹，浅盘，高把。内外施满釉。

T201⑤：13，盘略残，豆柄不存。灰白色胎。内外施釉，釉层很薄，釉色泛黄，外壁釉未烧出。口径 17.6、残高 4.2 厘米。（图七一，1；彩版九六，1）

T204②：2，盘与把均残，未复原。灰白色胎，胎质细腻坚致。内外施满釉，釉层较厚，施釉较匀，釉色青中泛黄，玻璃质感强。残高 8.2 厘米。（图七一，2；彩版九六，2）

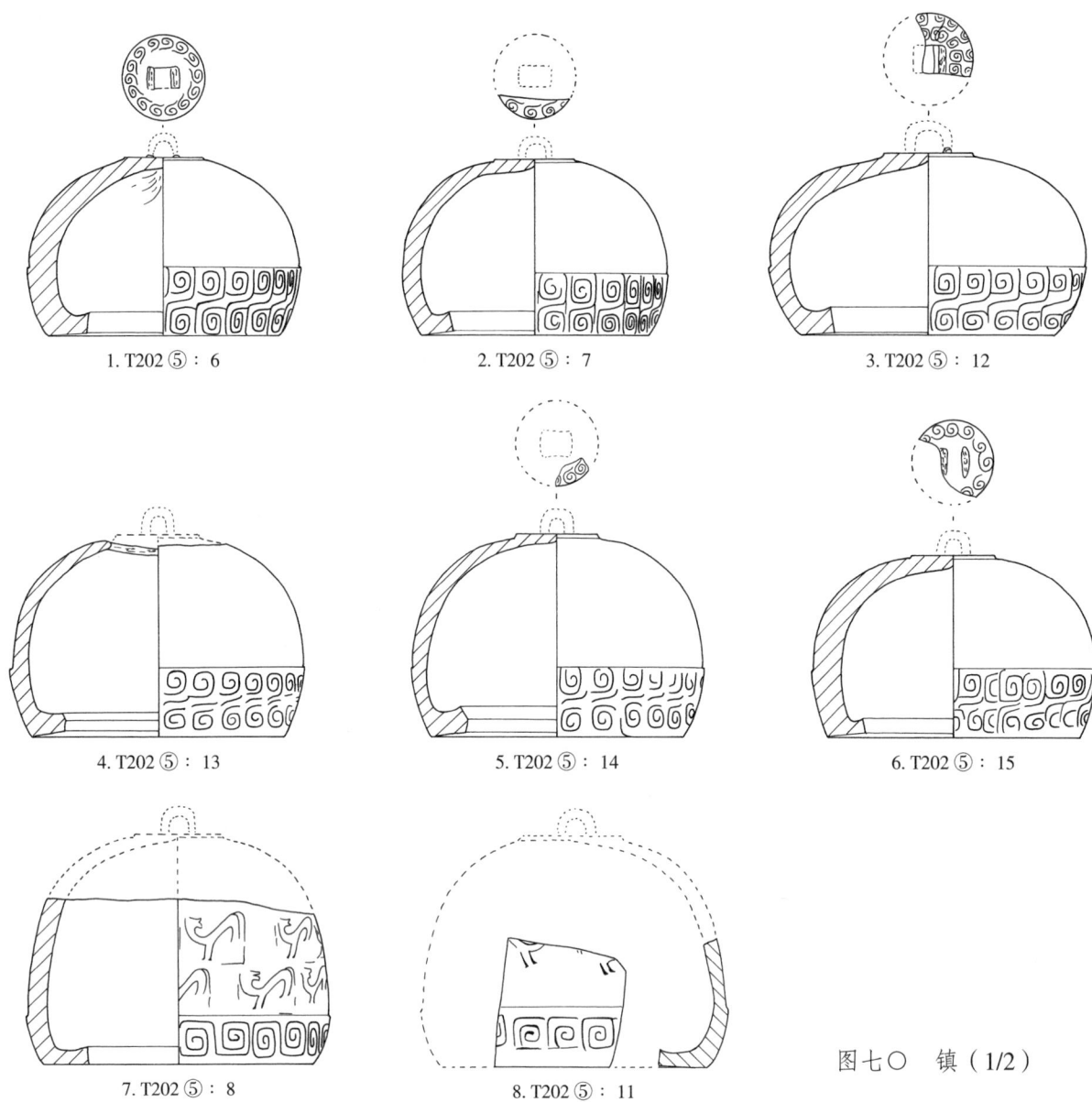

1. T202⑤：6　　　2. T202⑤：7　　　3. T202⑤：12

4. T202⑤：13　　　5. T202⑤：14　　　6. T202⑤：15

7. T202⑤：8　　　8. T202⑤：11

图七〇　镇（1/2）

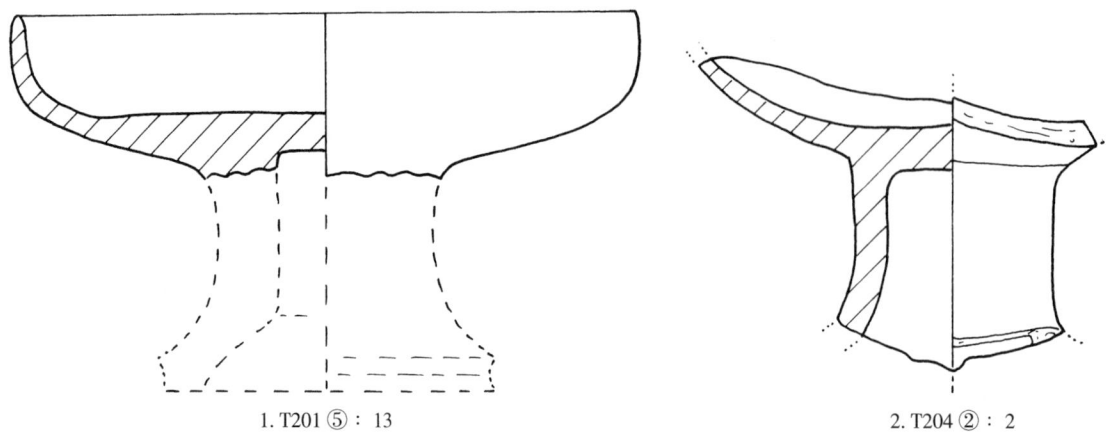

1. T201⑤：13　　　2. T204②：2

图七一　豆（1/2）

小豆

数量较多，大部分完整。个体矮小，根据圈足形态的不同，可分 3 型。

A 型　主要器形。豆盘内外施薄釉，釉色青中泛黄或泛灰，普遍有脱釉现象。直口微敞，浅腹，内底宽平，矮圈足，足缘外撇呈喇叭状。内底可见因拉坯形成的粗疏旋纹。

T302 ④：5，口部稍残。灰白色胎，胎质细腻坚致。豆盘内外施釉，釉色青中泛黄，外壁有脱釉现象。口径 10、足径 5.2、高 3.4 厘米。（图七二，1；彩版九六，3）

T302 ④：9，完整。灰白色胎，胎质细腻坚致。豆盘内外施釉，脱釉现象严重。口径 9、足径 5、高 3.3 厘米。（图七二，2；彩版九六，4）

T302 ④：13，完整。灰白色胎，胎质细腻坚致。豆盘内外施釉，釉色偏黄，外壁脱釉严重。口径 10.2、足径 5、高 3.6 厘米。（图七二，3；彩版九六，5）

T302 ①：1，修复。灰白色胎，胎质细腻坚致。豆盘内外施釉，釉色青中泛黄。口径 10、足径 4.6、高 3.4 厘米。（图七二，4；彩版九六，6）

T302 ①：3，圈足稍残。灰白色胎，胎质细腻坚致。豆盘内外施釉，釉色青中泛黄，脱釉现象较严重。口径 10.2、足径 5.2、高 3.6 厘米。（图七二，5；彩版九七，1）

T302 ①：5，完整。灰白色胎，胎质细腻坚致。豆盘内外施釉，釉色青中泛黄，施釉较匀，釉面有较好的玻璃质感，内底局部可见乳白色的窑变现象。口径 10、足径 5、高 3.7 厘米。

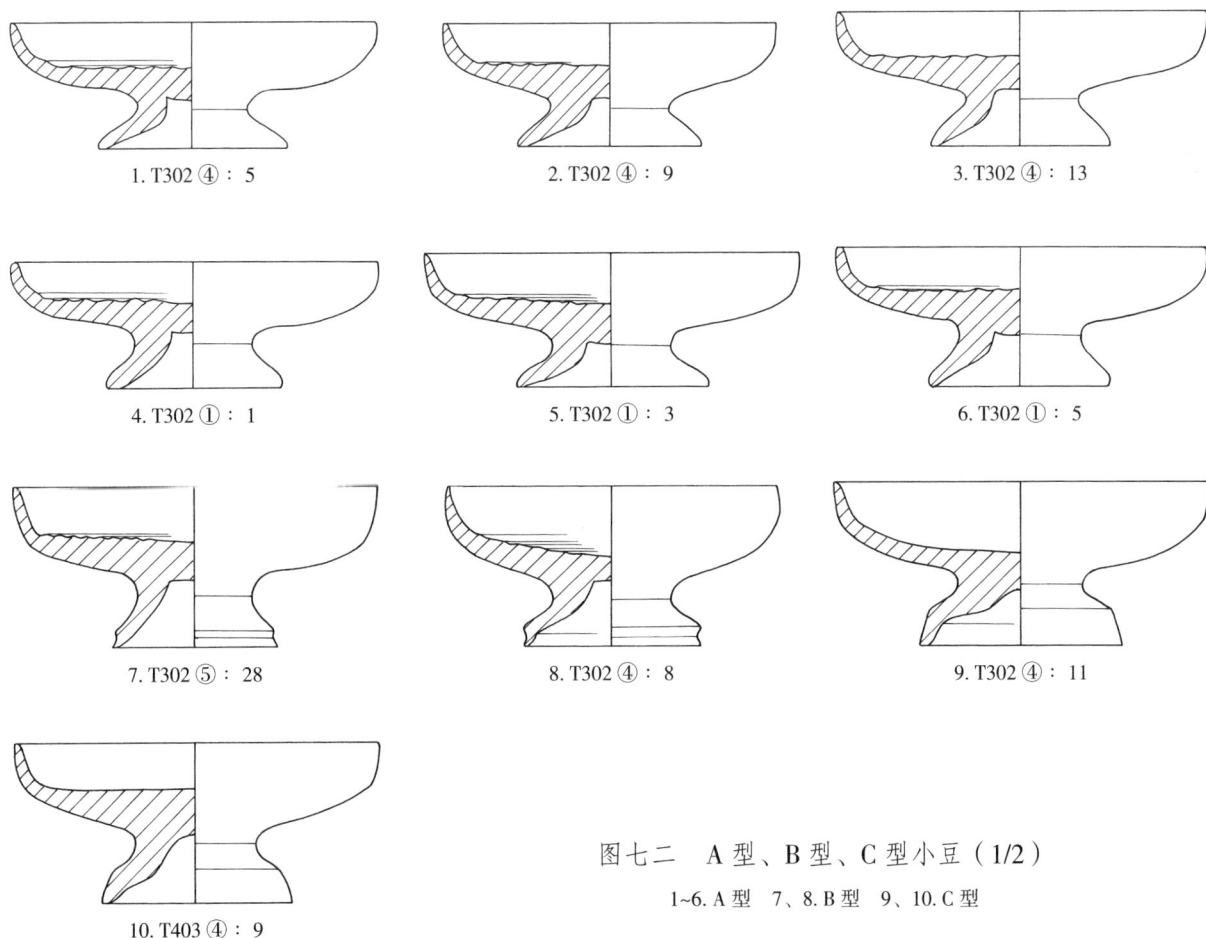

1. T302 ④：5

2. T302 ④：9

3. T302 ④：13

4. T302 ①：1

5. T302 ①：3

6. T302 ①：5

7. T302 ⑤：28

8. T302 ④：8

9. T302 ④：11

10. T403 ④：9

图七二　A 型、B 型、C 型小豆（1/2）

1~6. A 型　7、8. B 型　9、10. C 型

（图七二，6；彩版九七，2）

B 型

数量极少。豆盘内外施薄釉，釉色青中泛黄或泛灰，脱釉现象严重。直口微敞，浅腹，矮圈足把外撇呈喇叭状，足缘内凹。内底可见因拉坯形成的粗疏旋纹。

T302 ⑤：28，完整。灰白色胎，胎质细腻坚致。豆盘内外施釉，釉色青中泛黄。釉面有玻光感。内底宽平，底腹间有明确分界。口径 10、足径 4.4、高 4.3 厘米。（图七二，7；彩版九七，3）

T302 ④：8，圈足略残。灰白色胎，胎质细腻坚致。豆盘内外施釉，釉色青中泛绿，釉面有细密的冰裂纹。口径 9、足径 4.8、高 4.3 厘米。（图七二，8；彩版九七，4）

C 型

数量极少。豆盘内外施薄釉，釉色青中泛黄或泛灰，脱釉现象严重。直口微敞，浅腹，内底宽平，外撇矮圈足把，足缘折直，豆把呈倒盘口状。内底可见因拉坯形成的粗疏旋纹。

T302 ④：11，口残，可复原。灰白色胎，胎质细腻坚致。豆盘内外施釉，釉色青中泛绿。口径 10.4、足径 5.4、高 4.4 厘米。（图七二，9；彩版九七，5）

T403 ④：9，口略残。青灰色胎，胎质细腻坚致。豆盘内外施釉，釉色青中泛绿，釉面有斑点状凝釉现象。口径 10、底径 5.2、高 4.3 厘米。（图七二，10；彩版九七，6）

器盖

数量较多，形态各异。一部分完整，一部分残，但可复原。根据形式的不同，可分 4 型：

A 型　子口，弧顶。根据纽式的不同，又可分 3 个亚型：

Aa 型　除 1 件乳丁状纽四周贴 2 只勾云纹外，其余贴 S 形纹。

青灰或灰白色胎，胎质细腻坚致。盖顶施釉，内面不施釉，釉多青中泛黄。内壁多有拉坯形成的粗凸旋纹，外壁多饰有粗旋纹或细旋纹。

T302 ④：26，完整。灰白色胎，胎质细腻坚致。釉色青中泛黄，釉层较厚，施釉较匀，釉面玻璃质感强。纽四周贴 2 只勾云纹，内壁有拉坯形成的粗凸旋纹，外

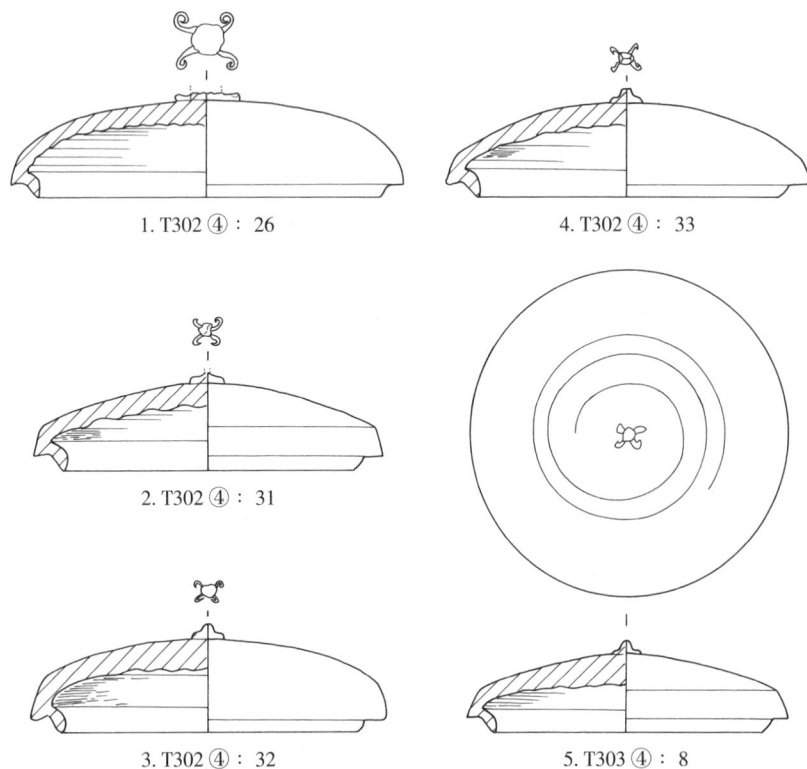

1. T302 ④：26

4. T302 ④：33

2. T302 ④：31

3. T302 ④：32

5. T303 ④：8

图七三　Aa 型器盖（1/2）

壁饰有粗旋纹。盖径 10.8、残高 2.8 厘米。（图七三，1；彩版九八，1）

T302④：31，完整。灰白色胎，胎质细腻坚致。釉色偏黄，釉层较厚，施釉较匀，釉面玻璃质感较强。外壁饰有细旋纹。盖径 9.6、残高 2.7 厘米。（图七三，2；彩版九八，2）

T302④：32，完整。灰白色胎，胎质细腻坚致。釉色青中泛黄，釉层较厚，施釉较匀，釉面玻璃质感强。内壁可见拉坯形成的粗凸旋纹，外壁饰有细旋纹。盖径 9.4、通高 2.9 厘米。（图七三，3；彩版九九，1）

T302④：33，完整。灰白色胎，胎质细腻坚致。釉色偏黄，有脱釉现象。内壁可见拉坯形成的粗凸旋纹，外壁饰有细旋纹。顶面粘结有很多细碎窑渣。盖径 10、通高 2.9 厘米。（图七三，4；彩版九九，2）

T303④：8，完整。灰白色胎，胎质细腻坚致。釉层极薄，釉色青中泛黄。内壁可见拉坯形成的粗凸旋纹，外壁饰有细旋纹。盖径 8.8、通高 2.5 厘米。（图七三，5；彩版九八，3）

Ab 型　桥形纽。

数量较少。青灰或灰白色胎，胎质细腻坚致。盖顶施釉，内面不施釉，釉青中泛黄或泛灰。内外壁多有拉坯形成的旋纹。

T302④：27，复原。体形较大。灰白色胎，胎质细腻坚致。施釉较匀净，釉色青中泛黄，有较强的玻璃质感。内壁可见拉坯形成的粗凸旋纹，外壁饰有粗旋纹。盖径 17.6、通高 4.4 厘米。（图七四，1；彩版九八，4）

T302④：30，纽残，其他完整。灰白色胎，胎质细腻坚致。施釉较匀净，釉色青中泛黄，有较强的玻璃质感。外壁饰有较细密旋纹。盖径 10.6、通高 2.7 厘米。（图七四，2；彩版一○○，1）

T302④：36，残，可复原。灰白色胎，胎质细腻坚致。施釉不匀，有凝釉现象。盖径 9.8、通高 2.4 厘米。（图七四，3；彩版一○○，2）

Ac 型　蘑菇状纽。

数量少，器形小。灰白色胎，胎质细腻坚致。盖顶施釉，内面不施釉。顶面边缘和纽周围分别有 1 或 2 道弦纹，整体显得小巧玲珑，十分精致。

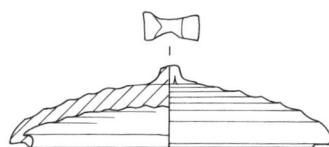

1. T302④：27（1/4）

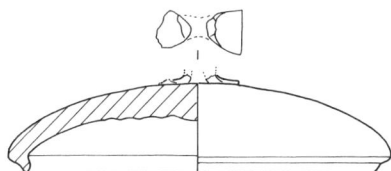

2. T302④：30（1/2）

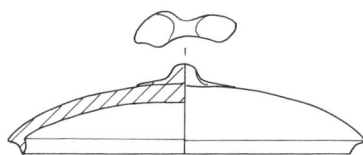

3. T302④：36（1/2）

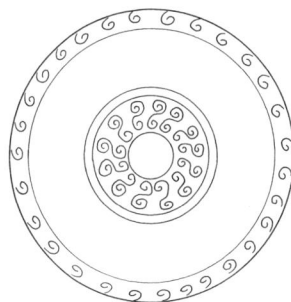

4. T302④：39（1/2）

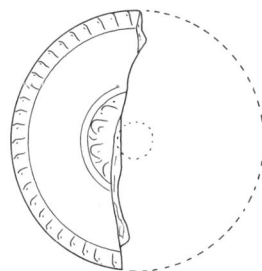

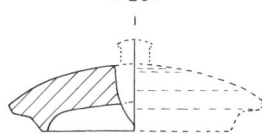

5. T302④：40（1/2）

图七四　Ab 型、Ac 型器盖

1~3. Ab 型　4、5. Ac 型

T302④：39，残，可复原。釉呈青黄色，施釉匀净，釉面有很强的玻璃质感。盖径 7.8、通高 2.7 厘米。（图七四，4；彩版一〇〇，3）

T302④：40，残，可复原。釉呈青黄色，施釉匀净，釉面有很强的玻璃质感。盖径 7、通高 2.5 厘米。（图七四，5；彩版一〇〇，4）

B 型　母口，弧顶。根据纽式的不同，又可分 5 个亚型。

Ba 型　乳丁状小纽，纽四周贴 S 形泥条。

灰白色胎，胎质细腻坚致。盖顶施釉，内面不施釉，釉多青中泛黄。内壁可见拉坯形成的粗凸旋纹，外壁饰有粗旋纹。

T302④：29，完整。釉青中泛黄。盖径 10.6、通高 2.8 厘米。（图七五，1；彩版一〇一，1）

T302④：35，残，可复原。釉未完全烧出。盖径 11.6、通高 3.4 厘米。（图七五，2；彩版一〇一，2）

T302④：37，残，可复原。釉青中泛黄。盖径 13、通高 2.8 厘米。（图七五，3；彩版一〇一，3）

Bb 型　桥形纽。

均残，可复原。灰白或灰黄色胎，胎质细腻坚致。盖顶施釉，内面不施釉，釉青中泛黄或泛灰。个体均较大。内壁多可见拉坯形成的粗凸旋纹，外壁多饰粗旋纹，个别饰细旋纹。

T201④：16，残，可复原。灰白色胎。釉青中泛黄。外壁饰有粗旋纹。有一小块瓷片粘结。残高 2.7 厘米。（图七六，1；彩版一〇一，4）

T201④：17，残，可复原。釉青中泛黄。釉面匀净，玻璃质感强。外壁饰有细旋纹。

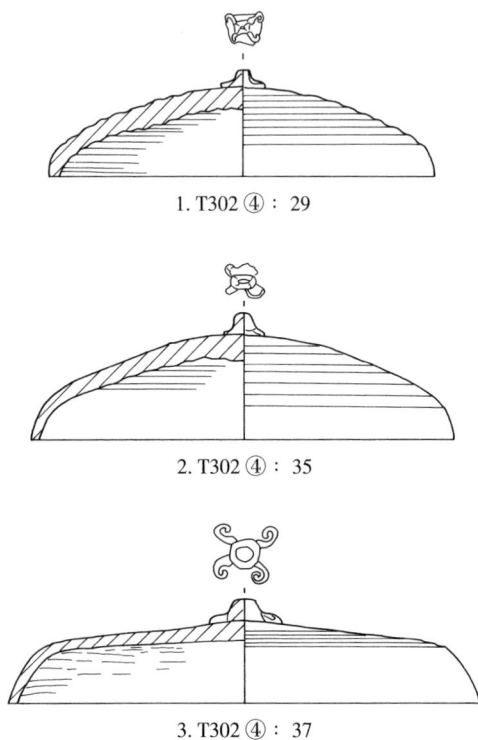

1. T302④：29

2. T302④：35

3. T302④：37

图七五　Ba 型器盖（1/2）

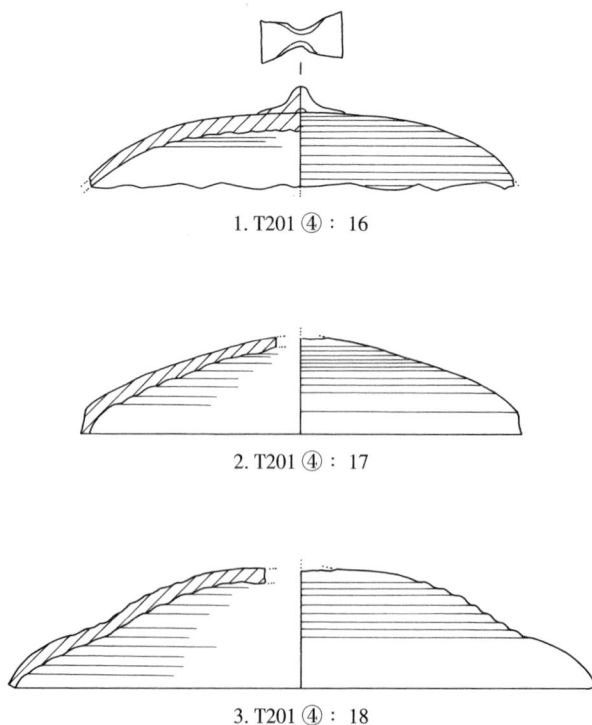

1. T201④：16

2. T201④：17

3. T201④：18

图七六　Bb 型器盖（1/2）

盖径 12、残高 2.6 厘米。（图七六，2；彩版一〇一，5）

T201④：18，残，可复原。釉青中泛灰。外壁饰有细旋纹。盖径 16、残高 3.2 厘米。（图七六，3；彩版一〇一，6）

Bc 型　半环形纽。1 件。

T201④：13，残，可复原。个体较大。青灰白色胎，胎质细腻坚致。盖顶施釉，内面不施釉，釉青中泛黄。内壁可见拉坯形成的粗疏旋纹，外壁纽旁饰有细密旋纹。残高 2.7 厘米。（图七七；彩版一〇二，1）

Bd 型　倒盘口状纽。1 件。

T302⑤：18，残，修复完整。灰黄色胎。盖顶施釉，内面不施釉，釉青中泛黄，施釉较匀，有较好的玻璃质感。顶面上以 3 道粗凸的弦纹为间隔，每道弦纹之间和盖面外缘均满饰个体较大的拍印云雷纹。体形较大，纹饰精美。盖径 22.8、通高 6.2 厘米。（图七八；彩版一〇二，2）

Be 型　方柱状纽。1 件。

T302①：12，残，可复原。个体很小。灰白色胎，盖顶施釉，内面不施釉，釉层较薄，釉色青中泛黄。通体素面无纹饰。盖径 6.8、通高 2.2 厘米。（图七九；彩版一〇二，3）

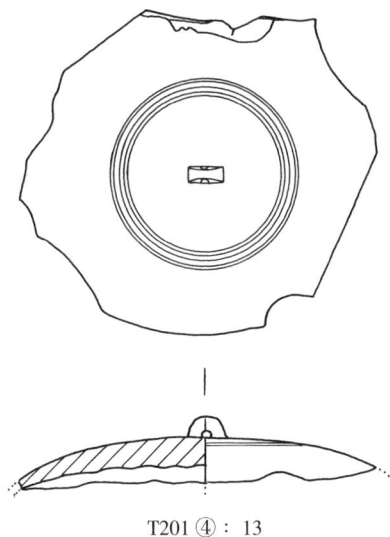

T201④：13

图七七　Bc 型器盖（1/3）

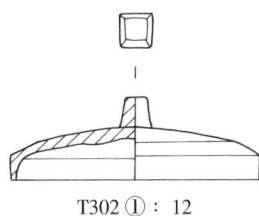

T302①：12

图七九　Be 型器盖（1/2）

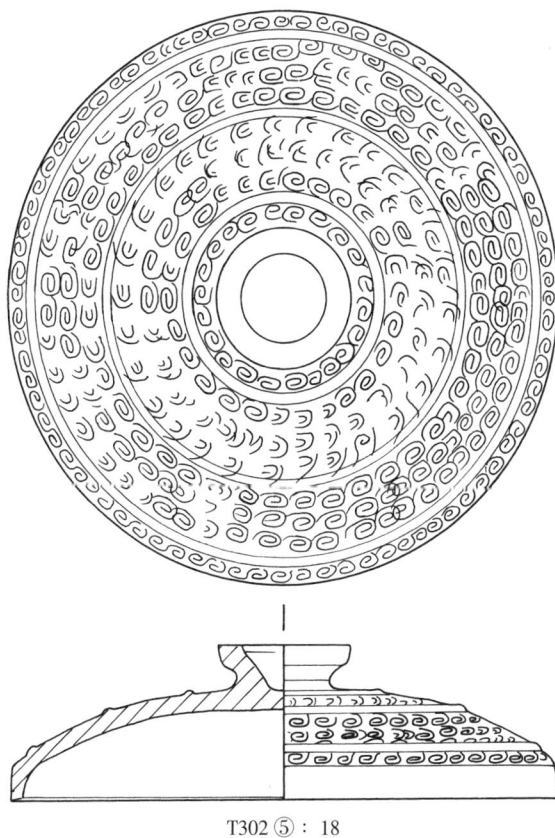

T302⑤：18

图七八　Bd 型器盖（1/3）

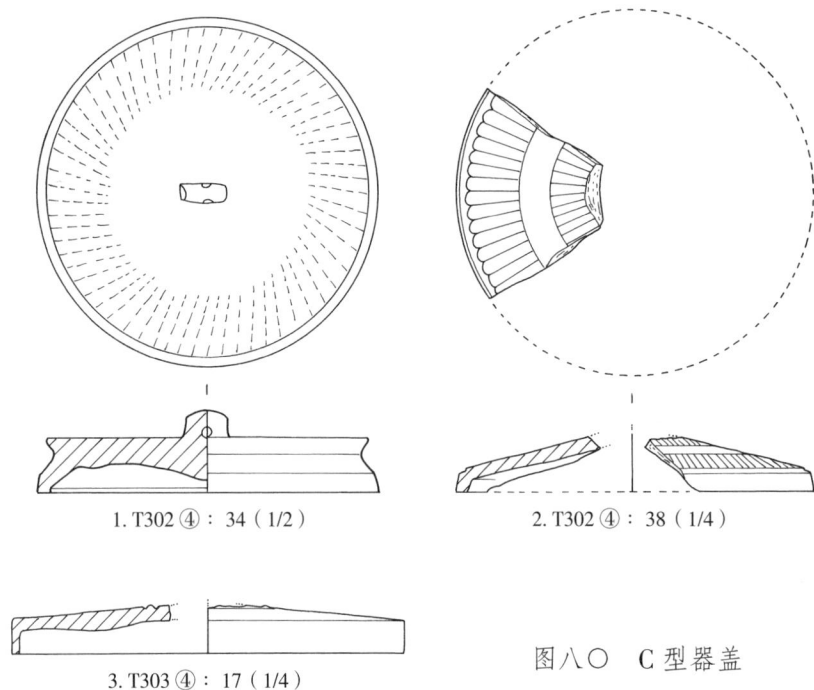

1. T302 ④：34（1/2）

2. T302 ④：38（1/4）

3. T303 ④：17（1/4）

图八〇　C 型器盖

C 型　数量极少，均残，可复原。母口，平顶，折缘。

T302 ④：34，残，可复原。青灰色胎。内外施釉，釉层较薄，多未烧出玻璃质感，局部有乳白色窑变现象。半环形纽，折缘内凹。顶面上满饰密集的篦点纹。内底留有装烧形成的白色砂性物质粘结。盖径 9.4、通高 2.2 厘米。（图八〇，1；彩版一〇二，4）

T302 ④：38，残片。灰黄色胎。内外施釉，外面釉色灰黄，釉面匀净，玻璃质感强；内面釉色较深，呈棕色，局部有乳白色窑变，并可见到因装烧形成的白色粘结物。顶斜平，缘折直，纽残缺。顶面饰有两组瓦棱纹。盖径 19.6、残高 3 厘米。（图八〇，2；彩版一〇二，5）

T303 ④：17，残片，纽残缺。灰黄色胎。外壁施釉，釉层很薄，大多未见玻璃质感的釉面；内面不施釉。顶面饰有一道粗凸的弦纹，其他部位素面。盖径 21.6、残高 2.6 厘米。（图八〇，3；彩版一〇三，1）

D 型　数量较少，均残。胎色青灰或灰白色，多数仅外壁施釉，个别内壁也施釉。釉色青中泛黄、泛绿或泛灰。釉面均有明亮的玻璃质感。母口，弧顶，折缘，近盖缘处等距离分设三只环形纽，大多盖顶中心又设一桥形纽。多数顶面有纹饰。

T201 ④：12，残，可复原。青灰色胎，外壁施釉，釉色青中泛绿，釉面匀净，玻璃质感强。盖顶中心无纽。盖顶以 3 组凹弦纹分隔为内、中、外三个区域，每个区域内均满饰戳印的圆圈纹或 C 形纹。盖径 12.4、通高 3 厘米。（图八一，1；彩版一〇三，2）

T201 ⑤：6，变形残片，无法完整复原。灰白色胎。外壁施釉，釉泛黄色，釉面匀净，有较好的玻璃质感。盖顶中心有否纽无法确知。盖顶以 3 组凹弦纹分隔为内、中、外三个区域，每个区域内均满饰戳点纹。盖径 24、残高 4 厘米。（图八一，2；彩版一〇三，3）

T302 ④：25，残，纽均残断，可复原。灰白色胎。外壁施釉，釉色青中泛灰，釉面匀净光亮，玻璃质感强。盖顶中心又设一桥形纽。盖顶以 3 道刻斜线的粗凸弦纹分隔为内、中、外三个区域，在每个区域内和折缘部位，均满饰浅细的拍印云雷纹。盖径 18.8、通高 4 厘米。（图八一，3；彩版一〇三，4）

T403 ④：40，纽和盖缘残缺，无法复原完整。灰白色胎。外壁施釉，釉色青中泛灰，釉面玻璃质感强，有凝釉现象。盖顶中心又设一桥形纽。盖顶以 3 道粗凸弦纹分隔为内、中、

1. T201④：12

2. T201⑤：6

3. T302④：25

4. T403④：40

5. T302①：30

图八一 D型器盖（1/3）

外三个区域，每个区域内均满饰浅细的拍印云雷纹。残高 2.6 厘米。（图八一，4；彩版一〇三，5）

T302①：30，小块残片。灰白色胎，内外壁均施釉，釉泛黄色，釉面匀净，有较好的玻璃质感。母口，弧顶，折缘。盖顶以 3 道刻斜线粗凸弦纹分隔为内、中、外三个区域，每个区域内均满饰浅细的拍印云雷纹。盖径 21.2、残高 2 厘米。（图八一，5；彩版一〇三，6）

其他不明器形器物残片

口沿

T403④：41，口沿残片。浅灰色胎。釉完全剥落。方唇，翻折沿，高领，领部有云雷纹，纹饰粗大清晰，排列整齐。残高 10 厘米。（图八二，1；彩版一〇四，1）

流

T202①：22，流残片。浅灰胎，青釉极佳。流前端割成梯形。长 3.5 厘米。（图八二，2；彩版一〇四，2）

三足器

T201⑤：10，仅残存底部。浅灰色胎。仅外壁施釉，青黄釉极薄，有一定的玻璃质感。弧腹，平底，有三乳凸状小足。腹近底处有一圈云雷纹，云雷纹粗大，之上为 17 道凸弦纹。足尖生烧，平底有大量的白色砂性烧结物，不见生烧。残高 8 厘米。（图八二，3；彩版一〇五，1）

T201⑤：11，与 T201⑤：10 近似。平底外圈亦有云雷纹，较细密。底腹间有凸弦纹 2 道，云雷纹上残存凸弦纹 3 道。残高 4 厘米。（图八二，4；彩版一〇五，2）

T303⑤：112，仅存器物底部。浅灰色胎。仅外壁施釉，青釉较佳。弧腹，平底，三小兽足。足尖残。平底有大量的白色砂性烧结物。残高 3.6 厘米。（图八二，5；彩版一〇五，3）

T303⑤：113，仅存器物底部。浅灰色胎。内外满釉，青釉极佳。腹较深，平底，三乳凸状小足。平底有大量的白色砂性烧结物，足尖不见生烧。残高 8 厘米。（图八二，6；彩版一〇五，4）

T204②：3，仅残存底部。灰胎。内外满釉，青釉极佳。器形较小，腹较直，平底，三小方锥形足。内底、腹有旋纹，外底有大量的白色砂性烧结物，三足尖生烧。残高 8 厘米。（图八二，7；彩版一〇五，5）

平底器

T304③：11，底腹部残片。浅灰色胎。仅外壁施釉，青釉釉色较佳，有一定的玻璃质感。直筒腹，平底，腹壁残存宽扁小錾一个。近底处有凹弦纹，之间填以卷云纹。底有白色砂性烧结物，不见生烧。残高 7 厘米。（图八二，9；彩版一〇四，3）

圈足器（？）

T201④：35，底部残片。体形较大。青灰色胎。无釉。大平底，矮圈足，内底外圈以近直角双细线四分，内填小圆圈纹；四分之间间隔以大圆圈纹，内填小圆圈纹。内底中心为圆角方形大孔一个，方孔周围有小圆圈纹，小圆圈纹外有数圈细凹弦纹，细凹弦纹上有凌乱的小圆圈纹或 C 形纹。残高 3 厘米。（图八二，8；彩版一〇五，6）

1. T403④：41

2. T202①：22

4. T201⑤：11

3. T201⑤：10

5. T303⑤：112

6. T303⑤：113

7. T204②：3

8. T201④：35

9. T304③：11

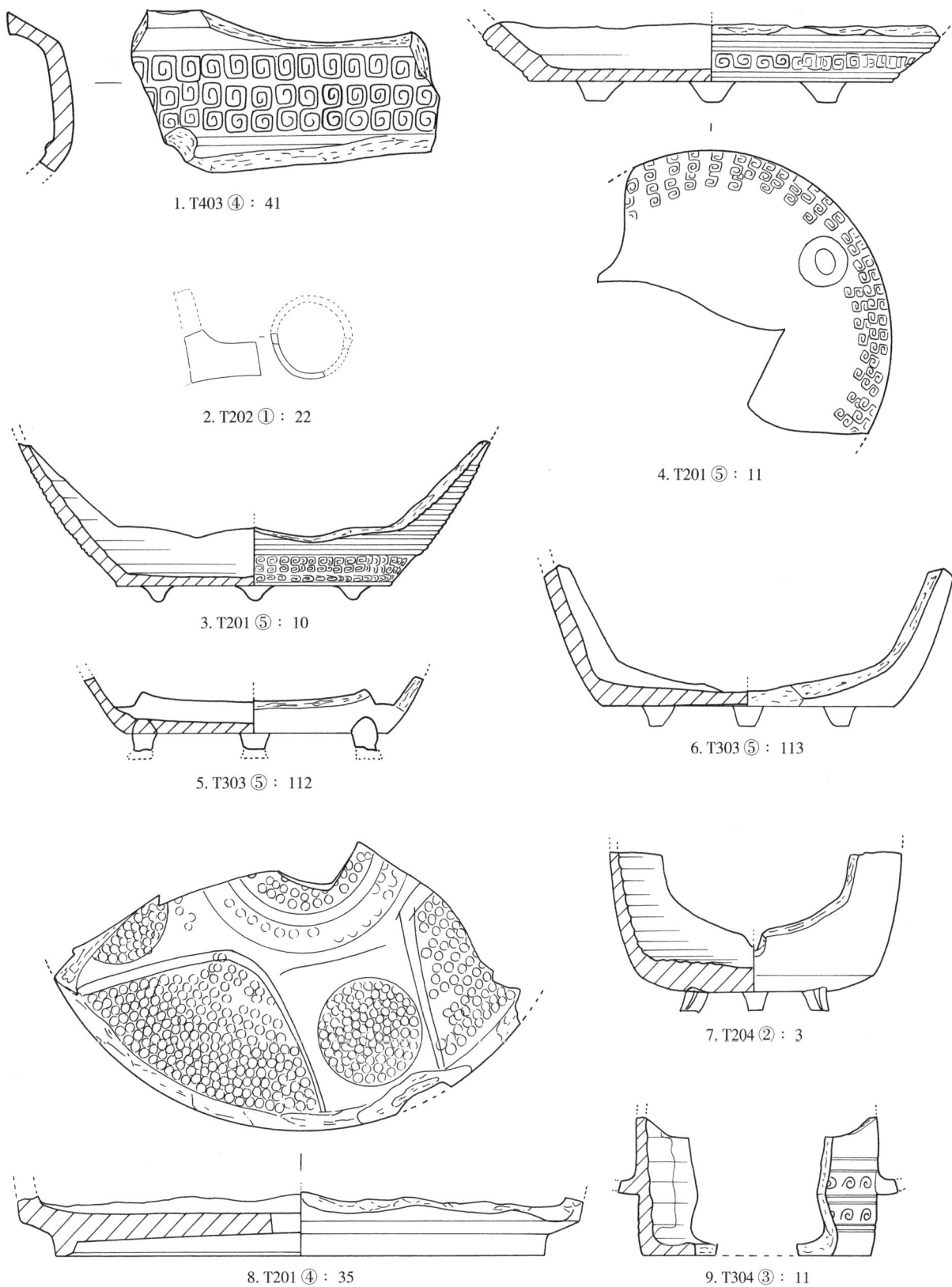

图八二　其他不明器形器物残片（1/3）

1. 口沿　2. 流　3~7. 三足器　8. 圈足器（？）　9. 平底器

（二）仿铜乐器

仿铜的乐器数量较少，这除了实际烧造量可能确实较少的客观原因之外，主观上特别重视此类器物烧造而使成品率很高可能也是一个主要因素。乐器器类不多，有甬钟、錞于、句鑃、鼓座、缶等。每种器类的出土数量也很少。无完整者出土，除极少量的可复原外，其余均为残片。乐器的个体大小与实际使用的青铜乐器相仿，造型上也完全模仿同类实用青铜器，形象逼真，制作精良，胎釉质量极佳。胎灰白或深灰色，胎质细腻坚致。釉色普遍较佳，青黄色釉为主，部分青釉，施釉均匀，釉层厚，胎釉结合好，玻璃质感强。并且均饰有精细的云雷纹。

甬钟

出土数量不多，均为不同个体残片，无完整与复原器。从残片观察，不同个体有大小之别。器形为长甬，甬下部有旋，旋上有干，平舞，合瓦形钟身，弧于。每面篆部以凸弦纹间隔，凸弦纹上刻划短斜线纹，左右各有9个枚。鼓部刻划成长方形或梯形，出廓，内素面或填云雷纹。钲部素面。均仅外表施釉。

T303④：7，甬部旋以上、干、铣部和枚均残。灰白色胎。外壁施釉，内侧仅近口部有釉，青釉极佳，玻璃质感强。残存的甬、旋、舞部饰云雷纹，纹饰较为粗放。篆间无纹饰，鼓部刻划梯形，出廓。舞面上未见支烧痕迹。舞广10.4、舞修11.2、残高18.2厘米。（图八三，1；彩版一〇六）

T202⑤：16，甬部残片。灰白色胎。青釉泛灰，釉层厚而匀净，玻璃质感强。圆管形甬，甬身以纵向的双凹弦纹四分，内满饰云雷纹，旋上也饰云雷纹，云雷纹较杂乱。残高7.2厘米。（图八三，3；彩版一〇七，1）

T302⑤：27，甬部残片。灰白色胎。青釉较淡较匀。甬身截面呈八棱形，旋上除干外，还有三个等距离分布的小乳凸。甬身每一棱面上饰一条纵向排列的较粗大云雷纹，棱边两侧各有一条凹弦纹。旋上下两侧各有一条凹弦纹，弦纹之间饰横向排列的细密云雷纹。残高6厘米。（图八三，2；彩版一〇七，2）

T202⑤：18，舞及篆部残片。灰白色胎。釉层较薄，釉色偏黄，残存的舞部、篆近舞部、钟身两侧接合处均有云雷纹，纹饰较浅，排列不甚规则。舞面上未见支烧痕迹。残高4.6厘米。（图八三，4；彩版一〇七，3）

T302⑤：26，舞及篆部残片。灰白色胎。青黄色釉极佳。残存的舞、篆近舞部、篆与篆之间、钟身两侧接合处均有云雷纹，云雷纹粗深而清晰，排列整齐。残高8厘米。（图八三，5；彩版一〇七，4）

T303⑤：30，舞部残片。青灰色胎。釉色较青而佳。残存的舞面上和两侧有云雷纹，舞面云雷纹浅细，两侧云雷纹粗深整齐。舞面上未见支烧痕迹。残高1.8厘米。（图八三，6；彩版一〇七，5）

T303⑤：31，舞部残片。青灰色胎。釉色青中泛黄，施釉匀净，玻璃质感强。残存的舞部及舞部两侧有云雷纹，舞面云雷纹浅细，两侧云雷纹粗深整齐。舞面上未见支烧痕迹。残高2.8厘米。（图八三，7；彩版一〇七，6）

T303④：9，篆部残片。胎呈夹心饼干状，胎芯青灰色，内外表灰白色。青黄色釉较薄，

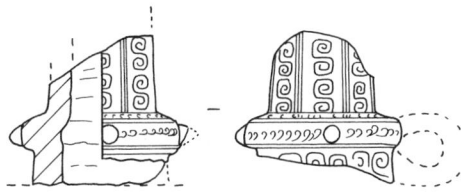

2. T302⑤：27

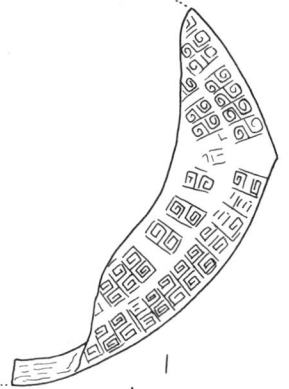

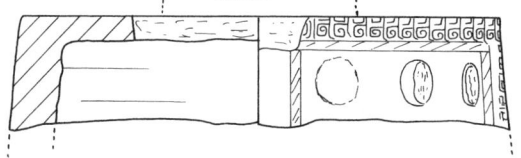

4. T202⑤：18

1. T303④：7

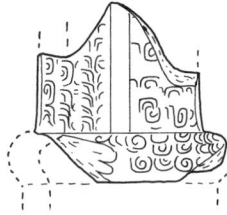

3. T202⑤：16

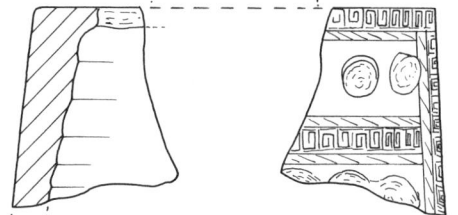

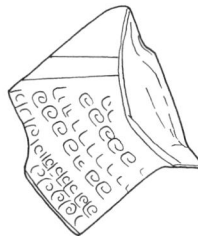

7. T303⑤：31

5. T302⑤：26

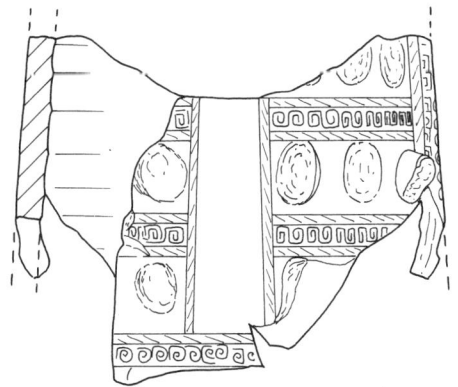

8. T303④：9

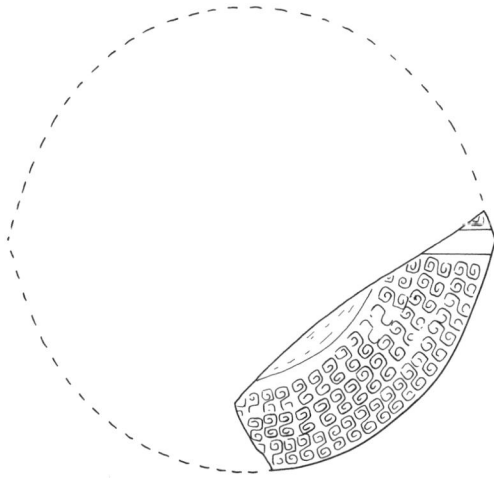

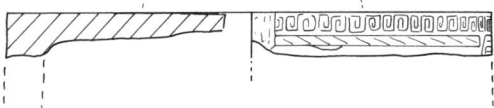

6. T303⑤：30

9. T303⑤：29

图八三　甬钟（1/3）

点状凝釉处釉色较深。残存篆近舞部、篆与篆之间、钟身两侧接合处均有云雷纹，云雷纹规整、粗深而清晰，排列整齐。残高 14 厘米。（图八三，8；彩版一〇七，7）

T303⑤：29，篆部残片。青灰色胎。青黄色釉较薄，点状凝釉处釉色较深。残存篆近舞部、钟身两侧接合处有云雷纹，云雷纹粗深而清晰，排列整齐。残高 6.2 厘米。（图八三，9；彩版一〇七，8）

T303⑤：32，鼓部残片。青灰胎。青釉极佳。长方形出廓框内填卷云纹，纹饰清晰，排列整齐。残高 8 厘米。（图八四，1；彩版一〇八，1）

T303⑤：35，鼓部残片。灰黄色胎。青黄色釉。鼓部近侧边有"个"形刻划符号。残高 11 厘米。（图八四，2；彩版一〇八，2）

T303⑤：39，鼓部残片。青灰胎。青釉极佳。长方形框内填云雷纹，纹饰清晰，排列较整齐。残高 8.2 厘米。（图八四，3；彩版一〇八，3）

T303⑤：40，鼓部残片。青灰胎。青釉较佳。长方形框内填云雷纹，纹饰清晰，排列较整齐，有少量重叠现象。残高 7 厘米。（图八四，4；彩版一〇八，4）

T304⑥：4，鼓近于部残片。灰白色胎。青黄釉保存不甚佳。于部有与窑床接触形成的明显痕迹，内侧下部有火石红，铣部生烧。当系于口着地烧造。残高 10 厘米。（图八四，5；彩版一〇八，5）

T303④：10，铣部残片。灰白色胎。青釉极佳。于部有明显与窑床接触形成的痕迹，铣部明显生烧。内侧下部有火石红。系于口着地装烧。残高 9.8 厘米。（图八四，6；彩版一〇八，6）

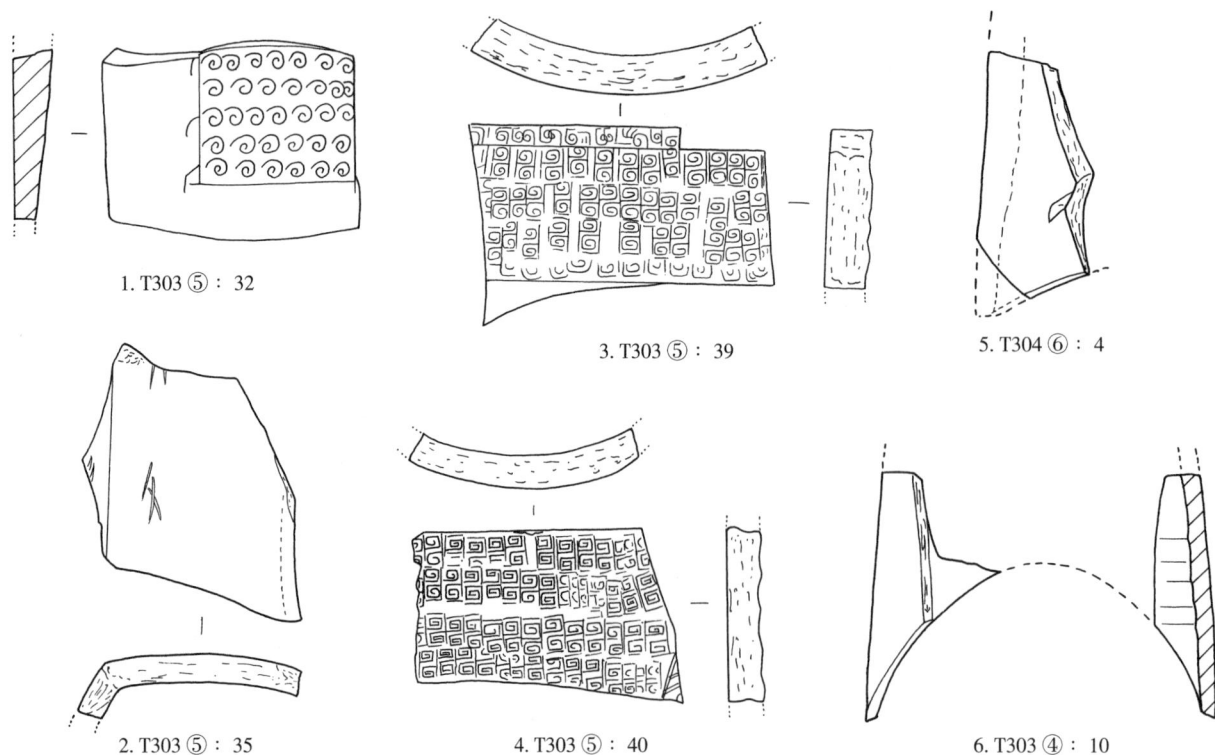

1. T303⑤：32

3. T303⑤：39

5. T304⑥：4

2. T303⑤：35

4. T303⑤：40

6. T303④：10

图八四　甬钟（1/3）

錞于

出土较少，均为不同个体残碎片，无完整器与复原器。从残片观察，可分为 2 型。

A 型　顶呈浅盘形，鼓肩，直筒形腹上部微束，两侧出扉棱，平于，纽残缺。均外壁施釉。

T201⑤：7，肩及上腹部残片。灰白色胎。釉层薄，青黄色釉，玻璃质感不强。残存一侧扉棱，扉棱截面呈三角形。残高 17.2 厘米。（图八五，1；彩版一〇九，1）

T303⑤：38，上腹部残片。灰白色胎。釉层较厚，青釉泛灰，玻璃质感不强。残存一侧扉棱，扉棱截面呈三角形。残高 9 厘米。（图八五，2；彩版一〇九，2）

T303①：3，于部残片。灰白胎。近于口部位施釉很薄。近于部有两道凹弦纹，上有 S 形纹一圈。残存一侧扉棱。于口不见着地装烧形成的白色粘结物痕迹和生烧现象，口沿上有釉，表明不是于口着地装烧。残高 8.8 厘米。（图八五，3；彩版一〇九，3）

T303①：4，近于部残片。灰白胎。近于口部位施釉很薄，未见玻璃质感釉面。近于部有两道凹弦纹，上有 S 形纹一圈。残高 9.4 厘米。（图八五，4；彩版一一〇，1）

T303⑤：33，浅盘残片。灰色胎。从残存的情况来看盘面青釉较佳。盘中心有一圆孔，沿有斜向短直线纹。内面无釉，但外侧呈火石红色，内侧灰白色。胎体有大型气泡。厚 1.4 厘米。

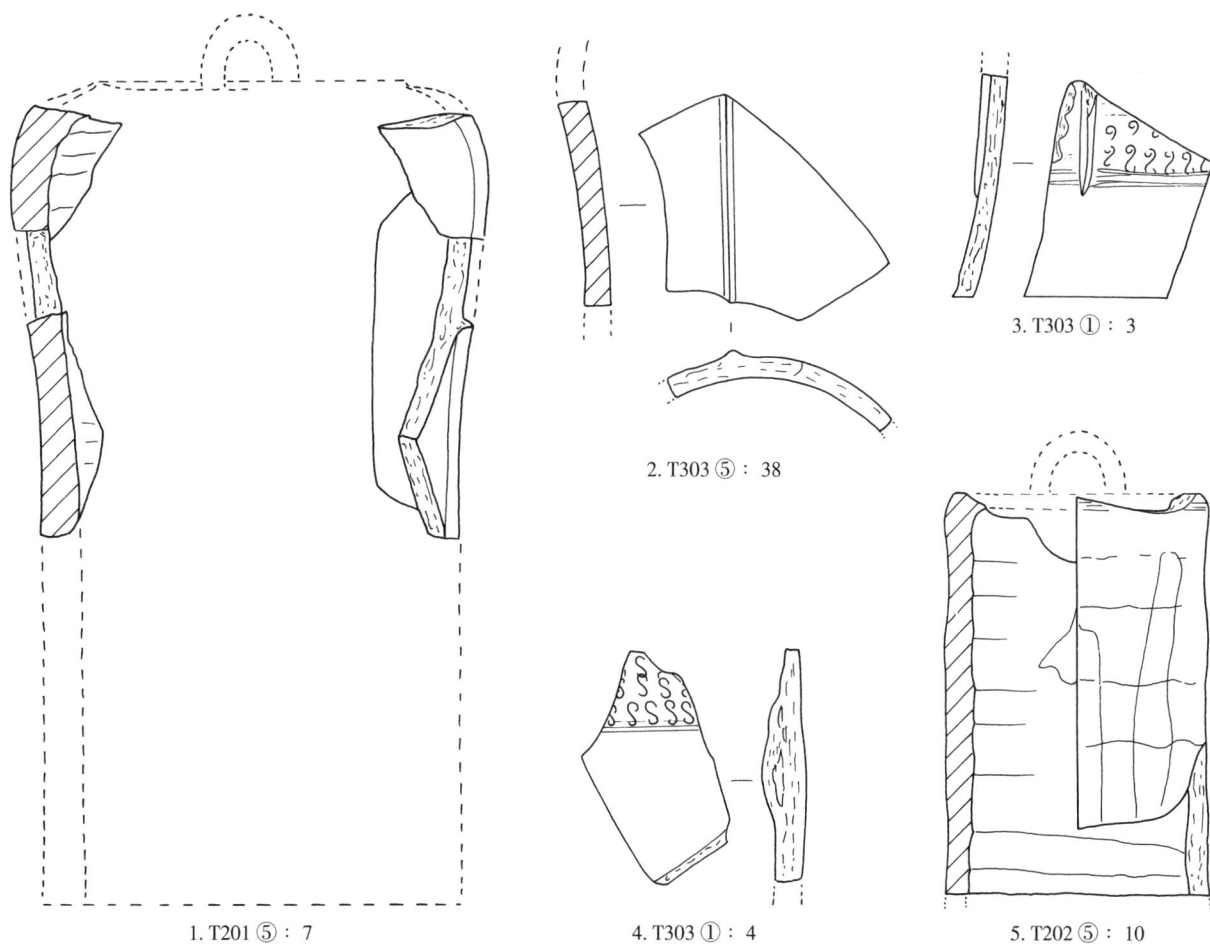

3. T303①：3

2. T303⑤：38

1. T201⑤：7

4. T303①：4

5. T202⑤：10

图八五　A 型、B 型錞于（1/3）

1~4. A 型　5. B 型

（彩版一一〇，2）

B型　平顶，直筒形腹，往下微有收缩，平于，两侧未出扉棱，纽残缺。

T202⑤：10，舞部和于部残，器身完整。灰胎。内外施釉，釉不均匀，内外腹均见宽阔的流釉线，局部无釉。外壁泥条盘筑制作痕迹十分明显，内壁泥条盘筑痕迹经修刮而平整。残高16厘米。（图八五，5；彩版一一〇，3）

句鑃

出土数量不多，均为不同个体残碎片，无完整器与复原器。从残片观察，个体有大小之别。釉色普遍青中泛黄，大多釉面较佳，施釉均匀，釉层厚，玻璃质感强。长插柄，插柄截面呈长方形，与舞交接处有方台，平舞，合瓦形器身，弧于。舞部与插柄方台上均饰有云雷纹，器身近舞部饰云雷纹与单线三角形纹，三角形纹内亦饰云雷纹。

T201⑤：4，于部残。灰白色胎。内外施满釉，青黄色釉极佳。舞和钲部有明显的拼接痕。舞部、插柄方台和器身近舞部所饰云雷纹显得较深而清晰，特别是插柄方台上的云雷纹，单个纹饰方正，排列较为整齐。舞部有明显的支烧白色粘结物痕迹，插柄釉面玻璃质感稍差，柄尖生烧。装烧时系于口朝上，长柄插入有孔的支具上支烧。舞广8.4、舞修11.2、残高29.7厘米。（图八六，1；彩版一一一）

T201⑤：8，舞及近舞部钲体残片。灰白色胎。仅外壁施釉，釉色泛黄，玻璃质感极强。舞面上饰云雷纹，钲下部近舞处饰云雷纹及刻划单线三角形纹，三角形纹内填云雷纹。云雷纹细密规整，但有重叠拍印现象。舞内面有自然釉，当系于口朝上烧

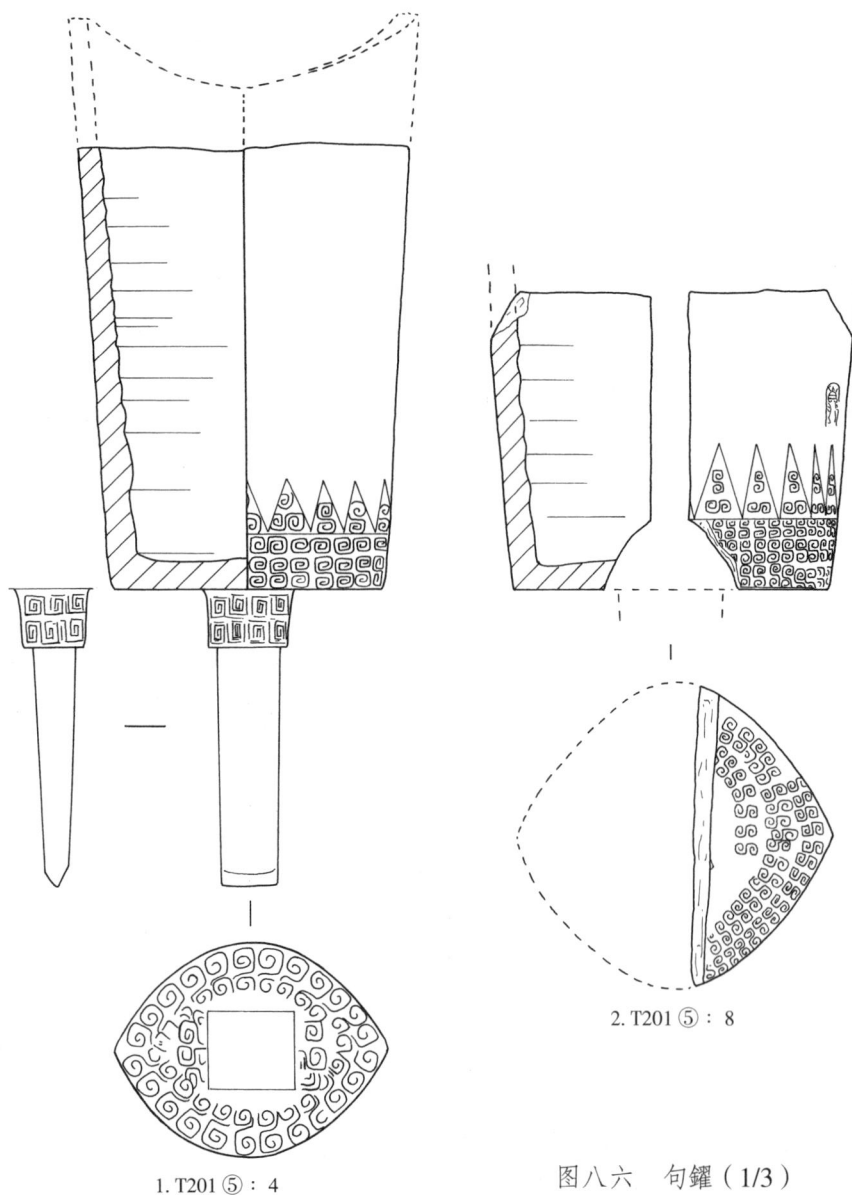

1. T201⑤：4

2. T201⑤：8

图八六　句鑃（1/3）

制形成。残片上靠近钲部侧边处，两面对称各戳印有一个鸟虫书文字"𝌆"，文字一面完整，另一面因器残而仅存左边一部分，从残存部分观察，两面字形一致，经考证为"自"字。残高11.8厘米。（图八六，2；彩版一一二）

T202④：3，长插柄。灰白色胎。青黄色釉保存不佳。方台上所饰云雷纹显得比较杂乱。高11.6厘米。（图八七，1；彩版一一三，1）

T303⑤：37，近舞部残片。灰白色胎，内外表略泛深灰。凝釉现象严重，釉面呈斑点状，玻璃质感不强。近舞部三角形内填卷云纹，纹饰细密。残高8.8厘米。（图八七，2；彩版一一三，2）

T302⑤：24，鼓近于部残片。灰白色胎。青釉极佳。从残片看，器表厚重，器形很大。残存的于部有明显的着地装烧痕迹。残高18.4厘米。（图八七，3；彩版一一三，3）

T303⑤：34，鼓近于部残片。灰白色胎。青黄釉极佳。于部残，但下端明显有火石红，当为于部着地烧造形成。残高18厘米。（图八七，4；彩版一一三，4）

T403④：8，近于部残片，但两侧铣部不存。青灰色胎，内外表略泛深灰。青釉较佳，但釉面呈细密的斑点状，内侧近于部有釉，釉线不甚整齐。残存的于部弧度较大，施釉，釉面匀净，不见生烧与白色粘结物。残高

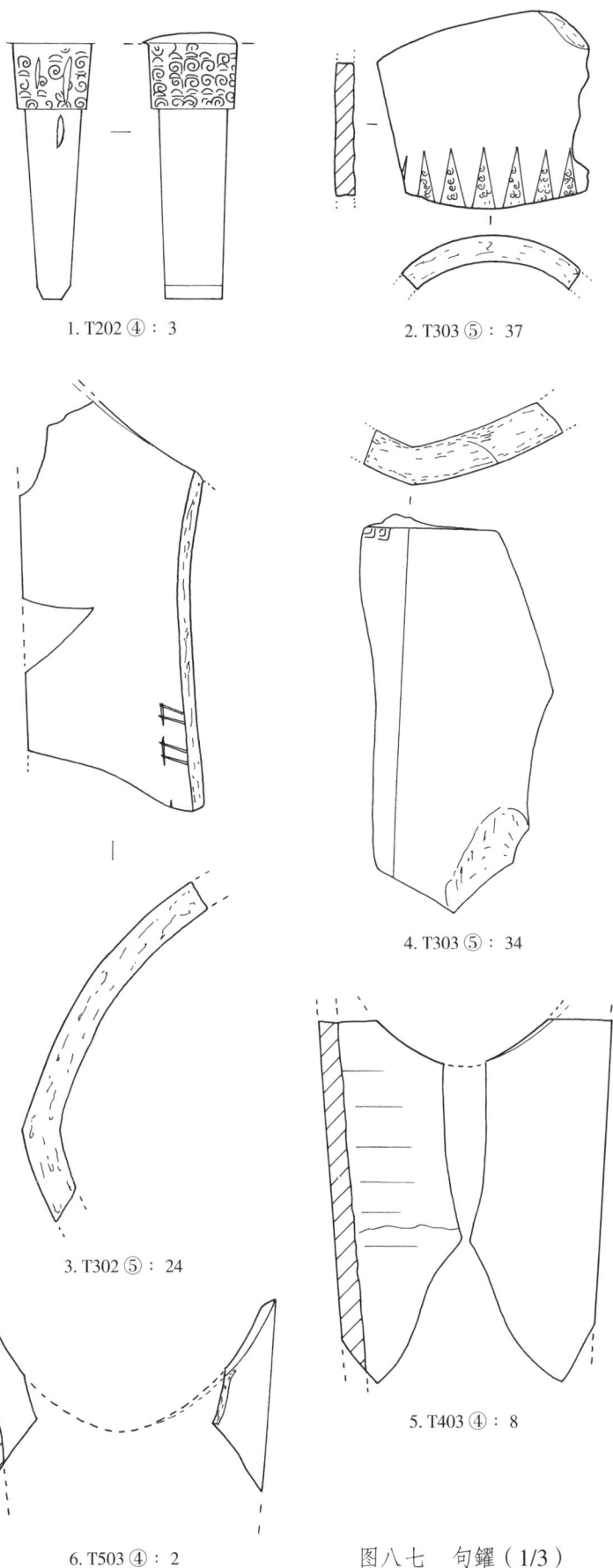

1. T202④：3

2. T303⑤：37

3. T302⑤：24

4. T303⑤：34

5. T403④：8

6. T503④：2

图八七　句鑃（1/3）

16.4 厘米。（图八七，5；彩版一一三，5）

T503④：2，近于部残片。灰胎。残存的部分内外有釉，青釉极佳，玻璃质感强，但釉层厚薄不匀，有凝釉现象。残存的于部弧度极大，施釉，釉面匀净，不见生烧及粘结的烧结物。残高 8.8 厘米。（图八七，6；彩版一一三，6）

鼓座

出土一定数量的残碎片，属于多个不同个体，有少量可复原。器形均极大，胎壁厚重，厚达 1~2.5 厘米。外壁通体施釉。器形基本一致，纹饰略有差异。其器形的总体特征是：座身弧顶，四周折直，形似覆钵状，弧顶中心有长管状插孔。插管上粗下细，斜直壁略外敞，口沿下一圈较厚，外观呈盘口状。座身四周有等距离分布的 4 个大型 A 型铺首衔环，环均断脱。每个铺首的右下侧或左下侧设有一个圆形镂孔。插管和底座均通体拍印或戳印云雷纹或卷云纹，弧顶上还均以四道粗凸的弦纹分隔成内外四层区域，每层区域内戳印蟠螭纹。纹饰均富有浮雕感。器物不但体形硕大，而且做工精细，纹饰优美，系亭子桥窑址中最为精致的产品。因器形硕大，部分器物存在整体生烧现象，有的器身烧成正常，底足略有生烧。发现的窑具中未见可支烧此类大件器物的标本，从烧成好的产品观察，足面有白色粘结物痕迹，推测这类大件器应是着地装烧。

T303⑤：126，复原器。灰白色胎，整体轻度生烧。釉色偏黄，釉面匀净，玻璃质感较弱，但胎釉结合较好。底足内敛，座身四个铺首旁的圆形镂孔开在右下侧。插管上通体拍印结构方正、排列整齐的浅细云雷纹。底座弧顶以四道粗凸弦纹分隔的内外四层区域和座身四周，均通体戳印深浅不一、凹凸不平、颇具浮雕感的蟠螭纹，上下各组交叉排列，座身近底足部位，拍印与插管上相同的方正浅细的云雷纹。底足生烧明显。插管口径 10、座径 50.4、高 37.6 厘米。（图八八；彩版一一四）

T302⑤：88，插管残缺，对照其他器物复原。青灰色胎，整体轻度生烧。釉面未见烧结玻璃质感。底足不内敛，座身四个铺首旁的圆形镂孔开在左下侧。弧顶以四道粗凸弦纹分成的内外四层和座身四周均满饰戳印的蟠螭纹，上下左右各组纹饰排列整齐，深浅不一，高低不平，具有一定的浮雕感，近底足部位拍印浅细规整的云雷纹。残存底足无明显的生烧现象。座径 49.2、座高 21.6 厘米。（图八九；彩版一一五）

T403④：61，插管残缺，对照其他实物复原。深灰胎，外壁施满釉，青釉极佳，釉面匀净光亮，胎釉结合甚佳。底足略向内平折，座身四个铺首旁的圆形镂孔开在右下侧。弧顶以四道粗凸弦纹分成的内外四层，除顶部靠插管的中心内圈和近底足略显厚凸的一圈拍印浅细的云纹外，顶部其余三圈和座身四周均满饰戳印的蟠螭纹，纹饰深浅不一，中心高凸，高低不平，层次分明，颇具浮雕感。底足未见生烧，足面有白色粘结物，系着地装烧产品。由于体形极大，胎壁厚重，在弧顶和器身四周纹饰中间，设有许多分布密集的扁长形戳孔。座径 46、座高 18.4 厘米。（图九〇；彩版一一六，1）

T303④：23，底座残片。轻度生烧，胎呈土红色。釉未完全烧出玻璃质感，釉色偏黄。底足内敛，座身四个铺首旁的圆形镂孔开在右下侧。除近底足拍印的浅细方正云雷纹与其他几件相同外，弧顶和座身四周戳印的蟠螭纹与各件器物略有差异。座径 40、座高 17.6 厘米。（图

T303⑤：126

图八八　鼓座（1/4）

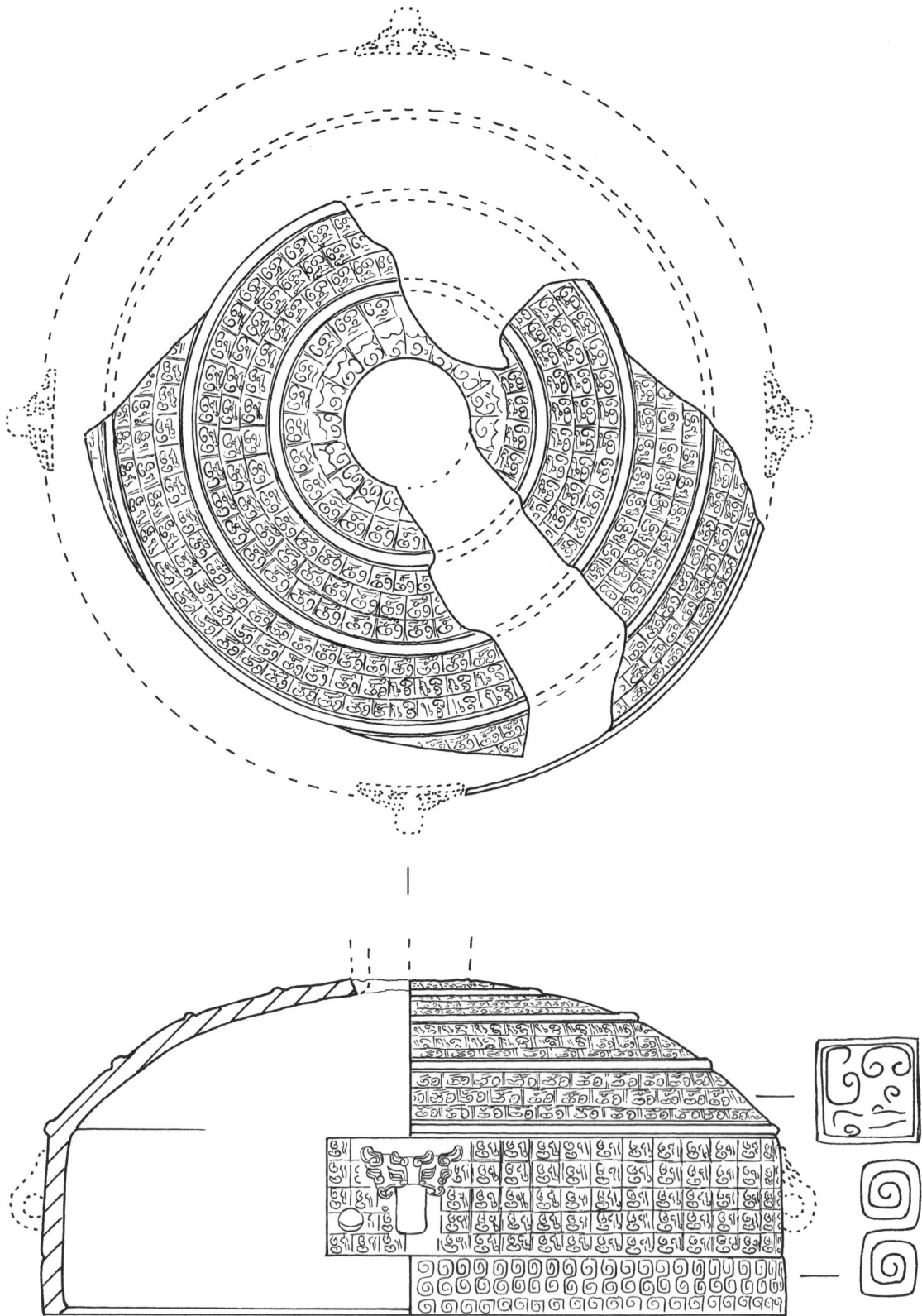

T302⑤：88

图八九　鼓座（1/4）

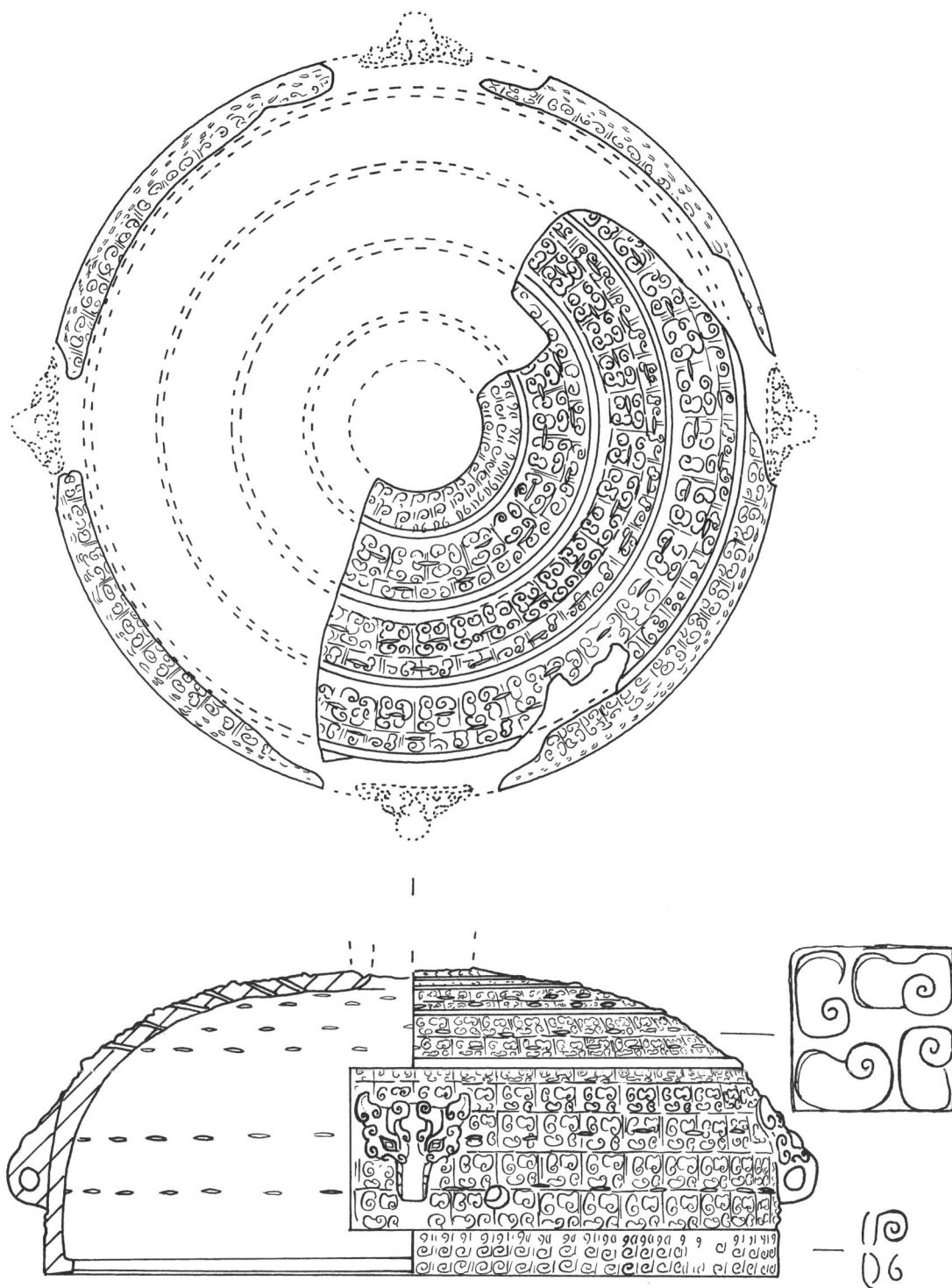

T403④：61

图九〇　鼓座（1/4）

九一；彩版一一六，2）

T302④：91，弧顶残片。轻度生烧，胎外层灰白色，内层土红色。外壁釉色青中泛黄，釉面匀净光亮。顶部戳印的蟠螭纹各组单元较大，结构形状与T303⑤：126基本相同。残高11厘米。（图九二，1；彩版一一七，1）

T403④：62，座身残片。胎呈灰白色，底足生烧呈土红色。釉色偏黄。底足内敛，座身四周戳印具有浮雕感的粗深蟠螭纹，近底足部位拍印浅细的云纹，云纹分布杂乱。座径

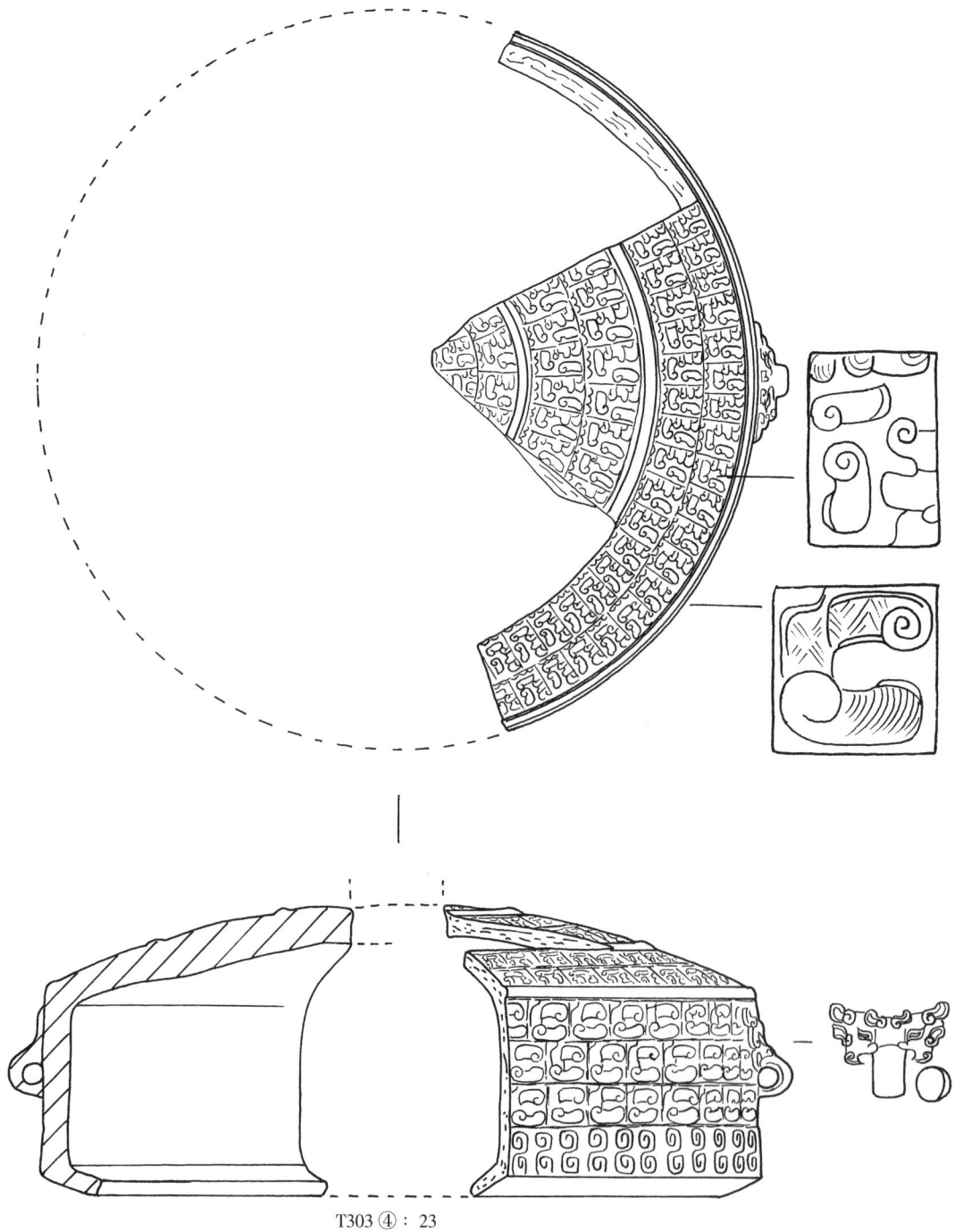

T303④：23

图九一　鼓座（1/4）

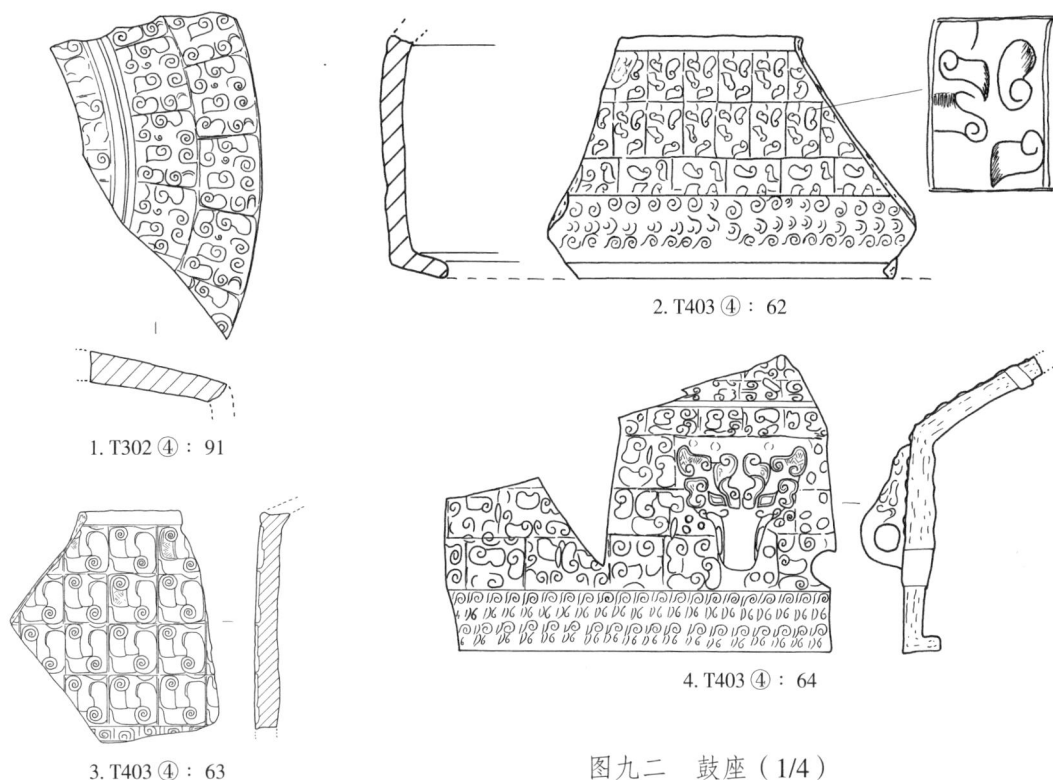

1. T302 ④：91

2. T403 ④：62

3. T403 ④：63

4. T403 ④：64

图九二　鼓座（1/4）

55.2、残高 12.6 厘米。（图九二，2；彩版一一七，2）

T403 ④：63，座身残片。整体生烧，胎呈土红色，釉未烧出玻璃质感。戳印的蟠螭纹与 T303 ④：23 也基本相同，但其每组蟠螭纹呈竖向分布。残高 11.7 厘米。（图九二，3；彩版一一七，3）

T403 ④：64，底座残片。青灰色胎，胎质细腻坚致。外壁青釉较匀，具有一定的玻璃质感。底足向内平折，座身四个铺首旁的圆形镂孔开在右下侧。器形和纹饰与上述 T403 ④：61 相同。残片所见底足无生烧现象，足面无釉有白色粘结物痕迹，内面呈棕红色。残高 15.8 厘米。（图九二，4；彩版一一七，4）

缶

数量极少，能确定的仅一件。T303 ④：5，浅灰色胎。仅外壁施釉，内腹不施釉，青黄色釉极佳，通体施釉均匀，釉层厚，胎釉结合好，玻璃质感强。口部残。从残片看，口外敞。圆鼓腹，平底下有三只矮兽足。肩部有 A 型铺首，

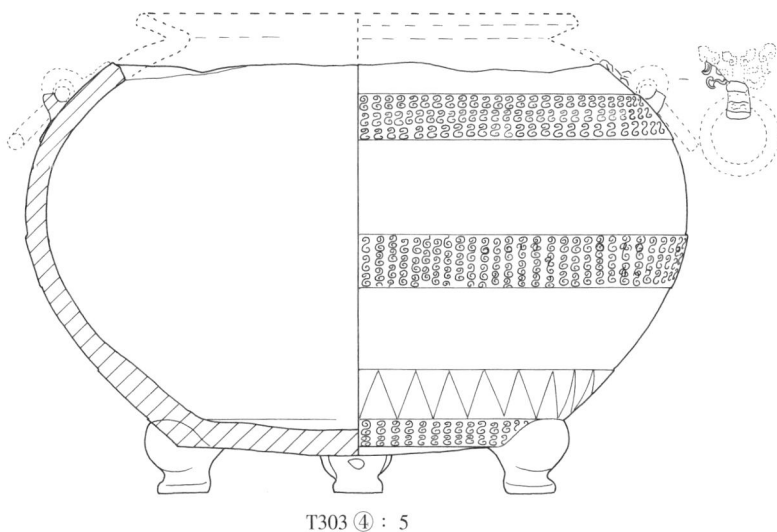

T303 ④：5

图九三　缶（1/4）

腹上、中、下各有一圈拍印云雷纹，下圈云雷纹之上刻划单线三角形纹。云雷纹较细密，近似于 S 形，排列较整齐。兽足内侧有一小圆孔，不穿透。足尖生烧，并有白色砂性烧结物，平底不见生烧，白色砂性烧结物较厚。残高 23 厘米。（图九三；彩版一一八）

（三）生活日用器

有碗、杯、大杯、盅、碟、盂、盏、小罐等。器形较小，胎釉质量不如大型的仿铜礼乐器类器物。多数釉色偏黄，玻璃质感没有大型器物强，外底多生烧现象，内底往往因叠烧而大面积破坏釉面。

碗

数量极多，占据了出土器物的大多数。按口、腹可分为 3 型。

A 型　直口直腹盅式碗。

青灰胎为主，胎质细腻坚致。内外施满釉，多数器物釉不佳，釉层薄，胎釉结合不紧，玻璃质感不强，凝釉和脱釉现象严重。小方唇或尖圆唇，直口，斜直腹，近底处剧收成平底，内底宽平，有明确的底腹分界线。内底和内壁可见轮旋纹，轮旋纹一般底部较粗疏，壁上较细密。外底有细密的弧形线割痕迹。这类器物不使用支烧具，采用多件着地叠烧方法，内外底因有叠烧形成的白色粘结物而破坏釉面，最底下着地器物往往底部生烧。器形大小不一。

按腹部不同可分为 2 个亚型。

Aa 型　深腹。

T202⑤：62，修复完整。土黄色釉基本剥落。口径 16、底径 8、高 8.4 厘米。（图九四，1；彩版一一九，1）

T304③：51，残，可复原。灰白色胎。灰青色釉，釉层脱落严重。内底有叠烧形成的白色粘结物痕迹，外底不见白色砂性粘结物，生烧。外上腹有一拇指印，与之相对的内侧有四个手指印。口径 13、底径 7.6、高 9.4 厘米。（图九四，2；彩版一一九，2）

T304③：144，完整，灰白色胎。釉色青中泛黄，内壁釉面玻璃质感较强。内底釉面烧结，有窑渣，外底有叠烧形成的白色粘结物。口径 11.2、底径 6.4、高 6.5 厘米。（图九四，3；彩版一一九，3）

T304③：198，基本完整。青釉较佳。器形较小。内外底有叠烧形成的白色砂性烧结物，外腹粘结有一片同类器物的口沿残片。口径 11、底径 6.4、高 6.2 厘米。（图九四，4；彩版一一九，4）

T204②：7，基本完整。灰白色胎。釉色偏黄，脱釉严重。外底有白色粘结物，不见生烧，内底无叠烧痕迹，有窑渣粘结。口径 11.2、底径 6.4、高 6.2 厘米。（图九四，5；彩版一一九，5）

T202①：17，残，可复原。灰白色胎。釉色青中泛灰，内腹釉面较佳，有一定的玻璃质感。外底生烧。口径 15、底径 8.4、高 9 厘米。（图九四，6；彩版一一九，6）

Ab 型　浅腹。

T403④：20，完整。青灰胎，下腹及底因生烧而呈橘黄色。釉薄而有脱落现象。内外底均有叠烧痕，底部生烧。口径 10、底径 6、高 5 厘米。（图九四，7；彩版一二○，1）

T304③：82，完整。器形较小。灰白色胎，青釉较佳，玻璃质感较强，局部有脱釉现象。

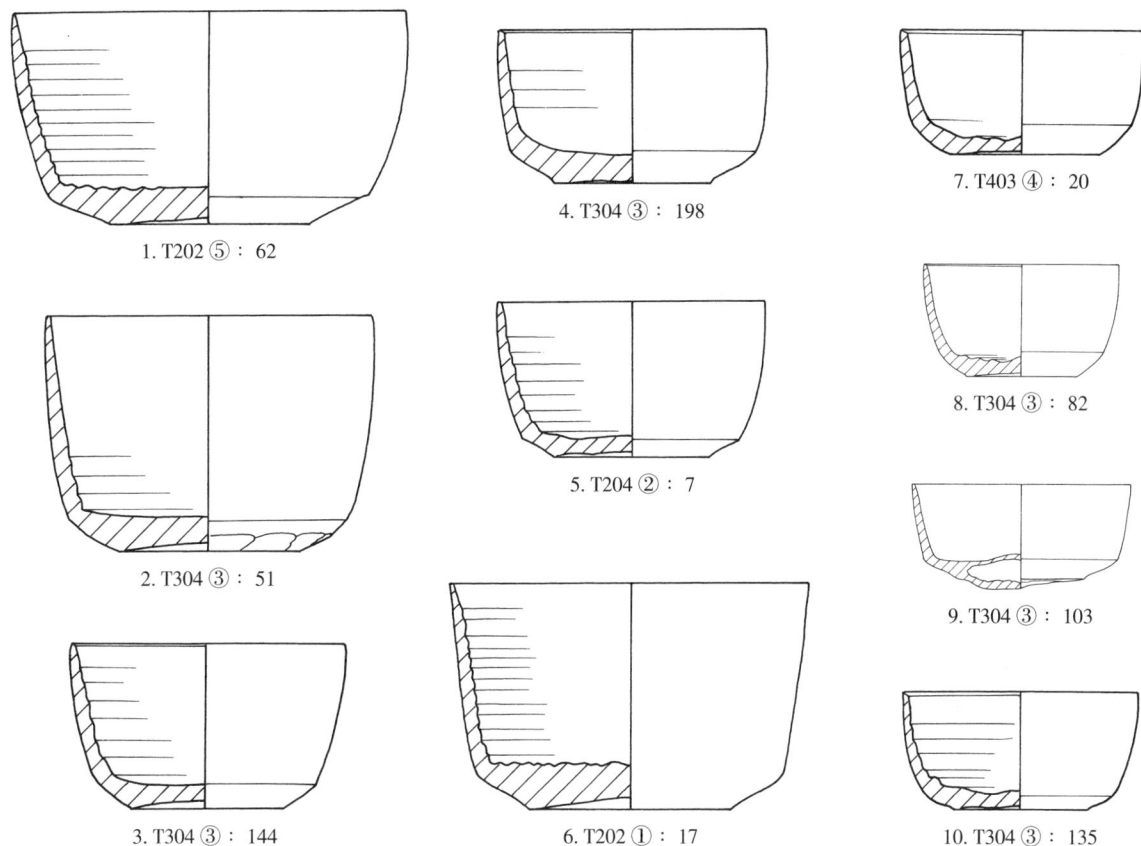

图九四　Aa 型、Ab 型碗（1/3）

1~6. Aa 型　7~10. Ab 型

内外底均有叠烧形成的白色粘结物。口径 8、底径 4.4、高 4.5 厘米。（图九四，8；彩版一二〇，2）

　　T304 ③：103，口略残，可复原。灰黄色胎。釉色偏黄，剥落严重。内壁底轮旋纹不清晰，釉面烧结，无叠烧痕迹。外底有叠烧形成的白色粘结物。口径 9、底径 5、高 3.8 厘米。（图九四，9；彩版一二〇，3）

　　T304 ③：135，完整。青灰色胎。釉色青中泛黄，釉面匀净，玻璃质感较佳。内外底均有叠烧形成的白色粘结物，外底有乳白色窑变。口径 10、底径 5.6、高 4.8 厘米。（图九四，10；彩版一二〇，4）

　　B 型　浅弧腹碗。

　　多浅灰略泛黄色胎，胎质细腻坚致。内外施满釉，多数器物釉面较佳，施釉均匀，釉层厚，胎釉结合好，玻璃质感强，无凝釉和脱釉现象。除置于叠烧最上面的小件碗外，其余内外底均因叠烧而影响釉面。直口或微敞，浅弧腹，小平底。外底有弧形线割痕迹。除小件碗外，内底均有叠烧痕迹。大件的碗外底生烧，且不见叠烧白色粘结物，当为叠烧最底部直接置于窑床上装烧的器物。按装饰可分成三个亚型。

　　Ba 型　素面。体形普遍较小。

　　T201 ⑤：32，完整。浅灰色胎，胎质细腻坚致。青釉极佳，施釉均匀，胎釉结合好，

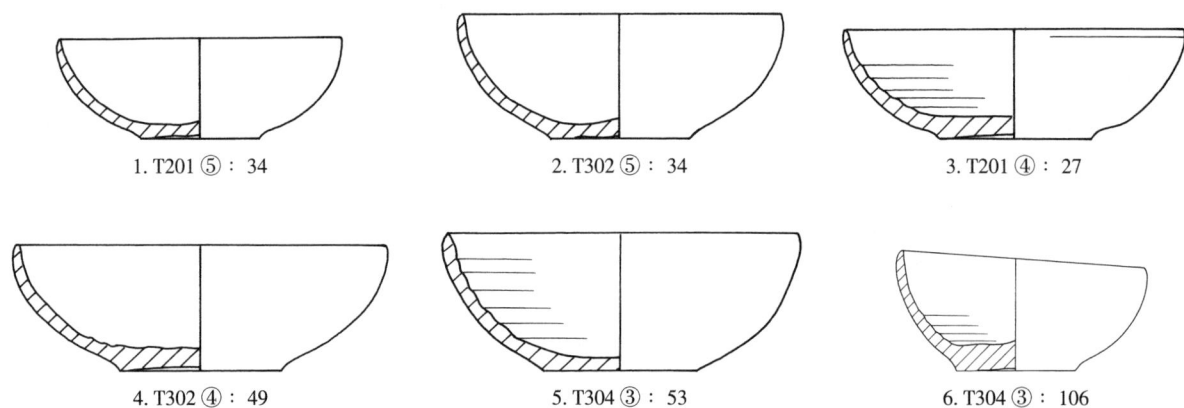

1. T201⑤：34　　　　　2. T302⑤：34　　　　　3. T201④：27

4. T302④：49　　　　　5. T304③：53　　　　　6. T304③：106

图九五　Ba型碗（1/3）

玻璃质感强。外底有弧形线割痕迹。内外底均粘结有大量的白色砂性烧结物。口径20.8、底径9.6、高6.8厘米。（彩版一二一，1）

T201⑤：34，完整。浅灰色胎。青釉极佳，内外底均因叠烧而有大量白色烧结物，破坏釉面。器形较小。口径11.6、底径4.8、高4厘米。（图九五，1；彩版一二一，2）

T302⑤：34，完整。浅灰色胎。青釉极佳，内底因叠烧而有大量的白色砂性烧结物，影响釉面，外底较为素净。器形较小。口径13、底径6、高5厘米。（图九五，2；彩版一二一，3）

T201④：27，基本完整。浅灰色胎。青釉极佳，釉面匀净，玻璃质感强。内底不见叠烧痕迹。外底粘结有大量的白色砂性烧结物。器形较小。口径14、底径6、高4.4厘米。（图九五，3；彩版一二一，4）

T302④：49，基本完整。浅灰色胎。青黄釉极佳，釉面匀净润泽，有玻璃质感。内外底因叠烧而破坏釉面，有大量的白色砂性烧结物。器形较小。口径15.4、底径6.4、高5.4厘米。（图九五，4；彩版一二二，1）

T304③：53，完整。浅灰色胎。青釉较佳。内外底因叠烧而破坏釉面，内底有大量的白色砂性烧结物，外底生烧，较素净。器形较小。口径14、底径6.4、高5.6厘米。（图九五，5；彩版一二一，5）

T304③：106，基本完整。浅灰色胎。器形极小。内底不见叠烧痕，一侧积釉较厚，并呈紫色与乳白色窑变。外底粘结有大量的白色砂性烧结物，外下腹有乳白色窑变。口径10、底径4.9、高4.5厘米。（图九五，6；彩版一二一，6）

Bb型　外壁上腹部有数道粗凹弦纹。此型碗普遍体形较大。

T202⑤：40，基本完整。灰白色胎。内外釉面匀净润泽，釉色泛黄，玻璃质感强。内外底均有叠烧形成的白色砂性烧结物，不见生烧。口径15.4、底径6.8、高6厘米。（图九六，1；彩版一二二，2）

T202⑤：46，完整。灰白色胎。内外施釉较厚，釉面匀净，釉色偏黄，玻璃质感极强。体形特大。内底有叠烧形成的白色粘结物，外底生烧。底部中间有一道开裂。口径18.4、底

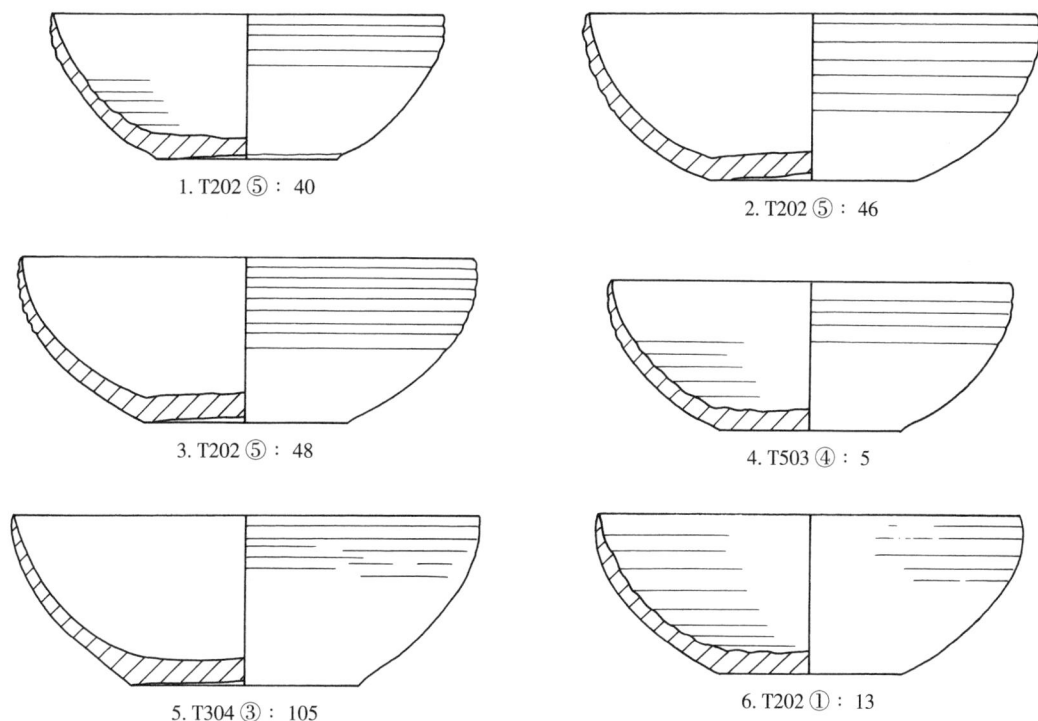

1. T202⑤：40   2. T202⑤：46

3. T202⑤：48   4. T503④：5

5. T304③：105   6. T202①：13

图九六 Bb 型碗（1/3）

径 8.8、高 6.8 厘米。（图九六，2；彩版一二三，1）

T202⑤：48，完整。灰白色胎。内外施釉较厚，釉面匀净，釉色偏黄，玻璃质感极强。体形特大。内底有叠烧形成的白色粘结物，外底生烧。底部中间有一道开裂。口径 18.4、底径 8.4、高 7 厘米。（图九六，3；彩版一二三，2）

T302⑤：30，完整。浅灰略泛黄色胎，胎质细腻坚致。内外青黄色釉较佳，施釉均匀，釉层厚，胎釉结合好，玻璃质感强。内底有叠烧痕迹，生烧，外底不见白色砂性烧结物，当为最底部直接置于窑床上的器物。底部有窑裂一道。口径 18、底径 7.6、高 6 厘米。（彩版一二三，3）

T503④：5，完整。青灰色胎。内外青釉泛黄，釉面匀净，玻璃质感强。内外底均有叠烧形成的白色粘结物，不见生烧。口径 16.4、底径 7.6、高 6 厘米。（图九六，4；彩版一二三，4）

T304③：105，完整。灰白色胎。内外施釉较薄，釉面匀净，釉色淡青。体形大。内壁可见粗疏轮旋纹。内底有叠烧形成的白色粘结物痕迹，外底轻度生烧。口径 19.6、底径 8.8、高 7.6 厘米。（图九六，5；彩版一二三，5）

T202①：13，完整。灰白色胎。内外釉面均显得十分匀净，釉色泛黄，玻璃质感好。体形较大。内底有叠烧形成的白色粘结物痕迹，外底轻度生烧。底部有窑裂一道。口径 17.2、底径 8、高 6.2 厘米。（图九六，6；彩版一二三，6）

Bc 型 外腹有凹弦纹，内底有水波纹。此型碗也多数体形较大，部分体形较小。除外壁上腹部有几道粗凹弦纹外，内底满饰水波纹。水波纹往往是外围呈圈状，底心则呈横向分布。

T201 ⑤：44，口略残，可复原。灰白色胎。内外青釉较佳，施釉匀净，玻璃质感强。器形较小。内底不见叠烧痕，外底有叠烧形成的白色粘结物。口径 11.4、底径 5、高 4.8 厘米。（图九七，1；彩版一二四，1）

T201 ⑤：46，基本完整。灰白色胎。青灰色釉较佳，釉层薄，施釉均匀，玻璃质感强。体形较大。内外底均有叠烧形成的白色粘结物，内腹一侧近口沿处粘结有一小片同类器物的口沿残片。底部有大型气泡。口径 17、

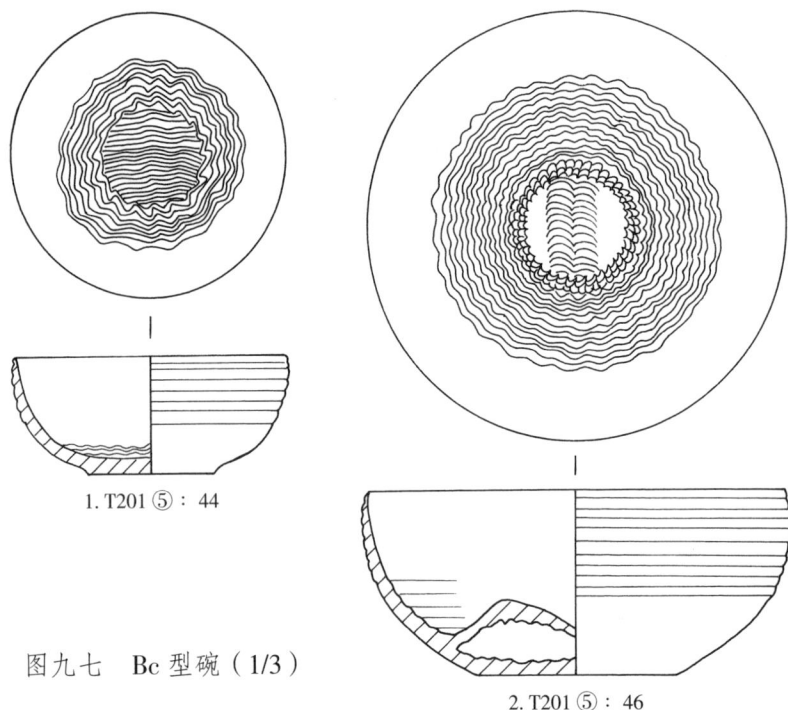

图九七　Bc 型碗（1/3）

1. T201 ⑤：44

2. T201 ⑤：46

底径 8、高 7.4 厘米。（图九七，2；彩版一二四，2）

T202 ⑤：37，基本完整。青灰色胎。内腹青釉较佳，玻璃质感较强，外腹釉面泛黄而斑驳。浅弧腹比较坦敞，体形极大。内底有叠烧痕迹，并粘结有白色砂性烧结物；外底无生烧现象，仅见少量的极细白色砂性烧结物，当为着地烧。口径 21.6、底径 10、高 6 厘米。（图九八，1；彩版一二五，1）

T201 ④：22，基本完整。灰白色胎。釉层薄，釉色泛灰。内外底均有大量的白色砂性烧结物。下腹近底处有一较大气泡。口径 14.8、底径 6、高 6.2 厘米。（图九八，2；彩版一二四，3）

T304 ③：107，口沿略残，可复原。灰白色胎。内外青灰釉较佳，釉面玻璃质感较强。内底不见叠烧痕迹，粘结有较多的细粒窑渣，外底有白色粘结物。系叠烧中的最上件器物。口径 16.8、底径 8、高 6 厘米。（图九八，3；彩版一二四，4）

T202 ①：8，完整。青灰色胎。釉色偏黄，有脱釉现象。体形极大。内底有叠烧痕，外底生烧无白色粘结物。系叠烧中的着地器物。口径 20.8、底径 8.8、高 7.4 厘米。（图九八，4；彩版一二四，5）

C 型　敛口深腹碗。

包括外底在内，内外施满釉。但因采用叠烧方法，外底釉面多未烧出玻璃质感。口弧敛，尖唇，腹部缓收，平底，深腹。内底可见粗疏的轮旋纹，外底有细密的弧形线割痕迹。根据腹部纹饰的有无与不同分 4 个亚型。

Ca 型　素面。

T304 ③：54，完整。青灰色胎。釉色青中泛灰，个体较小，通体素面。内壁结大块窑渣，

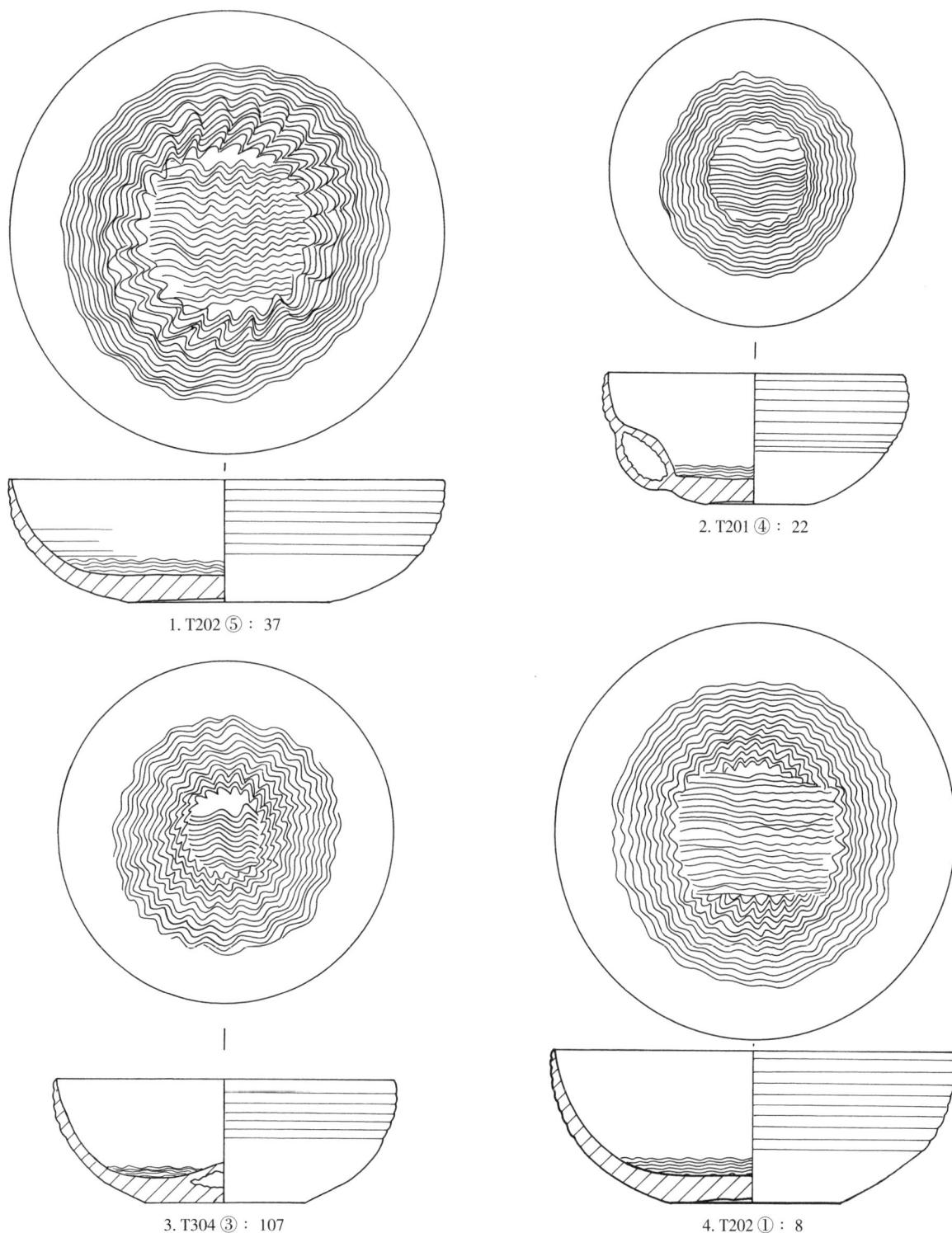

图九八　Bc 型碗（1/3）

1. T202 ⑤：37

2. T201 ④：22

3. T304 ③：107

4. T202 ①：8

外底有白色粘结物，底边四周有乳白色窑变现象。系叠烧产品中的最上件器物。口径 8、底径 4、高 5.5 厘米。（图九九，1；彩版一二四，6）

Cb 型　外壁上腹部饰有一组细密弦纹。除个别体形较大外，普遍显得体形较小。

T302 ④：54，完整。青灰色胎。釉色青中泛灰，有较好的玻璃质感。内外底均有大片

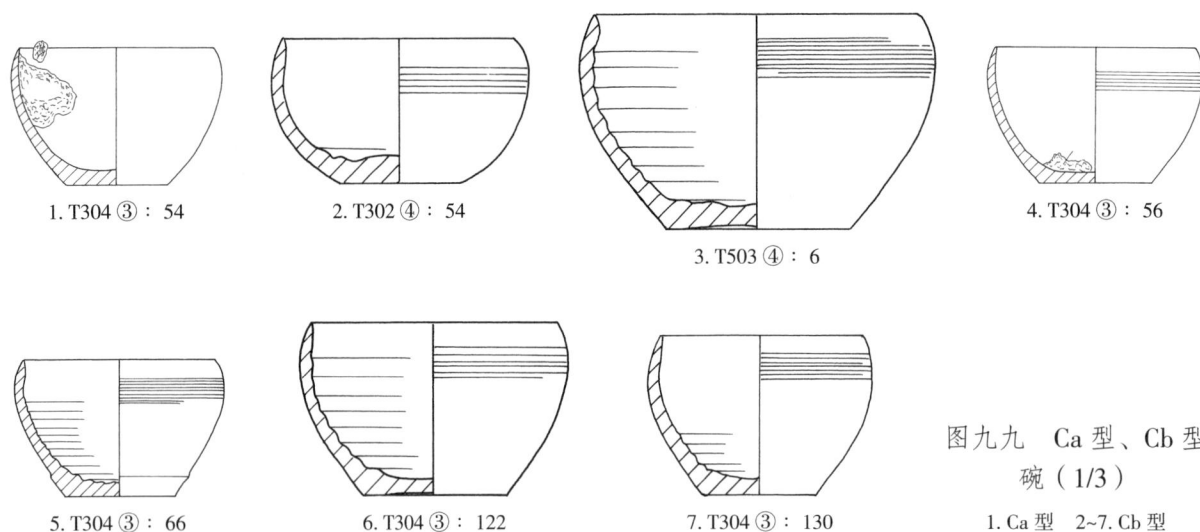

1. T304③:54　　2. T302④:54　　3. T503④:6　　4. T304③:56

5. T304③:66　　6. T304③:122　　7. T304③:130

图九九　Ca型、Cb型碗（1/3）
1. Ca型　2~7. Cb型

白色粘结物。口径10、底径5.4、高5.8厘米。（图九九，2；彩版一二六，1）

T503④:6，完整。灰白色胎。欠烧产品，内外釉均未完全烧出玻璃质感。个体较大。口径13.6、底径7.6、高8.6厘米。（图九九，3；彩版一二六，2）

T304③:56，基本完整。青灰色胎。釉色青中泛灰，内底结有一大块窑渣，外底有叠烧形成的白色粘结物痕迹。口径8、底径4.5、高5.5厘米。（图九九，4；彩版一二六，3）

T304③:66，完整。灰白色胎。釉色青中泛黄。外壁口下有一小片另一件器物的口沿残片粘结，外底有白色粘结物。口径7.8、底径4.4、高5.5厘米。（图九九，5；彩版一二六，4）

T304③:122，完整。灰白色胎。釉层薄，釉面较差。内外底均有叠烧形成的白色粘结物。口径10、底径6、高7厘米。（图九九，6；彩版一二六，5）

T304③:130，完整。灰白色胎。釉色泛灰。内外底有叠烧形成的白色粘结物，系叠烧产品。口径8、底径4.8、高6.4厘米。（图九九，7；彩版一二六，6）

Cc型　外壁上腹部饰有短直条纹饰带。大小不一。大部分体形较大。

T201⑤:49，完整。深灰色胎。釉色青中泛黄，凝釉现象严重。内外底均有叠烧形成的白色粘结物。口径10.4、底径5.6、高6.8厘米。（图一○○，1；彩版一二七，1）

T302⑤:41，口略残。灰白色胎。釉层较薄，失釉严重。体形较小。内底结有细粒窑渣，并见乳白色窑变，无叠烧痕迹，外底有叠烧形成的白色粘结物。系叠烧产品中的最上件器物。口径8、底径4.8、高5.8厘米。（图一○○，2；彩版一二七，2）

T304③:84，完整。灰白色胎。釉色青中泛黄，釉层较匀，有较好的玻璃质感。体形较大。内底有叠烧形成的白色粘结物，外底生烧。系叠烧产品中的着地器物。口径13、底径7、高8.2厘米。（图一○○，3；彩版一二五，2）

T304③:96，完整。灰白色胎。釉色青中泛黄，凝釉现象严重。体形较大。内底有叠烧形成的白色粘结物，外底生烧。系叠烧产品中的着地器物。口径13、底径7、高8.6厘米。（图一○○，4；彩版一二七，3）

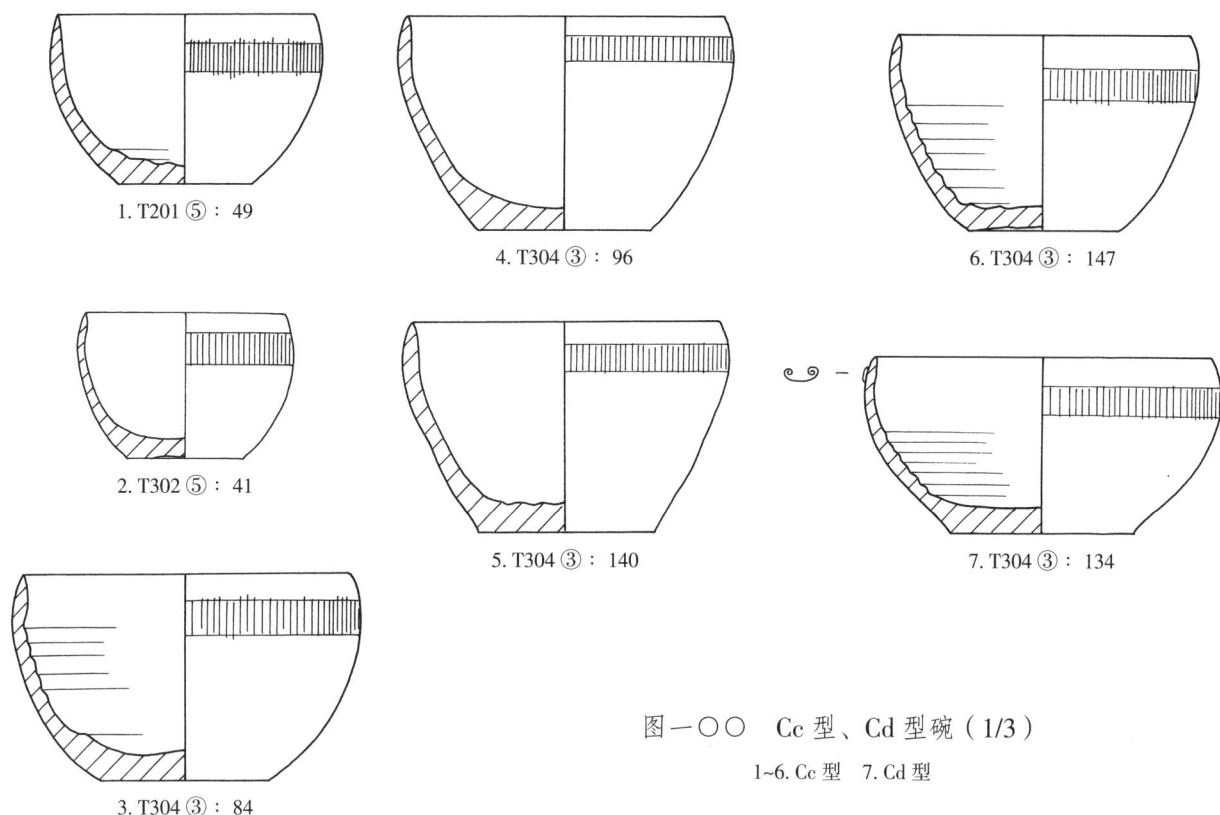

图一〇〇　Cc 型、Cd 型碗（1/3）

1~6. Cc 型　7. Cd 型

T304 ③：140，完整。灰白色胎。釉色青中泛黄，釉层较匀，有较好的玻璃质感。体形较大。内底有叠烧形成的白色粘结物，外底生烧。系叠烧产品中的着地器物。口径 12.4、底径 7.4、高 8.4 厘米。（图一〇〇，5；彩版一二七，4）

T304 ③：147，完整，变形。青灰色胎。釉色泛黄，有脱釉现象。体形较大。内底有叠烧形成的白色粘结物痕迹，外底釉烧出玻璃质感。口径 12、底径 6.4、高 7.8 厘米。（图一〇〇，6；彩版一二七，5）

Cd 型　数量极少。器形与 Cc 型相似，但腹部较浅，口外有卷云状堆贴。

T304 ③：134，口稍残。青灰色胎，釉色青中泛灰。内壁可见粗疏的轮旋纹，外底可见细密的弧形线割痕迹。内底釉面未烧出玻璃质感，有叠烧形成的白色粘结物。外底未见叠烧痕迹。系叠烧产品的着地器物。口径 14、底径 7.6、高 7 厘米。（图一〇〇，7；彩版一二七，6）

杯

产品中数量较多，根据形式不同，分 3 型。

A 型　直口斜直腹杯。

数量最多。内外施满釉，外底也着釉。釉色或青中泛灰，或青中泛黄，釉层较薄，多数器物上存在凝釉现象，胎釉结合良好，基本不见脱釉现象。个体较小，大小有一定差异。直口，斜直腹，近底处剧收成平底，口径略大于腹径，内底宽平，有明确的底腹分界线。内壁与内底大多有拉坯形成的粗疏轮旋纹，外底均可见清晰的弧形线割痕迹。由于杯体较小，装烧时大多叠置在其他较大器物内，或采用大小套置瓷土粉末间隔的叠烧方法，故大多器物外底和部分器物内底有白色粘结物。

T201④：34，完整。灰白色胎，胎质细腻坚致。釉色青中泛黄。釉面较匀净，有玻璃质感。内外底均有叠烧形成的白色粘结物，口沿外壁有 2 小片瓷片粘结。口径 8.4、底径 5.4、高 7.7 厘米。（图一〇一，1；彩版一二八，1）

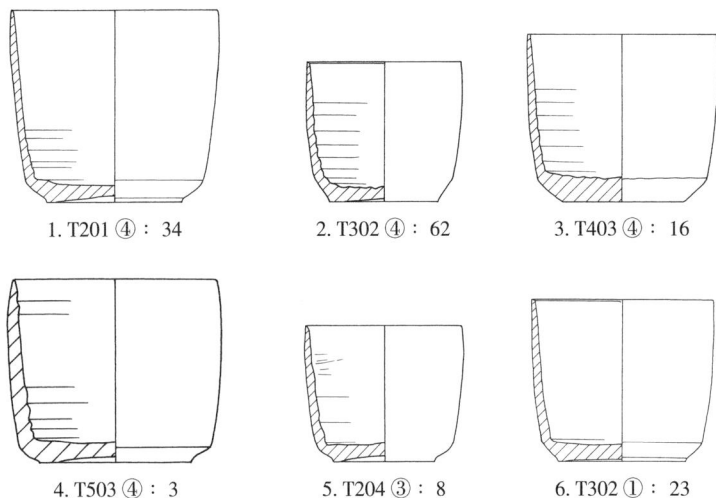

1. T201④：34　　2. T302④：62　　3. T403④：16

4. T503④：3　　5. T204③：8　　6. T302①：23

图一〇一　A 型杯（1/3）

T302④：62，完整。灰白色胎，胎质细腻坚致。釉色青中略泛黄，釉面有凝釉现象。外底有白色粘结物。口径 6.4、底径 4.6、高 5.6 厘米。（图一〇一，2；彩版一二八，2）

T403④：16，口沿略残损。灰黄色胎，胎质细腻坚致。釉色青中泛黄，釉面有凝釉和脱釉现象。内外底均有叠烧形成的白色粘结物。口径 7.8、底径 5、高 6.7 厘米。（图一〇一，3；彩版一二八，3）

T503④：3，残，可复原。青灰色胎，胎质特别细腻坚致，烧成温度特高，断面有光亮感。施釉匀净，釉色青中略泛灰，釉面玻璃质感较强，胎釉结合良好。外底有因叠烧形成的白色粘结物。口径 8.4、底径 6.4、高 7.2 厘米。（图一〇一，4；彩版一二八，4）

T204③：8，完整。青灰色胎，胎质细腻坚致。施釉较匀净，釉色较深呈青褐色，局部有乳白色窑变。一侧外壁结有窑渣块，窑渣块表面发黑发亮，或呈乳白色窑变。外底有因叠烧形成的白色粘结物。口径 6.6、底径 4.2、高 5.4 厘米。（图一〇一，5；彩版一二八，5）

T302①：23，口沿稍残损。灰白色胎，胎质细腻坚致。釉色青中略泛黄，施釉较薄而匀净，胎釉结合良好。内底有小颗粒窑渣粘结，外底有因叠烧形成的白色粘结物。口径 7.6、底径 5.4、高 6.5 厘米。（图一〇一，6；彩版一二八，6）

B 型　直筒形深腹瓦棱纹杯。

数量极少。内外施釉。个体较 A 型稍大。直筒形深腹，近底处折收成平底，内底宽平，有明确的底腹分界线。外壁下腹饰瓦棱纹。

T202④：4，上半部残缺。青灰色胎，胎质细腻坚致。釉色青中泛黄，釉面有较强的玻璃质感。内壁与内底可见粗疏的旋纹，外底有叠烧形成的白色粘结物，系套置在其他器物内叠烧所致。底径 6、残高 6.4 厘米。（图一〇二，1；彩版一二九，1）

T403④：23，残，可复原。灰黄色胎，胎质细腻坚致。釉未完全烧出玻璃质感。内壁与内底可见粗疏的旋纹。内底有叠烧痕迹，外底有叠烧形成的白色粘结物。口径 10、底径 8、高 10 厘米。（图一〇二，2；彩版一二九，2）

C 型　深弧腹杯。

数量极少，个体大小与 B 型相若。深腹弧收，平底，内底凹弧，无明确的底腹分界线。内外施满釉。

T302⑤：42，基本完整，变形。青灰色胎，胎质细腻坚致。釉层较薄，釉色青中泛灰。内壁与内底可见粗疏的旋纹，外底可见用线割底的痕迹。外底釉面上有白色粘结物现象。系套置在其他器物内的叠烧产品。口径 10、底径 6、高 8 厘米。（图一〇二，3；彩版一二九，3）

T204③：6，残，可复原。青灰色胎，胎质细腻坚致。釉层较薄，釉色青中泛灰。内壁与内底可见粗疏的旋纹，外底可见用线割底的痕迹。外底釉面上有白色粘结物。系套置在其他器物内的叠烧产品。口径 10、底径 6、高 8 厘米。（图一〇二，4；彩版一二九，4）

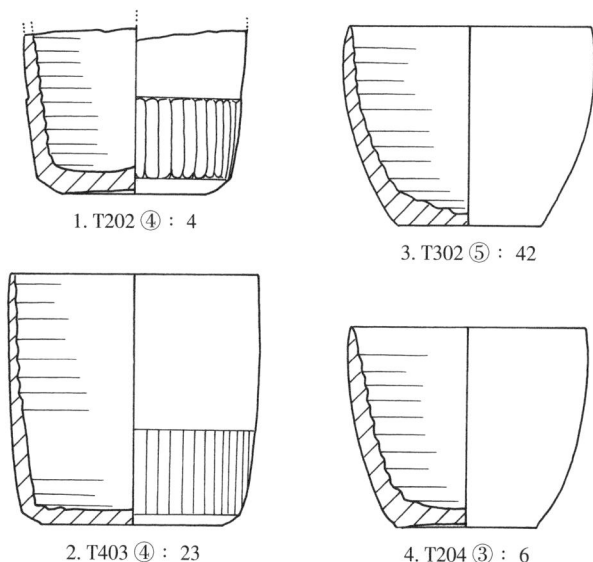

图一〇二　B 型、C 型杯（1/3）
1、2. B 型　3、4. C 型

大杯

数量较多。灰白色或青灰色胎，胎质细腻坚致。内外施满釉，釉色青中泛灰或泛黄。形同 A 型杯，体形大。直口，斜直腹，近底处折收成平底，内底宽平，有明确的底腹分界线。内壁底普遍有粗疏的轮旋纹，外底可见明显的弧形线割痕迹。叠烧产品。由于此型杯个体较大，大多系着地装烧，其内再叠置其他较小的杯类产品，因此，大多内底釉未烧出玻璃质感，有叠烧形成的白色粘结物，外底有生烧现象，少量产品系装在其他器物内叠烧，内底未见叠烧痕迹，釉面烧出玻璃质感，外底则可见因叠烧形成的白色粘结物。

T201⑤：24，完整。青灰色胎，胎质细腻坚致。除外底外，釉色青中泛灰。内底与内壁普遍有粗疏的旋纹，外底可见明显的用线割底痕迹。内底未见叠烧白色粘结物痕迹，底面釉烧出玻璃质感。口径 11.6、底径 8、高 10.5 厘米。（图一〇三，1；彩版一三〇，1）

T304③：31，完整。青灰色胎，胎质细腻坚致，釉色青中泛灰，有细汗状凝釉现象，内外壁釉面有玻璃质感。内底与内壁普遍有粗疏的旋纹，外底可见明显的用线割底痕迹。内底有叠烧形成的白色粘结物痕迹，底面釉未烧出玻璃质感，外底未见白色粘结物，生烧。系着地装烧产品。口径 13、底径 9.6、高 10.8 厘米。（图一〇三，2；彩版一三〇，2）

T304③：70，完整。青灰色胎，胎质细腻坚致。釉色青中泛灰，有细汗状凝釉现象，内外壁釉面有玻璃质感。内底与内壁普遍有粗疏的旋纹，外底可见明显的用线割底痕迹。内底有叠烧形成的白色粘结物，底面釉未烧出玻璃质感，外底未见白色粘结物，局部有生烧现象。系着地装烧产品。口径 13.6、底径 10、高 11.5 厘米。（图一〇三，3；彩版一三〇，3）

T304③：79，完整。灰白色胎，胎质细腻坚致。釉色青中泛灰，凝釉严重。内底与内壁普遍有粗疏的旋纹，外底可见明显的用线割底痕迹。内底有叠烧形成的白色粘结物，底面

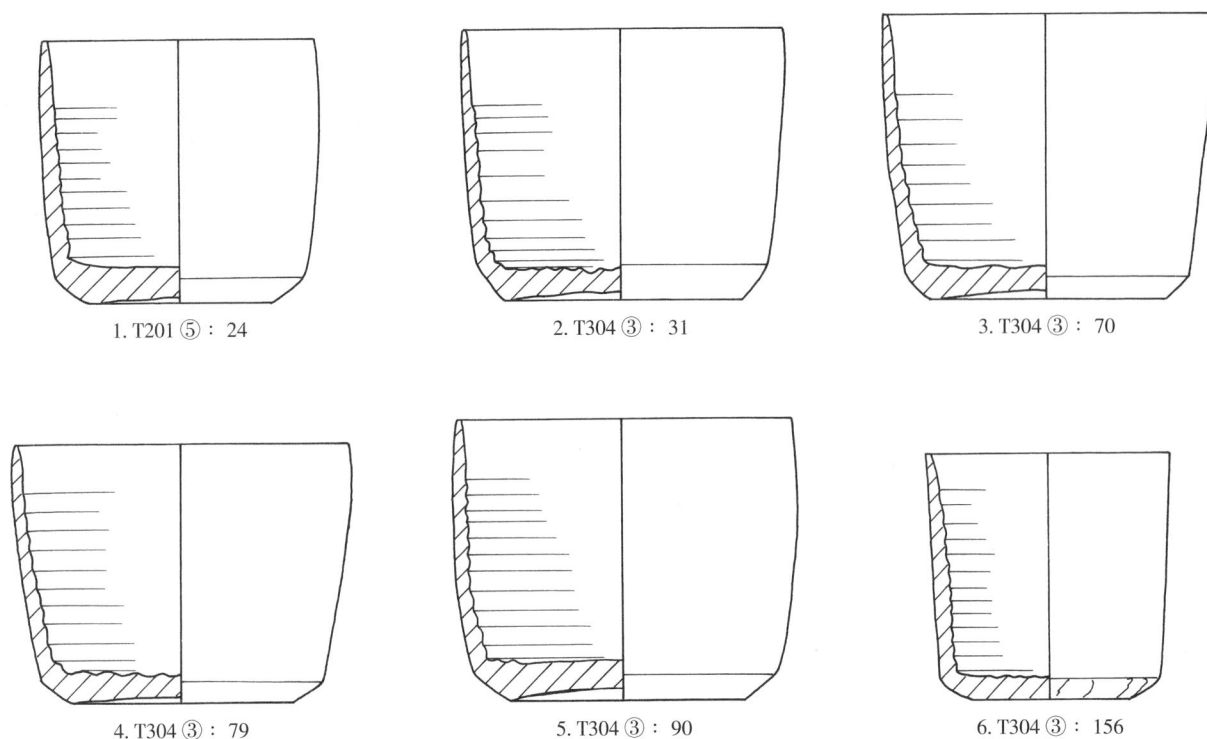

1. T201 ⑤：24　　　　　　2. T304 ③：31　　　　　　3. T304 ③：70

4. T304 ③：79　　　　　　5. T304 ③：90　　　　　　6. T304 ③：156

图一〇三　大杯（1/3）

釉未烧出玻璃质感，外底未见白色粘结物，局部有生烧现象。系着地装烧产品。口径13.6、底径9.2、高10.2厘米。（图一〇三，4）

T304③：90，完整。青灰色胎，胎质细腻坚致。釉色青中泛灰，釉面呈细汗状凝釉现象，内底与内壁普遍有粗疏的旋纹，外底可见明显的用线割底痕迹。内底有叠烧形成的白色粘结物，底面釉未烧出玻璃质感，外底未见白色粘结物。系着地装烧产品。口径14、底径10、高11.2厘米。（图一〇三，5）

T304③：156，基本完整。青灰色胎，胎质细腻坚致。釉色青中泛黄，有凝釉现象。内底与内壁普遍有粗疏的旋纹，外底可见明显的用线割底痕迹。内底未见叠烧白色粘结物痕迹，底面釉烧出玻璃质感，外底有叠烧痕迹。系套置在其他器物上叠烧产品。口径10、底径6.4、高9.8厘米。（图一〇三，6；彩版一三〇，4）

盅

盅的形状似杯，但体形较杯要小。装烧时同类器物相叠或叠置在其他较大器物内。根据具体形状的不同，可分3型。

A型　敛口浅腹盅。

数量极少。内外施釉，但釉未烧出。敛口，尖唇，腹部往上斜向内敛，近底处剧收成平底，腹甚浅，腹径略大于口径。内底有拉坯形成的粗凸旋纹，外底可见明显的弧形线割痕迹。

T202①：19，残，可复原。灰色胎，胎质略显疏松。釉未烧出。叠烧。口径5.4、底径4.4、高3厘米。（图一〇四，1；彩版一三一，1）

B 型　敛口深腹盅。

数量较多。器物内外施釉，釉多未完全烧出玻璃质感。个别有生烧现象，胎呈土红色。大小不一，大多体形较小。敛口，深直腹，近底处剧收成平底，腹壁往上斜向内敛，口径略小于腹径。内底和内壁大多有拉坯形成的粗凸轮旋纹，外底均可见明显的弧形线割痕迹。

T201⑤：52，完整。灰白色胎，胎质细腻坚实。釉面较差，釉色青黄。平底边缘有外撇的裙边。口径 5、底径 3.8、高 3.8 厘米。（图一〇四，2；彩版一三一，2）

T201⑤：59，完整。灰白色胎，胎质细腻坚实。内外壁釉均未完全烧出玻璃质感。口径 5.4、底径 4.6、高 4.7 厘米。（图一〇四，3；彩版一三一，3）

T302④：67，器物完整，但器内压结有一大块厚重的窑渣。灰白色胎，胎质细腻坚实。釉未完全烧出玻璃质感，下部器表呈棕红色。口径 5.8、底径 4、高 5.3 厘米。（图一〇四，4；彩版一三一，4）

T302④：69，口稍残损。灰白色胎，胎质细腻坚实。釉层较薄，釉色局部较深。口径 4.8、底径 4、高 4.2 厘米。（图一〇四，5；彩版一三一，5）

T302④：73，完整。灰白色胎，胎质细腻坚实。内外壁釉未烧出玻璃质感。口径 4.3、底径 3.5、高 4 厘米。（图一〇四，6；彩版一三一，6）

T503④：4，完整。灰白色胎，胎质细腻坚实。内外壁釉均未完全烧出玻璃质感，器表局部呈深棕色。口径 5、底径 3.6、高 4.8 厘米。（图一〇四，7；彩版一三二，1）

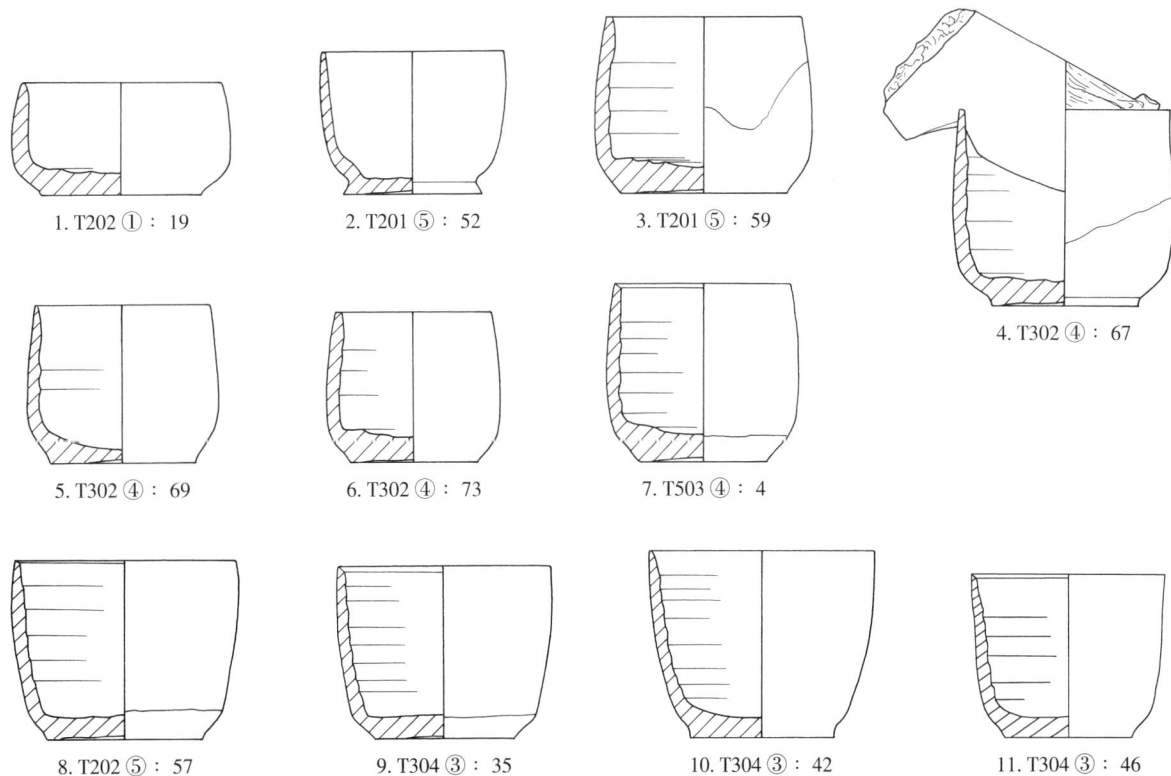

1. T202①：19　　2. T201⑤：52　　3. T201⑤：59　　4. T302④：67

5. T302④：69　　6. T302④：73　　7. T503④：4

8. T202⑤：57　　9. T304③：35　　10. T304③：42　　11. T304③：46

图一〇四　A 型、B 型、C 型盅（1/2）

1. A 型　2~7. B 型　8~11. C 型

C 型　敞口斜直腹盅。

数量较多。器物均内外施满釉，部分器物釉未完全烧出玻璃质感。釉色多青中泛黄或泛灰，釉层较薄，普遍呈现斑点状凝釉，部分器物上有失釉现象。个别器物有生烧，胎呈土红色。此型盅与杯的形状基本相同，只是体形较小。敞口，斜直腹，近底处剧收成平底，口径大于腹径。内底和内壁大多有拉坯形成的粗疏轮旋纹，外底可见明显的弧形线割痕迹。大小略有差异。由于体形较小，大多放在其他器物内叠烧，也有个别单件着地装烧。

T202⑤：57，完整。灰白色胎，胎质细腻坚致。釉面匀净润泽，玻璃质感强，釉色青中略泛黄，外壁下部釉面呈棕红色。外底有白色粘结物，内底有窑渣粘结，窑渣表面和一侧内外壁，有因窑汗落在器壁上形成的釉状黑斑。口径6、底径4.2、高4.8厘米。（图一〇四，8；彩版一三二，2）

T403④：15，口沿略残损。青灰色胎，胎质细腻坚致。内外施满釉，釉色青中泛黄。釉面不够匀净，呈斑点状凝釉。轮制成型，内底和内壁有拉坯形成的粗疏轮旋纹，外底可见明显的用线割底痕迹。外底釉面上有白色粘结物。口径5.6、底径4.6、高4.8厘米。（彩版一三二，3）

T304③：35，完整。青灰色胎，胎质细腻坚致。釉色青中泛灰，内壁与外底局部有乳白色窑变。外底釉面上有白色粘结物。口径5.8、底径3.8、高4.6厘米。（图一〇四，9；彩版一三二，4）

T304③：42，完整。青灰色胎，胎质细腻坚致。釉色青中泛灰，玻璃质感较好。釉面不够匀净，呈斑点状凝釉。外底釉面上有白色粘结物。口径6.2、底径4、高5厘米。（图一〇四，10；彩版一三二，5）

T304③：46，完整。灰白色胎，胎质细腻坚致。釉面斑驳。外底釉面上有白色粘结物现象。口径5.4、底径3.6、高4.4厘米。（图一〇四，11；彩版一三二，6）

碟

数量不多。内外施釉，多数釉未完全烧出玻璃质感，器物表面呈棕红色或灰褐色，有脱釉现象。大口坦敞，近底处剧收成小平底，浅腹。个体略有大小，内底均有粗疏的轮旋纹，外底可见明显的弧形线割痕迹。叠烧产品。

T201⑤：51，完整。青灰色胎，胎质细腻坚致。釉完全未烧出玻璃质感，器表呈灰褐色。口径8.4、底径4、高2.7厘米。（图一〇五，1；彩版一三三，1）

T302④：56，完整。灰黄色胎，胎质较细腻。釉完全没有烧出玻璃质感，器表呈棕红色。口径11.8、底径5.6、高3.4厘米。（图一〇五，2；彩版一三三，2）

T302④：57，完整。青灰色胎，胎质细腻坚致。釉未完全烧出玻璃质感，有严重

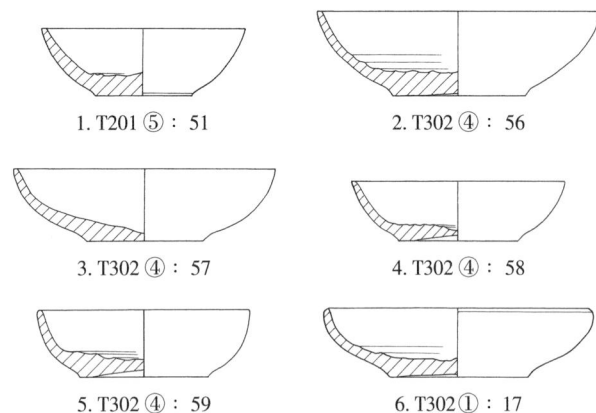

1. T201⑤：51　　2. T302④：56

3. T302④：57　　4. T302④：58

5. T302④：59　　6. T302①：17

图一〇五　碟（1/3）

的脱釉现象。口径 10.8、底径 5、高 2.7 厘米。（图一〇五，3；彩版一三三，3）

T302④：58，完整。灰白色胎，胎质细腻坚致。内施满釉，外壁施半釉，釉呈青黄色。内底结有窑渣粒，外壁有叠烧痕迹。系叠在其他器物内烧制而成。口径 8.8、底径 5、高 2.3 厘米。（图一〇五，4；彩版一三三，4）

T302④：59，完整。灰白色胎，胎质细腻坚致。釉色青中泛黄，内外壁均存在严重脱釉和斑点状乳白色窑变现象。外底有白色粘结物。口径 8.8、底径 5.4、高 2.7 厘米。（图一〇五，5；彩版一三三，5）

T302①：17，完整。灰白色胎，胎质细腻坚致。内外壁釉均完全未烧出玻璃质感，器表呈灰褐色。口径 11、底径 5.8、高 2.8 厘米。（图一〇五，6；彩版一三三，6）

盂

数量极少。均敛口，平底。按器形不同分 3 型。

A 型　弧腹下垂。1 件。

T202⑤：27，残，可复原。浅灰色胎，胎质细腻。内外施满釉，外底不施釉，釉色青中泛黄。敛口，弧腹下垂，近底处剧收成平底，最大腹径在近底部，内底宽平。内底可见粗疏的轮旋纹，外底可见细密的弧形线割痕迹。外壁腹部满饰瓦棱纹。叠烧。口径 6.4、底径 6.5、高 6.4 厘米。（图一〇六，1；彩版一三四，1）

B 型　弧腹微鼓。

敛口，弧腹微鼓，平底。内底可见粗疏的轮旋纹，外底可见细密的弧形线割痕迹。外壁腹部多有瓦棱纹或短直条纹饰带，个别素面。

T202⑤：25，残，可复原。胎质细腻，胎色灰白。釉色泛黄。腹部外壁满饰瓦棱纹，外底有白色粘结物。叠烧。口径 10、底径 6.4、高 7 厘米。（图一〇六，2；彩版一三四，2）

T202⑤：26，残，可复原。胎质细腻，胎色灰白。釉色青中微泛黄，玻璃质感强。外

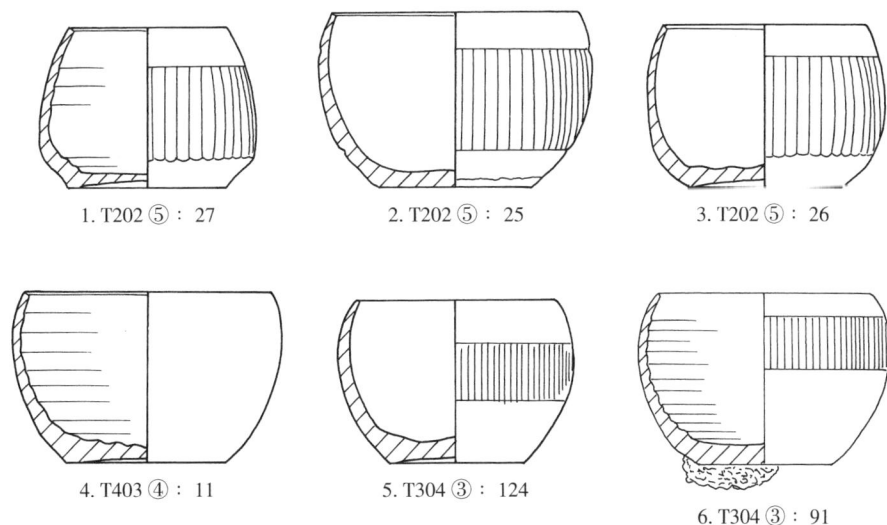

1. T202⑤：27　　2. T202⑤：25　　3. T202⑤：26

4. T403④：11　　5. T304③：124

6. T304③：91

图一〇六　A 型、B 型、C 型盂（1/3）

1. A 型　2~5. B 型　6. C 型

壁腹部满饰瓦棱纹。内壁结有窑渣，外底有白色粘结物和乳白色的窑变斑点。叠烧。口径 8、底径 6.4、高 6.4 厘米。（图一〇六，3；彩版一三四，3）

T403④：11，残，可复原。胎色灰白。釉色泛黄，脱釉严重。素面。外底有白色粘结物。叠烧。口径 10、底径 6.8、高 6.8 厘米。（图一〇六，4；彩版一三四，4）

T304③：124，残，可复原。胎色灰白。釉色泛黄。外壁腹部有较细的短直条纹饰带。外底有白色粘结物。叠烧。口径 8、底径 5.5、高 6.4 厘米。（图一〇六，5；彩版一三四，5）

C 型　扁鼓腹。1 件。

T304③：91，残，可复原。灰白色胎。釉较匀，色偏黄。弧敛口，扁鼓腹，平底。外壁腹部有短直条纹饰带。内壁与内底可见粗疏轮旋纹，外底可见细密的弧形线割痕迹。外底有大块窑底沙粘结。系单件着地装烧。口径 8.8、底径 5.6、高 6.8 厘米。（图一〇六，6；彩版一三四，6）

盏

数量较少。均敞口，浅腹，平底。根据器形不同，可分 2 型。

A 型　口略直，腹缓收。

主要器形。胎多灰白或青灰色。内外施满釉，釉色泛黄泛灰或泛绿，大多釉面有较好的玻璃质感。个体均较小。直口微敞，腹缓收，平底，腹较浅。内底可见粗疏轮旋纹，外底可见细密的弧形线割痕迹。由于此类盏体形较小，因此，大多是装在最上面叠烧。

T201⑤：30，完整。灰白色胎，胎质细腻。釉色泛黄，有很好玻璃质感。内外底釉面均未烧出玻璃质感，有叠烧形成的白色粘结物，外壁近底处釉色较深呈棕色。系叠烧产品中的中间器物。口径 8、底径 4.4、高 3.5 厘米。（图一〇七，1；彩版一三五，1）

T302⑤：39，完整。灰白色胎，胎质细腻。釉色青中泛绿。内底釉面烧出玻璃质感，粘结有小粒窑渣，外底有叠烧形成的白色粘结物现象，底边有乳白色窑变。系叠烧产品中的最上件器物。口径 8.6、底径 4.4、高 3.4 厘米。（图一〇七，2；彩版一三五，2）

T303⑤：80，完整，个体较小，变形。灰白色胎，胎质细腻。内外施满釉。内底可见粗疏轮旋纹，外底可见细密的线割痕迹。内底釉面玻化较好，釉色青中泛黄，有较好玻光感，

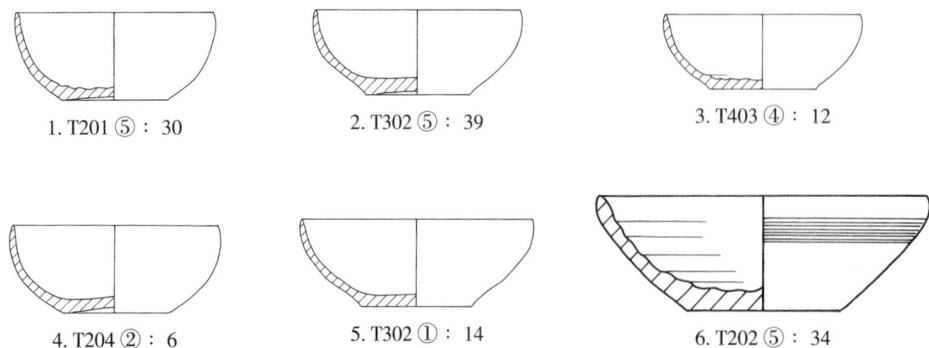

1. T201⑤：30　　2. T302⑤：39　　3. T403④：12

4. T204②：6　　5. T302①：14　　6. T202⑤：34

图一〇七　A 型、B 型盏（1/3）

1~5. A 型　6. B 型

粘结有小粒窑渣，外底有叠烧形成的白色粘结物现象。系叠烧产品中的最上件器物。口径9.2、底径3.6、高3.5厘米。（彩版一三五，3）

T302④：52，完整，变形。青灰色胎，胎质细腻。釉色泛灰，有较好玻璃质感。内外底釉面均未烧出玻璃质感，有叠烧形成的白色粘结物，乳白色窑变现象也较严重。系叠烧产品中的中间器物。口径9、底径4.8、高3.2厘米。（彩版一三五，4）

T403④：12，完整。灰白色胎，胎质细腻。釉色泛黄。内外底釉面均未烧出玻璃质感，有叠烧形成的白色粘结物，外壁口下有另一件器物的残片粘结，近底处釉色较深呈棕色。系叠烧产品中的中间器物。口径8、底径4.4、高3厘米。（图一○七，3；彩版一三五，5）

T204②：6，完整，变形。青灰色胎，胎质细腻。釉色泛灰，有较好玻璃质感，一侧壁面有一块因窑汗滴结形成的深褐色。内底未见叠烧痕迹，釉面烧出玻璃质感，外底釉面未结玻璃质感，有叠烧形成的白色粘结物。外壁口下有另一件器物的残片粘结。系叠烧产品中的最上件器物。口径8.4、底径4.2、高3.5厘米。（图一○七，4；彩版一三五，6）

T302①：14，完整。灰白色胎，胎质细腻。釉面有凝釉现象。内底粘结有小块窑渣，外底有叠烧形成的白色粘结物。系叠烧产品中的最上件器物。口径9.6、底径4.6、高3.5厘米。（图一○七，5；彩版一三六，1）

B型　口坦敞，腹剧收。1件。

T202⑤：34，残，可复原。灰白色胎。内外施满釉，釉色偏黄，外壁近底部釉过烧呈深棕色。个体较大。大口坦敞，腹斜剧收，平底，浅腹。外壁口下饰有一组弦纹。内底可见粗疏的轮旋纹。内外底釉未烧出玻璃质感，有叠烧形成的白色粘结物。系叠烧产品中的中间器物。口径13.5、底径6、高4.5厘米。（图一○七，6；彩版一三六，2）

小罐

均内外施满釉，大多数器物釉面极佳，以淡青釉为主，玻璃质感强。内底可见粗疏的轮旋纹，外底可见细密的线割痕迹。均敛口，平底。按腹部可分为3型。

A型　敛口微侈，扁圆腹，小平底。

T303⑤：56，残，可复原。灰白色胎，胎质细密坚致。施釉较匀，淡青釉，肩部有乳白色窑变。外底生烧明显。口径8.4、底径6.4、高6.8厘米。（图一○八，1；彩版一三六，3）

T303⑤：57，残，可复原。灰白胎，胎质细密坚致。釉色青中泛黄，内外釉面匀净，玻璃质感强。外底有白色粘结物，不见生烧现象。口径8.4、底径6、高7厘米。（图一○八，2；彩版一三六，4）

T303⑤：58，残，可复原。灰白胎，胎质细密坚致。内外淡青釉极佳。外底白色砂性烧结物较厚，不见生烧。口径8、底径5.6、高6.6厘米。（图一○八，3；彩版一三七，1）

T303⑤：59，残，可复原。灰白胎，胎质细密坚致。釉色青中泛灰，釉面玻璃质感不强。外底白色砂性烧结物较厚，不见生烧。口径9.6、底径6、高5.4厘米。（图一○八，4；彩版一三七，2）

T203④：6，完整。体形极小。釉色斑驳，玻璃质感不强。外底有修削痕迹。口径4、底径3.8、高3.7厘米。（图一○八，5；彩版一三七，3）

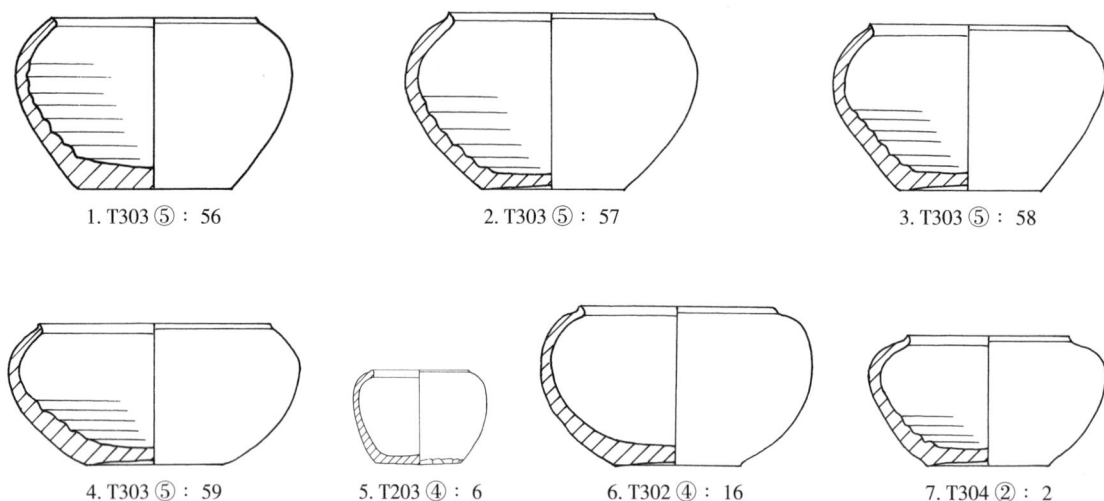

1. T303⑤：56　　　2. T303⑤：57　　　3. T303⑤：58

4. T303⑤：59　　5. T203④：6　　6. T302④：16　　7. T304②：2

图一〇八　A 型小罐（1/3）

T302④：16，基本完整。灰白色胎，胎质细密坚致。内外淡青釉均佳，釉层均匀，玻璃质感强。外底不见生烧，有白色粘结物。口径 8、底径 5.2、高 6.4 厘米。（图一〇八，6；彩版一三七，4）

T304②：2，残，可复原。体形较小。内外釉色青中泛黄，釉面十分匀净润泽，玻璃质感极强。内底积有细粒窑渣，外底有白色粘结物。口径 6.5、底径 5.2、高 5.2 厘米。（图一〇八，7；彩版一三七，5）

B 型　敛口微侈，腹部自肩至底弧收，小平底。

T201⑤：16，残，可复原。灰白色胎。内外釉面匀净，釉色青中泛黄，有较好的玻璃质感。外底白色粘结物，不见生烧。口径 7.4、底径 4.6、高 5.6 厘米。（图一〇九，1；彩版一三七，6）

T201⑤：17，完整。灰白色胎，青釉较薄，玻璃质感不强。外底粘结有一片另一件叠烧器物的底片。外底白色粘结物较多，并有乳白色窑变。口径 9.4、底径 5.5、高 6 厘米。（图一〇九，2；彩版一三八，1）

T302⑤：23，残，可复原。灰白色胎，外壁釉极薄，玻璃质感不强，内腹釉极佳，釉色泛黄，玻璃质感强。外底有白色粘结物，不见生烧。口径 9.8、底径 5.4、高 6.2 厘米。（图一〇九，3；彩版一三八，2）

C 型　小敛口，垂腹，大平底。

T201⑤：18，口稍残，基本完整。灰白色胎，内外施釉较匀，釉色青中泛黄，釉色较佳，有较好玻璃质感。外底白色粘结物较多，并有乳白色窑变，不见生烧。口径 5.4、底径 6.4、高 8.4 厘米。（图一〇九，4；彩版一三八，3）

T201⑤：19，口稍残，基本完整。灰白色胎。青黄色釉外腹剥落较多，内腹极佳。口沿两侧堆贴一对小 S 形纹。口径 8、底径 8.4、高 9.6 厘米。（图一〇九，5；彩版一三八，4）

T202⑤：17，残，可复原。体形极小。灰白色胎，釉薄，釉色斑驳，玻璃质感不强。外壁修削成多棱形。平底无线割痕，不见生烧现象。口径 3、底径 4.7、高 5.5 厘米。（图一〇九，

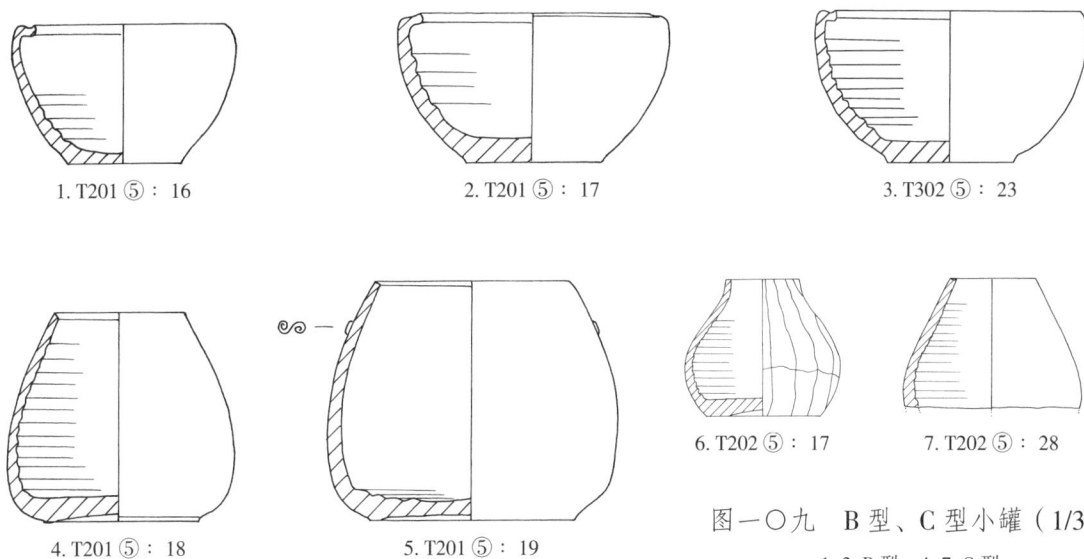

1. T201⑤：16　　　2. T201⑤：17　　　3. T302⑤：23

4. T201⑤：18　　　5. T201⑤：19

6. T202⑤：17　　　7. T202⑤：28

图一〇九　B 型、C 型小罐（1/3）

1~3. B 型　　4~7. C 型

6；彩版一三八，5）

T202⑤：28，底残。体形较小，仅外壁施釉，青黄色釉极佳。口径 3.6、残高 5.2 厘米。（图一〇九，7；彩版一三八，6）

（四）Y1、Y2 窑床底部残留器物

1. Y1 窑床底部残留器物

均出土于残存的窑床后端，约系原窑床中部位置，为最后一窑废弃时未被取走的废次品，器形包括盘、钵、碗、杯等。这些器物出土时排列整齐，叠烧或单烧情况明确，显然未经移动。器物大多呈现出内外釉面普遍发黑或深褐色，胎相应呈棕褐色的特征，表现为过烧的烧焦状态，这种现象朝火膛一侧较其余部位更加明显，可见这是一批因过烧而造成的废次品，废弃时器物应当完整。（图片 1、2）

盘

均为 Aa 型平底盘。体形较大。方唇，短直腹，内底较大，外底斜收成小平底。因过烧近口沿上腹部的胎局部呈

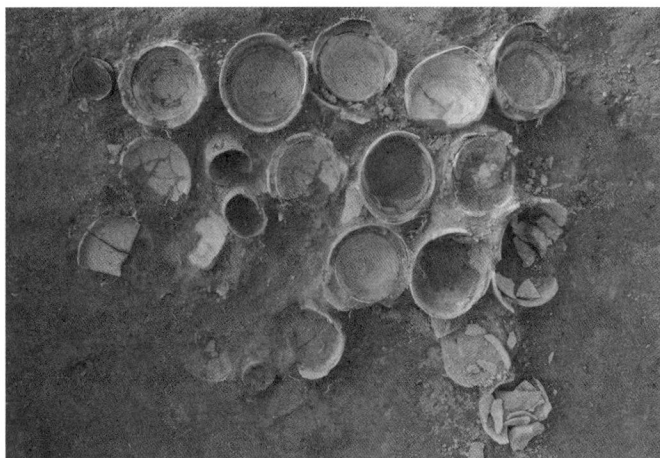

图片 1　Y1 底部残留器物

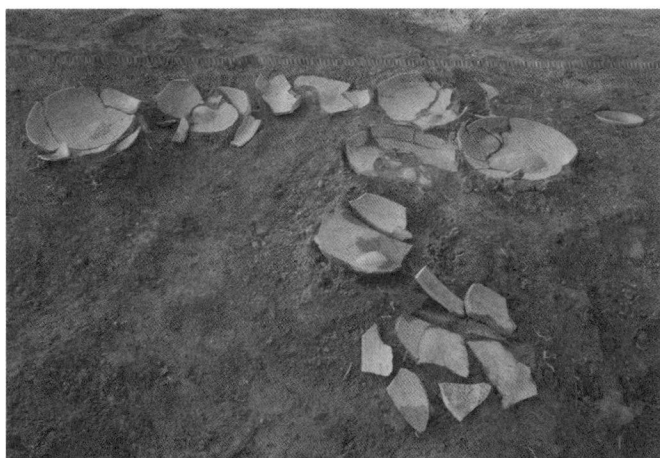

图片 2　Y1 底部残留器物

灰褐色，相应位置的外腹部釉色亦呈棕黑色。均为单件器物直接置于窑床上烧造。外底普遍生烧，素净，不见白色粘结物。内底釉面烧出玻璃质感，不见叠烧痕迹。所有器物均有大型的气泡。

Y1：2，内底腹釉较佳，外腹一侧过烧黑色明显较其余部位要重。器底有一大一小两个气泡。口径24.8、底径10、高5.8厘米。（图一一〇，1；彩版一三九，1）

Y1：4，内底腹釉较佳。器底中心有一大一小两个气泡。口径20.6、底径9.6、高5.6厘米。（图一一〇，2；彩版一三九，2）

Y1：6，内底腹釉不佳。器底中心一侧有一较大气泡。口径20.4、底径7、高6.4厘米。（图一一〇，3；彩版一三九，3）

钵

均为E型。多青灰色胎，因过烧近口沿上腹部的胎往往呈灰褐色，相应位置的外腹部釉色亦呈棕黑色。方唇，直口，浅弧腹，小平底。均为单件器物直接置于窑床上烧造，不见叠烧现象。外底普遍生烧，素净，不见白色粘结物。内底釉面烧出玻璃质感，不见叠烧痕迹。

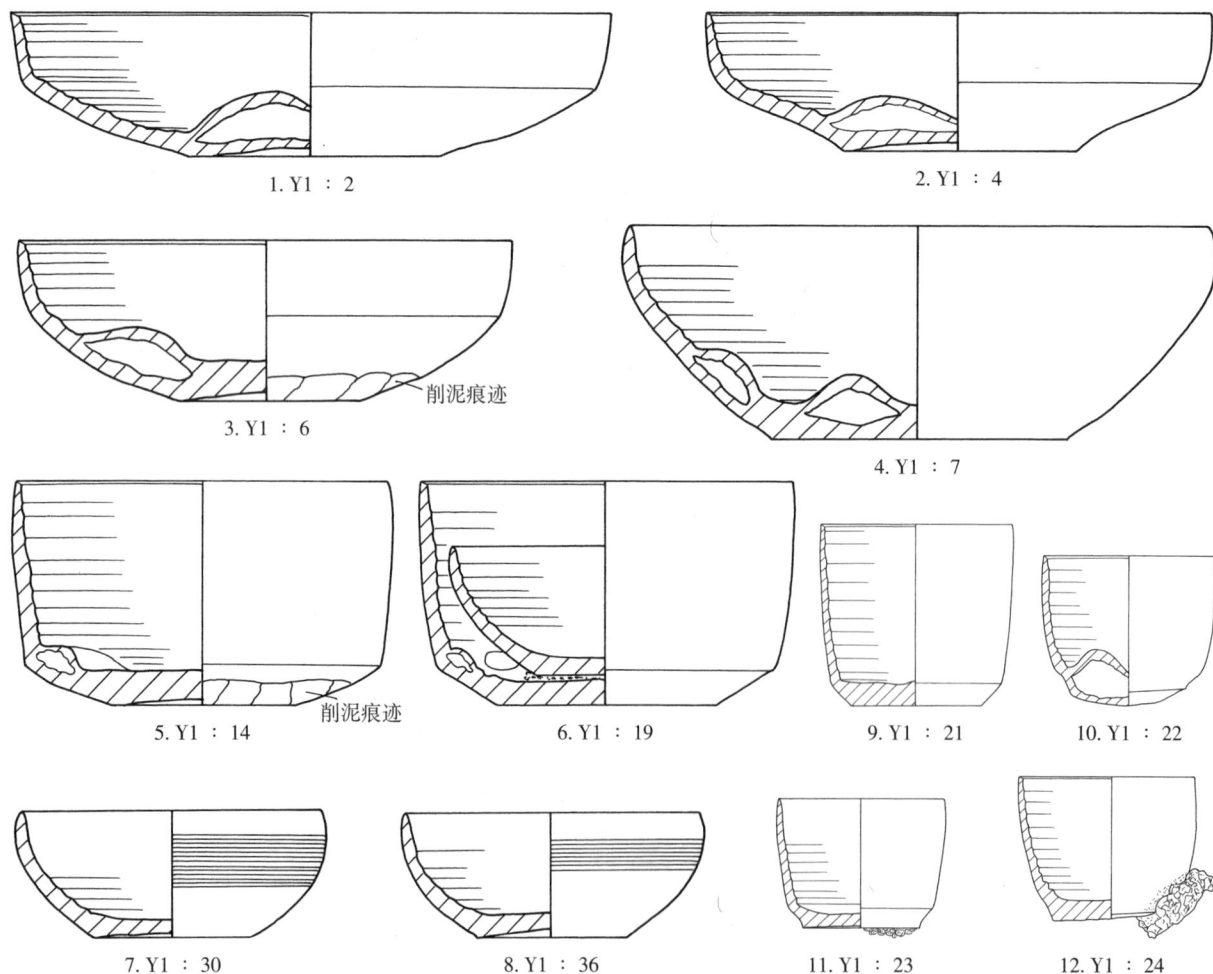

1. Y1：2　　2. Y1：4

3. Y1：6　　削泥痕迹　　4. Y1：7

5. Y1：14　削泥痕迹　　6. Y1：19　　9. Y1：21　　10. Y1：22

7. Y1：30　　8. Y1：36　　11. Y1：23　　12. Y1：24

图一一〇　Y1底部残留器物（1/3）

1~3. Aa型盘　4. E型钵　5、6. Aa型碗　7、8. Bb型碗　9~12. A型杯

所有器物均有大型的气泡。

Y1：7，内壁底釉色较好，外腹一侧因过烧形成的棕黑色明显较其余部位面大色浓，内底有多个大型气泡。口径23.6、底径12、高8.6厘米。（图一一〇，4；彩版一三九，4）

碗

有 Aa 型和 Bb 型。

Aa 型 上腹部胎因过烧而呈灰黑色。釉面除内底小范围呈青色外，其余大面积因过烧而呈棕黑色，部分器物外腹一侧因过烧呈黑色较其余部位更甚。器形为直口，斜直腹，近底处剧收成小平底，内底宽平，有明确的底腹分界线。内壁有细密轮旋纹，素面。体形较大，腹较深。均与浅弧腹的 Bb 型碗一起两件叠烧，Bb 型碗叠于其内。由于叠烧时此型碗放在下面，直接置于窑床上烧造，往往整个底部（包括内底）生烧，外底素净不见白色粘结物。内底叠烧痕迹明显，釉面因叠烧而受影响，许多器物有过烧形成的大型气泡。叠在其上烧造的浅弧腹碗，多见起泡和积窑渣现象，内底釉烧出玻璃质感，未见叠烧痕迹，表明原先其上不再有器物叠烧，叠烧数量仅两件。

Y1：14，内叠3号 Bb 型碗。上腹部胎因过烧而呈灰褐色，内外釉也因过烧而呈棕黑色。整个底部（包括内底）生烧，并有较多气泡，外底素净。直接置于窑床上烧造。口径14.8、底径7.6、高9厘米。（图一一〇，5；彩版一三九，5）

Y1：19，内叠36号 Bb 型碗。上腹部胎因过烧而呈棕红色，内外上腹部釉也因过烧而呈棕黑色。内外底生烧，内底起泡，口径15.2、底径9、高8.8厘米。（图一一〇，6；彩版一三九，6）

Bb 型 口和上腹部釉面均过烧呈棕黑色，器胎相应呈褐色或灰黑色。直口，浅弧腹，小平底，外上腹有数道细弦纹，弦纹较细。内壁底可见细密轮旋纹，外底可见细密的弧形线割痕迹。均与 Aa 型碗两件叠烧，其置于 Aa 型碗之内。外底往往有叠烧形成的白色粘结物痕迹，不见生烧现象。内底釉面烧出玻璃质感，不见叠烧痕迹，部分器物结有窑渣粒，偶见粘结窑渣块，表明其上已无器物叠烧。大多器物的内底因过烧起泡。

Y1：30，置于13号 Aa 型碗之内。口和上腹部釉面因过烧呈棕黑色，器胎相应呈褐色或灰黑色。外底有白色烧结物痕迹，不见生烧现象。内底釉面玻化，无叠烧痕迹。口径12.2、底径6.4、高5厘米。（图一一〇，7；彩版一四〇，1）

Y1：36，置于19号 Aa 型碗之内。口和上腹部釉面因过烧呈棕黑色，器胎相应呈褐色或灰黑色。外底有叠烧形成的白色粘结物痕迹，不见生烧现象。内底釉面烧出玻化，无叠烧痕迹，结有大量细粒窑渣。口径12.8、底径6、高5.4厘米。（图一一〇，8；彩版一四〇，2）

杯

均为 A 型杯。大部分器物上腹部胎和内外腹釉均因过烧而呈灰黑色。直口，斜直腹，近底处剧收成小平底。内腹有较粗的轮旋纹，外底有弧形线割痕迹。内底不见叠烧痕，普遍结有细小窑渣粒，多数器物外底粘结有窑床上的烧结砂块。出土时单件置于窑床，单件着地烧造。

Y1：21，口稍残。过烧，釉发黑。口径7.8、底径5.5、高7.3厘米。（图一一〇，9；彩版一四〇，3）

Y1：22，口稍残。过烧，釉发黑。外底粘结有小块窑砂块。口径7、底径4.8、高6厘米。（图一一○，10；彩版一四○，4）

Y1：23，完整。过烧。釉发黑。外底粘结有小块窑砂块。口径6.8、底径4.8、高5.2厘米。（图一一○，11；彩版一四○，5）

Y1：24，浅灰胎，胎质细腻坚致，上腹部胎因过烧而呈灰黑色。内外腹釉亦因过烧而呈灰黑色。内腹有较粗的旋纹，外底有弧形线割痕迹。内底不见叠烧痕，并有小颗窑渣粒，外底粘结有小块窑砂块。出土时单件置于窑床，单件烧造。口径7.2、底径4.8、高5.7厘米。（图一一○，12；彩版一四○，6）

2. Y2窑床底部残留器物

器物均出土于窑床底面上，较为杂乱，多经移动。主要有罐、碗、盅等器物。

Y2：1，小罐的口沿残片。灰白色胎。青釉极佳。方唇，短直颈。在肩部有两道褐彩装饰，其做法：先在施彩位置的胎体表面刮掉薄薄一层形成两道凹弧，内填深褐色颜料，然后再施釉，褐彩之间饰以卷云纹。肩部残存有半环形耳。由于出土于火膛内，因此因过烧而褐彩颜色较深。残高4厘米。（图一一一，2；彩版一四一，2）

Y2：2，Ab型罐口沿残片。灰黄色胎。青釉略泛黄，釉较佳。方唇，直口，短直颈，圆肩。肩部有较细的直条纹，并有对称的F型铺首，云雷纹为地，纹饰清晰，规整。口径20、残高3厘米。（图一一一，1；彩版一四一，1）

Y2：3，A型铺首残片，位于Ab型罐肩部。灰白色胎。青釉保存不佳。饰粗条纹。残高3厘米。（图一一一，3；彩版一四一，3）

Y2：4，C型盅。灰白胎。青黄色釉较佳。方唇，直口，直腹，小平底。内底中心有顺时针方向的粗旋纹，并粘结有玻璃质感的窑汗。外底白色粘结物较厚。口径6.5、底径4.8、高5.2厘米。（图一一一，4；彩版一四一，4）

Y2：5，Ba型碗。灰白胎。青黄色釉较佳。圆唇，浅弧腹，小平底。内底粘结有小颗的窑渣粒，外底的白色粘结物较厚。口径8.8、底径4.6、高3.6厘米。（图一一一，5；彩版一四一，5）

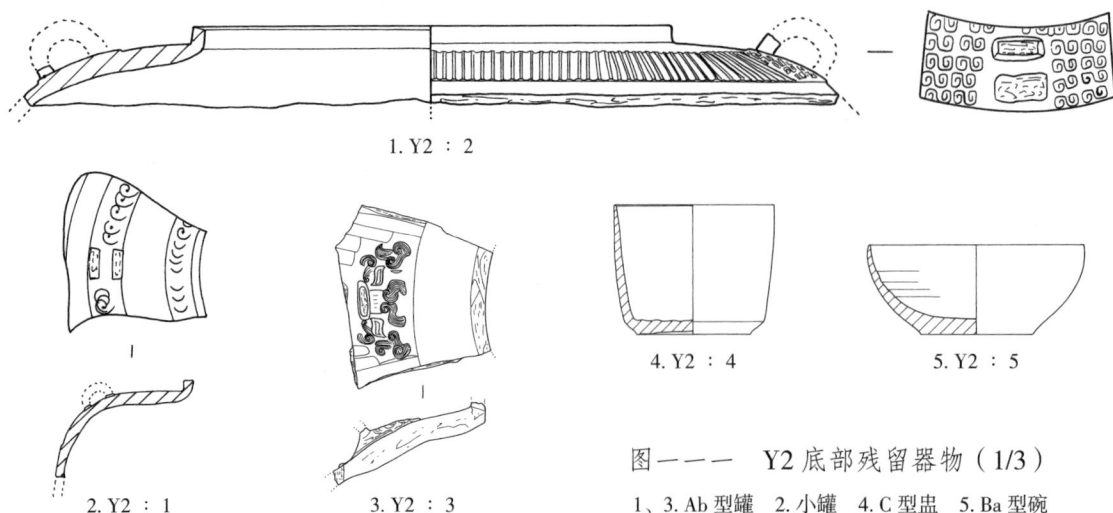

1. Y2：2

2. Y2：1　　3. Y2：3

图一一一　Y2底部残留器物（1/3）

4. Y2：4　　5. Y2：5

1、3. Ab型罐　2. 小罐　4. C型盅　5. Ba型碗

第二节　印纹硬陶器

发现数量极少。主要为坛、瓮、罐等大件器物。胎质较细，夹有细砂。胎色多呈紫红。采用泥条盘筑法成型，外壁光滑，内壁有大量的凹窝。肩腹间有拼接痕迹。所见拍印纹饰有细方格纹、麻布纹、米字纹和小回字加 X 纹，纹饰均较浅细。无完整或复原器，均为残片。

瓮

T303⑤：125，口与腹部残片。紫红色胎。大口微敞，尖唇外撇，短弧颈，鼓肩，腹部残。外壁拍印麻布纹。口径 27、残高 13.4 厘米。（图一一二，1；彩版一四二，1）

坛

T203⑤：11，口腹部残片。紫红色胎。直口微敞，尖唇外撇，短弧颈，鼓肩，腹部斜收，最大腹径在肩部。通体拍细方格纹。口径 20.8、残高 19 厘米。（图一一二，2；彩版一四三，1）

T201④：40，口肩部残片。紫红色胎。直口微敞，尖唇外撇，短弧颈，鼓肩，腹部残。通体拍细方格纹。口径 21、残高 12 厘米。（图一一二，3；彩版一四三，2）

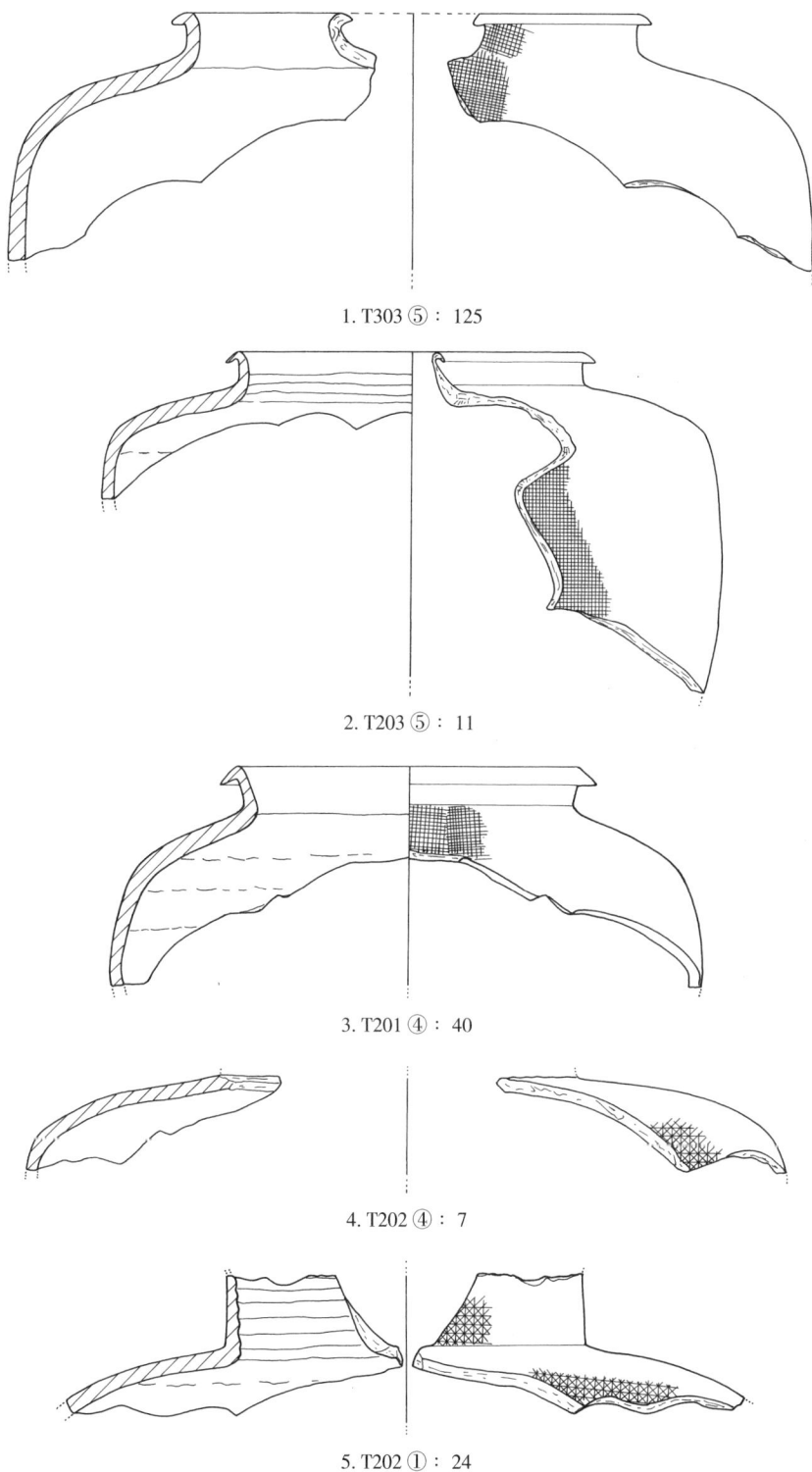

1. T303⑤：125

2. T203⑤：11

3. T201④：40

4. T202④：7

5. T202①：24

图一一二　印纹硬陶瓮、坛（1/4）

1. 瓮　2~5. 坛

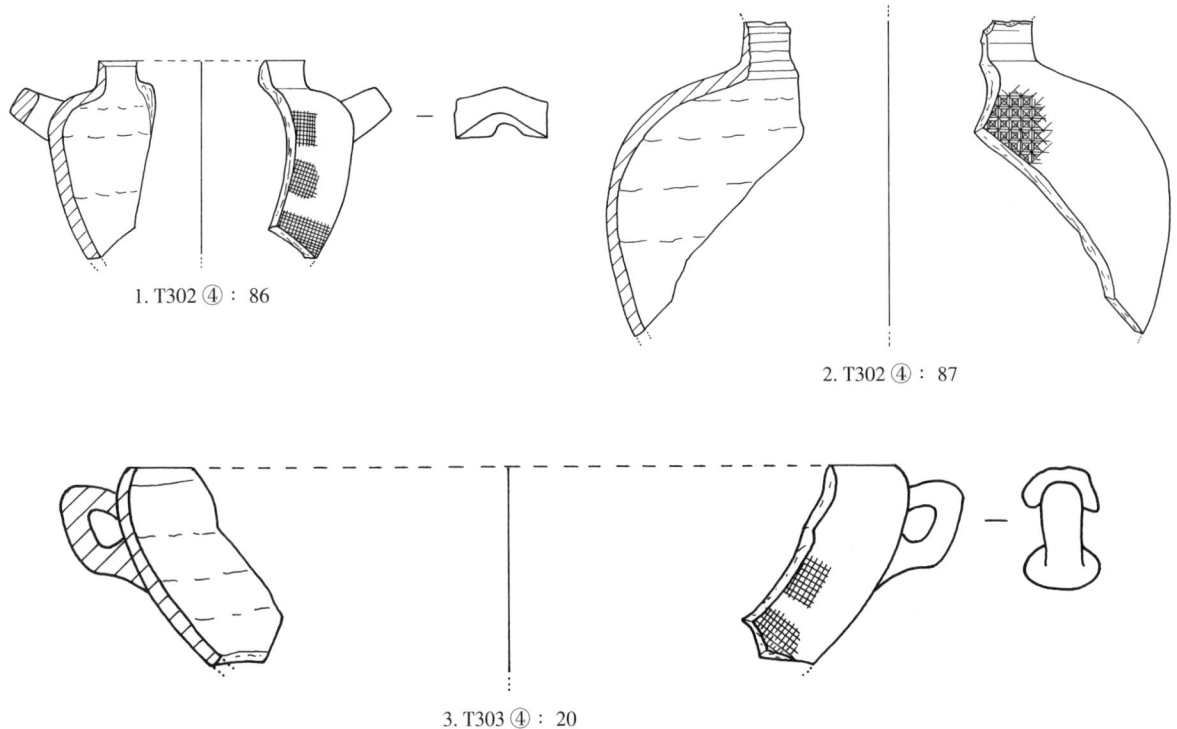

1. T302④：86

2. T302④：87

3. T303④：20

图一一三　印纹硬陶罐、盆（1/4）

1、2.罐　3.盆

T202④：7，仅剩肩部残片。橘红色胎，拍印米字纹。残高5.2厘米。（图一一二，4；彩版一四三，3）

T202①：24，口肩部残片。橘红色胎。直口，高领，折颈，通体拍印米字纹。口径20、残高7.6厘米。（图一一二，5；彩版一四三，4）

罐

T302④：86，口腹部残片。紫红色胎。直口，尖唇，短直颈，隆肩，弧收腹，肩部有横向桥形耳，残存一个。通体拍印麻布纹。口径11.2、残高10.5厘米。（图一一三，1；彩版一四二，2）

T302④：87，残。紫红色胎。尖唇，直口，折颈，溜肩，腹弧收，通体拍印小回字加X纹。残高17厘米。（图一一三，2；彩版一四二，3）

盆

T303④：20，底残，紫红色胎。圆唇，敛口，深弧腹剧收，底残，口沿外侧有半环形耳。通体拍印麻布纹。口径42、残高10.5厘米。（图一一三，3；彩版一四二，4）

第三节　窑　具

发现的窑具主要是各类支垫具，另有极少量的孔塞。

一 支垫具

数量较多，大部分残，可复原。形式比较丰富，有喇叭形、直筒形、束腰形、托形、覆盘形和圈足形等多种形式。在胎质上有细胎与粗胎之分，反映在制作上也有相应区别。细胎者瓷土制成，胎质较细，胎色多呈灰白色，少量青灰色，轮制成型，制作规整，表面平整光洁；粗胎者含粗沙黏土制成，胎质较粗，胎色多呈红褐，手制泥条盘筑而成，器形不甚规整，表面显得粗糙，个体均较大。以细胎者占绝对多数，形式较多；粗胎者数量很少，形式较少。

支垫具按形式不同可分 8 型。

A 型 喇叭形。

数量最多。顶面圆形平整，四周外延较宽，腹部往下外撇较甚，中空，底径多大于顶径，整体似喇叭形。除极个别外，绝大部分在腹上部或近顶部有镂孔，孔的数量不一，多者 2~3 个，少者仅 1 个。开孔采用切割或戳的方法，显得比较随意。孔形多不规整，呈圆形、长圆形、三角形和不规则形。孔径 2~4 厘米。轮制成型时平顶朝下，喇叭形圈足朝上，顶面上往往可见用线割坯痕迹，内壁可见粗疏的轮旋纹。使用时插入窑底瓷土粉末内的足尖部分往往存在土红色生烧现象。以平顶中心是否有孔分为 2 个亚型。

Aa 型 平顶中心有一孔，孔多呈不甚规整的圆形，个别呈方形。孔大小不一，孔径最大 5.5 厘米，最小 1.3 厘米。

T303⑤：118，完整。细胎，胎呈灰白色。顶面四周边缘内凹，顶面中心有一不甚规整圆孔，孔径 2.5 厘米。上腹部两侧有 2 个孔，分别呈长圆形和三角形。顶径 9.6、底径 11.6、高 13.2

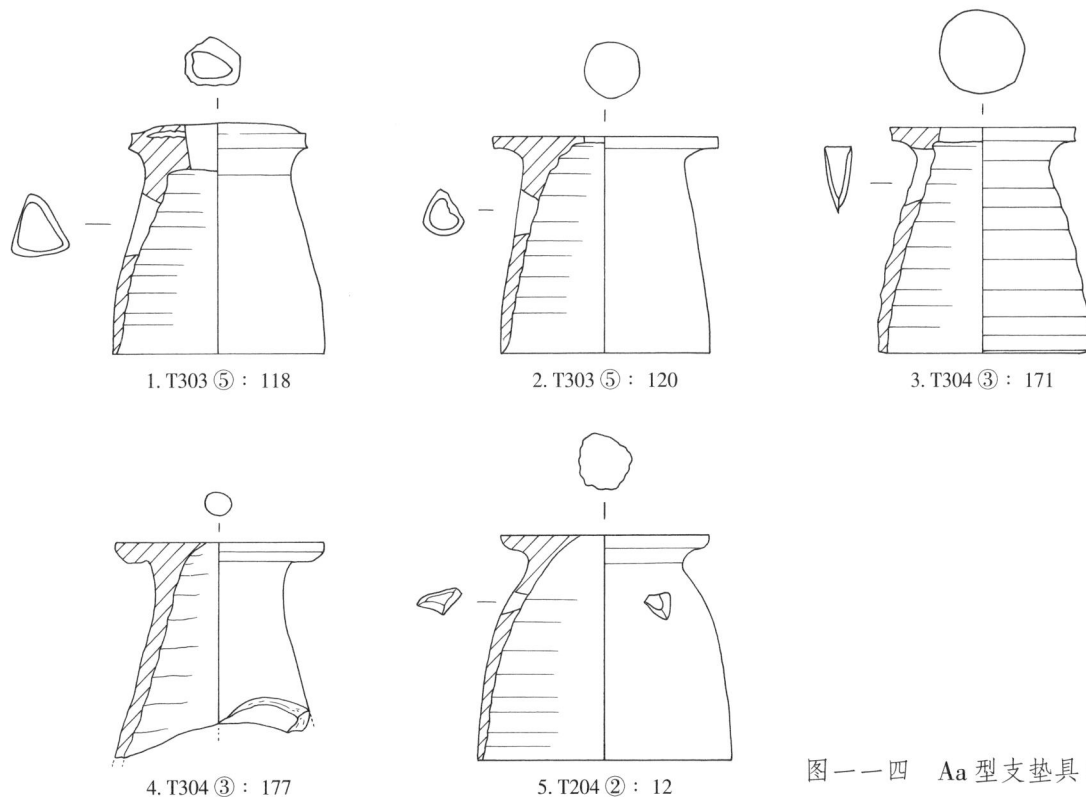

1. T303⑤：118   2. T303⑤：120   3. T304③：171

4. T304③：177   5. T204②：12   图一一四 Aa 型支垫具（1/4）

厘米。（图一一四，1；彩版一四四，1）

T303⑤：120，足尖残，可复原。细胎，胎呈青灰色。顶面中心有一不甚规整的圆孔，孔径3厘米。上腹部有2个孔，分别呈长圆形和三角形，位置基本两侧对称。顶径12.4、底径11.6、高11.6厘米。（图一一四，2；彩版一四四，2）

T304③：171，足残，可复原。细胎，胎呈灰白色。顶面中心有一较大的不规整圆孔，孔径4.5厘米。上腹部开有2个纵向长三角形孔，位置基本两侧对称。顶径10.4、底径11.6、高12厘米。（图一一四，3；彩版一四四，3）

T304③：177，足尖残，无法完整复原。细胎。顶面中心有一小圆孔，孔径1.3厘米。腹部有2个长圆孔，位置偏对称。顶面可见细密的线割痕迹，内壁可见粗疏的轮旋纹。顶径11.6、残高11.4厘米。（图一一四，4；彩版一四四，4）

T204②：12，足残，可复原。细胎，胎呈青灰色。顶面中心有一不规整圆孔，孔径3~3.5厘米。上腹部开有3个三角形小孔，大体呈等距离分布。顶径11.6、底径14、高12厘米。（图一一四，5；彩版一四五，1）

Ab型　平顶中心无孔。

T303⑤：119，略残，可复原。细胎。上腹部有2个长圆形小孔，位置两侧对称。内壁可见粗疏的轮旋纹。外壁一侧有刻划纹。下部生烧。顶径12、残高14厘米。（图一一五，1；彩版一四五，2）

T304③：160，略残，复原。细胎，青灰色胎。腹部有3个小圆孔，位置基本等距离分布。顶面可见用线割坯痕迹。足尖生烧。顶径8.8、底径12.8、高10厘米。（彩版一四五，3）

T304③：162，顶略残，可复原。细胎，青灰色胎。上腹部有2个长圆孔，位置两侧对称。内壁可见粗疏的轮旋纹。顶面起泡，一侧足尖生烧。顶径12.8、底径11.2、高13.6厘米。（图一一五，2；彩版一四五，4）

T304③：173，足略残，可复原。细胎，青灰色胎。上腹部有2个大型三角形孔，位置两侧对称。内壁可见粗疏的轮旋纹。一侧足尖生烧。顶径12.4、底径13.2、高14厘米。（图一一五，3；彩版一四六，1）

T304③：189，残，可复原。细胎，青灰色胎。腹在近顶部设有4个圆孔。内壁可见较细的轮旋纹。一侧足尖生烧。顶径10、底径12、高12.8厘米。（图一一五，4；彩版一四六，2）

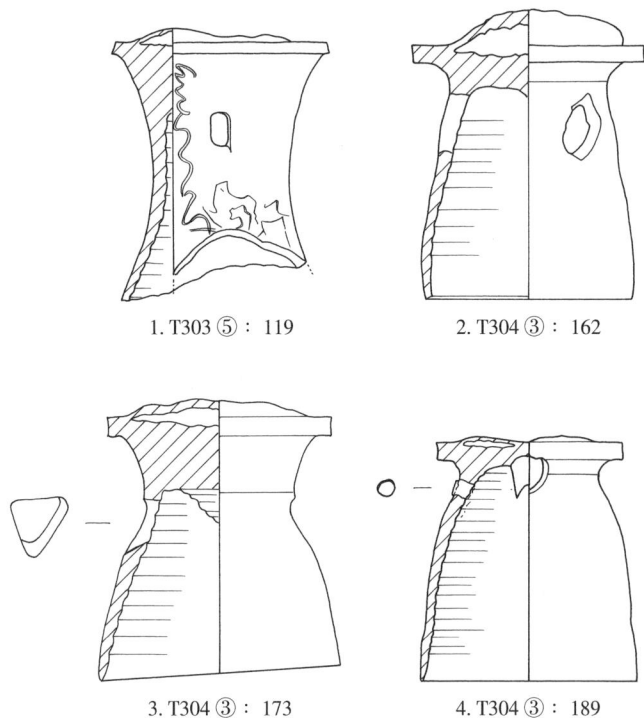

1. T303⑤：119　　2. T304③：162

3. T304③：173　　4. T304③：189

图一一五　Ab型支垫具（1/4）

B 型　直腹形。

平顶四周外延，直腹，中空，底径多小于顶径。除极个别外，绝大部分在上腹部或近顶部有孔，孔的数量不一，多者 2~3 个，少者仅 1 个。孔形呈圆形、长圆形、三角形和不规则形。孔径 2~4 厘米。顶面上往往可见用线割坯痕迹，内壁可见粗疏的轮旋纹。使用时插入窑底铺垫的瓷土粉未内的足尖部分往往存在土红色生烧现象。以顶部是否有孔分为 2 个亚型。

Ba 型　顶部中心有一圆孔。

T304③：176，足残，可复原。细胎，胎呈青灰色。顶面中心有一不规整的大型圆孔，孔径 6 厘米。上腹部开有 2 个不规则圆孔，位置两侧对称。内壁可见粗疏的轮旋纹。顶径 12.8、底径 12.8、高 14.6 厘米。（图一一六，1；彩版一四七，1）

T304③：196，残，无法完整复原。细胎。顶面中心有一长圆形大孔，孔径达 5 厘米左右。上腹部也有孔。腹部内外壁可见发亮的自然釉。顶径 14.8、残高 10 厘米。（图一一六，2；彩版一四七，2）

T304③：197，足残，无法完整复原。粗胎，胎色紫褐。个体较大。顶面中心有一大圆孔，孔径 4.5 厘米。腹部有 2 个对称小圆孔。顶径 18、残高 10.4 厘米。（图一一六，3；彩版一四七，3）

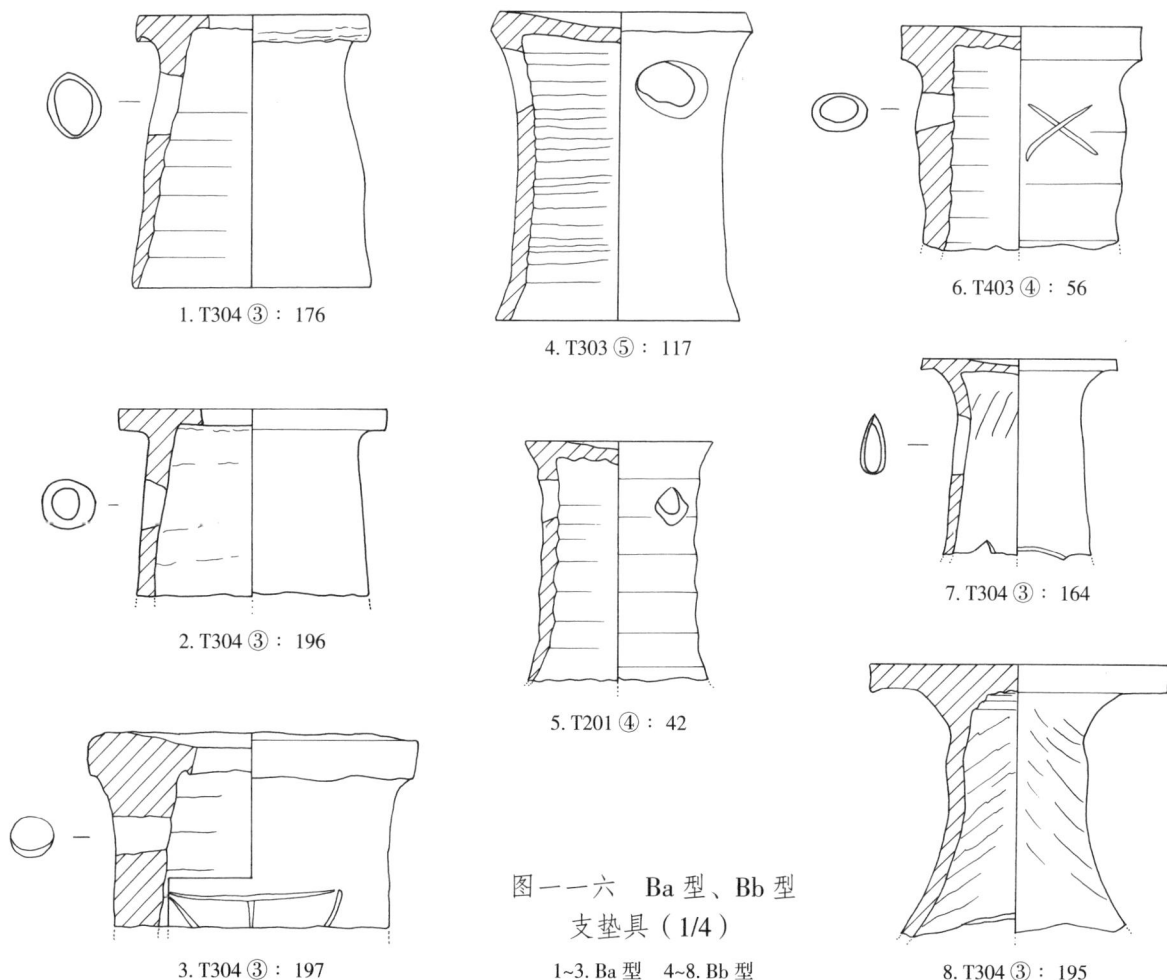

1. T304③：176

2. T304③：196

3. T304③：197

4. T303⑤：117

5. T201④：42

6. T403④：56

7. T304③：164

8. T304③：195

图一一六　Ba 型、Bb 型
支垫具（1/4）

1~3. Ba 型　4~8. Bb 型

Bb 型　顶面中心无孔。

T303 ⑤：117，残，可复原。灰白色细胎。腹部有 3 个直径达 5 厘米的大圆孔，基本距离分布。内壁可见粗疏的轮旋纹。顶径 14.4、底径 13.6、高 16.4 厘米。（图一一六，4；彩版一四七，4）

T201 ④：42，略残。灰白色细胎。上腹部有 3 个小圆孔，基本等距离分布。顶面可见用线割坯痕迹，内壁可见粗疏的轮旋纹。足尖生烧。顶径 10、残高 13 厘米。（图一一六，5；彩版一四八，1）

T403 ④：56，残，不可完整复原。灰白色细胎。腹部有圆孔，有 X 形刻划符号。表面有褐色发亮的自然釉。顶径 13、残高 12 厘米。（图一一六，6；彩版一四八，2）

T304 ③：164，足尖残，无法完整复原。灰白色细胎。腹部有 2 个长圆孔，位置两侧对称。顶径 11、残高 10.4 厘米。（图一一六，7；彩版一四八，3）

T304 ③：195，残。灰白色细胎。个体较大。腹部有 2 个浅窝。表面有深褐色的发亮自然釉。顶径 16.4、残高 14.4 厘米。（图一一六，8；彩版一四八，4）

C 型　束腰形。

平顶，中空，底径与顶径略等。以顶面有孔与无孔分为 2 个亚型。

Ca 型　顶面中心均有一个大圆孔。腹部均无孔。

T302 ⑤：55，残，可复原。紫红色粗胎。体形特大。顶面中心有一个大圆孔，孔径达 10 厘米。手制，内外壁可见泥条盘筑手制痕迹。顶径 17、底径 16、高 20 厘米。（图一一七，1；彩版一四九，1）

T304 ③：161，残。灰白色细胎。顶面中心有一个大圆孔，孔径 5 厘米。内壁可见粗疏的轮旋纹。足尖生烧。顶径 10.4、残高 11 厘米。（图一一七，2；彩版一四九，2）

T304 ③：174，残。灰白色细胎。顶面中心有一个大圆孔，孔径 5 厘米。内壁可见粗疏的轮旋纹。器表有发亮的自然釉。顶径 10.4、残高 12.4 厘米。（图一一七，3；彩版一四九，3）

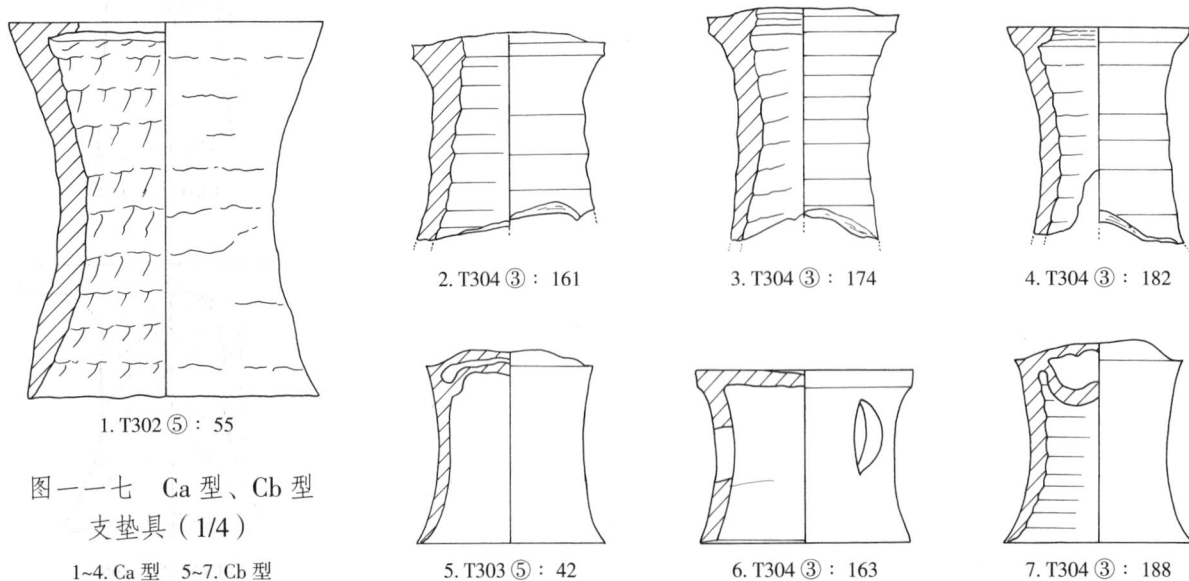

图一一七　Ca 型、Cb 型支垫具（1/4）

1. T302 ⑤：55
2. T304 ③：161
3. T304 ③：174
4. T304 ③：182
5. T303 ⑤：42
6. T304 ③：163
7. T304 ③：188

1~4. Ca 型　5~7. Cb 型

T304③：182，残。灰白色细胎。顶面中心有一个大圆孔，孔径 6 厘米。顶面可见细密的线割痕迹，内壁可见粗疏的轮旋纹。足尖生烧。顶径 10、残高 11.6 厘米。（图一一七，4；彩版一四九，4）

Cb 型 顶面无孔。腹部多数无孔，个别有孔。

T303⑤：42，基本完整。青灰色细胎。顶面可见细密的弧形线割痕迹，内壁可见粗疏的轮旋纹。腹部无孔。足尖生烧。顶径 9.2、底径 10.4、高 10.4 厘米。（图一一七，5；彩版一五〇，1）

T304③：163，残，可复原。灰白色细胎。顶面平整，腹部有 3 个不规则圆孔，大体呈等距离分布。顶径 12、底径 11.6、高 9.2 厘米。（图一一七，6；彩版一五〇，2）

T304③：188，足尖残，可复原。灰白色细胎。顶面可见细密的弧形线割痕迹，内壁可见粗疏的轮旋纹。腹部无孔。足尖生烧。顶径 9、底径 10.4、高 10.8 厘米。（图一一七，7；彩版一五〇，3）

D 型 倒置直筒形。

平顶边缘不外延，直腹，中空，底径与顶径略等。以顶面有孔与无孔分为 2 个亚型。

Da 型 顶面中心有一大孔。孔多为圆形，个别方形。腹部均有多个孔，孔形不规整，基本呈圆形或三角形。

T202⑤：31，完整。青褐色粗胎。体形特大。呈倒置高直筒状，底径略小于顶径。顶面中心有一大圆孔，孔径 6.5 厘米。腹部近顶处有 2 个小圆孔，对称分布。外壁一侧有重叠 W 形刻划纹饰。内壁可见泥条盘筑手制痕迹。顶径 15、底径 12、高 23.4 厘米。（图一一八，1；彩版一五〇，4）

T302⑤：57，残，修复。细胎。顶面中心大孔呈圆角方形，边长约 4.5 厘米。

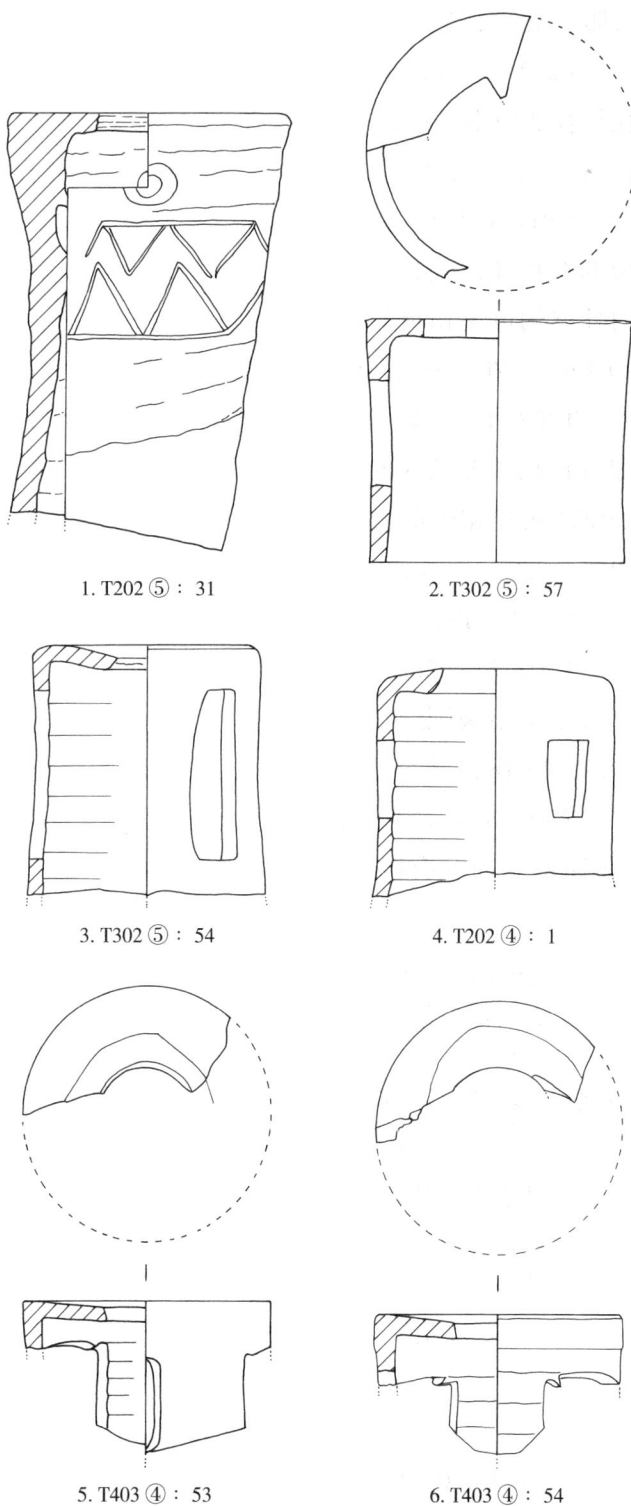

1. T202⑤：31

2. T302⑤：57

3. T302⑤：54

4. T202④：1

5. T403④：53

6. T403④：54

图一一八 Da 型支垫具（1/4）

腹部有 2 个对称的长圆形大孔，孔长径 5.5 厘米。生烧。顶径 14.8、底径 14、高 13 厘米。（图一一八，2；彩版一五一，1）

T302⑤：54，残。灰白色细胎。顶面中心大孔呈圆形，孔径 6 厘米。腹部有 2 个或 3 个大孔，最大者孔长达 9 厘米。外壁有发亮的淡黄色自然釉。顶径 12、残高 13.4 厘米。（图一一八，3；彩版一五一，2）

T202④：1，残。细胎。顶面中心大孔呈圆形，孔径 6 厘米。腹部有 2 个或 3 个三角形大孔，孔长径 5 厘米。外壁有发亮的黄色自然釉。灰白色胎。顶径 13、残高 12.2 厘米。（图一一八，4；彩版一五一，3）

T403④：53，残，不可复原。青灰色细胎。顶面中心大孔呈圆形，孔径约 5.5 厘米。腹部有长孔，孔长 4 厘米以上，宽 1~1.5 厘米，根据残片上长孔位置推测，共应有 6 个孔。内外壁均可见粗疏的轮旋纹。顶面上留有明显的支托钩镶舞部的装烧痕迹。顶径 13.6、残高 8 厘米。（图一一八，5；彩版一五一，4）

T403④：54，残，不可复原。青灰色细胎。顶面中心大孔呈圆形，孔径约 5 厘米。腹部有长孔，孔长 4 厘米以上，宽 1~1.5 厘米，根据残片上长孔位置推测，共应有 6 个孔。内外壁均可见粗疏的轮旋纹。顶面上留有明显的支托钩镶舞部的装烧痕迹。顶径 13.6、残高 7.4 厘米。（图一一八，6；彩版一五一，5）

Db 型　顶面无孔。腹部多数有 3 或 4 个孔，个别无孔。

T302⑤：56，足稍残，可复原。紫红色粗胎。体形特大。顶面无孔，略向下凹陷，腹部有 2 个不规则圆孔，分布偏向一侧。内壁可见泥条盘筑的手制痕迹。一侧足尖生烧。顶径 14.4、高 18 厘米。（图一一九，1；彩版一五二，1）

T304③：179，足残。灰白色细胎。腹部有 4 个小圆孔，基本呈等距离分布。圆孔直径 1.3 厘米。内壁有粗疏轮旋纹。足尖生烧。顶径 12.8、残高 12.8 厘米。（图一一九，2；彩版

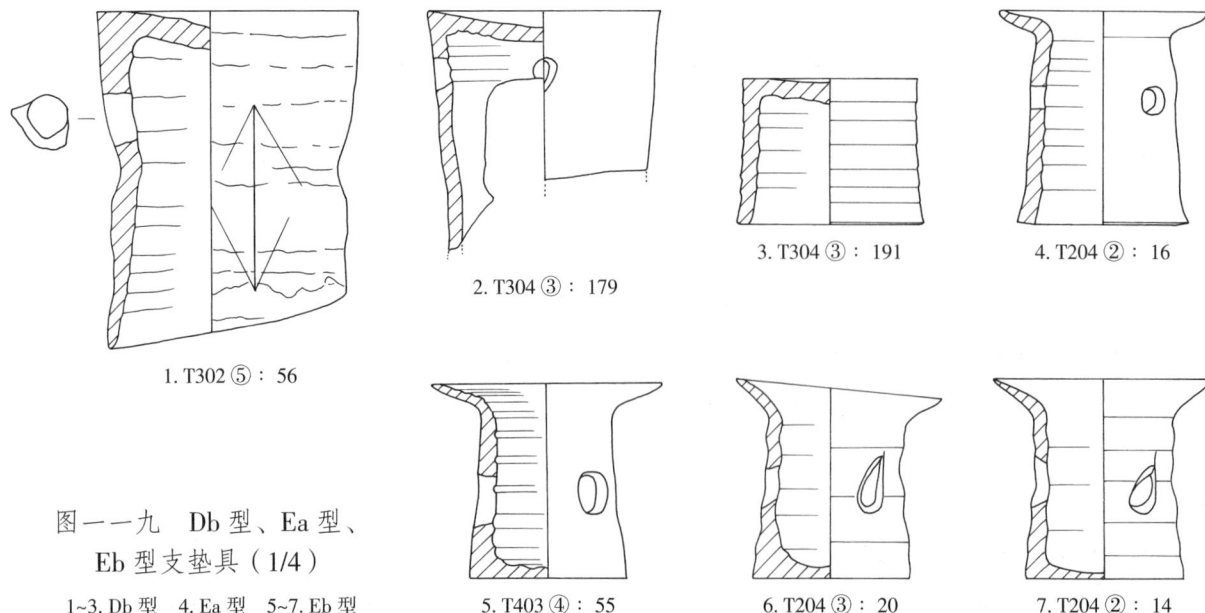

图一一九　Db 型、Ea 型、Eb 型支垫具（1/4）

1. T302⑤：56　　2. T304③：179　　3. T304③：191　　4. T204②：16

5. T403④：55　　6. T204③：20　　7. T204②：14

1~3. Db 型　4. Ea 型　5~7. Eb 型

一五二，2）

T304③：191，足稍残，可复原。青灰色细胎。腹部无孔，内壁有粗疏轮旋纹。器表有发亮自然釉。顶径9.6、底径10、高7.8厘米。（图一一九，3；彩版一五二，3）

E 型 托形。

器身呈上细下粗的圆筒状，托面敞口外折，中空。腹部均有3个圆孔，内壁均可见粗疏轮旋纹。以底呈圈足状与平底状分2个亚型。

Ea 型 底呈圈足状，与顶通。

T204②：16，略残，可复原。灰白色细胎。托面基本向外平折，腹部有3个小圆孔，基本呈等距离分布，孔径1厘米左右。足尖生烧。顶径11.4、底径9.6、高11.4厘米。（图一一九，4；彩版一五三，1）

Eb 型 平底，底与顶不通。内壁均可见粗疏轮旋纹，底面可见细密的线割痕迹。

T403④：55，残，可复原。青灰色细胎。腹部均有3个圆孔，基本呈等距离分布，孔径2.5厘米左右。内壁均可见粗疏轮旋纹，底面可见细密的线割痕迹。一侧底边生烧。顶径12.8、底径8.8、高10.4厘米。（图一一九，5；彩版一五三，2）

T204③：20，完整。灰白色细胎。腹部有3个长圆形孔，基本呈等距离分布，孔长径2.5厘米。顶径11.2、底径8.8、高10厘米。（图一一九，6；彩版一五三，3）

T204②：14，残，可复原。青灰色细胎。腹部有3个不规则圆孔，基本呈等距离分布，孔长径2.5厘米左右。内壁可见粗疏轮旋纹，外底可见细密的线割痕迹。顶径12、底径8.6、高10.6厘米。（图一一九，7；彩版一五三，4）

F 型 覆盘型。

平顶，直腹，形似倒置直壁平底浅盘，甚低矮。个体均较大。以顶面边缘设孔与不设孔分为2个亚型。

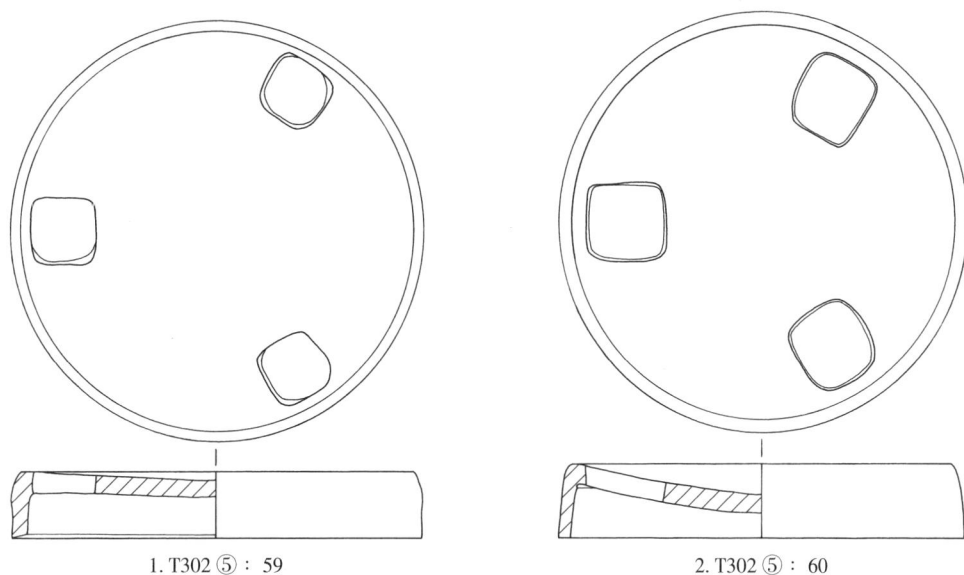

1. T302⑤：59   2. T302⑤：60

图一二〇 Fa 型支垫具（1/4）

Fa 型　顶面边缘基本等距离分设 3 个圆孔或方孔，多数孔径较大。由于顶面宽大，大多可见因支烧器物而向下凹陷现象。此类支具专门用于支烧矮三足器。

T302⑤：59，复原器。青灰色细胎。顶面边缘基本等距离分设 3 个大圆角方孔，孔径 3.5 厘米左右。一侧足尖生烧。顶径 21.6、底径 22.4、高 3.6 厘米。（图一二○，1；彩版一五四，1）

T302⑤：60，复原器。灰黄色细胎。顶面边缘基本等距离分设 3 个圆角方孔，孔径 4~4.5 厘米。顶面因支烧器物而向下凹陷严重。顶径 21、底径 22.4、高 4 厘米。（图一二○，2；彩版一五四，3、4）

T302⑤：61，复原器。青灰色细胎。顶面边缘基本等距离分设 3 个大圆角长方孔，孔

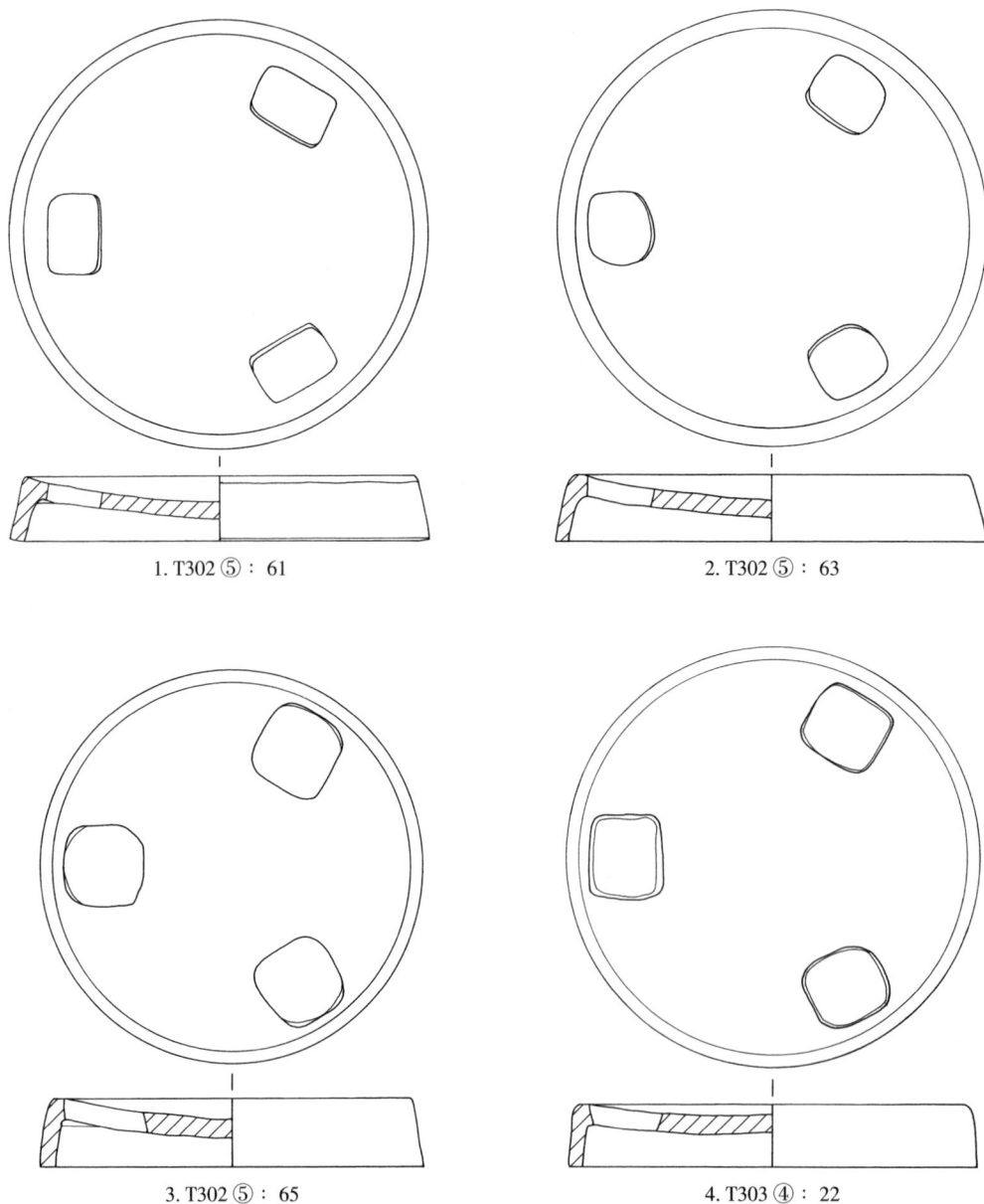

1. T302⑤：61　　　　　　　　　2. T302⑤：63

3. T302⑤：65　　　　　　　　　4. T303④：22

图一二一　Fa 型支垫具（1/4）

径 4 厘米左右。顶面因支烧器物向下凹陷。顶径 21.6、底径 23.2、高 3.6 厘米。（图一二一，1；彩版一五四，2）

T302⑤：63，复原器。青灰色细胎。顶面边缘基本等距离分设 3 个大孔，孔径 4 厘米左右。顶面因支烧器物而略有向下凹陷。顶径 21.6、底径 23.6、高 3.6 厘米。（图一二一，2；彩版一五五，1）

T302⑤：65，复原器。青灰色细胎。顶面边缘基本等距离分设 3 个大孔，孔径 4 厘米左右。顶面因支烧器物而略有向下凹陷。顶径 20、底径 21.2、高 3.4 厘米。（图一二一，3；彩版一五五，2）

T303④：22，复原器。紫红色细胎。顶面边缘基本等距离分设 3 个圆角大方孔，孔径 4 厘米左右。顶面因支烧器物而有向下凹陷现象。足尖生烧。顶径 21.6、底径 22.4、高 3.4 厘米。（图一二一，4；彩版一五五，3、4）

Fb 型　顶面未设孔。

T302⑤：66，残，可复原。土红色细胎。顶面因支烧器物而略有向下凹陷。足尖生烧。顶径 20.4、底径 21、高 3.4 厘米。（图一二二，1；彩版一五六，1）

G 型　浅盘形。

形状与 Fa 型相同，但使用上不同，此型系口朝上使用，与 Fa 型相反。

T302⑤：62，残，可复原。灰白色细胎。个体较大。直口，直腹，平底，腹甚浅。底部边缘基本等距离设有 3 个小圆孔，孔为捅戳而成，十分随意，直径仅 1.5~2 厘米。器形与 Fa 型基本相同，但内底与口沿上普遍分布有细密的自然釉和大块的釉滴，口沿无生烧，外底也无凹陷现象，可见其应是口朝上使用。口径 20.8、底径 19.6、高 3.2 厘米。（图一二二，2；彩版一五六，2）

H 型　圈足形。平顶，足外撇，个体低矮。

T201⑤：62，残，可复原。灰白色细胎。顶面中心无孔，四周有小圆孔，内底可见粗疏轮旋纹。足尖有白色粘结物。顶径 10.2、底径 11.6、高 2.3 厘米。（图一二三，1；彩版一五六，3）

T302④：88，完整。灰白色细胎。中心有一个不规则方孔，内底可见粗疏轮旋纹。顶面生烧，足尖有白色粘结物。顶径 9、底径 12.2、高 2.3 厘米。（图一二三，2；彩版一五六，4）

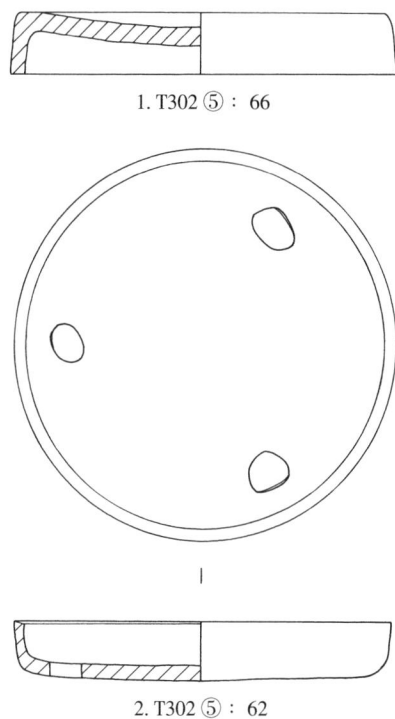

1. T302⑤：66

2. T302⑤：62

图一二二　Fb 型、G 型支垫具（1/4）
1. Fb 型　2. G 型

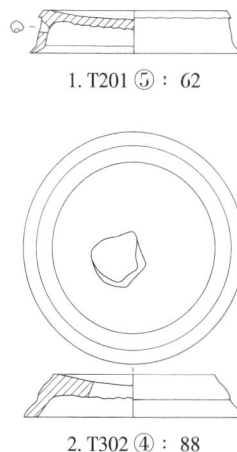

1. T201⑤：62

2. T302④：88

图一二三　H 型支垫具（1/4）

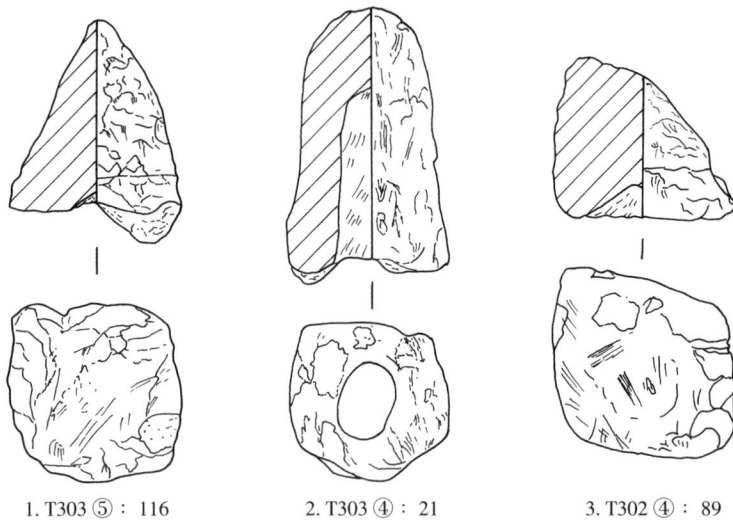

1. T303⑤：116　　　　　　2. T303④：21　　　　　　3. T302④：89

图一二四　孔塞（1/3）

二　孔塞

发现很少。呈圆锥形或长圆锥形，均为烘烧而成的红烧土块。实心，个体较小，直径均在仅6~7厘米，长10厘米左右，除较粗的一端未烧结呈土红色外，其余部位表面均烧结呈青灰色。据其大小与形状，不大可能用于封堵投柴孔，可能是用于封堵观火孔或取火照之孔的塞子。

T303⑤：116，完整。圆锥形，底有凹窝。胎夹粗沙，色红褐，表面烧结呈灰白色，粗糙坚硬。长9厘米。（图一二四，1；彩版一五七，1）

T303④：21，完整。长圆锥形，底有深圆窝，胎夹粗沙，色红褐，表面烧结呈灰白色，发亮，粗糙坚硬。长11厘米。（图一二四，2；彩版一五七，2）

T302④：89，完整。圆锥形，底有凹窝，胎夹粗沙，色红褐，表面烧结呈灰白色，粗糙坚硬。长6.4厘米。（图一二四，3；彩版一五七，3）

第五章　认识与讨论

第一节　窑址年代分析

亭子桥窑址的地层堆积，共分 7 层，除第①层为耕土，第⑦层为西周遗址地层外，②～⑥层均为窑业堆积层。比较②～⑥层出土的遗物，其器类、器形、胎釉、纹饰和装烧诸方面，均未见明显差异，表明这些地层关系不具有分期上的意义。特别是可能系三处窑炉共同形成的第⑤层废品堆积，未能进一步细分出层次，无法将不同窑炉的堆积从层面上划分出来，更给窑址产品的分期增加了困难。又由于受材料的局限，也无法通过与墓葬和遗址出土材料的比对，对窑址进行分期。因此，只能从整体上对亭子桥窑址的年代进行分析判断。

亭子桥窑址烧造大量的仿铜礼器与乐器。礼器器类十分丰富，形式极其多样，器形有平底罐、三足罐、瓿、盆、三足鉴、平底盘、三足盘、圈足盘、盒、盆形鼎、盖鼎、瓿形鼎、匜、尊、镂孔长颈瓶、提梁盉、提梁壶、钫、镇、豆、小豆等，这些器物不仅造型仿同类青铜器制作，而且往往还贴有青铜器常见的各种铺首，在装饰上也刻意模仿青铜器，多饰有云雷纹、瓦棱纹和少量的 S 形纹与 C 形纹等青铜器上常见的纹饰。乐器器类有甬钟、錞于、句鑃、鼓座、缶等，其个体大小与实际使用的青铜乐器相仿，造型上也完全模仿同类实用青铜器，形象逼真。根据现有考古资料，相同器形和纹饰的这类仿铜原始瓷礼器与乐器，不见于春秋时期，而常见于战国时期的墓葬和遗址，如余杭崇贤 M1、M2 和 M3 战国墓[①]，余杭大陆顾家埠[②]、长兴鼻子山 M1[③]、安吉龙山 D141M1[④]、绍兴上灶大校场[⑤]、绍兴福全洪家墩[⑥]、绍兴皋埠凤凰山 M3[⑦]、海盐黄家山[⑧]、杭州半山石塘 M1[⑨]、上虞牛山 M17[⑩]、无锡鸿山[⑪]等战国时期越国贵族墓葬中均出土有这类仿青铜器的礼器和乐器。同样，亭子桥窑址中见到的各种类型碗、杯、

① 余杭县文物管理委员会：《浙江省余杭崇贤战国墓》，《东南文化》1989 年第 6 期。
② 浙江省文物考古研究所：《古越瓷韵——浙江出土商周原始瓷集粹》，文物出版社，2010 年。
③ 浙江省文物考古研究所：《浙江越墓》，科学出版社，2009 年。
④ 浙江省文物考古研究所：《浙江越墓》，科学出版社，2009 年。
⑤ 周燕儿、符杏华：《浙江绍兴县出土一批原始青瓷器》，《江西文物》1990 年第 1 期。
⑥ 周燕儿、蔡晓黎：《绍兴出土的印纹硬陶和原始青瓷器》，《东方博物》第 14 辑。
⑦ 绍兴县文物保护管理所：《浙江绍兴凤凰山战国木椁墓》，《文物》2002 年第 2 期。
⑧ 浙江省文物考古研究所、海盐县博物馆：《浙江海盐出土原始瓷乐器》，《文物》1985 年第 8 期。
⑨《余杭文物志》，中华书局，2000 年；马时雍主编《杭州的考古》，杭州出版社，2004 年。
⑩ 王晓红：《上虞董村牛山战国墓清理》，《东方博物》第 36 辑。
⑪ 南京博物院、江苏省考古研究所、无锡市锡山区文物管理委员会：《鸿山越墓》，文物出版社，2007 年。

盅、盂、碟、盏、小罐等日用器物，也均只见于战国墓葬或遗址。据此可以判断，亭子桥窑址烧造的产品整体上都是战国时期器物，其烧造年代无疑在战国时期。

按照以往对浙江土墩墓分期序列的研究认识，到了春秋晚期，开始流行直腹小平底盅式碗[1]。春秋晚期前段，盅式碗除了腹壁略有外敞和碗腹相对较浅外，其主要特点是内壁螺旋纹较粗较深，而且均有比较宽阔而明显的子母口，碗上往往置有圆饼状的盖；春秋晚期后段，盅式碗的子母口虽然还有，但开始弱化并趋向消失，往往不置盖，腹壁几呈陡直，近底处的折收部位继续降低；到春秋末战国初期，盅式碗的子母口则完全消失，演变成为尖唇或方唇的直腹状盅式碗与杯。亭子桥窑址出土的盅式碗（A型碗）均具有直壁尖唇或方唇的形态特征，没有子母口，在具体形式上与春秋晚期具有子母口的盅式碗略有不同，而与春秋末至战国初期的盅式碗一致。因此，对照土墩墓分期的研究成果，亭子桥窑址中见到的盅式碗，具有春秋末至战国初的时代特征。

其他可对比的窑址材料是火烧山窑址[2]。亭子桥窑址发掘之前，德清地区已有火烧山窑址经过正式考古发掘。那是一处纯烧原始瓷产品的窑址，时代自西周晚期至春秋末期，烧造时间长，产品比较丰富，具有比较明确的地层叠压关系。其春秋末期产品的基本特点是器类极为单一，盅式碗占据了出土器物的绝大多数。盅式碗口沿有两种：一种是由早期的子母口发展而来，但子母口极度弱化，几成一道凹弦纹；另一种是子母口的子遗完全不见而演变成尖唇。相比之下，亭子桥窑址所出盅式碗已完全不见子母口的痕迹，当为火烧山春秋末期第二种形态盅式碗的延续，其时代可能会比火烧山略晚一些。因此，对照火烧山窑址的发掘材料，亭子桥窑址的始烧年代应该已经进入战国初期。

与亭子桥窑址盅式碗器形相同的，在2005年发掘的安吉笔架山D130M1浅土坑墓中曾有出土[3]。笔架山共发掘4座土墩，发现墓葬9座，出土原始瓷、印纹硬陶、硬陶、泥质陶和夹砂陶器物共107件（组），发掘者通过地层叠压关系和器物的早晚演变关系及与其他材料的比较研究，将整批材料分为早晚两期，即春秋战国之际和战国早期，其中出土像亭子桥窑址那样盅式碗的D130M1，年代排在战国早期之列。

亭子桥窑场除烧造原始瓷外，兼烧少量印纹硬陶器。从出土的残片标本看，印纹硬陶器器形单纯，主要为坛、瓮、罐类大件盛储器。坛与瓮的口肩部形态有两种：一种是直口微敞，尖唇外撇，短弧颈，圆肩；另一种是直口微敞，高领，斜直折颈，折肩。按照以往对浙江土墩墓分期序列的研究认识，前一种口肩形态尚具有春秋末期的某些特征，而后一种口肩形态则已进入战国早期。从拍印纹饰上看，所见纹饰有细方格纹、麻布纹、米字纹和小回字加X纹四种，以细方格纹和麻布纹居多，米字纹次之，小回字加X纹较少。在拍印风格上，细方格纹均显得十分浅细，有的几近麻布纹。米字纹和小回字加X纹显得既规整又清晰。拍印特点都是一件器物上通体拍印一种纹饰，不见上下拍印两种纹饰的组合纹。根据对浙江地

---

① 陈元甫：《论浙江地区土墩墓分期》，《纪念浙江省文物考古研究所建所二十周年论文集》，西泠印社出版社，1999年。

② 浙江省文物考古研究所、故宫博物院、德清县博物馆：《德清火烧山——原始瓷窑址发掘报告》，文物出版社，2008年。

③ 浙江省文物考古研究所、安吉县博物馆：《浙江安吉笔架山春秋战国墓葬发掘简报》，《东南文化》2009年第1期。

区印纹陶拍印纹饰早晚演变序列的已有认识，麻布纹、米字纹和规矩的小回字加 X 纹都是战国初期才出现的新纹饰，方格纹虽出现时间很早，流行时间极长，但演变成浅细近麻布纹的状态，也已是进入战国以后的事情，而通器拍印一种纹饰的风格，同样具有战国印纹陶特点。因此，同窑合烧的印纹陶上所反映的时代信息，同样说明亭子桥窑场的烧造年代应该已进入战国初期。

关于对亭子桥窑址年代下限的判定，我们可以绍兴凤凰山 M3 作为重要的参考依据来分析讨论。1997 年发掘清理的绍兴皋埠凤凰山 M3[①]，由于出土带铭器物，时代比较明确。此墓系一座大型的长方形竖穴土坑木椁墓，墓内出土遗物达 94 件，有剑、环、镞等铜器，原始青瓷与泥质黑陶的钵、匜、熏、鼎、壶、瓿、盆等仿铜礼器，以及矛、瑗、环等玉石器，其中以一件刻有"越王不光"铭文的玉矛显得最为重要，可作为判断墓葬年代的明确依据。玉矛器表浅刻云雷纹，其中正面在云雷纹之间竖刻鸟篆文二行，每行 3 字。据曹锦炎先生鉴定，矛身叶部左右均刻"戉王"二字，近本处左右铭"不光"。"不光"是越王翳的别名，从墓葬规模和随葬品看，此墓不会是越王翳本人的王陵，"不光"矛在此墓中的存在，可能是墓主人生前得到的一种赏赐品。越王翳公元前 411~ 前 376 年在位，墓葬的年代不会早于公元前 411年，应该在越王翳在位期间或稍后。据此，该墓年代可明确断定在接近战国中期。墓葬随葬品中不少泥质黑陶仿铜礼器的出现，表明此墓已有较多楚文化因素的融入，但仍出土有较多的原始瓷器，其中的匜、平底鉴（简报称钵）、镂孔长颈瓶（简报称熏）等仿铜原始瓷礼器，都可在亭子桥窑场的产品中找到器形完全相同的实物。尽管该墓中出土的原始瓷平底鉴上所饰的是由两个正反 C 形纹连接而成的 S 形纹，与亭子桥盛行的规整云雷纹有所不同，但亭子桥出土的鉴也有少量戳印 S 形纹和 C 形纹。墓中出土的一件仿铜泥质陶三足鉴（简报称盆），虽质地与原始瓷不同，但其底附三只矮兽蹄足、口沿下对称置两个附耳的形态，以及颈与腹部饰规整云雷纹的纹饰特点，也都与亭子桥所见的原始瓷三足鉴毫无二致。其他同墓出土的鼎、壶、瓿等泥质陶仿铜礼器上普遍所饰的规整云雷纹，同样也是亭子桥窑场产品中广泛使用的主要纹饰。因此，根据此座墓葬材料推断，亭子桥窑址的年代下限，可能已接近战国中期。

在研究分析亭子桥窑址的年代时，其所流行的纹饰内容可能也是很值得重视的一个方面。因此，在此也有必要简单讨论一下云雷纹、C 形纹和 S 形纹这三种纹饰有否早晚关系的问题。在江浙地区正式考古发掘清理和其他原因出土的大量战国原始瓷仿铜礼乐器上，所见主要纹饰有云雷纹、C 形纹和 S 形纹三种，其他还有少量水波纹、弦纹、篦点纹和连珠纹等。在常见的云雷纹、C 形纹和 S 形纹中，S 形纹大多也是由正反两个 C 形纹横向或竖向连接构成。值得注意的现象是，这三种纹饰只有 C 形纹和 S 形纹在同一件器物上共见，不见云雷纹与 C 形纹或 S形纹共饰于同一件器物的现象，它往往是单独存在。就墓葬出土的整组器物群而言，饰云雷纹的器物与饰 C 形纹或 S 形纹的器物也极少有同墓共存的。明确的墓葬材料如上虞牛山 M17、余杭大陆顾家埠、绍兴漓渚瓦窑山[②]等战国墓出土的原始瓷礼乐器上见到的均为云雷纹，而长

① 绍兴县文物保护管理所：《浙江绍兴凤凰山战国木椁墓》，《文物》2002 年第 2 期。

② 浙江省文物考古研究所：《古越瓷韵——浙江出土商周原始瓷集粹》，文物出版社，2010 年。

兴鼻子山 M1、安吉龙山 D141M1、余杭崇贤 M1~M3、海盐黄家山、绍兴福全洪家墩、绍兴上
灶大校场、绍兴陶堰眠狗山①、杭州半山石塘 M1 等战国墓出土的原始瓷礼乐器，所饰的都是
C 形纹和 S 形纹，江苏无锡鸿山一批战国越国贵族墓中出土的大量仿铜原始瓷礼乐器，所见纹
饰也普遍是 C 形纹或 S 形纹。但是分饰这三种纹饰的器物共存一起的个例也有，如上文例举
的出土"越王不光"玉矛的绍兴皋埠凤凰山 M3。该墓出土原始瓷 20 件，其中盂和盅 17 件，
均无纹饰。仿铜礼器 3 件，分别为平底鉴、匜和镂孔长颈瓶，其中匜无纹饰，镂孔长颈瓶上饰
刻斜线的凸弦纹，而平底鉴上饰有由正反两个 C 形纹连接而成的 S 形纹。而同墓出土的一批
泥质黑陶三足鉴、盖鼎、壶、瓿上饰的则都是规整的云雷纹。对于云雷纹和 C 形纹或 S 形纹
之间是否存在早晚关系的问题，虽然目前尚缺乏必要的地层依据或断代明确的墓葬资料，但我
们初步认为这三种纹饰可能是时代的差异而非风格的不同，云雷纹可能要早于 C 形纹和 S 形纹，
而 C 形纹和 S 形纹应是同期共存。我们或许可以把绍兴皋埠凤凰山 M3 中见到的三种纹饰的共
存现象，看做是早期云雷纹向晚期 C 形纹或 S 形纹转变过渡的典型墓例来认识。如果这三种
纹饰不具有时代早晚的差异，而是同时期共存流行的三种不同纹饰，那么上述诸多墓葬中云雷
纹基本不与 C 形纹和 S 形纹共存的现象，我们将很难做出比较合理的解释。我们推断，云雷
纹在战国时期可能是早于 C 形纹和 S 形纹而存在的一种仿铜礼乐器上常见的纹饰，它的流行
时间可能主要在战国早期，而 C 形纹和 S 形纹的出现可能较云雷纹要晚一些，具体的出现时
间可能就在以绍兴皋埠凤凰山 M3 为代表的接近战国中期或再早一些。C 形纹和 S 形纹出现并
流行之后，云雷纹开始消失。1975 年在绍兴皋埠凤凰山清理的 M1、M2 两座战国木椁墓材料，
可充分说明这一现象的客观存在②。该二墓出土的随葬品，除了剑、戈、镈、圈等铜器和豆、梳、
案等漆木器外，仅有 2 件印纹硬陶器，另外都是泥质黑陶的仿铜礼器，不见一件原始瓷器。仿
铜泥质黑陶器的组合是鼎、豆、壶、提梁盉、盆、盘、鉴、匜、瓿和甄，纹饰仅见 S 形纹和联
珠纹，绝对不见云雷纹，与 1997 年发掘清理的 M3 泥质黑陶礼器上普遍饰有云雷纹的情况已
截然不同。从随葬品的组合关系和内涵情况看，此两墓的楚文化因素较 M3 要显得浓厚得多，
甚至已占据了主要地位，可见年代上肯定较 M3 要晚。此两座墓葬材料，恰可作为我们推断接
近战国中期以后云雷纹开始逐渐消失、C 形纹或 S 形纹开始出现并流行的重要依据。而在明显
保存有越文化传统因素的福建武夷山崇安汉城遗址中出土的硬陶器上，尚有一些戳印 C 形纹
存在而不见一丝云雷纹踪影的现象，又可从一个侧面为我们对战国时期仿铜陶瓷礼乐器上所见
云雷纹要早于 C 形纹和 S 形纹的分析判断，提供了比较有说服力的考古学依据③。

　　亭子桥窑址中，大批仿铜原始瓷礼乐器上，普遍见到的是云雷纹，说明是云雷纹最为
流行的时期。但在极少量的产品标本上，也有 C 形纹或 S 形纹的存在。如 T302 ④：76，罐
肩腹部残片，上下两排 C 形纹正反排列，C 形纹不连接（图片 3）；T302 ①：26，罐肩部
残片，上面戳印 C 形纹（图片 4）；T302 ④：1，复原的 G 形筒形罐，通体饰直条瓦棱纹

①浙江省文物考古研究所：《古越瓷韵——浙江出土商周原始瓷集粹》，文物出版社，2010 年。
②绍兴县文物管理委员会：《绍兴凤凰山木椁墓》，《考古》1976 年第 6 期。
③福建博物院、福建闽越王城博物馆：《武夷山城村汉城遗址发掘报告》，福建人民出版社，2004 年。

和戳印正反 C 形纹（图片 5）；T303 ①：4，錞于鼓部残片，上有戳印 S 形纹（图片 6）；T303 ④：3，鉴口沿残片，口沿下戳印 S 形纹（图片 7）；T303 ④：4，鉴口沿残片，口沿下戳印 S 形纹（图片 8）；T303 ⑤：103，鉴口沿残片，口沿下和腹部戳印 C 形纹（图片 9）；T304 ②：1，矮三足罐底部残片，近底部位置饰有 S 形纹（图片 10）；T304 ⑤：45，镂孔长颈瓶肩部残片，上饰有戳印正反 C 形纹（图片 11）。如果上文对云雷纹和 C 形纹或 S 形纹具有早晚关系的推断能够成立，那么这些纹饰标本的存在，也说明亭子桥窑址烧造年代的下限，可能已经到了 C 形纹和 S 形纹开始出现的接近战国中期这段时间。这样，亭子桥窑址产品在纹饰面貌上所反映的时代信息，恰恰与器物形态上显示的时代特征也是完全吻合的。

图片 3　T302 ④：76 罐残片

图片 4　T302 ①：26 罐残片

图片 5　G 型 T302 ④：1

图片 6　A 型 T303 ①：4

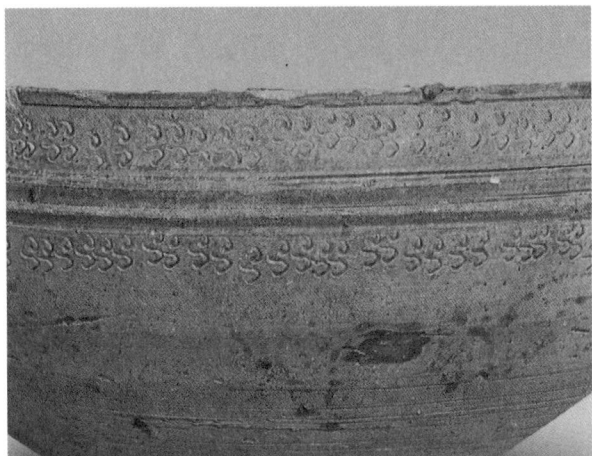

图片 7　T303 ④：3

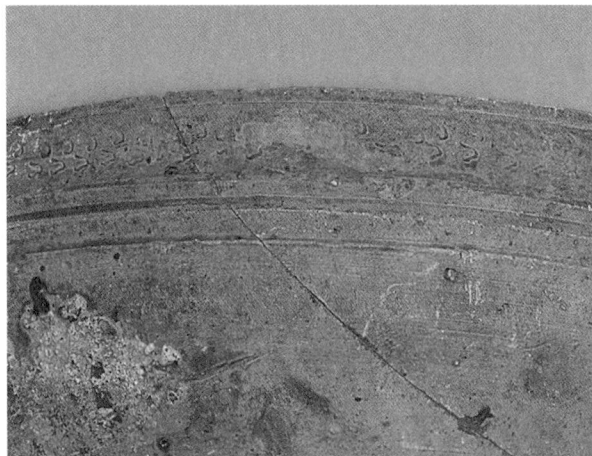

图片 8　T303 ④：4

图片 9　T303 ⑤：103

图片 10　T304 ②：1

图片 11　T304 ⑤：45

在分析推断亭子桥窑址的年代时，窑址中发现的一件带文字标本显然也是十分重要的依据。标本出土在T201的第⑤层，系一片句鑃舞部及钲体残片，在这一残片上发现一个戳印的鸟虫体文字。此句鑃舞部和与舞部的连接处饰有云雷纹和三角纹，文字位在一面鼓部的边侧，显得十分完整，另一侧有否文字因残缺而不明。在与所见文字位置相对应的背面也有相同文字，可惜因器残而文字不全。从文字的残存情况看，原先整器上的每面文字不止一个。绍兴个人收藏品中，就有每面两侧各有戳印4~7个与之相同鸟虫体文字的原始瓷句鑃。窑址中发现的这个戳印文字，经曹锦炎先生考证鉴定，认为系一鸟虫体"自"字，此字笔法显得柔软流畅，字体风格具有越王州句前后的时代特征。州句又称朱句，为句践曾孙，在位于公元前447~前412年，时属战国早期的偏晚阶段。此件句鑃为我们推断亭子桥窑址的烧造年代也提供了一个方面的重要依据。

综合以上分析，我们判定，亭子桥窑址的年代上限不会超过战国初期，年代下限可能已接近战国中期。

第二节　发掘的主要收获与意义

亭子桥窑址是一处战国时期的原始瓷窑址，其产品种类的丰富和质量的上乘都是前所未有的，发掘成果具有多方面的重要学术意义。

1. 第一次发现了战国时期烧造仿铜原始瓷礼乐器的窑场。

原始青瓷产生于商代，是南方越人的伟大发明与创造。从现有资料看，烧造原始青瓷的窑址，除江西、福建和广东省境内有少量发现之外，主要集中在浙江地区，德清、湖州、萧山、绍兴、诸暨等地，均分布有烧造原始青瓷的窑址，其中以德清为中心、包括湖州南部在内的东苕溪中游地区数量最为丰富，已发现六七十处。而在浙江众多的原始瓷窑址中，烧制仿铜礼器与乐器的，目前所知，唯有德清一地。在以往的考古调查中，德清地区虽已发现有烧造仿铜原始瓷礼乐器的窑址线索，但只限于地面调查采集，一直未经正式考古发掘证实。与亭子桥窑址相距不远的火烧山窑址，虽然早在西周晚到春秋早期就开始烧造原始瓷鼎、簋、卣等仿铜礼器，但不仅数量不多，器类较少，而且尚未见烧造原始瓷乐器。这次亭子桥战国窑址出土的原始瓷器，除了一般碗、盘、杯类日用器物之外，有大量的仿铜礼器和乐器。仿铜礼器的主要器形有盆形鼎、瓿形鼎、盖鼎、豆、三足鉴、平底盘、三足盘、圈足盘、平底盆、提梁壶、提梁盉、镂孔长颈瓶、尊、平底罐、三足罐、瓿、三足壶、钵、匜、镇等，器类十分丰富，形式极其多样。仿铜乐器器类有甬钟、錞于、句鑃、悬鼓座、三足缶等，这在窑址发掘中是前所未有的。这些器物形制和大小都仿照同类青铜器，青铜器上常见的各种铺首衔环、云雷纹、S形纹和C形纹，也仿制得惟妙惟肖，完全达到了神形兼备的艺术效果。亭子桥窑场特别重视仿铜礼器与乐器的烧造，是一处主要烧造高档仿铜礼器与乐器的窑场，也是首个经正式发掘的烧造仿铜礼器与乐器的窑场，这在浙江乃至整个中国的商周时期考古中，都是前所未有的，是中国瓷窑址考古上的重要成果。

2. 为江浙一带越国贵族墓中出土的大量仿铜原始瓷礼乐器找到了明确的产地。

现有资料表明，随葬仿铜原始瓷礼器与乐器，是战国时期越国贵族墓葬特有的普遍现象，是越国贵族墓葬区别于中原和其他地区贵族墓葬的主要葬俗特征。在浙江绍兴、上虞、杭州、余杭、长兴、安吉、海盐和江苏无锡等地已发掘的一些大型越国贵族墓中，均不随葬青铜礼器与乐器，只随葬仿铜陶瓷礼乐器，出土了大量的仿铜原始瓷礼器与乐器。江苏无锡鸿山邱承墩特大型越国贵族墓，出土的仿铜原始瓷礼器和乐器竟达 500 余件，德清梁山战国墓中还随葬有仿铜原始青瓷斧、锛、锸等工具与农具①。研究表明，仿铜陶瓷礼乐器，与青铜礼乐器一样，同样是一种权力、身份和地位的象征，同样蕴含着等级礼制的丰富内涵，在彰显使用者身份地位上，二者具有相似的作用。越墓中不用青铜器随葬，并非是缺乏实力，它一方面反映了越国比较务实的精神，但更为重要的是由于越民族特有的丧葬习俗所决定的，是于越民族的一种文化传统②。随着江浙一带越国贵族墓中仿铜原始瓷礼器与乐器的大量出土，寻找与探索它们的窑口和产地，无疑就成为越文化考古研究中的一项重要学术课题。烧造原始青瓷的窑址，在浙江、江西、福建、广东等地均有发现，以浙江地区最为丰富，但战国时期的原始瓷窑址均集中在浙江，而且目前仅德清一地发现了烧制仿铜礼器与乐器的窑址。这次发掘的亭子桥窑址所见产品器类，几乎囊括了江浙地区大型越国贵族墓中已出土的各类仿铜原始瓷礼器与乐器。因此，亭子桥窑址的发掘，终于为这些年江浙地区越国贵族墓葬中出土的大批仿铜原始瓷礼乐器找到了明确的产地，表明战国时期为越国贵族烧造高档生活与丧葬用瓷的窑场就在今天浙江的德清。这一发掘成果，既是商周瓷窑址考古的重要收获，更是越文化考古研究中的一项重大突破，对于越文化研究的促进和推动作用是不言而喻的。从亭子桥窑址发掘之后的考古调查情况看，位于东苕溪中游的德清地区，战国时期烧造此类高档仿铜原始瓷礼乐器的窑址多达数十处，具有很大的生产规模和集群性的生产状态，充分表明德清地区在战国时期是越国高档仿铜原始瓷产品的集中生产地，是越国的制瓷中心。

3. 获得了大量的高质量原始瓷产品，为研究中国陶瓷发展史和中国成熟青瓷的起源问题，提供了极其重要的发掘资料。

亭子桥窑址发掘出土的大量形式丰富的原始瓷产品，几乎脱离了因坯泥选练不精细、胎体杂质裂纹多、烧成温度不是很高、釉色不够稳定等的原始瓷特征，产品不仅因轮制成型而显得器形规整，厚薄均匀，外观工艺精细，而且大多胎色较白，胎质细腻，多数标本的烧成温度在1100℃左右，不少标本甚至已经超过了1200℃，烧成温度普遍较高，质地坚硬，叩之能发出清脆的金属声，釉层也大多比较匀净莹润，釉色泛青泛黄，胎釉结合良好，基本无脱釉现象，不少产品已完全可与成熟青瓷媲美，产品整体质量已接近成熟青瓷水平，部分学者甚至认为，这类质量上乘的产品已可直接称之为青瓷。其中以一批仿铜礼乐器最具代表性，不仅造型完全模仿青铜器，往往还贴有青铜器上常见的各种铺首。在纹饰上，鼎、鉴、盆、盘、提梁壶、尊、镇、甬钟、句鑃等器物，多饰有拍印的云雷纹和少量刻划或戳印的S形纹与C形纹，而大量的罐、瓶、匜等类器物上，则常见直条瓦棱纹，有的器物上还同时饰有云

---

① 浙江省文物考古研究所：《古越瓷韵——浙江出土商周原始瓷集粹》，文物出版社，2010 年。
② 陈元甫：《越国贵族墓葬制葬俗初步研究》，《东南文化》2010 年第 1 期。

雷纹。此类原始瓷礼乐器，造型工整端庄，做工精巧细致，大多体形硕大厚重，显得庄重大气，既体现了青铜器劲健有力的阳刚之美，又不乏泥土细腻温和的柔美之秀，青铜器那刚劲有力的线条所表现出来的狂野豪放与泥质胎体媚丽柔婉的内蕴结合，形成了这类仿铜原始青瓷礼乐器独具特色的艺术形式与造型韵味，在对青铜器的仿制上，已完全达到了神形兼备的艺术效果，堪称原始瓷中的精品。烧造这些体形硕大厚重的器物，如座径50.4、高37.6厘米，胎体厚达2厘米的悬鼓座，高46、腹径35厘米的镂孔长颈瓶，高30、腹径40厘米左右的瓦棱纹大罐等，从成型到装烧，再到烧成温度的控制，都有很高的要求和难度。这些大型器物的烧制成功，突出体现了亭子桥窑址已具有相当成熟的制瓷技术。可以认为，德清亭子桥窑址是战国时期南方地区原始瓷生产技术的集中体现，产品质量代表了原始瓷生产的最高水平，在中国瓷器发展史上占有十分重要地位，是中国瓷器发展史上的一座丰碑，对于研究中国成熟青瓷的起源问题，有着极其重要的学术价值。

4. 发现了最早的支垫窑具，将我国瓷器生产中开始使用支垫窑具的时间较原先的认识提前了数百年。

亭子桥战国原始瓷窑，已开始创造和使用了各种形式的大型支垫窑具，装烧工艺已显得比较成熟与先进。所见支垫具有喇叭形、直腹圆筒形、束腰形、倒置直筒形、托形、覆盘形、圈足形等多种形式，以往在汉代窑址中见到的主要窑具在此时已基本出现。这是目前瓷窑址考古中发现的最早支垫窑具，过去被认为到东汉时期才开始使用的支垫具，在亭子桥窑址中已大量出现，从而将我国瓷器生产中开始使用支垫窑具的历史，从原来认为的东汉，提早到了两千多年前的战国时期，比原来的认识整整提前了四五百年时间。根据目前考古调查发掘资料，战国之前的原始瓷窑址中，还不见有支垫窑具的出现，有使用窑具的，也不过是一些不甚规整的小泥饼状托珠之类的叠烧间隔具而已。如刚发掘的湖州老鼠山商代原始瓷窑址，未见窑具[1]；时代相当于春秋早期中段的德清火烧山窑址第三期中，开始出现托珠等叠烧间隔窑具[2]；在已进入战国时期的绍兴富盛[3]和萧山前山[4]、安山[5]原始瓷窑址中，见到的还只是一些小泥饼状托珠一类的叠烧间隔具，未见大型支垫具，说明当时普遍采用的还只是一种着地装烧的方法。着地装烧方法由于坯件直接置于窑底，窑位较低，不能充分受火，着地器物底部普遍会产生生烧或欠烧现象，废品和次品率较高。支垫具用于支垫产品坯件，装烧时，将器物坯件搁置在这种窑具上，使坯件离开地面抬高窑位，有利于产品在窑内煅烧过程中整体充分受火，避免和减少因着地装烧而产生的底部甚至下腹部生烧或欠烧现象，从而使产品的质量和成品率大为提高。这是减少废次品、提高产品质量和成品率的创新和科学之举，特别有利于大件仿铜礼乐器的烧造。亭子桥窑场产品的质量之所以如此之高，特别是一大批大件器物的烧造成功，支垫具的使用功不可没。这种支垫具的发明使用，或许是着地叠烧器物

① 浙江省文物考古研究所2010年发掘资料。
② 浙江省文物考古研究所、故宫博物院、德清县博物馆：《德清火烧山——原始瓷窑址发掘报告》，文物出版社，2008年。
③ 绍兴县文物管理委员会：《浙江绍兴富盛战国窑址》，《考古》1979年第3期。
④ 浙江省文物考古研究所、萧山博物馆：《浙江萧山前山窑址发掘简报》，《文物》2005年第5期。
⑤ 浙江省文物考古研究所：《浙江考古新纪元》，科学出版社，2009年。

上部与底部烧结程度的不同，导致窑工逐渐产生窑位概念，意识到要减少低窑位的废品率，就需要提高低窑位的高度，从而发明了支垫具。亭子桥窑址中各类支垫窑具的出现与使用，是装烧工艺上的一大进步与突破，是制瓷技术上的一种质的飞跃，是中国瓷器发展史上开拓性的发明与创造。它不仅开了使用支垫窑具之先河，具有里程碑式的重要意义，是制瓷技术成熟的反映，更是战国原始瓷产品质量提高的重要技术因素。

大型支垫具的创造使用，还解决了一些特殊器物的装烧难题。譬如仿铜的甬钟和句鑃这两种乐器，由于上下两头分别是尖锐的铣部和细细的长柄或甬，装烧难度很大，以往也一直未能搞清这两种器物具体的装烧方法。这次亭子桥窑址的发掘材料，在这方面也获得了重要突破。从器物和窑具上观察到的迹象可明确认定，甬钟和句鑃的主要装烧方法，是把甬钟的甬部和句鑃的插柄插入设在圆筒形支具顶面的中心孔内，将舞部搁置在支面上，于口朝上烧制，有些窑具支面上，可清晰地看到支垫过句鑃或甬钟舞部的印痕。为防止上釉的舞部与窑具支面的粘结，装烧时会在窑具支面上撒上瓷土粉末用于间隔，因此，使用此种方法装烧的甬钟与句鑃，其朝下的舞部外壁表面往往有支烧留下的白色烧结物，而朝上的舞部内壁，又常见落灰形成的自然釉甚至积窑渣现象。为了使插入窑具内的甬部或柄部也能充分受火不致生烧，窑工们还别具匠心地采用了在窑具四周设镂孔的办法，以利火温能进入窑具内部。尽管如此，插入窑具内的甬部或柄部，还是不可避免地存在烧得不透、釉未完全烧结玻化等不同程度生烧的情况，特别是接近窑底的甬或插柄之顶尖部，往往出现生烧。当然，也有少量甬钟和句鑃，不用窑具支垫，只是简单地采用于口朝下、两侧铣部直接着地竖立的装烧方法。采用这种方法装烧的甬钟与句鑃，装烧时两侧尖锐的铣部往往会插入窑底所铺垫的瓷土粉末层内，不能正常受火，从而导致生烧。因此，其他部位烧成均好，釉面玻化，而两侧铣部有胎呈土红、釉未烧出的明显生烧现象，成为这种装烧产品最为明显的特点，也是我们认定此种装烧方法实际存在的事实依据。

所见支垫窑具在胎质上明显有细胎与粗胎之分，反映在制作上也有相应区别：细胎者瓷土制成，胎质较细，胎色多呈灰白或青灰色，轮制成型，制作规整，表面光洁，粗胎者含粗沙黏土制成，胎质较粗，胎色多呈红褐色，手制泥条盘筑而成，器形不甚规整，表面粗糙，个体均较大。数量上以细胎者占绝对多数，形式较多；粗胎者只是少数，形式也较少。值得注意的是，大部分喇叭形、直腹圆筒形、束腰形、倒置直筒形窑具的支面中心往往设有一个圆孔或方孔，窑具四周也有多个圆形、三角形或不规则形的镂孔。很显然，这些镂孔的设置，既便于火温进入空心的窑具内部，使被支起的器物底部能充分受火，防止生烧，又可以防止窑具内部空间因热涨而爆裂，同时还可节省泥料，真是一举三得，匠心别具，足见当时窑工们的聪明与才智！其中支面设方孔者，当属句鑃的专用装烧具，因句鑃柄与舞部结合处往往有方形台面，装烧时，句鑃于口朝上正放，将下面的方形插柄及方台插入支具面中心的方孔内，这样能使被支起的坯件更为稳固。在众多窑具中，覆盘形窑具显得形制特别，其平面呈圆形，个体较大，直径22厘米左右，平顶，直壁低矮，高仅4厘米左右，颇似倒置直腹浅盘，大部分在顶面边缘基本等距离分设3个圆形或方形大孔。据观察，这类窑具是专门为装烧大型矮三足器而设置的。窑址中，有一些体形硕大厚重的罐类器，平底下有矮三足，足呈圆形与方形。为了能使这类器物底部或足部不致生烧，防止足部因承重过大而产生变形，避免悬起的器底在煅烧软化过程中因受力面过小而坍塌，装烧时，将器物坯件装在这种窑具上，三矮足放入三个大孔内，器底搁置在窑具上。看来，早在两千多年前的战国时代，为了能有效提高产品质量与成品率，窑工们就已能根据不同的产品创造和使用各种不同的装烧方法。

5. 发现了比较完整的战国时期烧造原始瓷的龙窑遗迹，对于了解战国时期龙窑的形制结构，研究探索龙窑技术的发展演变，具有十分重要的意义。

浙江地区已调查发现的原始瓷窑址较多，但经正式考古发掘的却较少。本次亭子桥窑址发掘面积达 720 平方米，是我省对原始瓷窑址规模较大的一次考古发掘。发掘区内共发现窑炉遗迹 7 条，其中 Y2 的火膛和窑室下部保存基本完好，平面形状清楚，是目前发现的保存最为完整的战国时期龙窑遗迹。这一窑炉遗迹的完整揭露，为研究了解战国时期原始瓷窑炉的结构形态提供了重要的实物资料。

Y2 窑炉通长 8.7 米，其中窑床长 7 米，后段宽 3.54 米，前段宽 3.32 米，与其他已在绍兴富盛、萧山前山和安山发掘的春秋战国时期原始瓷窑炉相比，明显具有短而宽的特点，颇具地方特色。如萧山前山窑，窑炉通长 13 米，底宽 2.3~2.4 米；萧山安山窑，窑炉通长 10 米左右，底宽 2.2 米左右；绍兴富盛战国窑，长度因破坏而难以确知，宽 2.42 米。从营建角度考虑，窑炉的宽度与窑室的高度应该紧密相关，窑炉宽了窑室必然要高，否则难以建拱顶，也不够牢固，容易坍塌。根据 Y2 窑炉的宽度，如果按照圆拱形窑室推测，其窑室高度当在 1.6~1.8 米之间。窑室构建得特别宽高，可能与烧造大件礼乐器的需要密切相关。而萧山前山、安山窑和绍兴富盛窑之所以没有亭子桥窑那么宽，可能正是因为它们不烧造大件仿铜礼乐器。处在战国时代的亭子桥窑，在当时还没有使用砖坯垒砌窑壁和起券拱顶的情况下，仅用草拌泥糊抹的办法来构建如此高大的窑炉，其难度可想而知。因此，亭子桥窑址的发掘，以 Y2 为代表的窑炉遗迹的发现，对于了解战国时期烧造大型仿铜礼乐器窑炉的形制结构，研究战国时期窑炉的构筑技术也具有十分重要的意义。尤其是完整揭露的战国时代合烧原始瓷与少量印纹硬陶的龙窑遗迹，在我国陶瓷窑址考古史上尚属首次，对于研究战国时期窑业生产状况和龙窑技术发展，具有重要的学术价值。

6. 发现最早釉下彩，为研究青瓷釉下彩的源头提供了新资料。

亭子桥窑址发掘出土的产品标本中，在两件小罐的口肩部残片上，发现了釉下填彩。两件器物的肩部均有两道釉下褐彩装饰，观察其做法：施釉前，先在施彩位置的坯体表面刮掉薄薄一层，内填褐色颜料，然后与其他部位一起上釉，晾干入窑煅烧后即形成釉下褐彩装饰。其中一片出于火膛底部的灰土中，可能因过烧而褐彩颜色较深。从以往考古资料看，釉下褐彩装饰流行于六朝时期，在战国时期的原始青瓷上就使用此装饰，实属罕见，是我国最早的釉下彩。这种战国时期釉下褐彩装饰，亭子桥窑址所见并非孤例，2000 年绍兴县平水镇中灶村出土的三件战国时期原始瓷镇，也有相同的釉下褐彩装饰①。这三件原始瓷镇，仿青铜镇形状制作，器形似圆形馒首状，弧顶上置半环形纽，底部有圆孔，腹空；器表通体施釉，

---

① 浙江省文物考古研究所：《古越瓷韵——浙江出土商周原始瓷集粹》，文物出版社，2010 年。

顶部满饰密集的戳印联珠纹，肩腹部先在未施釉的坯体上间隔刻划五周粗凹弦纹，弦纹凹槽内填以褐彩，然后再通体上釉，烧成后形成五周褐色弦纹。从施彩方法到褐彩颜色，都与亭子桥窑址出土标本上出现的褐彩装饰相同，表明釉下褐彩装饰方法早在战国时期即已开始出现，并且有理由认为，绍兴中灶村出土的战国釉下褐彩原始瓷镇，其烧造地点可能就在今天的亭子桥窑址，或以亭子桥窑址为代表的德清战国原始瓷窑址群。亭子桥窑址出土的釉下褐彩器物，是目前所见最早的釉下彩实物，以亭子桥窑址为代表的德清战国原始瓷窑址群，可能是我国青瓷釉下彩的源头和诞生地。

第三节　窑址性质探讨

　　亭子桥窑址是一处战国时期的越国窑址，它在烧造一般碗、杯、碟之类日用品的同时，还大量烧造仿铜礼乐器，而且是迄今为止发掘的第一处烧造高档仿铜礼乐器的窑场。该窑场尤其重视仿铜礼乐器的烧造，不但大部分礼乐器使用了支垫具单件支烧，针对甬钟、句鑃、三足器等特殊器形所用支垫具进行了特别设计，精心安排，坯件因被支具支起而抬高了窑位，受火均匀，使器物底部也能得到比较充分的烧造；还表现在有许多器物也可采用叠烧而增加装烧量的情况下，却全部是采用了单件支烧的装烧方法，从而大大提高了产品的质量与成品率。与之相反，一批体形较小的一般碗、杯、碟类日用器物，均未使用支具支烧，只是直接置于窑底多件叠烧，以增加装烧量。为防止烧造过程中的相互粘结，装烧时往往在器物内底撒上一些瓷土粉末作为间隔物，烧成后这些瓷土粉末变成白色或黄白色，粘结在器物内底与外底，特别是内底粘结的大面积白色烧结物，严重影响器物的美观与使用。而且有些直接着地的器物，因其底部得不到足够的火温和受火不够均匀，出现口腹部烧成较好、但底部生烧的现象，造成产品质量欠佳和成品率较低。遗物中碗类器物废次品数量占绝对多数的现象，在反映出当时生产的个体数量可能还是以碗类产品占多数的同时，或许也正反映出此类产品残次品率相对较高的客观事实。碗、杯、碟类器物在同样可以用窑具支烧的情况下，却全部采用了着地叠烧的方法，反映出生产者重视这类产品的数量甚于质量的主观意图，表明亭子桥窑址烧造的重点是那些仿铜礼乐器。

　　礼乐器是古代王室贵族在祭祀、宴飨、征伐和丧葬等礼仪活动中所使用的器物，在商周时代,这类器物往往用昂贵的青铜铸造，以示祭祀者的虔诚，对其使用也有着严格的等级规定，是代表使用者身份与地位的显赫物品。亭子桥窑场生产的仿铜礼器，从器物形态、体形大小等方面分析考察，除一些鼎之类的炊煮器物不可能是实用器外，其他罐、瓶、尊、提梁壶、鉴、盆、盘、钵等盛食器物，应该具有实用价值。这类原始瓷礼器只见于江浙一带大、中型越国贵族墓葬，可能是死者生前使用的珍贵物品，但也可能是墓葬专用明器。亭子桥窑场烧造的仿铜乐器，都是编钟、句鑃、錞于、三足缶等打击类乐器，由于原始瓷制品本身即是易碎品，作为实用器的可能性极小，应该是专用于随葬的明器。此类仿铜原始瓷乐器，也只是出土于江浙一带战国时期的越墓，而且仅见于大型贵族墓。浙江长兴鼻子山、海盐黄家山、杭州半山、余杭崇贤及江苏无锡鸿山等地越国贵族大墓中，均出土大量原始瓷乐器。有些等级相对较低的墓葬，甚至随葬硬陶或质地酥软的泥质陶仿铜乐器，更反映了原始瓷乐器非实用的功能。现有考古资料表明，不随葬青铜礼乐器，而代之以仿青铜的陶瓷礼乐器，是越国贵族墓葬特有的丧葬习俗，与中原及其他地区同时期贵族大墓普遍随葬青铜礼乐器的现象形成了鲜明对比，具有鲜明的民族与地域文化特色。显然，亭子桥窑场烧造的原始瓷乐器和部分礼器，是专门用于随葬的青铜器替代品，起着与青铜礼乐器相同的象征意义，同样是权力、身份和地位的象征，同样蕴含着等级礼制的丰富内涵。因此，战国时期越国地区生产的仿铜原始瓷礼乐器是一种显赫物品，其作用与本地区新石器时代晚期良渚文化的玉质礼器、中原地区商周时期的青铜礼乐器相似。显赫物品具有下面的特征：材料珍贵，神秘或外来稀有，制作过程需要特殊的技术和投入大量的劳动，有繁缛装饰或某种特殊纹饰[1]，往往被少数人作为权力、财富、身份和地位的象征。控制这类物品的生产和流通，也就控制了权力、财富和地位。因此，在社会复杂化进程中，贵族阶层对专业化生产的控制使得显赫物品的生产成为政治经济活动的一部分。同时，或因原料稀有，或因需要特殊的技能，或因不菲的劳力投入，也只有贵族阶层才能牢牢地控制这些物品的生产和使用。亭子桥窑场生产的大量仿铜礼乐器的需求和使用对象，显然也并非一般的社会平民大众，而是拥有权力和地位的统治者，是上层贵族、官府甚至宫廷与王室。

亭子桥窑场烧造的碗、杯、碟之类的一般日用器，虽质量远不如仿铜礼乐器，但许多器物也具有庄重大气的风格特征，并非一般窑址可比，彰显出它们可能也非一般的民用产品。

根据现有的考古调查与发掘资料，商周时期的原始瓷窑址，除浙江地区外，江西、福建、广东也有少量发现，但浙江无疑是重点分布地区，不仅窑址发现众多，目前发现数量已达近百座，而且战国窑址仅见于浙江一地。浙江原始瓷窑址主要集中在两个区域：一是浙东的萧绍平原，以萧山为中心，包括绍兴、诸暨等县市，窑址时代为春秋晚期至战国早期，所见产品比较单一，主要为碗、杯、碟类日用器物，无礼器和乐器发现。二是浙北的东苕溪中游地区，以德清为中心，包括湖州南部，时代从商至战国，创烧时代早，延续时间长，生产规模大。这一区域内，以亭子桥窑址为代表的战国窑址群，在生产日用的碗、杯、碟类器物的同时，大量烧造象征身份地位、具有特殊意义的仿铜礼乐器。目前所知，烧造这类大型仿铜礼乐器的窑场，仅见于浙江的德清窑区。亭子桥窑址发掘后，我们开展了专题调查，结果表明，战国时期德清地区烧造此类仿铜原始瓷礼乐器的窑址已超过四十处，数量惊人，但主要集中分布在以亭子桥窑址为中心的较小区域之内，具有巨大的烧造规模和集群性的生产状态。同时，通过试掘了解到，许多窑址分布面积大，堆积丰厚，具有很大的烧造量。因此，战国时期的德清地区，以其众多的窑场、巨大的规模、高超的技术和高档的产品，成为越国时期独一无二、无以替代的制瓷中心，以亭子桥窑场为代表的这批战国窑场，是越国时期最为重要的原始瓷生产基地和窑场，它们无疑曾承担了为官方甚至王室贵族烧造仿铜礼仪用器的任务，是专门为越国王室贵族烧造高档生活与丧葬用器的窑场。

---

① a. Schortman, E.M. and Urban P.A., Modeling the roles of craft production in ancient political economies, *Journal of Archaeological Research*, 2004, 12(2): 185–226. b. Peregrine, P., Some political aspects if craft specialization, *World Archaeology*, 1991, 23(1): 1–11.

由于文献记载的匮乏，我们无法了解越国时期窑务管理制度的具体情况。亭子桥等窑场是否由地方官府甚至朝廷直接设立？窑场的烧造活动是否受地方官府或者朝廷直接控制？其产品是否被官方和宫廷所垄断？这些都是需要深入分析探讨的问题。考古资料显示，早在商代时期，原始瓷刚一出现即被中原贵族视为珍品，中原地区商代和西周时期只在一些贵族大墓和重要城址中才有少量原始瓷器出土，当时原始瓷的珍贵程度由此可见一斑。至战国时期，原始瓷在越国统治者生活中的地位愈加突出，更被制作成青铜礼乐器的精美替代品用于随葬，像无锡鸿山邱承墩越国贵族大墓，一共随葬了581件原始瓷礼乐器，其数量之巨，品种之多，质量之高，前所未见，体现出统治者对窑业生产和原始瓷制品的珍视和占有程度。在商周时代，一些重要的手工业实际上都是由官方直接控制，譬如像青铜器、特别是青铜礼器的铸造，绝对是国家控制的，是官营的。一方面，作为战略物资，先秦时期铜矿等金属资源为王室所有；另一方面，因为对铜的冶炼铸造是当时最先进生产力的体现，"铜器冶铸业本身在当时是一种高劳动含量和高科技含量的高端产业，这就决定了铜器生产不可能成为个体的或家庭式的独立手工业生产，而只能是隶属于社会精英阶层的依附式手工业生产"[①]，铜器的原料来源和生产技术自始至终受到上层社会的直接控制和垄断。因此，商周时期实际有官营手工业作坊的存在，各个诸侯国，在都城以及一些城邑，普遍都有炼铜、冶铁、制陶等重要的手工业作坊遗址。春秋中期以前实行"工商食官"[②]的官营手工业管理制度，春秋中期之后，手工业和商品经济发展，工商业者具有一定的人身自由，只需上交一定数量的产品，剩余产品可投入市场，获取利润。因此，各诸侯国在存在官营手工业的同时，开始出现以商品生产为主的私营手工业。但像青铜器特别是青铜礼乐器的生产仍应该是官营的。原始瓷生产在当时应该也是一种技术含量高的手工业，特别是亭子桥窑场所烧造的这种仿铜礼乐器，不仅和真正的青铜礼乐器一样是一种象征身份地位的重器，而且也同样是先进生产力的体现，同样会受国家的重视和控制。因此，其绝对不会是一般的商品，不会在以商品为生产目的的一般私营手工业作坊中生产，更不会作为商品流入社会与市场。生产这些器物的窑场不可能是为了满足大众的需求而设立的，它的建立和烧造活动，无疑是为了满足宫廷、王室、官府、贵族的需要。战国时期众多越国王室和贵族大量使用的生活和丧葬用瓷，都是由德清地区亭子桥等窑场烧造的事实，反映出这类窑场在当时的地位和重要性，其肯定不同于那些以商品生产为目的的一般私营手工业作坊，其生产也不可能成为个体的或家庭式的私营手工业，而应该是由国家控制的官营手工业。因此，我们有理由推测，像亭子桥窑场这种专门为越国王室和上层贵族烧造高档生活与丧葬用瓷的窑场，在很大程度上可能已具有了早期官窑的性质。退一步说，即便不是完全由官府或朝廷直接设立与控制的窑场，也一定有定向生产或某种程度上被官府垄断和控制的现象，也许是类似"官监民烧"或"官搭民烧"的那种生产形式。

---

① 方辉：《论我国早期国家阶段青铜礼器系统的形成》，《文史哲》2010年第1期。

② 指当时的手工业者和商贾都是官府管的奴仆，他们必须按照官府的规定和要求从事生产和贸易，产品用以满足统治阶级的需要，较少用于交换。

火烧山窑址发掘成果表明，早在两周之际，越国就开始在德清地区烧造仿铜的原始瓷礼器。越王勾践灭吴之后，乘胜北上，争霸中原，并迁都山东琅琊，成为"南面而霸天下"的霸主。从周元王三年（前473）句践灭吴到周安王二十三年（前379）越王翳还都吴姑苏城，越国的国势一直非常强盛。在争霸和建构社会伦理秩序以及文化被认同之目的背景下，对中原礼制文化的模仿与推崇，致使越国对礼乐器的需求激增，而激烈的军事之争，又使大量青铜原料消耗于武器与农具的制造。青铜礼乐器的大量需求与青铜原料的匮乏之间的矛盾，更使陶瓷礼乐器成为青铜礼乐器的替代品，战国时期原始瓷烧造技术的成熟也使仿铜礼乐器生产获得了更大的发展空间。为满足贵族生活和丧葬上的大量需求，越国在今天的德清地区专门设立窑场，集中大量生产仿铜的礼乐器，是完全有可能且显得很必然的事情。从烧瓷条件看，德清地区具有丰富的瓷土资源和燃料，境内东苕溪横贯南北，向北注入太湖，支流密布，水上交通十分便利。从地理位置上看，德清所在位置与苏南地区仅有太湖相隔，基本处在原吴、越之地的中间位置，通过舟楫之利，可北渡太湖直达此时已成为越地的苏南地区，南越钱塘江直抵越国腹地，瓷器的运输十分方便。从技术条件和窑业传统看，位于东苕溪中游的德清及与其相邻的湖州南部地区，从商代开始就已大量烧造原始瓷，并一直是南方原始瓷的生产中心，而且早在两周之际，这里的原始瓷烧造就出现过模仿青铜礼器的尝试，曾经有烧造仿铜礼器的窑场，具有悠久的原始瓷生产历史和深厚的技术积淀，制瓷的条件和基础都很好。因此，德清地区就成为了为当时越国上层贵族烧造生活和丧葬用瓷的理想之地。

第四节　关于从窑尾装窑出窑的分析判断

亭子桥窑址揭露的七条窑炉遗迹多损毁较甚，所存窑壁均很低矮，但Y2窑炉下部保存基本完整，窑壁保存也较高，南侧壁残存高度普遍在40厘米左右，北侧壁低些，普遍在20~30厘米左右。在其保存较高的窑侧壁上，我们没有看到设窑门的迹象。此前发掘的萧山前山窑址，同样也未见窑门。据此，我们认为，可能是由于此时的窑炉还不是很长，窑门尚未出现。这样，当时的装窑与出窑不可能像后期窑炉那样从设在旁边的窑门进行。另外，观察各条窑炉的窑壁窑顶坍塌块，全窑系用草拌泥建成，烧结层均较厚，内壁表面窑汗玻化程度很高，一定是多次烧造所致，不存在装烧坯件和出窑时整座窑炉有随拆随建的可能。那么，当时的装窑与出窑，肯定只有从窑头或窑尾进行。究竟是从窑头还是从窑尾呢？通过对保存情况最好的Y2的观察，我们基本认定当时装窑与出窑是在窑尾进行的，窑炉的后壁可能是每窑拆建，使用是一次性的。下面我们尝试从以下几个方面来分析论证这一可能的实际存在。

首先，从后壁的烧结程度及其与侧壁的关系进行分析。

Y2两侧壁之内面可见十分明显且很厚的灰黑色烧结面与窑汗，烧结面十分坚硬，厚达数厘米，虽表面凹凸不平，但整体联片。显然，这层厚实的烧结面与窑汗并非是一两次烧造活动所能形成，应是多次烧造所致。然而，其后壁的情况与侧壁大不一样，它的内壁面没有出现像两侧壁那样厚厚的且整体联片的坚硬黑色烧结面，只是红烧土样，壁体结构显得比较松散，烧结程度远不及两侧窑壁。在后壁与侧壁相连接的转角部位，侧壁烧结硬面在与后壁连接处是断掉的，不见连为一体的烧结硬面，说明二者连接很不紧密，并非一起构成长期烧造。若装窑和出窑工作不在窑尾进行，后壁不用经常拆建，而是与两侧壁一起构筑、连成一体、同时长期连续使用，那么，后壁与侧壁的烧结程度应该差不多，甚至会更高，内面也会形成厚厚的连成一体的坚硬黑色烧结面，且在转角部位会与侧壁连接得密不可分。而后壁若为一次性使用，由于被火烧烤时间短，内壁不可能完全烧结，也就形成不了很好很明显的坚硬烧结面，与侧壁的连接也会显得极不紧密。Y2 南侧壁后端烧结面特别厚实，与没有烧结的后壁反差强烈，正反映出后壁与侧壁使用时间不一致的客观事实，说明后壁使用时间很短，每窑拆建，它的使用只是一次性的。

其次，从废品堆积与窑炉的位置关系上分析。

整个发掘区的主要废品堆积，均集中分布在同一个区域内，位于三处窑炉遗迹之窑后的上坡面，自 T201 东北角和 T202 西北角，至 T302 的东南角和 T303 的西南角，即从北处窑炉遗迹 Y3、Y4、Y5 的后面开始，经 Y1、Y2 的窑后，延伸至 Y7、Y8 的左后方。三处窑炉遗迹基本呈南北向排列，废品堆积也相应地基本呈南北向长条形分布。分布带较长较宽，分布面积较大，分布长约 25 米左右，最宽处约 5~6 米，堆积丰厚，最厚处达 40 厘米左右，未遭扰乱，基本属于纯净的瓷片和窑具堆积，极少有泥土混杂，也不见有可据以分层的整修窑炉时形成的红烧土和窑炉坍塌块间隔层。从分布位置和相互关系看，这片废品堆积在三处窑炉遗迹的窑后部位，应该是三处窑炉共同的废品堆积区。除此区域外，只在中处遗迹 Y1、Y2 的窑前左前方山脚便道旁，另有一小片废品堆积的存在，但分布面很小，数量也不多。也就是说，三处窑炉的废品堆积都主要集中分布在窑后。从窑尾出窑无疑是对这种废品分布状态的最好解释。因此，废品堆积集中分布在窑后的客观现象，也为我们做出从窑尾装窑与出窑的分析判断提供了依据。试想若是从窑头出窑，不直接向窑头两侧或前方下坡倾倒废次品，反而将它们往上搬运到窑后部位去丢弃，这种费力费时的做法，太令人费解，也不合常理。

再次，从窑炉的平面形状分析。

仍以窑炉遗迹保存最好的 Y2 为例，窑床略有前窄后宽的现象，窑床斜长 7 米，往后略有加宽，其中前段宽 3.32 米，后段宽 3.54 米。实际上，其他保存不佳的六条窑炉遗迹，从残存部分看，也都存在窑床往后逐渐加宽的现象。毫无疑问，窑床的宽窄，与窑室的高低直接相关，窑床宽了窑室势必需要相应增高，否则难以建成圆拱形的窑室，会影响窑顶的牢固性和使用寿命。因此，窑床往后逐渐加宽的现象表明，其后段和尾部的窑室要高于前段。窑尾室内高度的增加，方便了窑工们在装窑与出窑时的活动需要。从这个角度分析，窑床前窄后宽的形式，可能也与方便从窑尾装窑与出窑有关。

最后，从窑头能否装窑与出窑分析。

所谓窑头实际上就是火膛。由于窑炉的整体形状是宽度向前略有收缩，前段窑床相对较窄，火膛在窑床前端，其宽度较之窑床更有减小，室内高度也势必会较窑室要低矮，活动空间较小。火膛可提供人进出的也就是火门，而火门一般都较窄小，连人的进出都不方便，更何况要装卸坯件，一些大件产品如果要从这里进出，显然会更困难。实际上，汉以后直至唐宋的晚期龙窑中，也没有发现从窑头装窑和出窑的实例。从窑头装窑和出窑，火膛随拆随建，既不现实，又不合理。

要之，我们认为，当时的装窑与出窑活动都是从窑尾进行的。

第五节　三处窑炉遗迹的先后关系

从发掘区的地层关系看，所揭露的三处窑炉遗迹，均叠压在④层下，距地表很浅。相互间距离较远，之间不存在叠压打破关系。各方面迹象显示，北、中、南三处窑炉遗迹，并非同时建成一起烧造，而是有先有后建成使用的，其先后关系应是先有北处，再有中处，最后有南处。理由如下：

北处窑炉遗迹，3 条，Y3、Y4、Y5，所处地势最高。最早的 Y5 窑炉底部，直接挖建在早于窑址的西周遗址地层（即第⑦层）上，窑炉基础打破第⑦层。窑炉底部除了铺垫的瓷土粉末之外，没有发现铺垫红烧土、窑渣、窑炉坍塌烧结块等现象。这表明此窑之前，此处尚未有其他窑炉烧造活动的存在，Y5 是本处窑场最早建立的窑炉。

中处窑炉遗迹，2 条，Y1、Y2，所处地势低于北处，Y1 叠压在 Y2 之上，Y2 早于 Y1 建造。从解剖情况看，叠压在 Y2 窑底之下的为分布于发掘区东部下坡的⑥层，表明 Y2 要晚于⑥层。⑥层是窑炉烧造活动形成的堆积，内有大量红烧土、窑炉烧结块、瓷片和窑具等遗物，表明在建 Y2 之前，此处附近已有窑炉的存在，并已烧造了一段时间，形成了较厚的烧造活动堆积层。同时，可能由于此处地势较低，山坡过于平缓，不能满足建造窑炉需要的坡度，因此，在建造 Y2 时，采用大量垫土的办法，特别是窑炉后段部位垫土特厚，借此来抬高地势，形成比较理想的建窑坡度，垫土内包含有大量塌废窑炉的红烧土、窑炉烧结块和一些产品标本，明显是取自 Y2 建造之前已存在的窑炉堆积层，同样表明 Y2 营建之前附近已有窑炉存在。很显然，Y2 建窑所用垫土也应是取之于第⑥层，这个早于 Y2 存在的窑炉应该就是现存的北处遗迹，即 Y3、Y4、Y5，第⑥层堆积应该是由 Y3、Y4、Y5 的烧造活动所形成。由此可以判定，Y1、Y2 的建造时间要晚于 Y3、Y4、Y5，应该是 Y3、Y4、Y5 先后废弃后向南移位重建的窑炉。因此，从地层叠压关系看，中处遗迹要晚于北处遗迹。

南处窑炉遗迹，2 条，Y6、Y7，其所处地势最低。因破坏严重，后部大部分窑床没有保存，窑尾的地层叠压关系不清楚。从残存部分的趋势看，其窑尾也肯定是用土垫高的，显示出年代较晚。从位置关系看，北处在最上坡，地势最高，中处在最中间，南处在南面最低处。如以北处与中处遗迹的早晚关系来顺推，南处遗迹可能最晚。

另外，从当时的实际情况分析，有三座窑同时烧造的可能性很小。窑炉全部是用草拌泥建造的，其牢固性肯定不会太好，使用时间不会很长。在烧造过程中，窑顶的坍塌可能会时有发生，一般较小的局部坍塌，窑炉经过一定的整修应该仍可继续使用，较严重的大面积坍塌就会使整条窑炉废弃。三处窑炉遗迹中，均有 2 条或 3 条窑炉叠压打破的现象，正好反映出这种情况的客观存在。然而，当经过多次大修重建，原址上已不适合再建窑炉时，就势必要考虑在附近另择地点新建窑炉，原先的窑炉就自然会被废弃，这种现象在所有窑场中都是普遍存在的。因此，亭子桥窑址揭露的三处窑炉遗迹，应该就是在这种过程中产生和形成的。

第六节　部分器物的用途与定名

亭子桥窑址出土的仿铜礼乐器中，有些器物显得比较少见与特殊，具体用途也不够明确，在此作些分析与讨论。

1. 提梁壶

复原的一件提梁壶造型很别致：壶为弧顶，扁圆腹，平底，弧顶顶部封闭，上有拱形提梁，提梁两侧有一大一小两个流，一侧流粗大呈圆管状，与腹相通，大口上翘，流的上侧切出梯形缺口，另一侧流较小呈兽首形，流中心也有小孔与器腹相通。相同或相似的陶瓷器物在以往的考古工作中出土较多，习称为"虎子"，一般认为是古代的一种男用便器，以汉六朝墓葬中最为多见，无锡鸿山越国贵族墓中也有出土。但常见的虎子或仅有大口而无对称设置的小口，或虽有小口而实际与腹不通，小口仅仅是一种装饰而已，不具有实用功能。本次亭子桥窑址出土者，小口也和大口一样有孔与腹相通，此种设计与虎子的用途已明显不符，显然不会是虎子。对称设置与腹相通的大小两个口，各自担负的应该分别是进水与出水的功能，宜用于盛装和倾倒液体，可能是注酒器或茶壶，故此，我们称之为"提梁壶"。

2. 镇

在亭子桥窑址出土的礼器中，有一种整体呈馒首状或半球形的器物，我们称之为镇。先秦时代人们席地而坐，人坐在铺于地面的席子上，镇当是一种压席之物，放置在竹编或草编的坐席四角，压住坐席使之平整，以防席角翘起有碍观瞻以及牵挂人之衣服。镇有青铜、玉石、陶瓷等不同质地，形制基本相同。亭子桥窑址中所见的这类陶瓷镇，过去在越墓中出土较多，然而对于这类器物功能用途的认识，一直以来比较模糊，称呼也有"权"、"权形器"、"铃"、"铃形器"、"悬铃"、"镇"、"圆球形器"、"半球形器"等诸多种。实际上，在较长的一段时间内，我们认为其可能是一种仿青铜器的打击乐器，并称其为悬铃。这不仅仅是因其顶部有环可悬挂且腹腔内空的形态特征有点像悬铃，更因为在长兴鼻子山 M1 的发掘中，这种器物与其他一大批甬钟、镈、磬、錞于、句鑃、钲等仿铜原始瓷和硬陶乐器共存于墓外陪葬器物坑内，这成为我们认定其为悬铃的一种颇有说服力的理由[1]。促使我们在认识上彻底转变的，是绍兴博物馆近年征集的 3 件青铜镇，据说出土于西施山遗址，其中的两件整个腹腔内灌满铅锡，目的显然是为了增加重量，其底部铅面与内敛的底口显得很平整，几乎成为一件实心的平底器物，而且底口与铅面可见比较明显的磨光痕迹，这种磨光痕迹应该是长期与地面或某种物体接触摩擦所致[2]。这两件器物无疑是确认此类器物系压席之镇的最好说明。因此，对于器形、大小甚至纹饰上完全模仿青铜镇的这类空心的陶瓷制品，无疑也应该是压席之镇了，只是它与青铜镇不一样，并非是一种实用器，而是专门用于丧葬礼仪的明器[3]。更巧的是，

① 浙江省文物考古研究所、长兴县博物馆：《浙江长兴鼻子山越国贵族墓》，《文物》2007 年第 1 期。
② 刘侃：《绍兴西施山遗址出土文物研究》，《东方博物》第 31 辑。
③ 浙江省文物考古研究所：《浙江越墓》，科学出版社，2009 年。

去年为编辑《古越瓷韵》[①]一书，我们去慈溪市博物馆挑选和拍摄原始瓷器物，在展厅里竟意外地看到了两件实心的与青铜镇器形相同的原始瓷器物，更可进一步确证这类造型的原始瓷器物应该是镇而不是悬铃，不管它是空心的还是实心的。

3. 鼓座

出土的仿铜乐器数量较少，器类也不是很多，甬钟、句鑃、錞于比较常见，用途也明确，但有一种体形硕大厚重的鼓座，数量不多，形状特殊，特别引人关注。这种器物座身呈圆形覆钵状，弧顶，中空，无底，顶部中心有长管状插孔。座身四周有等距离分布的四个大型铺首衔环，每个铺首的右下侧或左下侧设有一个圆形镂孔。通体满饰模印或戳印的各种夔纹和云雷纹，插管和座身足缘上的云雷纹工整浅细，座身和弧顶上的夔纹均十分粗大，深浅不一，高低不平，富有浮雕感。座径达 50、高达 37 厘米左右。器物不但体形硕大厚重，而且纹饰繁密优美，实系亭子桥窑址的经典之作。这种器物顶面中心的圆管状插孔，显然是为插木质类物件所设，而覆钵状的座身宽大厚重，四缘折直，显得大方而稳重。相同的原始瓷器物浙江省博物馆有旧藏[②]，考古发掘中江苏无锡鸿山邱承墩越国贵族墓[③]中为首次发现，只是纹饰不尽相同。鸿山大墓发掘者通过对大量文献和考古资料的考证研究，认为尽管在春秋战国时期的鼓有建鼓和悬鼓之分，然吴越地区流行的应为悬鼓，墓中出土的原始瓷制品，应该是青铜悬鼓座的仿制品。在以往的考古发现中，湖北随县曾侯乙墓[④]就随葬有建鼓与悬鼓，只是悬鼓座已腐朽致其形不详，观察亭子桥窑址出土的鼓座，与该报告发表的青铜建鼓座在形状和纹饰上却十分的相似。在绍兴 306 号战国墓出土的铜房屋模型内，有伎乐俑跪坐敲击悬鼓的场景，该墓内出土的一件青铜插座，上有插管，下为方形盝顶式座体，此件插座可能即为一件实用的鼓座[⑤]。类似的青铜器物在安徽屯溪土墩墓 M3 中也有发现[⑥]。安徽舒城九里墩春秋墓出土的一件青铜鼓座，其底座也为圆形覆钵状，中空，无底，座身四周有四个铺首衔环，弧顶，插管残缺，直径 80、残高 29 厘米[⑦]。从器形上比较，亭子桥出土的原始瓷鼓座，与九里墩墓出土的青铜鼓座更相似。因此，将这类器物称之为鼓座是有一定依据的。

---

① 浙江省文物考古研究所：《古越瓷韵——浙江出土商周原始瓷集粹》，文物出版社，2010 年。

② 浙江博物馆典藏大系：《瓷源撷粹》，浙江古籍出版社，2009 年。

③ 南京博物院、江苏省考古研究所、无锡市锡山区文物管理委员会：《鸿山越墓》，文物出版社，2007 年。

④ 湖北省博物馆：《曾侯乙墓》，文物出版社，1996 年。

⑤ 浙江省文物管理委员会等：《绍兴 306 号战国墓发掘简报》，《文物》1984 年第 1 期。

⑥ 李国梁：《屯溪土墩墓发掘报告》，安徽人民出版社，2006 年。

⑦ 安徽省文物工作队：《安徽舒城九里墩春秋墓》，《考古学报》1982 年第 2 期。

附录一　德清亭子桥窑址出土原始瓷的科技研究

吴隽　　张茂林　　吴军明　　李其江　　欧阳小胜
（景德镇陶瓷学院）

陈元甫　　郑建明
（浙江省文物考古研究所）

一　前言

亭子桥窑位于浙江省德清县经济开发区龙胜村东山自然村北的一处缓坡状小山丘上，是战国时期生产原始青瓷的重要窑址。2007 年 9 月至 2008 年 4 月，浙江省文物考古研究所会同德清县博物馆，对亭子桥窑址进行了发掘，揭露 7 条窑炉遗迹，出土了大量仿青铜器的原始青瓷礼器和乐器。[①]

亭子桥窑是全国首次发现的烧造高档次仿青铜青瓷礼器与乐器的窑场。该窑址的发掘，为这些年江浙地区越国贵族墓葬出土的大批仿青铜原始青瓷礼器与乐器，找到了明确的原产地和窑口，表明战国时期为越国王室贵族烧造高档次生活与丧葬用瓷的窑场就在浙江的德清，在很大程度上，亭子桥窑址已具有早期官窑的性质。这次考古发掘取得的重大成果，对于研究中国陶瓷发展史，特别是原始瓷与"德清窑"的关系，乃至中国青瓷的起源，有着重要意义。[②]

亭子桥窑址出土的原始瓷器，大多数烧成温度较高，胎质细腻坚致，釉面匀净明亮，胎釉结合良好，因而，有学者认为产品质量已基本达到了成熟青瓷的水平，但亦有学者对此持怀疑态度。[③]为了探讨亭子桥窑址出土的原始瓷器是否已经达到了成熟瓷器的标准，以及这批原始瓷器的产地特征，在浙江省文物考古研究所和德清县博物馆的支持和协助下，我们对德清亭子桥窑址出土的 30 余件不同类型且具有代表性的典型原始瓷样本进行了系统的测试和分析，并通过与德清冯家山窑址以及我国其他地区出土原始瓷、越窑青瓷进行比较，对这批备受关注的精美原始青瓷的工艺特点、性能指标、以及产地特征进行了初步的探讨和分析。

二　实验

1. 化学组成分析

采用美国 EDAX 公司生产的 EAGLE–Ⅲ型能量色散 X 射线荧光（EDXRF）分析仪对浙

---

① 陈元甫、郑建明、周建忠等：《浙江德清亭子桥战国窑址发掘简报》，《文物》2009 年第 12 期，第 4–24 页。
② 陈元甫、郑建明、周建忠等：《浙江德清发现战国时期越国"官窑"》，《中国文物报》2008 年 4 月 16 日第 2 版。
③ 郑建明、陈元甫、周建忠等：《瓷之源——原始瓷与德清窑学术研讨会纪要》，《中国文物报》2008 年 5 月 9 日第 7 版。

江德清亭子桥（编号为 DT）和冯家山（编号为 DF）古窑址出土样品的主、次量和微量元素成分进行了测定。EDXRF 的特点是无损、快速、动态范围宽、适用于各种形态的样品，可以进行钠（Z11）至铀（Z92）的多元素同时分析。测定的浓度范围可以从 10^{-6} 至 100%。制样要求低，甚至不必制样就可以直接测定。实验中采用铑钯和硅锂探测器，束径为 300 μm。同时，为了确保无损测试的准确性和可比性，针对古陶瓷的元素和物相组成特点，采用传统陶瓷的烧制工艺研制了一套古陶瓷无损测试的 13 个专用系列标准参考物质，并用该仪器随带的软件 Delta-Ⅰ建立了各元素的标准曲线，曲线计算的方程如下：

$$C_i = KI_i[1+ \sum (S_j I_j)]+P+ \sum (B_j I_j)$$

其中：C_i 和 I_i 分别为元素 i 的含量和强度；I_j 为元素 j 的激发强度；S_j 和 B_j 为元素 j 的基体和本底的影响因子（$j \neq i$）。K 和 P 为常数。

测试结果见表 1 至表 4。

表 1　德清亭子桥、冯家山窑址出土原始瓷样品胎的主、次量化学组成 (wt%)

编号	原编号	来源	Na$_2$O	MgO	Al$_2$O$_3$	SiO$_2$	K$_2$O	CaO	TiO$_2$	Fe$_2$O$_3$
DT-01	07DTT302④：1	亭子桥	0.46	0.89	18.34	73.39	2.00	0.39	0.64	2.90
DT-02	07DTT201②：1	亭子桥	0.24	0.71	15.22	77.55	1.63	0.36	0.68	2.62
DT-03	07DTT202⑤：5	亭子桥	0.70	1.03	17.93	74.18	1.90	0.37	0.65	2.23
DT-04	07DTT202①：7	亭子桥	0.22	0.84	17.56	74.99	2.00	0.28	0.65	2.47
DT-05	07DTT202①：1	亭子桥	0.68	0.94	17.22	74.92	1.89	0.32	0.64	2.38
DT-06	07DTT202①：3	亭子桥	1.02	0.77	16.27	76.37	1.74	0.37	0.56	1.89
DT-07	07DTT202①：5	亭子桥	0.35	0.54	17.00	76.12	1.99	0.31	0.62	2.08
DT-08	07DTT201②：2	亭子桥	0.26	0.55	15.06	78.87	1.50	0.36	0.59	1.82
DT-09	07DTT202①：2	亭子桥	0.54	0.56	13.98	79.74	1.55	0.35	0.57	1.71
DT-11	07DTT202①：4	亭子桥	0.79	0.63	16.32	76.67	1.90	0.35	0.57	1.78
DT-12	07DTT202①：6	亭子桥	0.59	1.05	17.77	73.98	2.02	0.32	0.62	2.65
DT-13	07DTT202①：8	亭子桥	0.66	0.72	14.98	78.10	1.61	0.42	0.57	1.94
DT-14	07DTT202①：9	亭子桥	0.90	0.76	15.75	76.94	1.65	0.40	0.57	2.03
DT-15	07DTT202①：10	亭子桥	0.80	0.69	16.51	76.11	1.76	0.37	0.64	2.12
DT-16	07DTT202①：11	亭子桥	0.48	0.90	15.69	76.91	1.72	0.42	0.66	2.23
DT-17	07DTT202①：12	亭子桥	0.37	0.82	15.56	77.07	1.74	0.25	0.64	2.55
DT-18	07DTT202①：13	亭子桥	1.02	0.63	15.52	77.30	1.66	0.34	0.54	1.98
DT-19	07DTT202①：14	亭子桥	0.73	0.81	16.47	76.13	1.86	0.32	0.67	2.00
DT-20	07DTT202①：15	亭子桥	0.88	0.75	17.10	75.33	2.02	0.30	0.59	2.04
DT-21	07DTT202①：16	亭子桥	0.24	0.90	17.43	74.59	1.93	0.33	0.63	2.93
DT-22	07DTT202①：17	亭子桥	0.34	0.83	16.32	75.81	2.05	0.26	0.69	2.70
DT-23	07DTT202①：18	亭子桥	0.76	0.77	16.33	76.60	1.88	0.27	0.67	1.72
DT-24	07DTT202①：19	亭子桥	0.13	0.59	15.90	77.41	1.63	0.40	0.68	2.27
DT-25	07DTT202①：20	亭子桥	0.03	0.61	14.56	79.50	1.64	0.31	0.67	1.68
DT-26	07DTT202①：21	亭子桥	0.87	0.64	14.70	78.58	1.64	0.29	0.65	1.61

续表1

编号	原编号	来源	Na$_2$O	MgO	Al$_2$O$_3$	SiO$_2$	K$_2$O	CaO	TiO$_2$	Fe$_2$O$_3$
DT-27	07DTT202⑤：1	亭子桥	0.51	0.68	14.96	78.41	1.70	0.29	0.66	1.77
DT-29	07DTT202⑤：2	亭子桥	0.36	0.82	16.39	76.86	1.90	0.32	0.68	1.67
DT-30	07DTT202⑤：3	亭子桥	0.75	0.87	15.85	77.27	1.77	0.31	0.64	1.55
DT-31	07DTT202⑤：4	亭子桥	0.54	0.97	16.47	75.89	1.77	0.43	0.62	2.31
DT-32	07DTT202⑤：6	亭子桥	0.26	0.68	16.06	77.65	1.76	0.32	0.64	1.63
DT-33	07DTT202⑤：7	亭子桥	0.67	0.77	16.18	76.16	1.73	0.40	0.63	2.47
DT-34	07DTT202⑤：8	亭子桥	0.33	0.80	16.13	76.96	1.68	0.34	0.61	2.15
DT-35	07DTT202⑤：9	亭子桥	0.64	0.69	16.01	76.97	1.72	0.31	0.62	2.03
DT-36	07DTT204⑥：1	亭子桥	0.68	0.64	16.70	76.11	1.74	0.32	0.64	2.18
DT-39	07DTT204⑥：2	亭子桥	0.45	0.67	15.72	76.82	1.60	0.29	0.67	2.78
DT-40	07DTT204⑥：3	亭子桥	0.28	0.70	15.11	77.91	1.78	0.37	0.61	2.24
DF-1	07DFxY1①：1	冯家山	0.68	0.58	16.42	76.35	2.05	0.32	0.55	2.03
DF-2	07DFxY1①：2	冯家山	0.81	0.72	15.38	77.21	2.17	0.31	0.47	1.92
DF-3	07DFxY1①：3	冯家山	0.24	0.41	13.85	80.10	1.86	0.21	0.49	1.84
DF-5	07DFxY1①：5	冯家山	0.37	0.65	15.88	77.23	2.27	0.25	0.51	1.83
DF-6	07DFxY1①：4	冯家山	0.03	0.59	16.43	76.81	2.36	0.26	0.55	1.97
DF-8	07DFxY1①：7	冯家山	0.63	0.49	16.48	76.69	2.02	0.26	0.48	1.96
DF-9	07DFxY1①：6	冯家山	0.34	0.67	16.66	76.55	2.23	0.24	0.55	1.77
DF-10	07DFxY1①：8	冯家山	0.03	0.67	15.50	77.96	2.10	0.29	0.50	1.95

表2　德清亭子桥、冯家山窑址出土原始瓷样品胎的微量化学组成（μg/g）

编号	原编号	来源	Mn$_2$O	CuO	ZnO	PbO$_2$	Rb$_2$O	SrO	Y$_2$O$_3$	ZrO$_2$	P$_2$O$_5$
DT-01	07DTT302④：1	亭子桥	250	30	80	30	140	40	30	280	190
DT-02	07DTT201②：1	亭子桥	270	30	50	0	130	70	40	320	220
DT-03	07DTT202⑤：5	亭子桥	300	30	70	30	160	80	50	290	170
DT-04	07DTT202①：7	亭子桥	280	20	70	30	150	70	40	320	170
DT-05	07DTT202①：1	亭子桥	260	30	80	20	150	60	40	380	250
DT-06	07DTT202①：3	亭子桥	240	30	80	40	120	80	50	340	190
DT-07	07DTT202①：5	亭子桥	290	30	80	10	170	60	60	340	110
DT-08	07DTT201②：2	亭子桥	240	40	90	30	120	60	30	290	140
DT-09	07DTT202①：2	亭子桥	240	30	60	40	110	50	40	390	170
DT-11	07DTT202①：4	亭子桥	300	30	90	20	160	80	60	330	110
DT-12	07DTT202①：6	亭子桥	330	40	80	60	140	60	40	320	190
DT-13	07DTT202①：8	亭子桥	210	30	80	20	120	50	30	380	190
DT-14	07DTT202①：9	亭子桥	270	20	70	10	140	90	50	350	280
DT-15	07DTT202①：10	亭子桥	220	30	70	30	140	80	40	340	160
DT-16	07DTT202①：11	亭子桥	250	20	50	0	150	80	40	420	230

续表 2

编号	原编号	来源	Mn₂O	CuO	ZnO	PbO₂	Rb₂O	SrO	Y₂O₃	ZrO₂	P₂O₅
DT-17	07DTT202①：12	亭子桥	170	10	70	30	140	70	40	410	190
DT-18	07DTT202①：13	亭子桥	250	30	50	40	140	90	50	330	200
DT-19	07DTT202①：14	亭子桥	270	30	100	50	130	60	50	330	110
DT-20	07DTT202①：15	亭子桥	250	30	80	50	160	70	70	380	190
DT-21	07DTT202①：16	亭子桥	390	40	70	60	140	50	40	310	280
DT-22	07DTT202①：17	亭子桥	150	0	70	30	130	70	30	350	230
DT-23	07DTT202①：18	亭子桥	270	20	80	- 30	150	90	50	350	170
DT-24	07DTT202①：19	亭子桥	210	40	60	30	140	80	40	540	210
DT-25	07DTT202①：20	亭子桥	260	10	50	0	120	70	50	340	150
DT-26	07DTT202①：21	亭子桥	290	0	60	60	140	70	50	340	150
DT-27	07DTT202⑤：1	亭子桥	260	10	70	60	140	100	60	390	120
DT-29	07DTT202⑤：2	亭子桥	290	20	80	30	160	80	50	330	150
DT-30	07DTT202⑤：3	亭子桥	310	20	70	20	150	60	50	310	120
DT-31	07DTT202⑤：4	亭子桥	260	30	70	40	130	80	50	360	180
DT-32	07DTT202⑤：6	亭子桥	260	30	80	30	140	60	50	300	120
DT-33	07DTT202⑤：7	亭子桥	200	50	60	30	130	70	40	360	200
DT-34	07DTT202⑤：8	亭子桥	250	30	80	30	120	60	40	350	80
DT-35	07DTT202⑤：9	亭子桥	270	30	90	50	130	70	50	290	150
DT-36	07DTT204⑥：1	亭子桥	260	60	90	0	140	70	40	320	230
DT-39	07DTT204⑥：2	亭子桥	250	20	50	20	120	80	40	360	210
DT-40	07DTT204⑥：3	亭子桥	270	10	90	50	140	80	40	370	160
DF-1	07DFxY1①：1	冯家山	230	50	60	10	160	90	40	370	170
DF-2	07DFxY1①：2	冯家山	160	30	110	0	160	30	40	460	180
DF-3	07DFxY1①：3	冯家山	210	30	90	0	160	40	50	520	250
DF-5	07DFxY1①：5	冯家山	220	50	90	20	170	60	30	390	250
DF-6	07DFxY1①：4	冯家山	230	30	80	10	170	50	50	450	310
DF-8	07DFxY1①：7	冯家山	190	20	50	0	130	60	40	370	170
DF-9	07DFxY1①：6	冯家山	150	30	100	20	180	60	50	570	180
DF-10	07DFxY1①：8	冯家山	170	0	100	0	160	50	40	540	190

表 3　德清亭子桥、冯家山窑址出土原始瓷样品釉的主、次量化学组（wt%）

编号	原编号	来源	Na₂O	MgO	Al₂O₃	SiO₂	K₂O	CaO	TiO₂	Fe₂O₃
DT-2	07DTT201②：1	亭子桥	0.80	3.10	11.51	63.52	2.30	15.63	0.47	1.67
DT-3	07DTT202⑤：5	亭子桥	1.24	2.38	13.10	66.46	2.31	11.35	0.42	1.74
DT-4	07DTT202①：7	亭子桥	0.58	2.98	12.40	62.66	1.77	16.49	0.38	1.74
DT-5	07DTT202①：1	亭子桥	0.03	3.48	10.73	61.27	1.65	19.68	0.41	1.75
DT-6	07DTT202①：3	亭子桥	0.53	3.26	10.50	63.26	2.09	17.81	0.34	1.20

续表 3

编号	原编号	来源	Na_2O	MgO	Al_2O_3	SiO_2	K_2O	CaO	TiO_2	Fe_2O_3
DT-7	07DTT202①：5	亭子桥	0.49	3.12	12.73	63.41	1.85	15.74	0.30	1.36
DT-8	07DTT201②：2	亭子桥	0.89	2.77	11.86	65.18	1.68	14.75	0.39	1.49
DT-9	07DTT202①：2	亭子桥	1.24	2.05	11.65	73.39	2.88	5.56	0.52	1.71
DT-11	07DTT202①：4	亭子桥	1.13	3.23	12.69	64.67	1.62	14.07	0.39	1.21
DT-12	07DTT202①：6	亭子桥	1.01	3.79	11.68	61.33	1.72	17.40	0.37	1.71
DT-13	07DTT202①：8	亭子桥	0.76	3.21	11.40	63.47	1.21	16.90	0.39	1.66
DT-14	07DTT202①：9	亭子桥	0.29	2.61	11.65	65.96	1.56	15.07	0.39	1.46
DT-15	07DTT202①：10	亭子桥	1.04	2.76	12.30	60.97	1.76	18.27	0.37	1.53
DT-16	07DTT202①：11	亭子桥	1.29	1.47	14.66	71.73	4.15	2.78	0.63	2.30
DT-17	07DTT202①：12	亭子桥	0.62	2.88	9.99	60.15	2.43	21.13	0.36	1.43
DT-18	07DTT202①：13	亭子桥	0.54	2.85	11.54	64.12	1.24	16.73	0.39	1.60
DT-19	07DTT202①：14	亭子桥	1.27	1.36	15.45	71.38	4.01	2.51	0.64	2.38
DT-20	07DTT202①：15	亭子桥	0.98	3.51	13.01	62.05	2.06	15.65	0.41	1.32
DT-21	07DTT202①：16	亭子桥	0.88	5.12	11.69	60.61	2.22	16.06	0.40	2.01
DT-22	07DTT202①：17	亭子桥	1.07	2.86	12.37	64.87	2.55	12.65	0.48	2.14
DT-23	07DTT202①：18	亭子桥	0.82	3.60	11.98	63.40	1.60	15.99	0.44	1.17
DT-24	07DTT202①：19	亭子桥	0.33	2.49	11.47	62.43	2.56	17.97	0.41	1.34
DT-25	07DTT202①：20	亭子桥	0.73	3.34	11.25	64.64	1.67	15.64	0.42	1.31
DT-26	07DTT202①：21	亭子桥	0.60	3.09	11.29	66.72	2.01	13.51	0.45	1.32
DT-27	07DTT202⑤：1	亭子桥	0.43	3.20	11.30	66.44	1.61	14.44	0.41	1.16
DT-29	07DTT202⑤：2	亭子桥	1.05	3.77	10.84	61.15	1.84	18.93	0.38	1.04
DT-30	07DTT202⑤：3	亭子桥	0.19	3.05	11.91	65.82	1.67	14.81	0.42	1.14
DT-31	07DTT202⑤：4	亭子桥	0.56	2.50	11.88	64.59	1.99	15.26	0.41	1.82
DT-32	07DTT202⑤：6	亭子桥	0.73	3.15	12.57	64.88	1.64	14.13	0.45	1.45
DT-33	07DTT202⑤：7	亭子桥	0.13	2.62	11.41	63.55	1.57	17.59	0.39	1.74
DT-34	07DTT202⑤：8	亭子桥	1.29	3.60	12.39	63.36	2.07	13.84	0.44	2.01
DT-35	07DTT202⑤：9	亭子桥	0.16	3.87	11.85	62.74	1.60	16.72	0.40	1.65
DT-36	07DTT204⑥：1	亭子桥	0.87	3.23	12.78	62.80	2.00	15.11	0.40	1.80
DT-39	07DTT204⑥：2	亭子桥	1.90	2.05	13.65	70.95	3.85	2.24	0.60	3.76
DT-40	07DTT204⑥：3	亭子桥	0.85	2.66	12.92	73.20	3.24	2.90	0.56	2.66
DF-1	07DFxY1①：1	冯家山	2.12	1.69	10.37	61.20	2.01	19.42	0.31	1.88
DF-2	07DFxY1①：2	冯家山	0.14	2.12	11.57	62.74	2.26	17.98	0.32	1.86
DF-3	07DFxY1①：3	冯家山	0.42	2.44	10.31	63.63	2.21	18.30	0.29	1.41
DF-5	07DFxY1①：5	冯家山	0.43	2.48	11.50	63.94	2.10	16.85	0.35	1.34
DF-6	07DFxY1①：4	冯家山	0.88	2.54	11.82	64.17	2.04	15.83	0.36	1.37
DF-8	07DFxY1①：7	冯家山	0.75	1.61	11.72	64.65	2.57	16.04	0.32	1.34
DF-9	07DFxY1①：6	冯家山	0.63	2.17	11.93	65.08	1.55	15.70	0.33	1.61
DF-10	07DFxY1①：8	冯家山	0.77	1.62	12.99	68.59	1.80	10.67	0.40	2.16

表4　德清亭子桥、冯家山窑址出土原始瓷样品釉的微量化学组成（μg/g）

编号	原编号	来源	MnO$_2$	CuO	ZnO	PbO$_2$	Rb$_2$O	SrO	Y$_2$O$_3$	ZrO$_2$	P$_2$O$_5$
DT-2	07DTT201②：1	亭子桥	2860	150	120	30	110	430	40	320	5190
DT-3	07DTT202⑤：5	亭子桥	1400	90	150	0	120	150	50	270	2970
DT-4	07DTT202①：7	亭子桥	2900	110	100	20	90	550	30	220	4640
DT-5	07DTT202①：1	亭子桥	3040	100	70	30	90	460	30	290	4610
DT-6	07DTT202①：3	亭子桥	2640	90	100	50	90	580	40	240	6120
DT-7	07DTT202①：5	亭子桥	4130	130	130	50	150	350	60	320	4920
DT-8	07DTT201②：2	亭子桥	1760	110	150	20	140	280	30	320	5410
DT-9	07DTT202①：2	亭子桥	540	70	110	30	130	100	30	350	3080
DT-11	07DTT202①：4	亭子桥	3200	80	120	70	120	240	60	290	4530
DT-12	07DTT202①：6	亭子桥	3100	140	150	0	100	460	30	250	5580
DT-13	07DTT202①：8	亭子桥	1870	80	100	0	110	330	40	290	5680
DT-14	07DTT202①：9	亭子桥	1730	80	110	0	100	300	20	280	4880
DT-15	07DTT202①：10	亭子桥	2870	120	160	60	100	520	40	300	5350
DT-16	07DTT202①：11	亭子桥	560	70	90	20	150	90	40	360	1190
DT-17	07DTT202①：12	亭子桥	2320	30	60	20	80	620	30	280	6580
DT-18	07DTT202①：13	亭子桥	1830	100	90	0	100	450	40	280	5940
DT-19	07DTT202①：14	亭子桥	660	40	80	10	170	70	50	300	1340
DT-20	07DTT202①：15	亭子桥	5260	110	130	40	130	480	50	270	6680
DT-21	07DTT202①：16	亭子桥	3440	100	80	10	90	510	20	230	6930
DT-22	07DTT202①：17	亭子桥	2750	60	110	30	120	200	40	330	4120
DT-23	07DTT202①：18	亭子桥	3760	100	100	40	120	390	50	290	6400
DT-24	07DTT202①：19	亭子桥	3810	110	120	10	100	590	40	330	5270
DT-25	07DTT202①：20	亭子桥	2570	110	160	10	110	350	40	300	6170
DT-26	07DTT202①：21	亭子桥	1950	100	120	10	130	240	50	350	4970
DT-27	07DTT202⑤：1	亭子桥	2360	70	220	40	120	270	40	290	5150
DT-29	07DTT202⑤：2	亭子桥	3270	110	220	80	90	660	50	260	7490
DT-30	07DTT202⑤：3	亭子桥	2370	100	170	10	110	300	40	310	4760
DT-31	07DTT202⑤：4	亭子桥	4340	110	50	0	110	300	30	370	3660
DT-32	07DTT202⑤：6	亭子桥	2500	90	210	30	120	290	50	320	5140
DT-33	07DTT202⑤：7	亭子桥	2720	110	70	0	110	400	30	320	5610
DT-34	07DTT202⑤：8	亭子桥	4050	90	130	40	150	270	30	290	5990
DT-35	07DTT202⑤：9	亭子桥	4860	100	120	20	100	570	40	230	7020
DT-36	07DTT204⑥：1	亭子桥	3980	90	90	10	100	460	30	260	5700
DT-39	07DTT204⑥：2	亭子桥	1420	40	100	30	130	70	30	300	1910
DT-40	07DTT204⑥：3	亭子桥	1240	70	130	30	150	110	50	410	3660
DF-1	07DFxY1①：1	冯家山	2130	90	70	10	110	640	30	370	4140
DF-2	07DFxY1①：2	冯家山	1680	90	60	20	140	440	50	420	2720
DF-3	07DFxY1①：3	冯家山	2490	40	80	30	110	550	40	350	4090
DF-5	07DFxY1①：5	冯家山	1560	50	120	30	120	550	40	450	4140
DF-6	07DFxY1①：4	冯家山	1560	50	130	0	140	440	40	380	3880

续表 4

编号	原编号	来源	MnO₂	CuO	ZnO	PbO₂	Rb₂O	SrO	Y₂O₃	ZrO₂	P₂O₅
DF-8	07DFxY1①：7	冯家山	1560	40	60	0	90	620	30	250	2550
DF-9	07DFxY1①：6	冯家山	2170	60	90	40	140	380	50	420	2890
DF-10	07DFxY1①：8	冯家山	1860	50	100	0	150	160	60	520	1930

2. 陶瓷性能

采用德国耐驰（Netzsch）公司生产 DIL402C（1600℃ model）型热膨胀仪对部分样品的烧成温度进行了测试，热膨胀仪可用于精确测量材料在热处理过程中的膨胀或收缩情况。工作温度：室温 ~1600℃；灵敏度：1.25nm/digit；升温速率：0.1~10℃/min。此外，还采用 D/max2550V 型 X 射线仪分析了样品的物相组成。同时测试了样品的吸水率、气孔率等相关物理性能。测试结果见表 5。

表 5　德清亭子桥、冯家山窑址出土部分样品的性能及物相组成

编号	吸水率（%）	显气孔率（%）	烧成温度（℃）	物相组成
DT-1	3.8	5	1080	α-石英，少量的方石英、莫来石
DT-3	2.0	4	1210	α-石英，一定量的莫来石和方石英
DT-4	3.2	3	1070	α-石英，少量莫来石
DT-8	2.0	4	1120	α-石英，少量的方石英、莫来石
DT-9	7.0	13	1220	α-石英，少量的方石英、莫来石
DF-5	1.9	4	1230	α-石英，一定量的方石英、莫来石
DF-6	2.7	6	1160	α-石英，一定量的方石英、莫来石
DF-7	0.2	2	1200	α-石英，一定量的莫来石及少量的方石英
DF-8	0.5	2	1310	α-石英，一定量的莫来石和方石英

三　讨论

1. 胎釉成分与产地特征分析

从表 1 可以看出，浙江德清亭子桥和冯家山窑址出土的原始瓷，瓷胎的主、次量元素含量差异均较小，Al_2O_3 含量基本在 14%~18% 之间浮动，而 SiO_2 的含量变化范围为 71%~80%，这种高硅低铝的特征同我国南方盛产的瓷石组成相似。但是，瓷胎中杂质含量较高，如 Fe_2O_3 的含量多数大于 1.8%。

根据瓷釉的主、次量及微量化学组成（见表 3、4）可以把这批原始瓷样品分成两类。其中，第一类包含了德清冯家山出土的全部原始瓷样品与亭子桥窑址出土的大部分原始瓷样品，其共同特征是釉中 CaO 的含量较高（10%~20%），为瓷釉中的主要助溶剂，远高于其他碱金属氧化物含量（K_2O 与 Na_2O 含量之和为 1.7%~4.1%），属于我国古代典型的高温钙釉类别；

同时，这类样品釉中 SiO_2 含量也相对较低，基本在 60% 到 68% 之间。第二类仅包括五个亭子桥窑址出土的原始瓷标本（编号为 DT-9、DT-16、DT-19、DT-39 和 DT-40），它们的共同特征是瓷釉中 CaO 的含量较低，仅在 2%~6% 之间；而 SiO_2 含量都高于 70%，K_2O 含量在 3% 左右。图 1 和图 2 清晰地展现了两类瓷釉在元素组成上的差别。

原始瓷的出现在某种意义上替代了青铜器的许多功用，它克服了陶器表面粗糙、易吸水、易玷污的特点。目前学术界对于原始瓷釉的起源有多种看法，比较典型的有：（1）由陶衣、泥釉演变而来[①]；（2）受陶器烧成过程中掉落在器皿上的草木灰形成的玻璃相启发而来[②]。从这些原始瓷釉的微量元素分析结果来看（表 4），这两类瓷釉中锰、磷的含量都比较高（1000ppm~7000ppm），而一般的高钙矿物中，如石灰石等，含锰、磷较少，它们的使用不会提高瓷釉中锰、磷的含量。实际上，商周时期一般使用柴窑，草木灰量多而易得，因此，这两类原始瓷釉应是使用了锰、磷含量高的草木灰。至于两类瓷釉成分的差异，可能由以下几种情况所导致：（1）使用了不同种类的草木灰；（2）使用了同种高钙含量的草木灰，但添加量有所不同；（3）使用了同种低钙高钾含量的草木灰，但第一类瓷釉在此基础上又添加了石灰石等高钙矿物。若为第（2）种情况，因为第一类瓷釉 CaO 含量高，则应是第一类

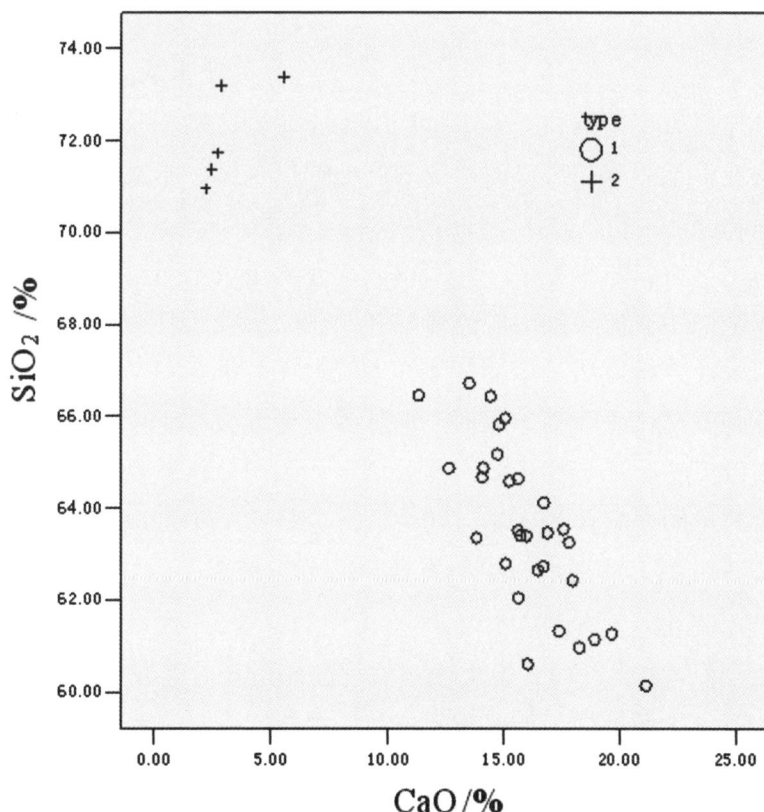

图 1　样品瓷釉中 CaO 和 SiO_2 含量的二维散点图

① 李家治：《中国陶器和瓷器工艺发展过程的研究》，《中国古代陶瓷科学技术成就》，上海科学技术出版社，1985 年，第 1-19 页。
② 张福康：《中国传统高温釉的起源》，《中国古陶瓷研究》，科学出版社，1987 年，第 41-46 页。

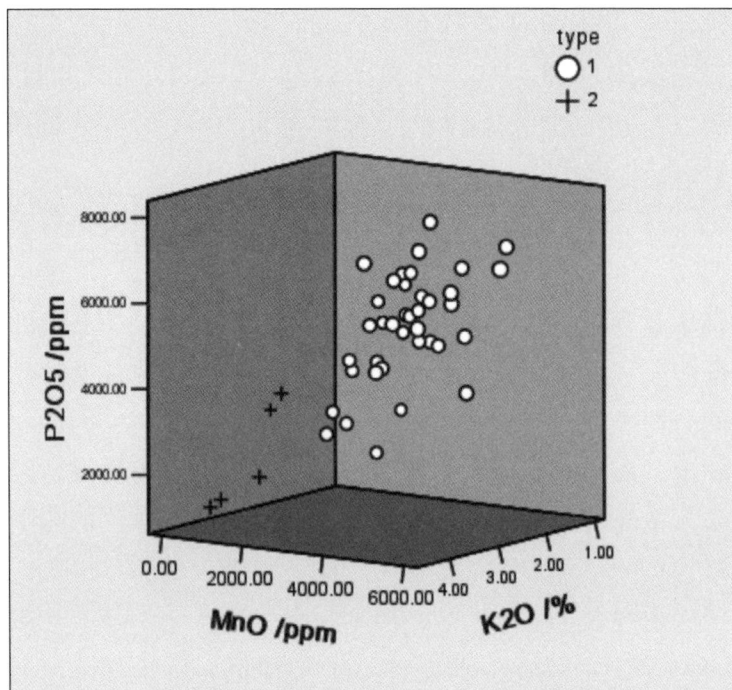

图 2　样品瓷釉中 MnO、P_2O_5 和 K_2O 含量的三维散点图

瓷釉中草木灰添加比例高，第二类瓷釉中草木灰添加比例低。但从 K_2O 含量来看，第一类瓷釉中 K_2O 含量与瓷胎相近，为 2% 左右，但第二类瓷釉 K_2O 含量明显高于 2%，这显然与假设的草木灰添加量相矛盾。若为第（3）种情况，由于石灰石等高钙矿物中一般含锰，磷较少，则第一类瓷釉中锰、磷的含量应低于第二类瓷釉，但事实却恰恰相反。因而，最有可能的应是第（1）种情况，即两类原始瓷釉所用的草木灰种类有所不同，第一类瓷釉所用的是高钙低钾低硅含量草木灰，而第二类瓷釉所用的为低钙高钾低硅含量草木灰。

　　为了进一步研究德清亭子桥和冯家山窑址出土原始瓷区别于其他窑址出土样品的产地特征，为判别一些遗址出土的未知窑口原始瓷的产地提供依据，本文收集了相关文献中的相应测试数据并做了多元统计分析①。

　　我国古陶瓷的化学组成非常复杂，若用每一个元素组成来对应多维空间的一个点，难以用直观的图形方式来描述或比较其组成的异同和变化。多元统计分析则是处理多因素、多指标特征问题的实用统计分析方法。多变量大样本资料无疑能为科学研究提供很多有价值的信息，但有的时候有必要简化（降维）数据，即从多变量或大样本中选择少数几个综合独立的新变量或个案，用以反映原来多变量的大部分信息。因子分析就是这样一种降维多元统计分析方法。我们将所测量的元素作为变量，用主成分分析法从中提取出两个或三个公共因子，这样可以在二维或三维图上清晰地看出所有样品的分类情况。图 3 是利用 SPSS 软件所作的浙江德清亭子桥和冯家山古窑址部分出土原始瓷样品以及上海马桥遗址（XM）、江西吴城遗址（WC）和鹰潭角山遗址（YJ）出土原始瓷样品胎的主、次量组成三维因子散点图。从图 3 中可以看出，这五个遗址出土的原始瓷，在胎体主、次量元素组成上的差异比较明显，基本没有混在一起的情况。即使是德清亭子桥和冯家山这两个相距较近的窑址出土的原始瓷，其所用胎料也有所区别。但与上海、江西等地出土原始瓷相比，在图中距离较近，差异性明

---

① 陈尧成、张福康、张筱薇：《上海马桥夏商原始瓷的制作工艺研究》，《陶瓷学报》1999 年第 17 卷第 3 期，第 25–31 页；李家治：《中国科学技术史——陶瓷卷》，科学出版社，1998 年，第 87–92 页；吴瑞、吴隽、邓泽群：《鹰潭角山商代窑场出土原始瓷的科技研究》，*ISAC* 05，第 32–39 页。

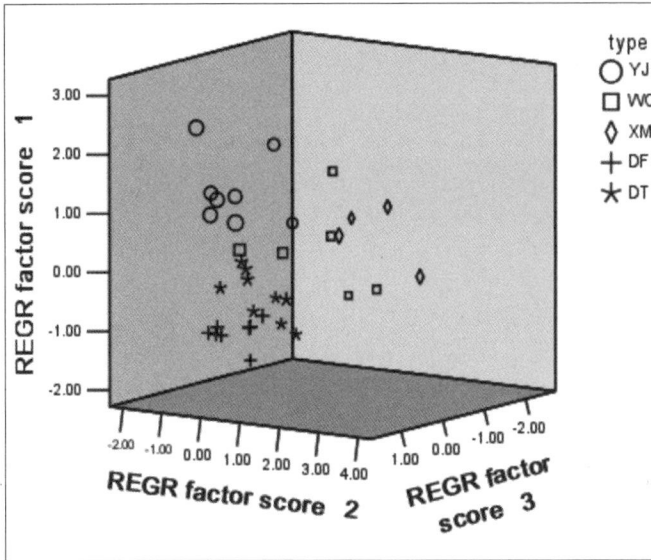

图 3　不同遗址出土原始瓷胎主、次量成分的三维因子散点图

显缩小。对胎体主、次量以及微量元素组成进行聚类分析（图 4、图 5），所得结果与采用因子分析研究取得的结果相一致。

2. 烧制质量

对于陶器和瓷器的区别，目前尚且没有统一的标准。从材料学的角度，一般来说，瓷和陶的差别在于瓷器的胎质坚实致密，多数为白色或略带灰色调，断面有玻璃态光泽，薄层微透光。在性能上，具有较高的强度，气孔率和吸水率都非常小，在显微结构上则含有较多的玻璃态和一定量的莫来石，并施有一

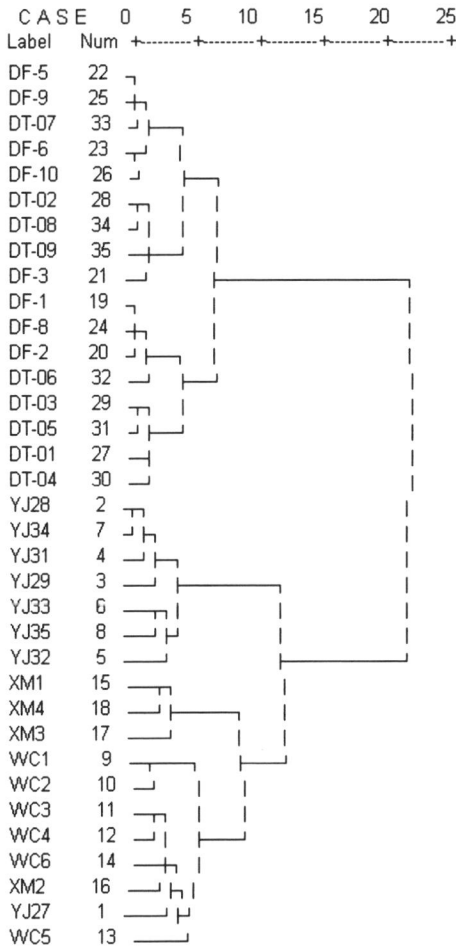

图 4　不同遗址出土原始瓷胎主、次量成分的聚类图

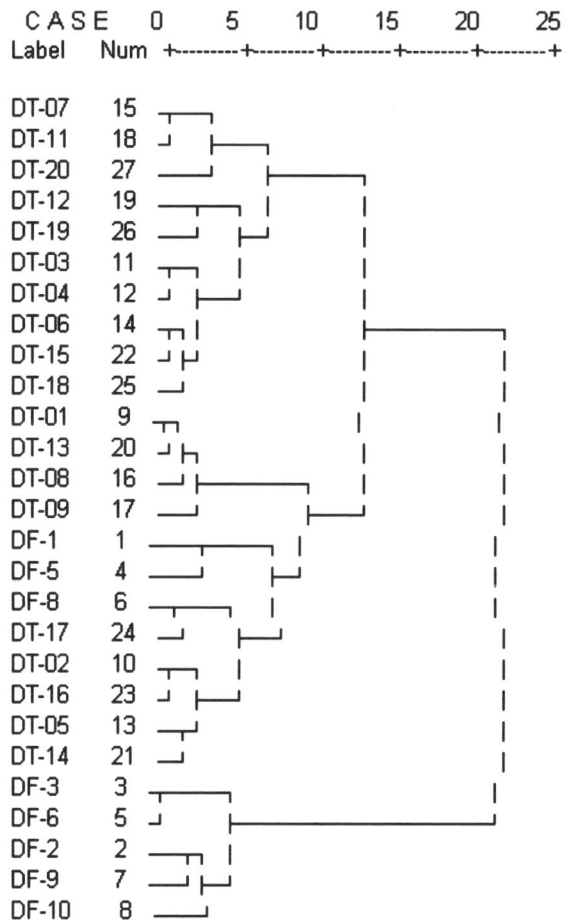

图 5　德清亭子桥和冯家山窑址出土原始瓷胎微量成分聚类图

层具有一定厚度、厚薄较为均匀和附着性较好的玻璃釉。这些外观、性能和显微结构共同形成了瓷的特征[①]。也有学者认为，胎体所用原料是否为瓷石或高岭土也应该是区别陶与瓷的重要标准之一[②]。而目前公认达到了成熟瓷器标准的东汉晚期上虞小仙坛越窑青瓷标本，其胎体采用中国南方常见的瓷石作为原料，杂质含量较低，如 Fe_2O_3 含量只有 1.5% 左右，烧成温度在 1160℃ 到 1310℃ 之间，胎体烧结程度较高，吸水率在 0.4% 以下，胎体表面施有一层均匀的钙釉[③]，胎釉结合较好。

根据对浙江德清亭子桥和冯家山窑址出土的部分具有代表性的原始瓷样本进行 X 射线衍射物相以及烧成温度分析可知（所得结果如表 5），其烧成温度已在 1070℃ 以上，胎体物相组成中已经出现了少量的方石英和莫来石，尤其是德清冯家山窑址出土的两个样品（DF-7 和 DF-8）吸水率更是低至 0.5% 以下。但从本批次研究测试的标本来看，大部分样品胎体仍不够致密，吸水率（大多高于 2%）和显气孔率（4% 以上）较大，胎釉结合程度较差，且烧成温度个体之间差异较大（分布在 1070℃ ~1310℃ 之间），这表明当时的陶工在陶瓷制作工艺、烧成技术等方面尚处于摸索阶段。可见，这批浙江德清亭子桥和冯家山窑址出土的标本，在制作工艺、烧成技术和产品质量上已取得了一定的进步，但与已被公认达到了成熟瓷器标准的浙江上虞小仙坛东汉晚期青瓷标本相比仍有一定差距。

通过对典型德清冯家山和亭子桥样品（DF-8、DT-3）胎、釉、中间层的扫描电镜分析（图 6），发现胎体中存在大量气孔和缝隙、较多的残留石英，玻璃相物质还比较少。釉层中的主要物相为玻璃相、极少量气泡及残留石英。在胎釉中间层部分生成了少量晶体，由于析晶包含晶核生长（核化）和晶体生长（晶化）两个过程，核化易发生在晶核的成核位垒较低处，对于任何小于

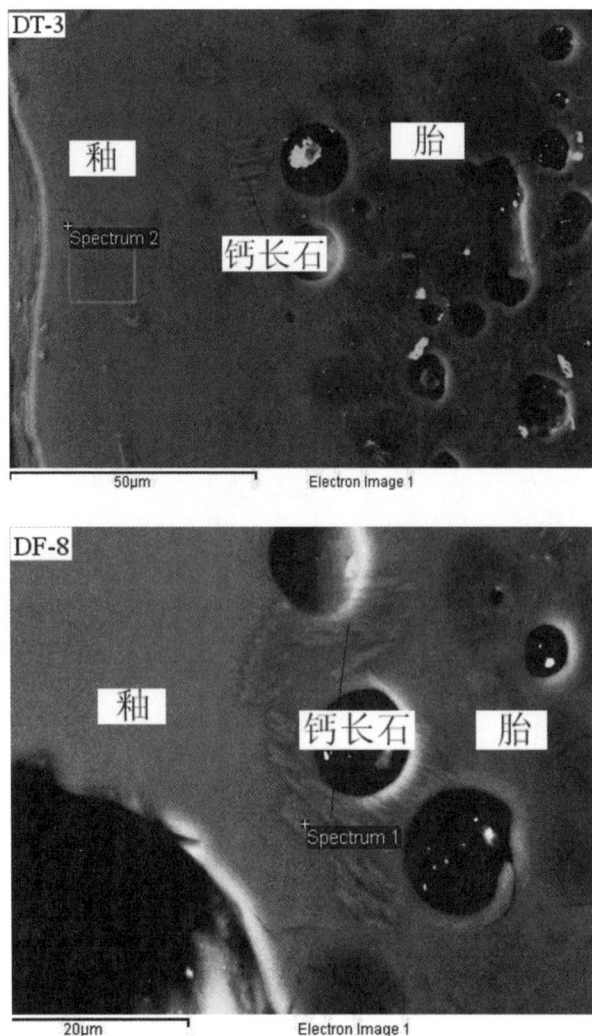

图 6　德清亭子桥和冯家山样品胎釉交界处的显微结构

---

① 李家治：《我国瓷器出现时期的研究》，《硅酸盐学报》1978 年第 3 期，第 190-197 页。

② 陆明华：《原始青瓷与青瓷概念思考》，《东方博物》第 29 辑，第 91-96 页。

③ 李家治：《我国瓷器出现时期的研究》，《硅酸盐学报》1978 年第 3 期，第 190-197 页；叶宏明：《中国瓷器起源的研究》，《陶瓷学报》2008 年第 29 卷第 2 期，第 121-142 页。

180° 接触角，在异质表面上形成晶核自由
能势垒都比均匀成核的要小，因而核化主要
出现在气泡、残晶以及胎釉中间层处等。因
为胎中较高浓度的 Al^{3+} 向釉中扩散，在中
间层靠釉的区域生成了少量晶体为钙长石晶
体，但远没有后期越窑青瓷胎釉中间层中生
成的钙长石晶体[1]量多（见图 6、图 7），
这既是它们胎釉结合程度较差导致釉层易于
剥落的原因之一，也体现了它们烧制质量不
及早期越窑青瓷的差别所在。

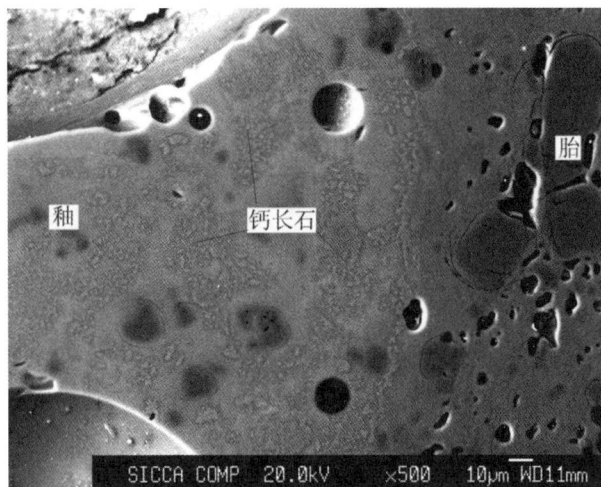

图 7　东汉越窑标本胎釉交界显微结构

综合元素组成特征、物理性能、物相结
构等分析结果，尽管浙江德清亭子桥和冯家
山窑出土的这批原始瓷的制作比较精良，但与小仙坛青瓷相比，仍有一些差距。

虽然亭子桥和冯家山窑址出土的战国时期原始瓷与小仙坛青瓷相比仍有一些差距，但
与中国各地出土的早期原始瓷相比，已有了明显的进步。例如，中国各地商代的原始瓷，
瓷胎中 Fe_2O_3 等杂质的含量较高，基本高于 2%[2]，吸水率在 6% 以上，显气孔率大多在
20% 以上[3]，这些数据都高于德
清亭子桥与冯家山窑址出土战国
时期原始瓷的相应参数。说明这
批德清亭子桥与冯家山窑址出土
的原始瓷，在原料的选择和处理、
烧制技术等方面已取得了一定的
进步。为了更清晰地反映这种变
化，图 8 展现了我国历代各地原
始瓷的显气孔率和吸水率的变化
趋势，从图中可以看出，从商代
到汉代，中国各地区原始瓷的吸
水率、显气孔率总体呈现出不断
降低的趋势，反映了中国先民从
商代出现原始瓷直至东汉时期发
明瓷器的这一时期陶瓷制作工艺
的演变发展。

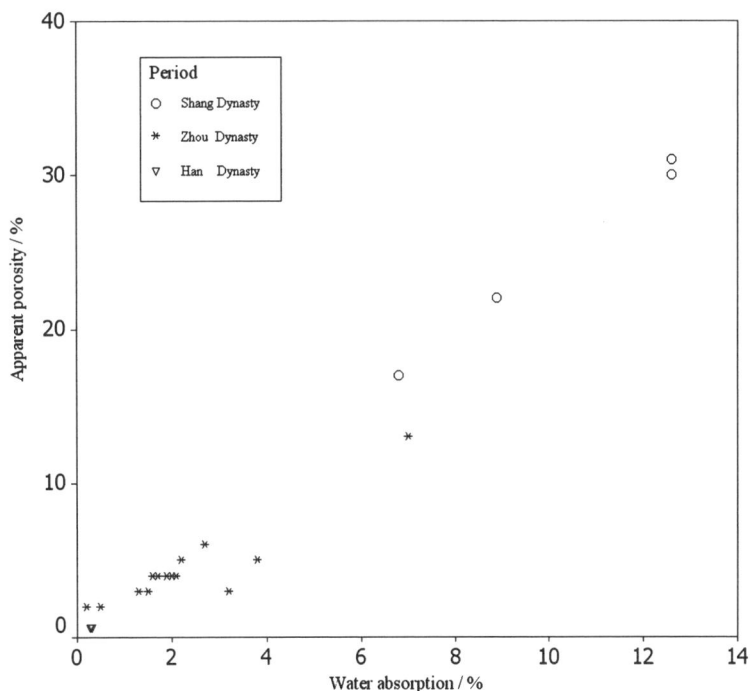

图 8　中国不同时期原始瓷样品吸水率与显气孔率的二维散点图

---

[1] 李家治：《我国瓷器出现时期的研究》，《硅酸盐学报》1978 年第 3 期，第 190–197 页。

[2] 李家治：《中国科学技术史—陶瓷卷》，科学出版社，1998 年，第 87–92 页。

[3] 吴瑞、吴隽、邓泽群：《鹰潭角山商代窑场出土原始瓷的科技研究》，*ISAC* 05，第 32–39 页。

四 结论

1. 根据瓷釉的主、次量及微量化学组成可以把德清亭子桥和冯家山窑出土的原始瓷样品分成两类。其中第一类在数量上较多，特征表现为高钙低硅含量，而第二类为低钙高硅。两类原始瓷釉中都使用了草木灰作为原料，只是草木灰的种类有所不同。

2. 德清亭子桥和冯家山窑址出土的原始瓷，具有明显的产地特征。两窑址虽相距很近，但在胎体原料配方方面仍有一定的区别。

3. 从物相结构和物理性能来看，浙江德清亭子桥和冯家山窑出土的原始瓷虽然造型工整，做工细致考究，烧制的温度也较高，胎体中出现了少量的方石英和莫来石，但吸水率大多高于 2%，气孔率在 4% 以上，瓷胎并未完全烧结。釉层中气泡较少，胎釉中间层处生成有少量钙长石晶体，但远没有越窑青瓷胎釉中间层中生成的钙长石晶体量多，这应是它们胎釉结合程度较差的主要原因之一。

4. 综合其元素组成特征、物理性能和物相结构等分析结果，浙江德清亭子桥和冯家山窑出土的原始瓷与商代原始瓷相比，在原料选择和处理、制作工艺、烧成技术和产品质量等方面已取得了较大的进步，但与已被公认达到了成熟瓷器标准的越窑上虞小仙坛东汉晚期青瓷相比仍有一定差距。

附录二　浙江德清亭子桥原始瓷的核分析研究

冯松林　李丽　冯向前　闫灵通　谢国喜　徐清
（中国科学院高能物理研究所）

陈元甫　郑建明
（浙江省文物考古研究所）

亭子桥窑址位于浙江省德清县境内的龙胜村东山自然村北一处缓坡状小山丘上，2007年9月至2008年4月，浙江省文物考古研究所会同德清县博物馆，对亭子桥窑址进行了系统发掘。发掘揭露了7条龙窑遗迹，出土了大量精美的战国时期的仿铜礼乐器、日常生活用器和形式多样的窑具。尤其是仿铜礼乐器，器形品类丰富，几乎囊括了江浙地区大型越国贵族墓出土的原始青瓷礼乐器的各个品类，为江浙地区越国贵族墓葬中随葬的原始瓷礼乐器找到了明确的产地，表明亭子桥窑址是一处为越国王室贵族烧造高档用瓷的窑场，代表了当时制瓷工艺的最高水平。亭子桥窑址的发掘与发现，对于探索中国青瓷的起源和烧造技术具有极其重要的意义。

亭子桥窑址出土的原始瓷器，不仅釉色泛绿，厚薄均匀，外观工艺精细，而且胎色发白，组织细密，质地坚硬，叩之能发出清脆的金属声，这些特征几乎脱离了因坯泥练制比较粗糙，胎体杂质裂纹多，可塑性较小，造型比较单调，釉色不稳定的原始青瓷特征。

为了从外观特征和内在物理化学性质两方面分析这批出土瓷器，对其化学组成进行核分析研究是十分有意义的。古陶瓷中主量和微量成分种类及其含量等信息是由制瓷原料和烧制工艺决定的，它具有一定的产地属性和年代特征，这些信息几乎不随年代变迁而变化，是研究古瓷内在物理和化学性能、产地和年代特征以及工艺技术发展特点的重要依据。对这些出土瓷器的科学分析，将有助于研究原始瓷原料配方和烧制技术发展。

仪器中子活化分析（INAA）具有准确度高、灵敏度好、多元素同时分析、取样量小等优点，被广泛应用于古陶瓷元素组成的取样分析，给出古陶瓷胎和釉中元素的平均含量，是古陶瓷产地溯源和年代特征研究的理想方法之一。

能散X射线荧光（EDXRF）适合古陶瓷胎釉中元素组成的无损分析，能够分析古陶瓷胎和釉中约20种化学成分的含量，是一种便捷和灵敏的元素组成分析方法。

一　实验

1. 原始瓷残片标本的筛选

为了较全面分析亭子桥原始瓷胎和釉的化学组成，使分析数据具有代表性和统计意义，中国科学院高能物理研究所与浙江省考古研究所合作，通过认真筛选，挑选出具有代表性的6种器形，如表1所示，每种器形筛选15~19件不同个体残片样品，一种器形构成1个样品组。器形有条纹大罐、无条纹大罐、中型罐、碗片、盅式钵和浅盘，残片厚度从5毫米到14毫米，瓷胎普遍呈灰色，多数标本的瓷胎中气孔较多，瓷釉多较薄且不均匀。原始瓷样品的具体信息列在附表1~3中。

表1　浙江德清亭子桥窑址原始瓷样品背景信息表

组号	时代	器形	质料	胎质	胎色	釉色	样品量
1	战国	条纹大罐	原始瓷	中粗	灰	青	17
2	战国	无条纹大罐	原始瓷	中粗	灰	青	15
3	战国	中型罐	原始瓷	中粗	灰	青	17
4	战国	中型罐	原始瓷	中粗	灰	青	19
5	战国	碗片	原始瓷	中粗	灰	青	19
6	战国	盅式钵和浅盘	原始瓷	中粗	灰	青	16

2. 样品制备

用石英砂轮片从每件瓷片上切下 10mm × 30mm 的 2 小块，其中一块磨去釉层及表面受侵蚀的部分用于瓷胎的有损分析，纯瓷胎样品在超声波清洗器中先后用自来水和超纯水分别清洗 3 遍，在烘箱中以 105℃烘烤 4 小时后，用玛瑙研钵将瓷胎样品研磨成 200 目的粉末，保存在干燥器中待用。在另一块瓷片断面上用抛光片进行磨平和抛光，去除表面可能污染的部分，用于瓷胎和瓷釉中主量化学组成的无损分析。制备后的样品在超声波清洗器中先后用自来水清洗 3 遍，在烘箱中以 105℃烘干后待用。

3. 实验方法和分析质量控制

本研究将用仪器中子活化（INAA）和 X 射线荧光（XRF）两种方法、有损和无损分析瓷胎和瓷釉中化学组成，应用实验数据进行瓷胎和瓷釉原料配方、产地属性、不同器形之间的原料差异和内在联系、生产工艺和烧制技术等研究。

瓷胎和瓷釉中主量化学成分是在超大样品室 X 射线荧光能谱分析系统（Eagle III μ Probe）上完成的，受标本瓷胎厚度限制，使用 X 射线束斑直径为 Φ =1mm，工作电压 40kV，工作电流 250μA，样品置于真空室中，每个样品的能谱测量活时间为 300s。测量时探测器和出光口到样品表面的位置保持固定，用高倍、低倍 CCD 相机和三维步进电机把样品准确定位到焦点上进行测量。为了提高分析数据的准确性，依据高能所自制的古陶瓷无损定量分析标准样品，经过国标 GSD 的校验后，采用基本参数法分别无损定量分析了每件原始瓷样品胎和釉中 Na_2O、MgO、Al_2O_3、SiO_2、P_2O_5、K_2O、CaO、TiO_2、MnO、Fe_2O_3、CuO、ZnO、Rb_2O、SrO、Y_2O_3 和 ZrO_2 等化学组成的含量，原始瓷胎和瓷釉中化学成分含量数据如附表1~2所示。受仪器设备性能限制，其中 Na_2O 和 MgO 数据的准确度偏差，只供参考。

瓷胎粉末样品在烘箱中用 105℃烘烤 8 小时，称约 30mg 样品，用 99.999% 铝箔包好，连同混标和质控物质（国家岩石标准物质 GBW07103 和国家土壤标准物质 GBW07406）一起送入中国原子能研究院的 101 型重水反应堆中，在中子注量率为 6×10^{13} n·cm^{-2}·s^{-1} 下照射 8 小时，冷却 5~7 天进行第一轮测量，冷却 18~20 天后进行第二轮测量。质控物质的分析结果和鉴定值比较表明，Ba、Ce、Co、Cr、Cs、Eu、Fe、Hf、La、Lu、Na、Nd、Rb、Sc、Sm、Ta、Tb、Th、Yb 和 U 等 20 个元素的结果令人满意，元素 As、K、Na、W 因其相应核素 ^{76}As，^{42}K，^{24}Na 寿命较短，先测量的样品结果较好，后测的样品统计误差偏大。元素 Sb 和 Sr 在本实验条件下分析灵敏度低，只有在含量较高时才能获得比较理想的结果。由于 ^{46}Sc 的 1120KeV 强峰对 ^{65}Zn1115KeV 弱峰的掩盖，元素 Zn 的数据欠准确。分析结果不理想的数据，在数据处理时部分删去或全部删除不用，受篇幅限制，给出可信度高的元素组成数据。原始瓷胎中微量化学成分含量数据如附表 3 所示。

二　亭子桥原始瓷胎和釉中主量化学组成的特征

为了分析原始瓷残片中化学组成的内在特征，依据 XRF 分析数据，对这批样品瓷胎和瓷釉中的含量数据进行离散性分布、含量数据特点及其平均值变化规律进行统计分析。

1. 原始瓷胎和釉中化学成分含量数据的离散性特点

亭子桥原始瓷胎中化学成分含量数据的离散性分布如图 1.1~ 图 1.12 所示，在离散性分布图中几乎所有化学成分的含量数据都在较大范围内波动，并存在少量的离群数据。图 1.1 中 Al_2O_3 含量数据在第 2 和第 6 组中各有 1 个样品的数值明显偏大；图 1.2 的第 6 组有 2 个样品的 SiO_2 含量数据偏小；图 1.4 中 K_2O 含量数据在第 6 组中 1 个样品的数值偏大，另一个明显偏小；图 1.5 的第 1 至第 4 组中各有 1 个样品的 CaO 含量数据偏小；图 1.7 中 MnO 含量数据在第 2 和第 3 组中各有 1 个样品的数值明显偏大；微量化学成分 Rb_2O、SrO 和 Y_2O_3 含量数值除了第 6 组的 1 个 Rb_2O 样品点外，都在合理范围内变化，只有 ZrO_2 的数据在多数样品组出现显著的波动。不同样品组的各种化学成分的离散性幅度彼此相似，不存在明显区别，初步显示制胎原料的来源彼此相近。由于各化学成分的含量数值波动范围较大，说明胎泥淘洗不精。

亭子桥原始瓷釉中化学成分含量数据的离散性分布如图 2.1~ 图 2.12 所示。图 2.1 中 Al_2O_3 含量数据在第 5 组中有 1 个样品的数值明显偏小；图 2.2 的第 5 组中有 2 个样品的 SiO_2 含量数据偏大；图 2.4 中 K_2O 含量数据在第 2 组中 1 个样品的数值偏大；图 2.6 的第 4 和第 6 组各 1 个、第 5 组 2 个样品的 TiO_2 含量数据偏小；微量化学成分 ZnO 在第 4 组中有 2 个样品的含量明显超出正常波动范围，ZrO_2 的数据在第 5 组中 1 个样品的数据明显低于变化范围。瓷釉中化学组成含量数据的离散性特点与瓷胎的非常相似，不同样品组的各种化学成分的离散性幅度彼此相近，无明显区别，制釉原料种类和制作工艺相近。

2. 原始瓷胎和釉中化学组成数据特点和平均值

从前面的含量数据离散性特点分析，得知原始瓷胎和釉中化学组成含量是在较大范围内波动的。为了进一步定量比较不同器形之间的化学组成变化特点，将按组给出原始瓷中化学组成含量平均值和标准偏差，并结合平均值变化曲线比较分析。

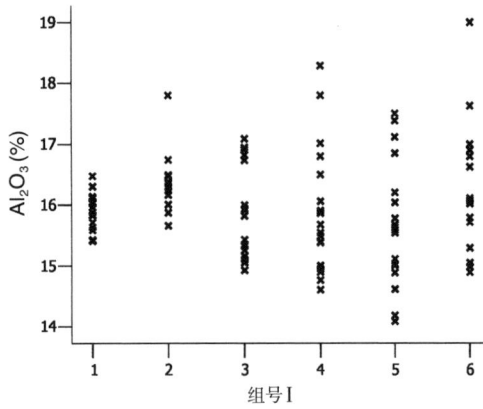

图 1.1　瓷胎中 Al_2O_3 含量离散性分布

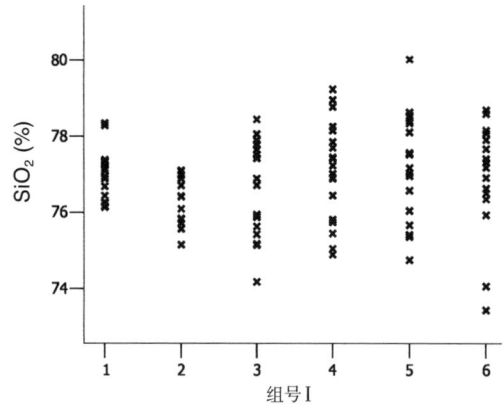

图 1.2　瓷胎中 SiO_2 含量离散性分布

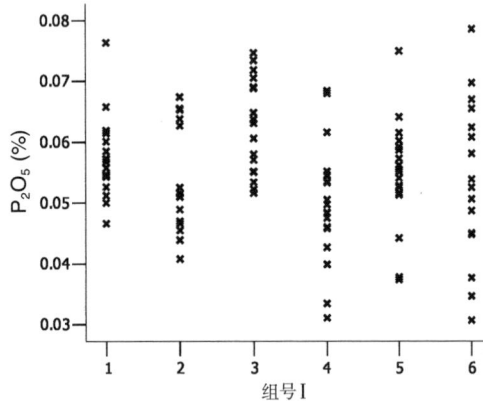

图 1.3　瓷胎中 P_2O_5 含量离散性分布

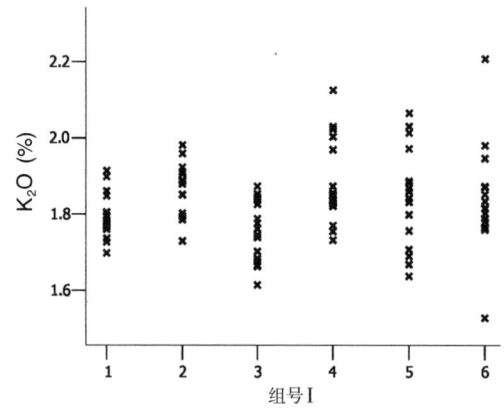

图 1.4　瓷胎中 K_2O 含量离散性分布

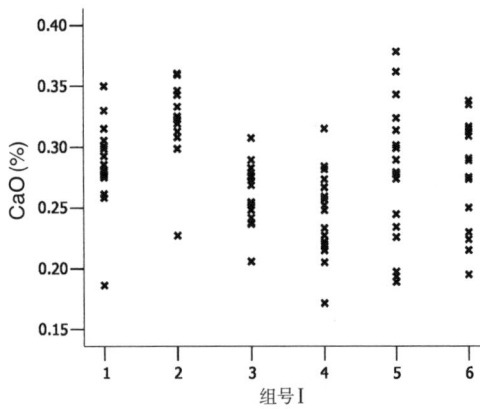

图 1.5　瓷胎中 CaO 含量离散性分布

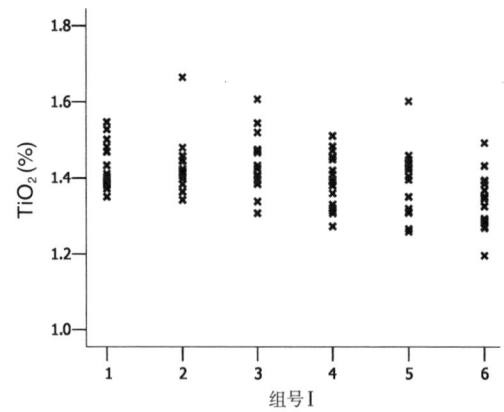

图 1.6　瓷胎中 TiO_2 含量离散性分布

图 1　原始瓷胎中部分化学成分的离散性分布

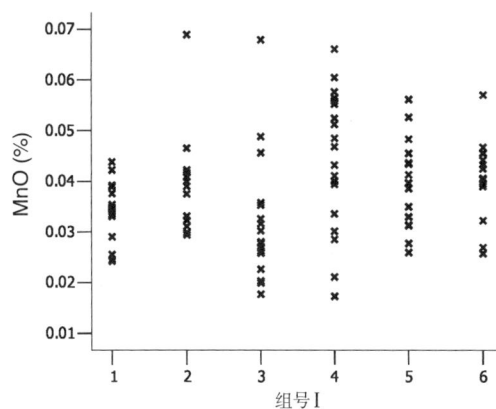

图 1.7 瓷胎中 MnO 含量离散性分布

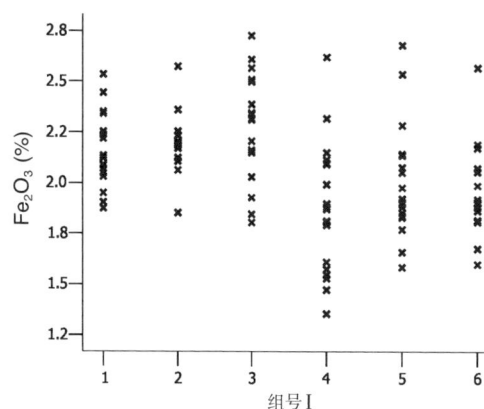

图 1.8 瓷胎中 Fe₂O₃ 含量离散性分布

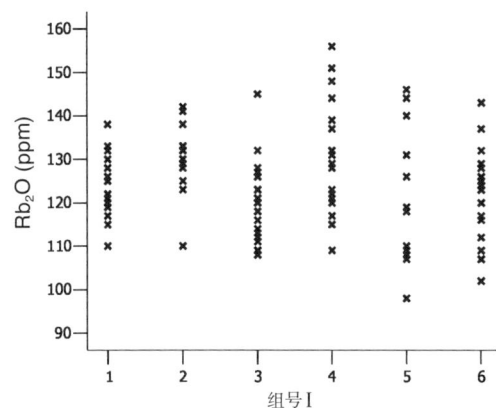

图 1.9 瓷胎中 Rb₂O 含量离散性分布

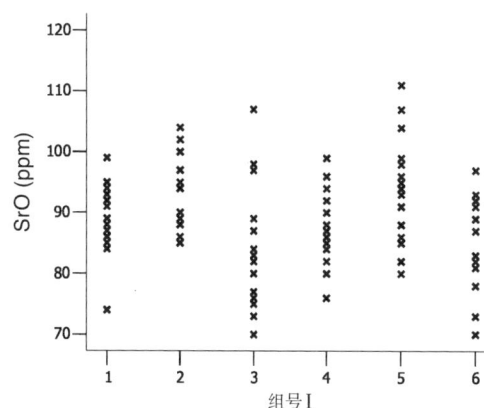

图 1.10 瓷胎中 SrO 含量离散性分布

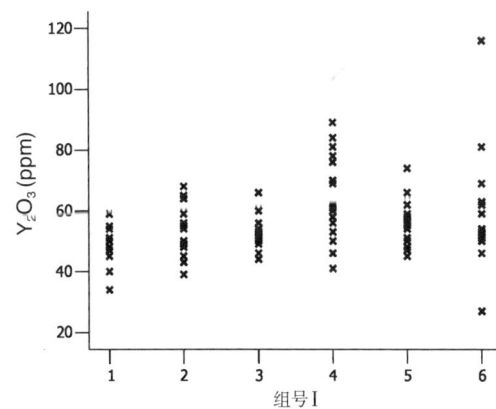

图 1.11 瓷胎中 Y₂O₃ 含量离散性分布

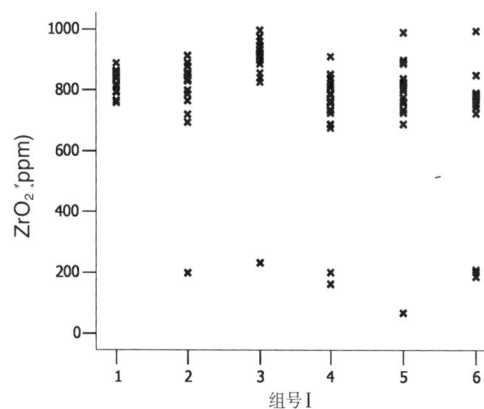

图 1.12 瓷胎中 ZrO₂ 含量离散性分布

图 1 原始瓷胎中部分化学成分的离散性分布

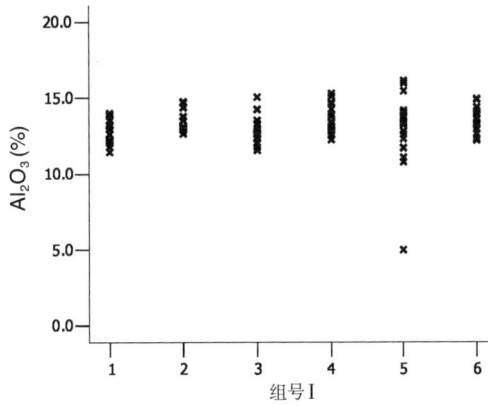

图 2.1 瓷釉中 Al_2O_3 含量离散性分布

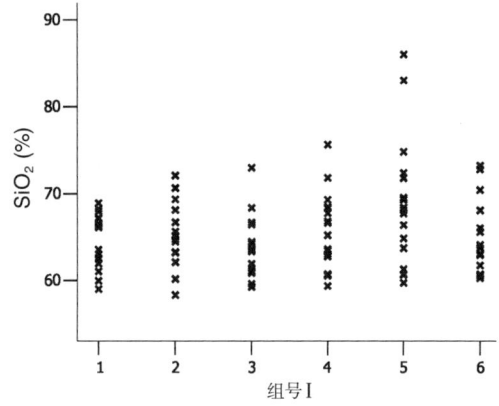

图 2.2 瓷釉中 SiO_2 含量离散性分布

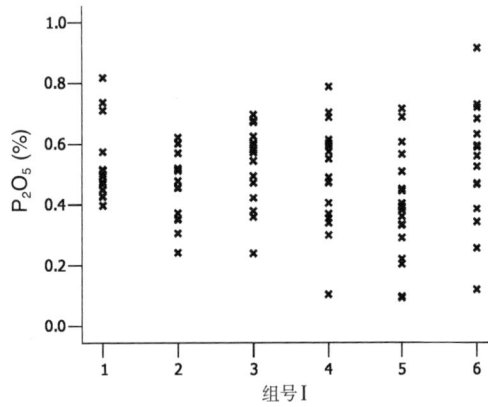

图 2.3 瓷釉中 P_2O_5 含量离散性分布

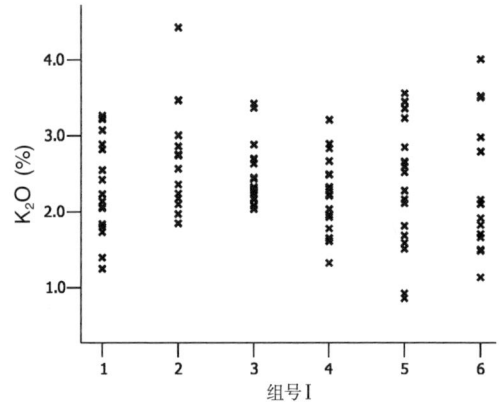

图 2.4 瓷釉中 K_2O 含量离散性分布

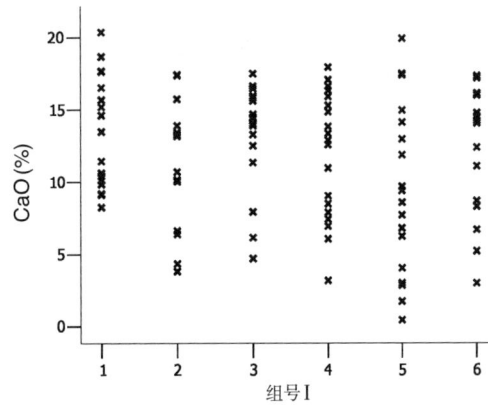

图 2.5 瓷釉中 CaO 含量离散性分布

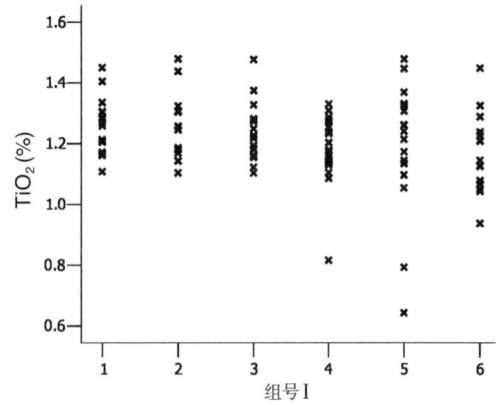

图 2.6 瓷釉中 TiO_2 含量离散性分布

图 2 原始瓷釉中部分化学成分的离散性分布

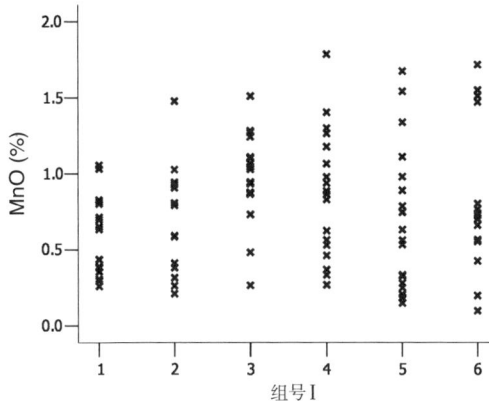

图 2.7 瓷釉中 MnO 含量离散性分布图

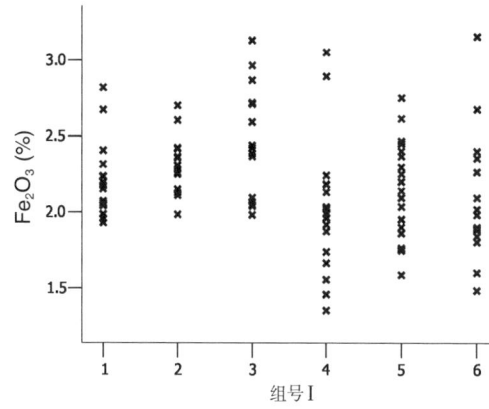

2.8 瓷釉中 Fe₂O₃ 含量离散性分布

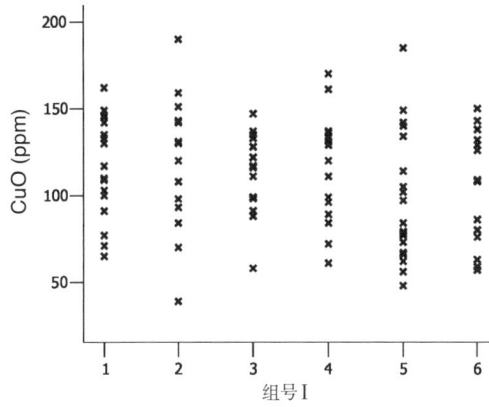

图 2.9 瓷釉中 CuO 含量离散性分布图

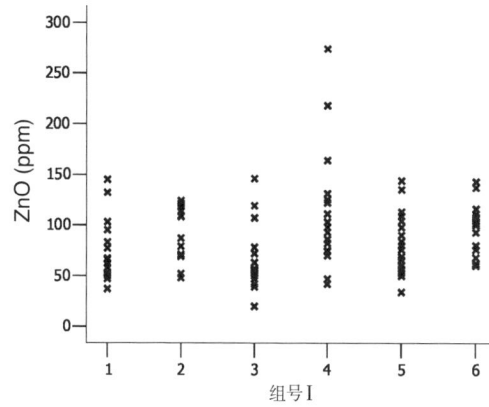

2.10 瓷釉中 ZnO 含量离散性分布

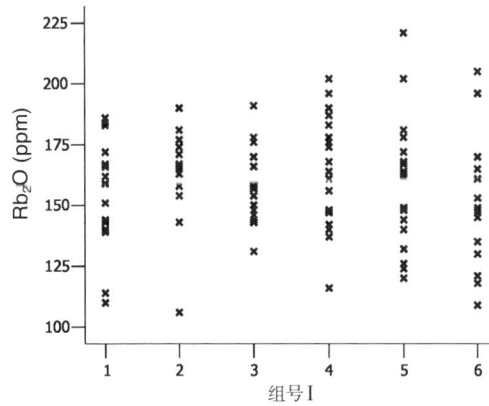

图 2.11 瓷釉中 Rb₂O 含量离散性分布图

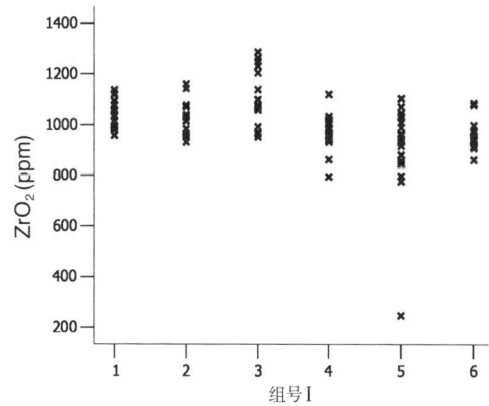

2.12 瓷釉中 ZrO₂ 含量离散性分布

图 2 原始瓷釉中部分化学成分的离散性分布

原始瓷胎中化学成分含量的平均值变化如图 3.1~ 图 3.12 所示，含量平均值（Aver）和标准偏差（Std）列在表 2 中。如附表 1 数据所示，瓷胎中 Al_2O_3 在 14.1%~19% 之间变化，表 2 中 6 个样品组的平均值为 15.7%~16.4%，在第 2 和第 6 组中含量平均值彼此接近，其他 4 个组彼此相似，图 3.1 的变化趋势清晰的表现出这种特点。SiO_2 含量在 73.4%~80% 之间波动，它的平均值为 76.4%~77.3%，尽管图 3.2 显示第 2 组的平均值最小，表 2 的数据表明不同组之间的含量平均值十分接近。P_2O_5 的变化范围为 0.031%~0.079%，平均值为 0.050~0.063%。K_2O 含量在 1.61%~2.21% 之间变化，平均值 1.76%~1.87%，图 3.4 表明第 2、4、5 和 6 组的平均值更接近，其余 2 组更相似。CaO 含量在 0.17%~0.38% 之间波动，平均值为 0.24%~0.32%，图 3.5 清晰显示第 2 组的含量平均值明显高于其他 5 组。TiO_2 含量在 1.20%~1.66% 之间变化，平均值 1.34%~1.43%，除了第 6 组稍微偏低，其他 5 组的平均值大小相当接近。MnO 含量在 0.017%~0.069% 之间波动，平均值为 0.032%~0.044%，不同样品组之间存在一定平均值差异。Fe_2O_3 含量在 1.35~2.73% 之间，平均值为 1.87%~2.28%，依据图 3.8 的变化特点可以分为两类。微量成分 Rb_2O、SrO 和 Y_2O_3 在瓷胎中的含量较低，在不同样品组中含量平均值也非常接近；

表 2　亭子桥原始瓷胎中化学成分含量平均值（Aver）和标准偏差（Std）

组号	时代	Na_2O（%）		MgO（%）		Al_2O_3（%）		SiO_2（%）		P_2O_5（%）	
		Aver	Std	Aver	Std	Aver	Std	Aver	Std	Aver	Std
1	战国	0.77	0.58	0.47	0.13	15.9	0.3	77.0	0.7	0.057	0.007
2	战国	0.72	0.63	0.52	0.12	16.4	0.5	76.4	0.6	0.054	0.009
3	战国	1.01	0.89	0.50	0.12	15.9	0.8	76.7	1.3	0.063	0.008
4	战国	0.92	0.60	0.51	0.15	15.9	1.0	77.1	1.3	0.050	0.010
5	战国	0.85	0.41	0.50	0.12	15.7	1.0	77.3	1.4	0.055	0.009
6	战国	0.78	0.80	0.44	0.12	16.2	1.1	76.9	1.5	0.054	0.013

组号	时代	K_2O（%）		CaO（%）		TiO_2（%）		MnO（%）		Fe_2O_3（%）	
		Aver	Std	Aver	Std	Aver	Std	Aver	Std	Aver	Std
1	战国	1.80	0.06	0.29	0.03	1.43	0.06	0.034	0.006	2.16	0.19
2	战国	1.87	0.07	0.32	0.03	1.43	0.07	0.039	0.010	2.19	0.15
3	战国	1.76	0.08	0.26	0.02	1.43	0.08	0.032	0.012	2.28	0.27
4	战国	1.87	0.11	0.24	0.03	1.39	0.07	0.044	0.014	1.87	0.32
5	战国	1.84	0.13	0.28	0.06	1.40	0.08	0.039	0.008	2.00	0.28
6	战国	1.84	0.14	0.28	0.04	1.34	0.07	0.041	0.008	1.97	0.23

组号	时代	Rb_2O（ppm）		SrO（ppm）		Y_2O_3（ppm）		ZrO_2（ppm）			
		Aver	Std	Aver	Std	Aver	Std	Aver	Std		
1	战国	125	7	89	6	49	6	828	36		
2	战国	130	9	92	6	54	8	780	172		
3	战国	121	10	84	10	53	5	876	172		
4	战国	129	14	88	6	64	14	717	197		
5	战国	122	15	93	9	56	7	773	190		
6	战国	122	11	86	8	61	19	682	247		

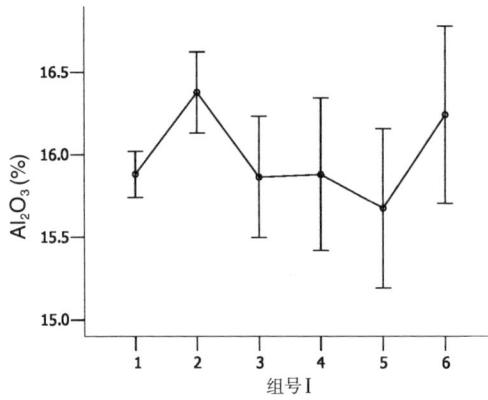

图 3.1 瓷胎中 Al_2O_3 含量平均值变化

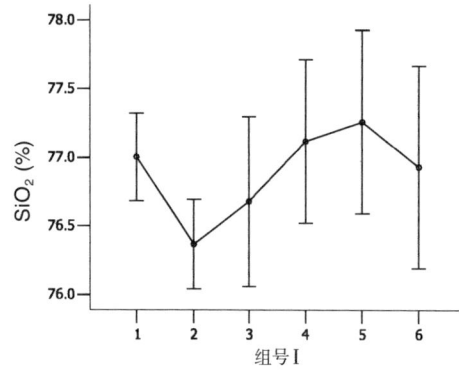

图 3.2 瓷胎中 SiO_2 含量平均值变化

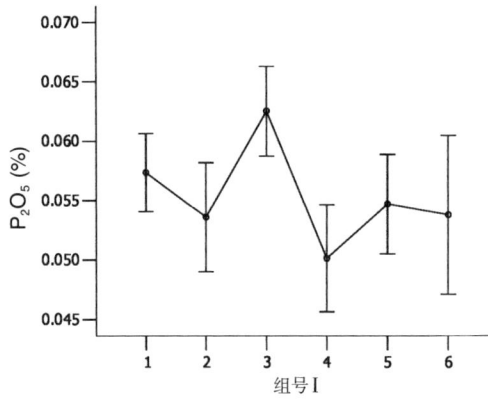

图 3.3 瓷胎中 P_2O_5 含量平均值变化

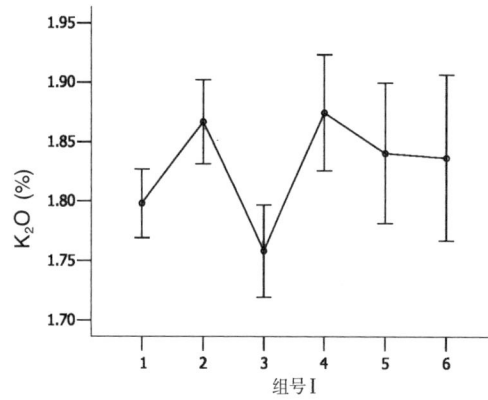

图 3.4 瓷胎中 K_2O 含量平均值变化

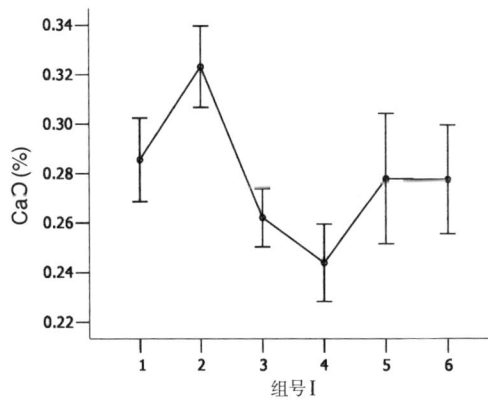

图 3.5 瓷胎中 CaO 含量平均值变化

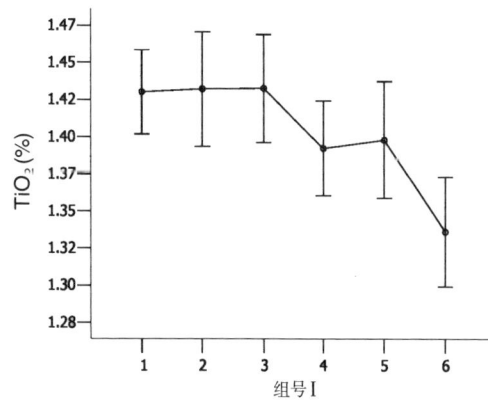

图 3.6 瓷胎中 TiO_2 含量平均值变化

图 3 原始瓷胎中化学成分的含量平均值变化

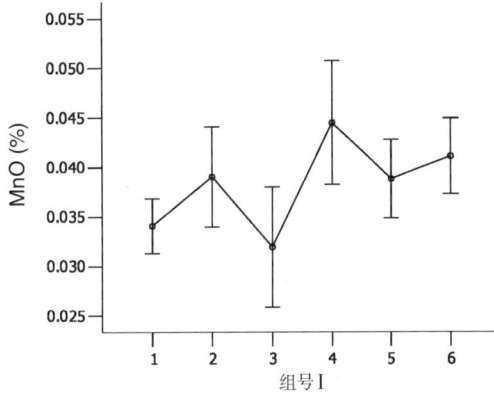

图 3.7　瓷胎中 MnO 含量平均值变化

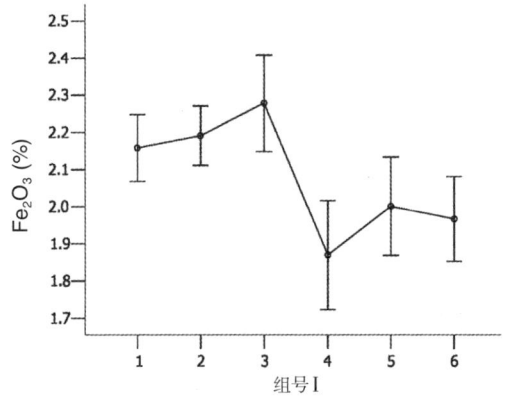

图 3.8　瓷胎中 Fe_2O_3 含量平均值变化

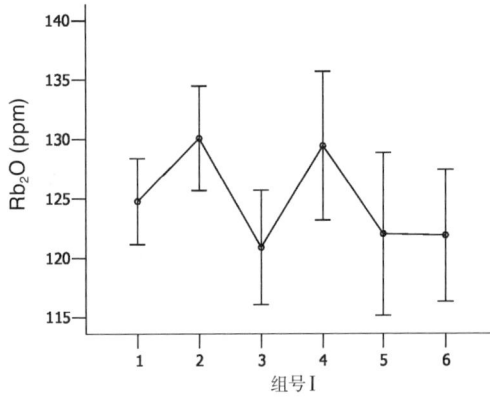

图 3.9　瓷胎中 Rb_2O 含量平均值变化

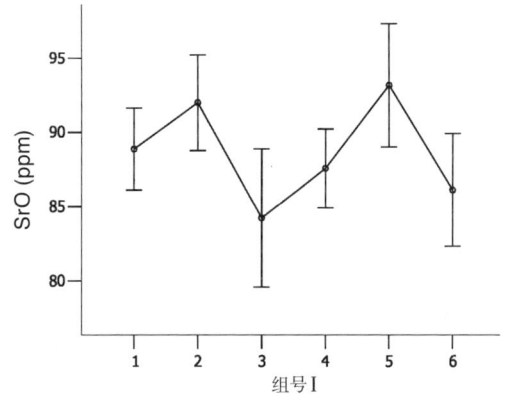

图 3.10　瓷胎中 SrO 含量平均值变化

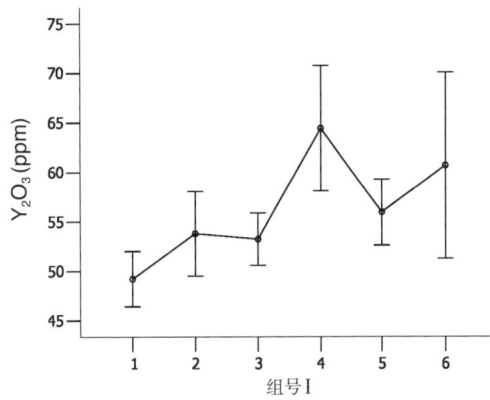

图 3.11　瓷胎中 Y_2O_3 含量平均值变化

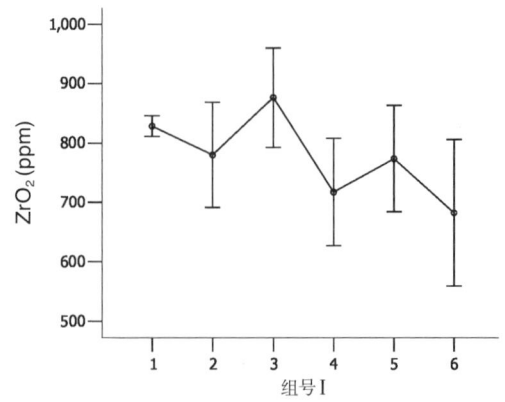

图 3.12　瓷胎中 ZrO_2 含量平均值变化

图 3　原始瓷胎中化学成分的含量平均值变化

ZrO_2 在 163ppm~997ppm 之间变化，平均值为 682ppm~876ppm，尽管各组的平均值很接近，但是在不同样品中的变化幅度很大，这与胎料缺乏精细加工密切相关。

仔细分析图 3.1~ 图 3.12 原始瓷胎中化学组成含量平均值变化趋势，很难找出两个化学成分的含量平均值的变化规律是相似的，都具有各自的特点，这表明不同批次的原始瓷的制胎原料没有经过精加工，因此化学组成含量之间呈现出无规律。

原始瓷釉中化学成分含量的平均值变化如图 4.1~ 图 4.12 所示，含量平均值（Aver）和标准偏差（Std）列在表 3 中。如附表 2 中数据所示，瓷釉中 Al_2O_3 在 5.0%~16.1% 之间变化，表 3 中 6 个样品组的平均值范围为 12.8%~13.6%，在第 1 和第 3 组中含量平均值彼此接近且稍低一些，其他 4 个组彼此相似，图 4.1 直观的展现出这种变化趋势。SiO_2 含量在 58.3%~86% 之间波动，它的平均值为 64%~68.9%，图 4.2 显示第 5 组的平均值最大，表 3 的数据表明不同组之间的含量平均值相差近 5%。P_2O_5 的变化范围为 0.09%~0.91%，平均值范围为 0.39%~0.54%。K_2O 含量在 0.86%~4.43% 之间变化，平均值 2.3%~2.76%，图 4.4 表明第 2 组的平均值最高。CaO 含量在 0.5%~20.4% 之间波动，平均值为 9.27%~13.46%，图 4.5 显

表 3　亭子桥原始瓷釉中化学成分含量平均值（Aver）和标准偏差（Std）

组号	时代	Na_2O（%）		MgO（%）		Al_2O_3（%）		SiO_2（%）		P_2O_5（%）	
		Aver	Std	Aver	Std	Aver	Std	Aver	Std	Aver	Std
1	战国	0.64	0.52	1.41	0.20	12.8	0.8	64.6	3.1	0.52	0.12
2	战国	0.85	0.74	1.39	0.21	13.6	0.7	65.4	3.8	0.45	0.11
3	战国	0.55	0.43	1.47	0.19	12.8	0.9	64.0	3.6	0.54	0.13
4	战国	0.85	0.63	1.46	0.30	13.5	0.9	65.3	4.2	0.49	0.17
5	战国	0.73	0.50	1.21	0.43	12.9	2.4	68.9	7.0	0.39	0.17
6	战国	0.62	0.58	1.43	0.46	13.5	0.9	65.4	4.3	0.53	0.20

组号	时代	K_2O（%）		CaO（%）		TiO_2（%）		MnO（%）		Fe_2O_3（%）	
		Aver	Std	Aver	Std	Aver	Std	Aver	Std	Aver	Std
1	战国	2.35	0.65	13.46	3.86	1.26	0.09	0.59	0.26	2.19	0.25
2	战国	2.76	0.71	11.10	4.36	1.27	0.10	0.68	0.35	2.32	0.19
3	战国	2.50	0.41	13.25	3.71	1.23	0.10	0.98	0.30	2.49	0.36
4	战国	2.24	0.52	11.93	4.34	1.18	0.11	0.85	0.41	2.01	0.42
5	战国	2.38	0.83	9.27	5.72	1.20	0.20	0.70	0.46	2.14	0.33
6	战国	2.30	0.86	11.96	4.56	1.17	0.13	0.83	0.50	2.09	0.43

组号	时代	CuO（ppm）		ZnO（ppm）		Rb_2O（ppm）		SrO（ppm）		ZrO_2（ppm）	
		Aver	Std	Aver	Std	Aver	Std	Aver	Std		
1	战国	117	29	73	30	156	22	387	206	1051	56
2	战国	120	39	94	26	166	21	348	200	1024	79
3	战国	114	22	64	32	160	16	430	192	1125	118
4	战国	113	31	113	56	165	23	364	181	968	67
5	战国	98	37	82	29	159	26	321	245	916	185
6	战国	105	32	96	25	150	27	385	208	961	59

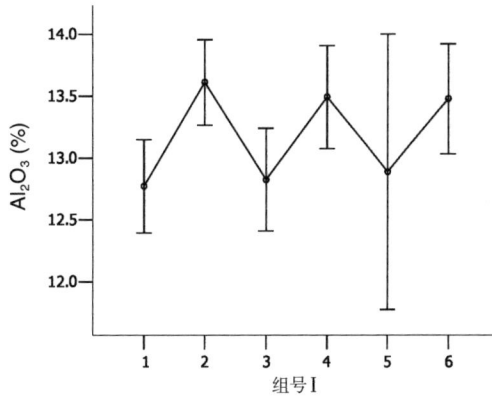

图 4.1　瓷釉中 Al_2O_3 含量平均值变化

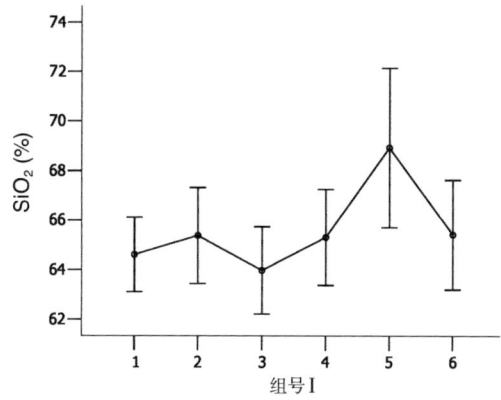

图 4.2 瓷釉中 SiO_2 含量平均值变化

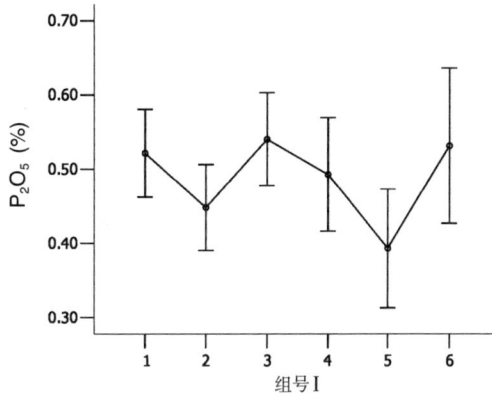

图 4.3　瓷釉中 P_2O_5 含量平均值变化

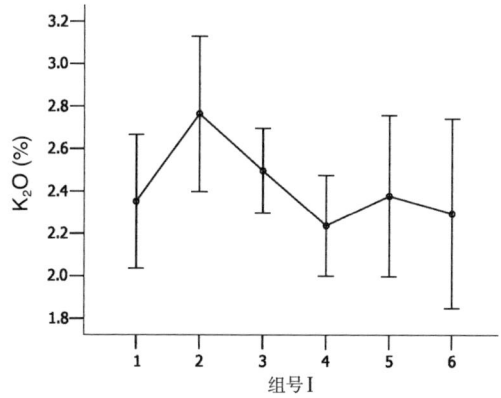

图 4.4　瓷釉中 K_2O 含量平均值变化

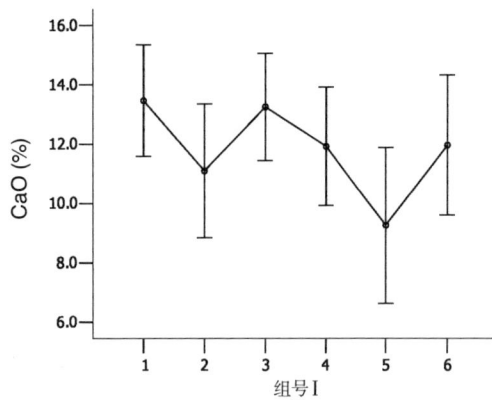

图 4.5　瓷釉中 CaO 含量平均值变化

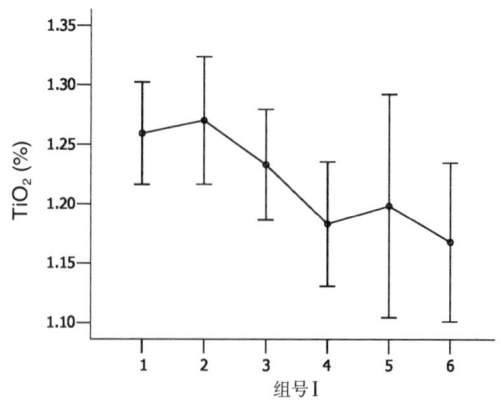

图 4.6　瓷釉中 TiO_2 含量平均值变化

图 4　原始瓷釉中部分化学成分的平均值变化

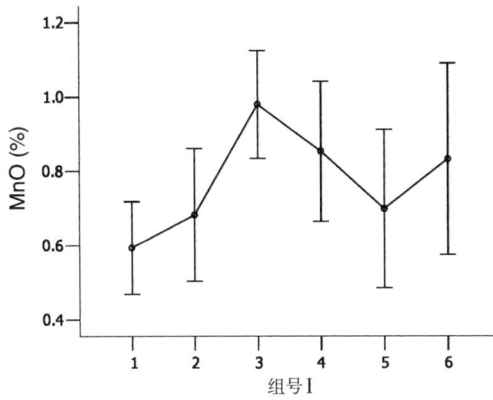

图 4.7 瓷釉中 MnO 含量平均值变化

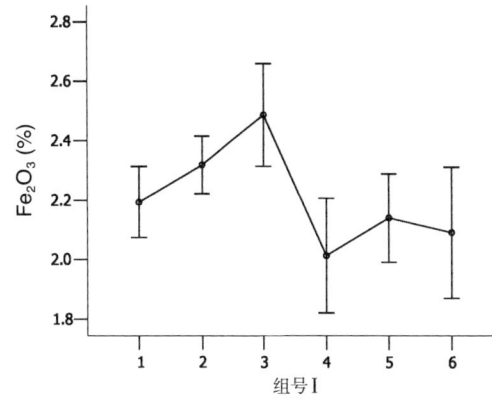

图 4.8 瓷釉中 Fe_2O_3 含量平均值变化

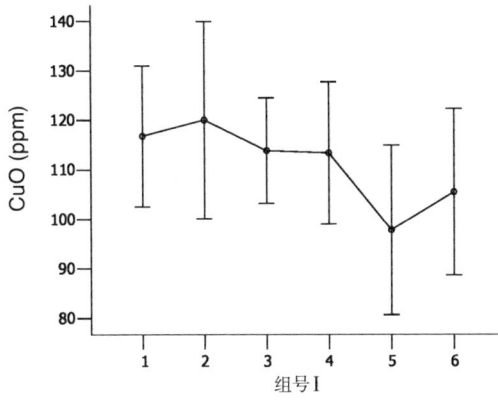

图 4.9 瓷釉中 CuO 含量平均值变化

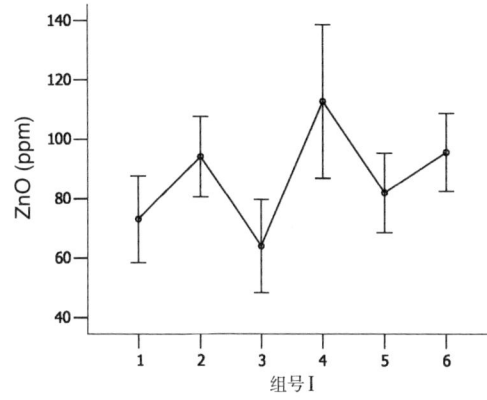

图 4.10 瓷釉中 ZnO 含量平均值变化

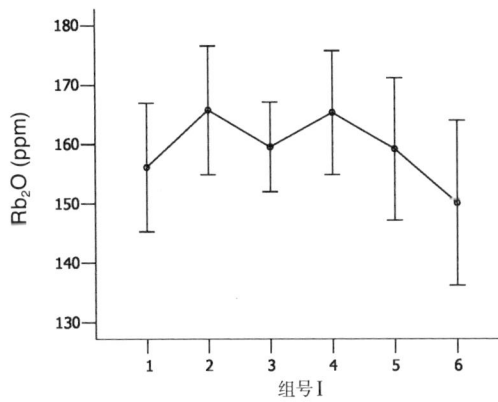

图 4.11 瓷釉中 Rb_2O 含量平均值变化

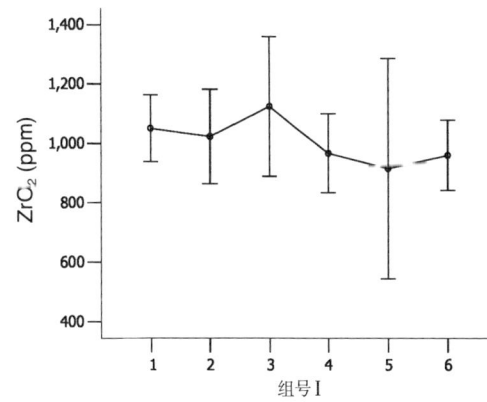

图 4.12 瓷釉中 ZrO_2 含量平均值变化

图 4 原始瓷釉中部分化学成分含量平均值变化

示各组之间的含量平均值差异。TiO_2 含量在 0.82%~1.48% 之间变化，平均值 1.17%~1.27%，图 4.6 表明从 1 到 6 组平均值有单调下降趋势。MnO 含量在 0.10%~1.79% 之间波动，平均值为 0.59%~0.98%，不同样品组之间存在一定平均值差异。Fe_2O_3 含量在 1.35%~3.16% 之间，平均值为 2.01%~2.49%，依据图 4.8 的变化特点，与瓷胎相似可以分为两类。在原始瓷釉中存在微量成分 CuO 和 ZnO，CuO 的含量在 39ppm~190ppm 范围内变化，在不同样品组中的含量平均值彼此接近约 100ppm；ZnO 的含量在 20ppm~274ppm 范围内波动，平均值变化范围为 64ppm~113ppm，图 4.10 表明不同样品组间存在明显差异。瓷釉中 Rb_2O 的含量在 110ppm~221ppm 之间变化，不同样品组之间的平均值十分接近。瓷釉中 SrO 的含量在 116ppm~892ppm 之间变化，不同样品组之间的平均为 321ppm~430ppm 之间。ZrO_2 在 248ppm~1288ppm 之间变化，平均值为 916ppm~1125ppm，最大与最小值差 200ppm。

　　经过综合分析附表 2、表 3 和图 4，不同个体原始瓷釉中化学成分含量变化范围很大，Al_2O_3、K_2O 和 CuO 的含量最大与最小值的差别达到 5 倍；P_2O_5 和 ZnO 达到 10 倍左右；MnO 的差异达到 17 倍，CaO 竟然达到 40 倍；SrO 和 ZrO_2 的个体差异也十分的明显。瓷釉中化学成分的个体差异远比瓷胎的大，表明早期制瓷业的技术水平极其不稳定。

　　3. 亭子桥原始瓷中主量化学组成成分实验数据的统计分析

　　为了更直观地分析亭子桥原始瓷化学组成的内在联系和特征，应用 SPSS 统计分析软件分别对瓷胎和瓷釉的实验数据进行主因子（PCA）分析。

　　瓷胎中主量化学成分实验数据的 PCA 分析结果如图 5 所示，不同器形组的样品数据点彼此交叉地分布在一个较大区域，难以区分出不同的样品组。瓷胎中测出的全部化学成分实验数据的 PCA 分析结果如图 6 所示，样品数据点的分布情况与图 5 完全相同，微量化学成分数据没有产生样品数据点的分布改变，表明原始瓷胎中的化学成分内在联系由主要化学成分决定。这些不同器形的原始瓷胎数据点相互交叉地分布在较大区域，进一步说明它们的原

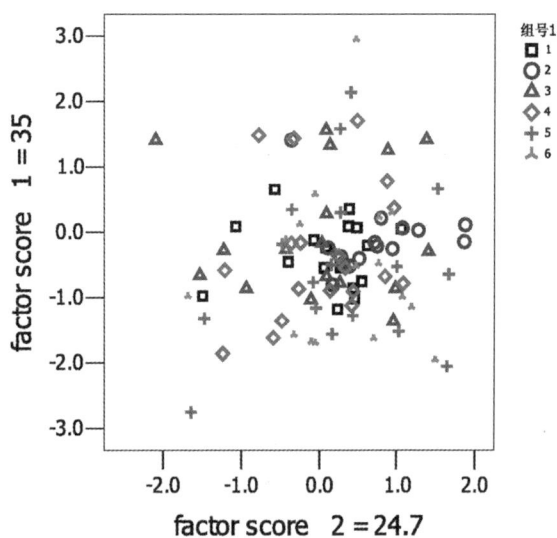

图 5　瓷胎主成分的 PCA 分析　　　　　　图 6　瓷胎全部成分的 PCA 分析

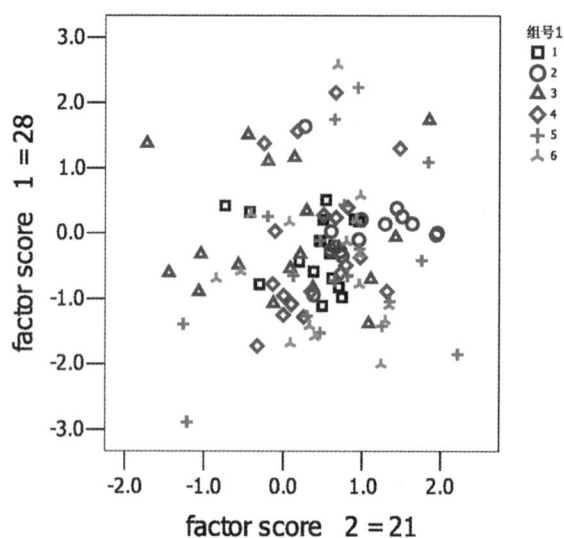

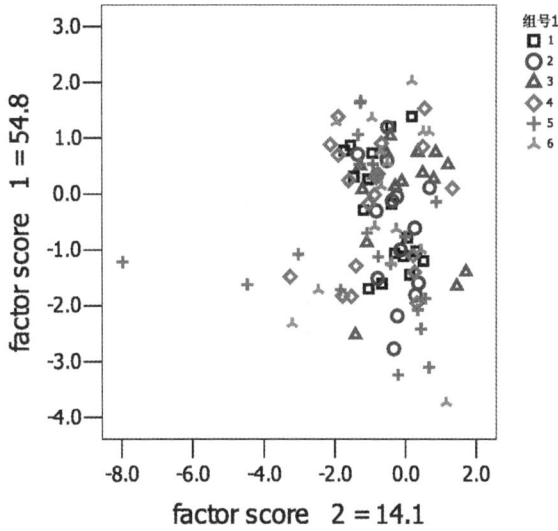

图 7 瓷釉主成分的 PCA 分析

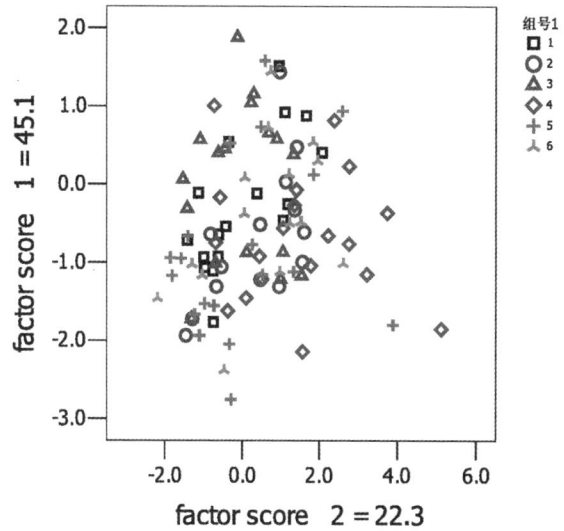

图 8 瓷釉微量成分的 PCA 分析

料来源相同，由于没有细加工，化学成分的变化范围较大所致，这正体现了早期制瓷技术的特点。

瓷釉中主量化学成分实验数据的 PCA 分析结果如图 7 所示，除了第 5 组有 1 个样品点明显离群外，所有样品数据点彼此交叉地分布在图右部一个较大区域。瓷釉中微量化学成分实验数据的 PCA 分析结果如图 8 所示，与图 7 比较，全部样品数据点彼此交叉地分布在一个更大区域，微量化学成分数据没有产生样品数据点的分布改变。这些不同器形的原始瓷釉数据点相互交叉地分布在较大区域，表明它们的原材料和加工水平相同。

三 亭子桥原始瓷胎中微量元素组成的特征

微量元素分析在古陶瓷产地属性和年代特征研究中具有重要作用，被广泛应用于古陶瓷的产地溯源研究。为了进一步分析亭子桥原始瓷残片的内在特征，依据 NAA 分析数据，对原始瓷胎和釉中的微量元素含量数据进行离散性分布、含量数据特点及其平均值变化规律和统计分析。通过附表 1 和附表 3，比较 XRF、NAA 两种分析方法重复给出的瓷胎中 Rb 和 Fe_2O_3 含量数据，结果表明两种分析方法给出的实验数据彼此符合很好，说明研究结果是能彼此验证的。

1. 原始瓷胎中微量元素含量数据的离散性特点

瓷胎中部分微量和主量元素 Fe 含量数据的离散性分布如图 9.1~ 图 9.16 所示，横坐标的样品组号与表 1 相同，图 9.14 中主量元素 Fe 的含量已转换成 Fe_2O_3 的百分含量，图中第 7 组样品是距亭子桥原始瓷窑遗址约 1 公里采集的 2 份瓷石。

图 9.2、图 9.4、图 9.7 和图 9.8 表明第 2 组样品中 Sm、Ce、Yb、Lu 各有 1 个含量数据超出正常变化幅度。在第 6 组样品中 U、Yb、Lu、Hf 和 Ta 各有 2 个含量数据明显超出波动范围，Cs 有 1 个数据偏离。图 9.1、图 9.5、图 9.11、图 9.13、图 9.14、图 9.15 和图 9.16 中的 La、Eu、Th、Cr、Fe、Rb、Cs 的含量离散性范围相对较小，其他微量元素含量的变化范

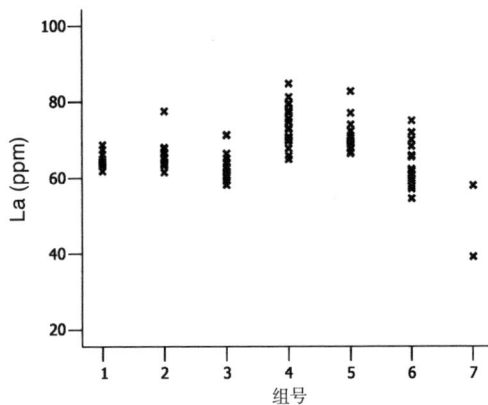

图 9.1　La 的离散性分布

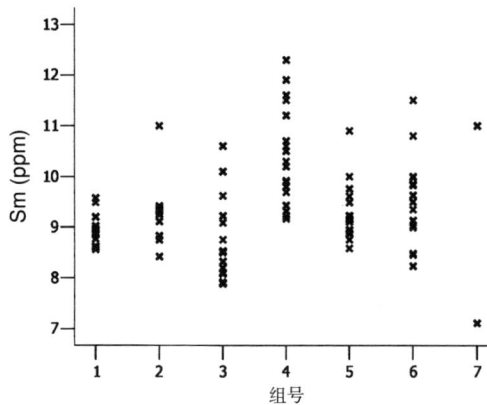

图 9.2　Sm 的离散性分布

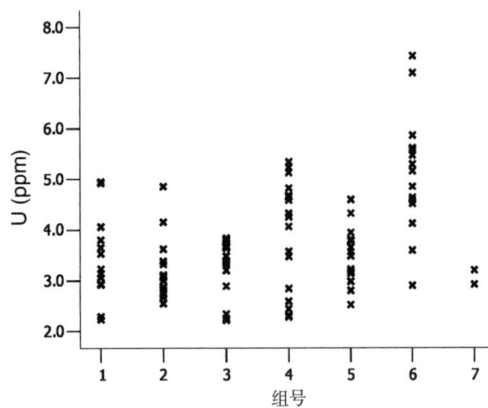

图 9.3　U 的离散性分布

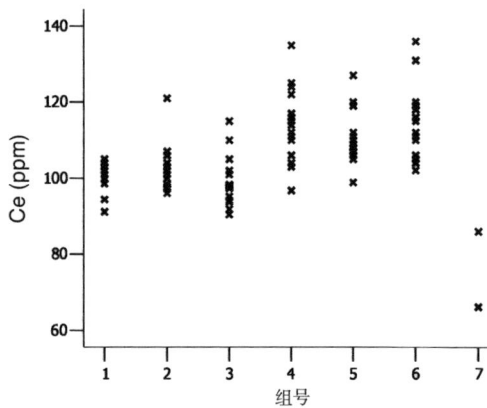

图 9.4　Ce 的离散性分布

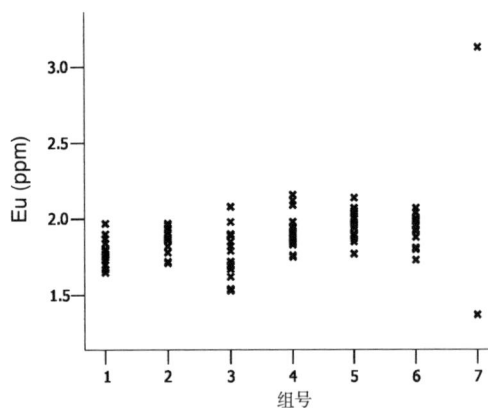

图 9.5　Eu 的离散性分布

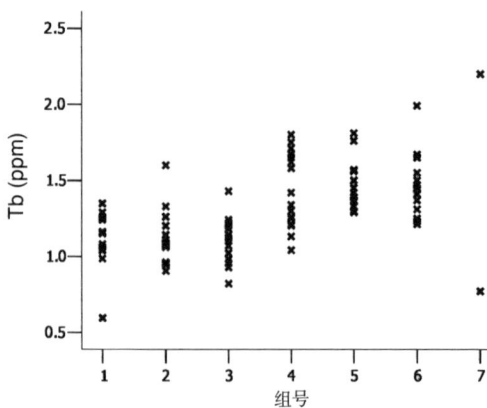

图 9.6　Tb 的离散性分布

图 9　原始瓷胎中微量元素的含量离散性分布

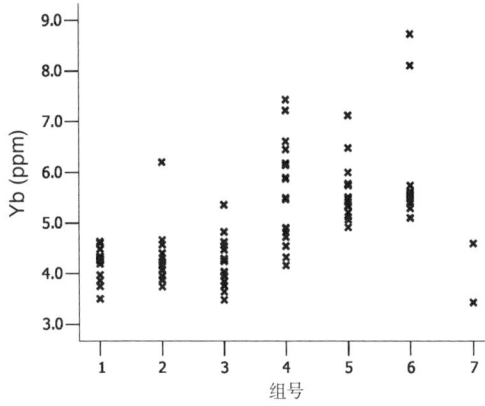

图 9.7　Yb 的离散性分布

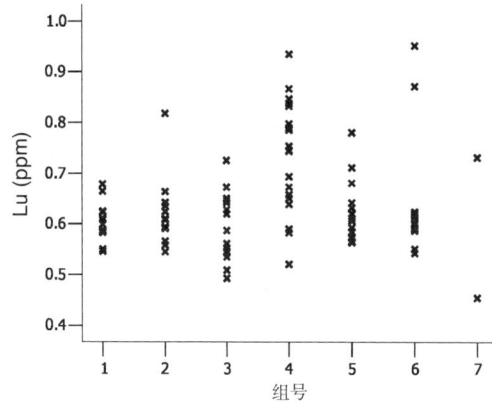

图 9.8　Lu 的离散性分布

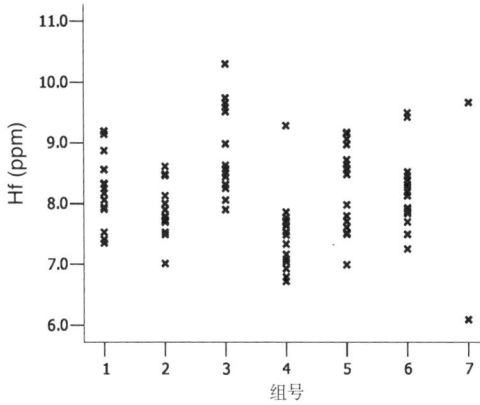

图 9.9　Hf 的离散性分布

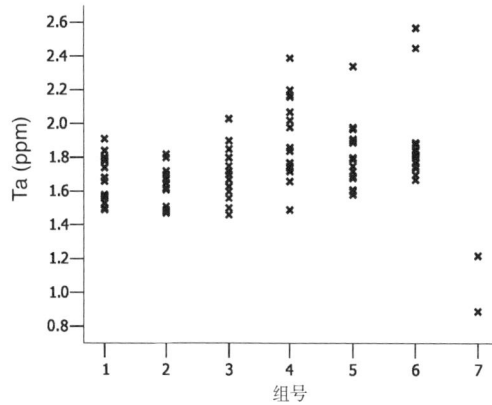

图 9.10　Ta 的离散性分布

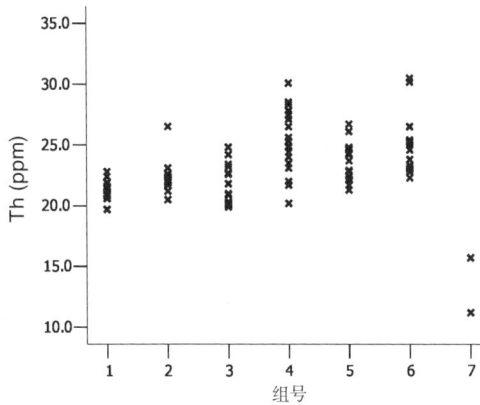

图 9.11　Th 的离散性分布

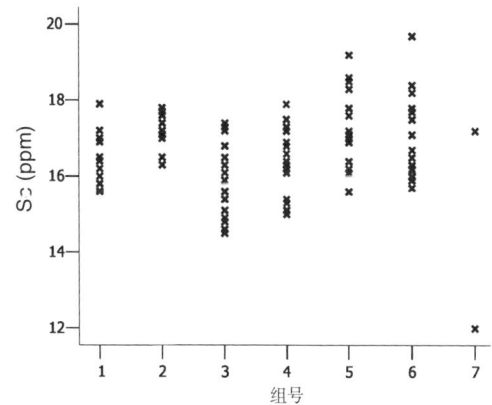

图 9.12　Sc 的离散性分布

图 9　原始瓷胎中微量元素的含量离散性分布

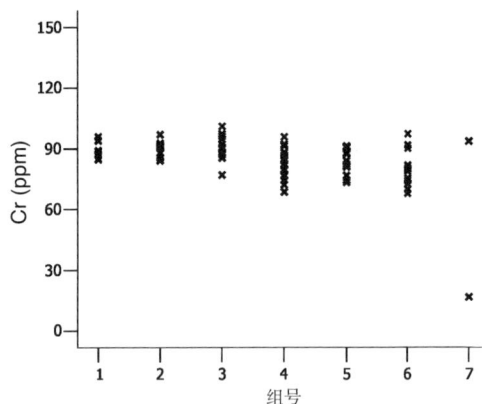

图 9.13　Cr 的离散性分布

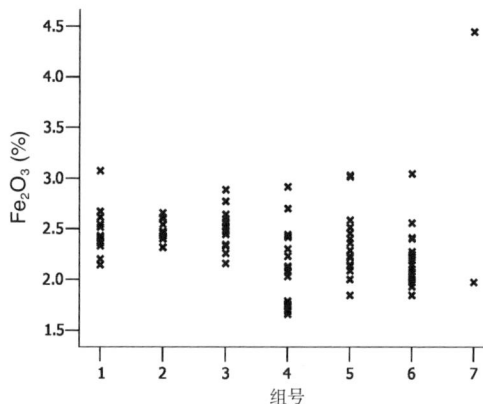

图 9.14　Fe₂O₃ 的离散性分布

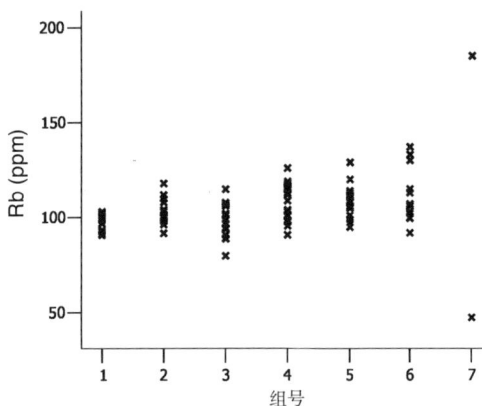

图 9.15　Rb 的离散性分布

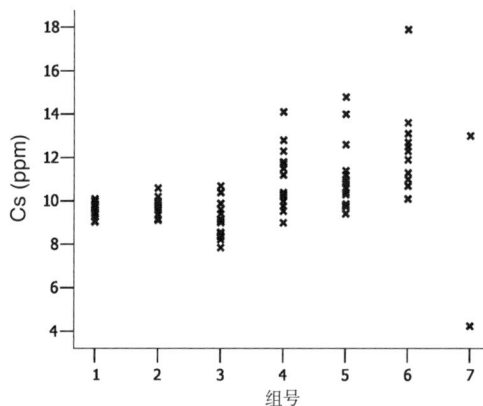

图 9.16　Cs 的离散性分布

图 9　原始瓷胎中微量元素的含量离散性分布

围都较大。离散性分布图清晰表明 2 个瓷石原材料样品中除了 La、U、Ce、Yb、Ta 和 Th 外，多数元素的含量彼此差异较大，几乎覆盖了 6 组样品对应元素含量的极大和极小值，需要采集多个瓷石原料样品才能更合理表征它内在的微量元素特征。

2. 原始瓷胎中微量元素组成的数据特点和平均值

从前面的含量数据离散性特点分析，得知原始瓷胎中微量元素含量是在较大范围内波动的，为了进一步定量比较不同器形之间的化学组成变化特点，将按组给出原始瓷胎中微量元素含量的平均值和标准偏差，并结合平均值变化曲线比较分析。原始瓷胎中微量元素含量的平均值变化如图 10.1~ 图 10.16 所示，微量元素的含量平均值和标准偏差列在表 4 中。

在附表 3 中、亭子桥原始瓷胎中 La 的含量在 54.5ppm~84.7ppm 范围变化，各组的平均值范围为 63ppm~73.3ppm，它在第 4 组中平均值最高，第 3 组的最低；元素 Sm 的变化范围为 7.9ppm~12.3ppm，平均值为 8.7ppm~10.4ppm，除了第 6 组不同，它与 La 的变化规律相同；

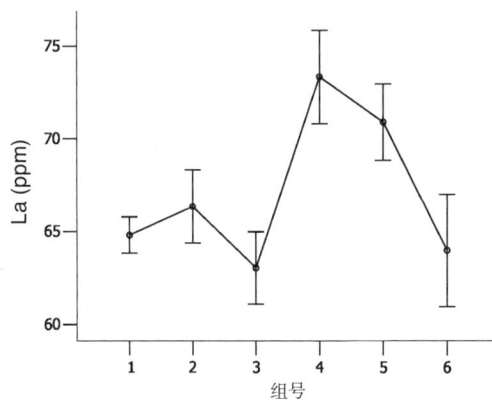

图 10.1 La 的含量平均值变化

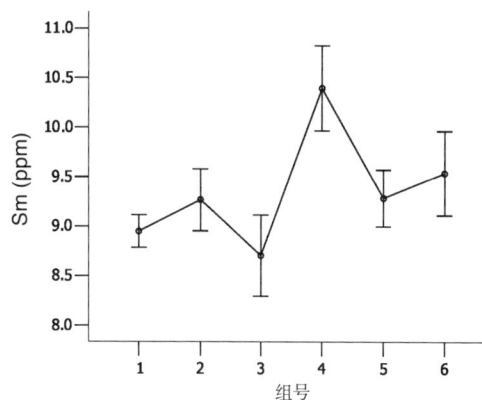

图 10.2 Sm 的含量平均值变化

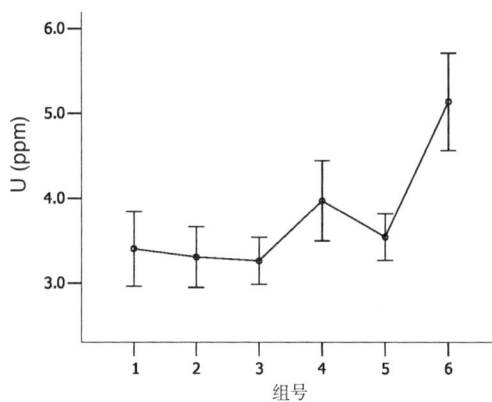

图 10.3 U 的含量平均值变化

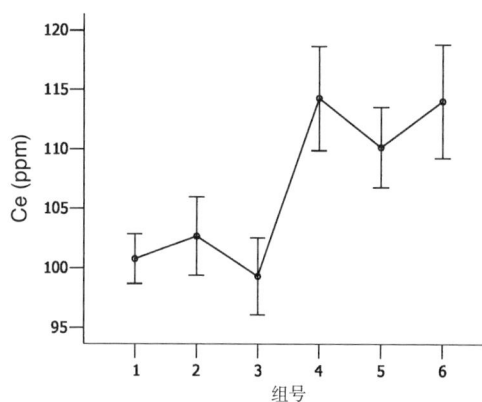

图 10.4 Ce 的含量平均值变化

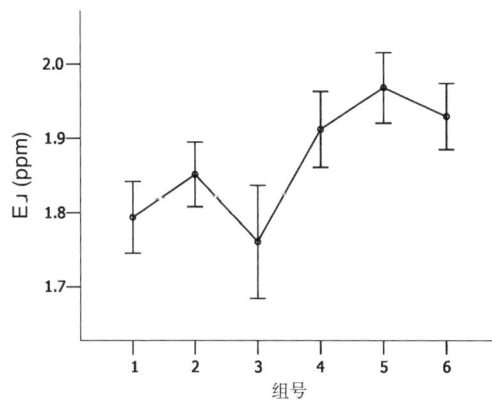

图 10.5 Eu 的含量平均值变化

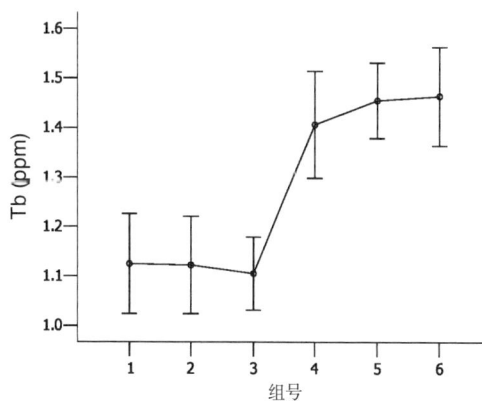

图 10.6 Tb 的含量平均值变化

图 10 原始瓷胎中微量元素的含量平均值变化

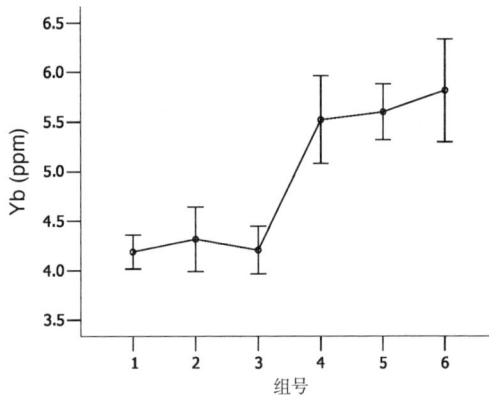

图 10.7　Yb 的含量平均值变化

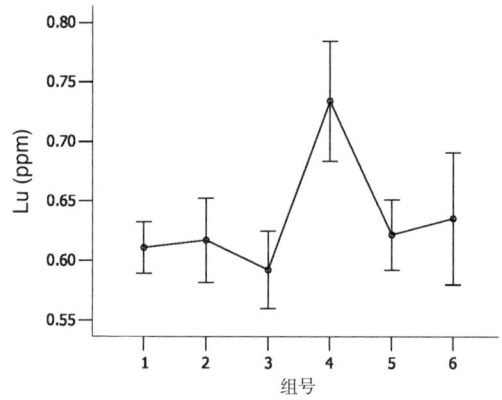

图 10.8　Lu 的含量平均值变化

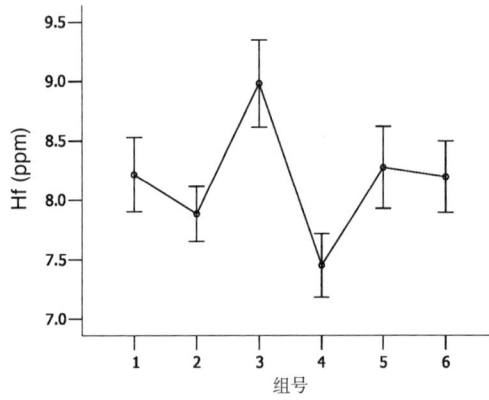

图 10.9　Hf 的含量平均值变化

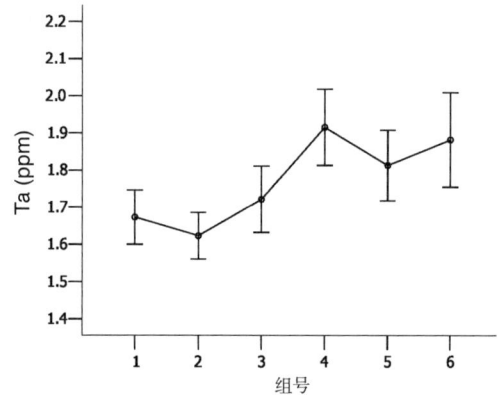

图 10.10　Ta 的含量平均值变化

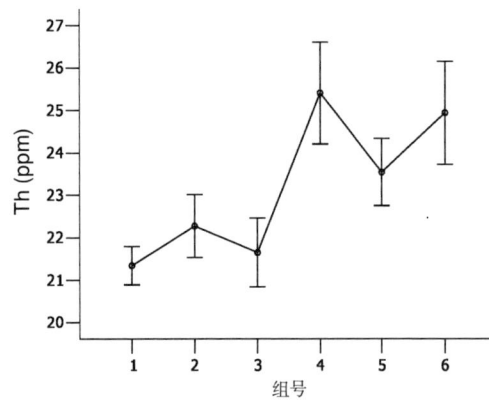

图 10.11　Th 的含量平均值变化

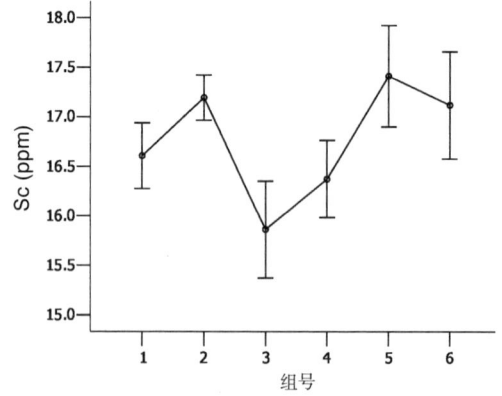

图 10.12　Sc 的含量平均值变化

图 10　原始瓷胎中微量元素的含量平均值变化

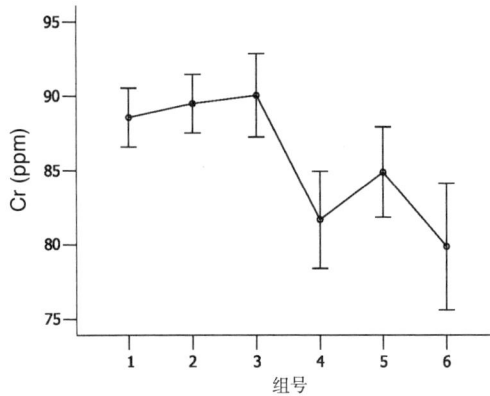

图 10.13　Cr 的含量平均值变化

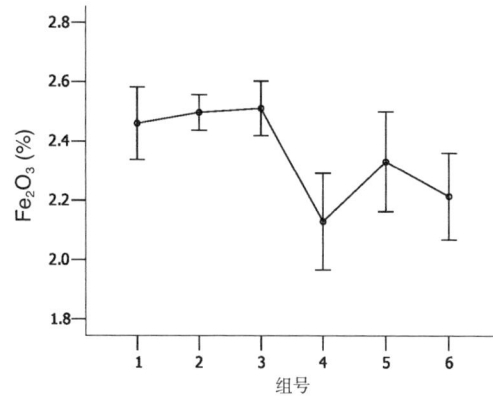

图 10.14　Fe_2O_3 的含量平均值变化

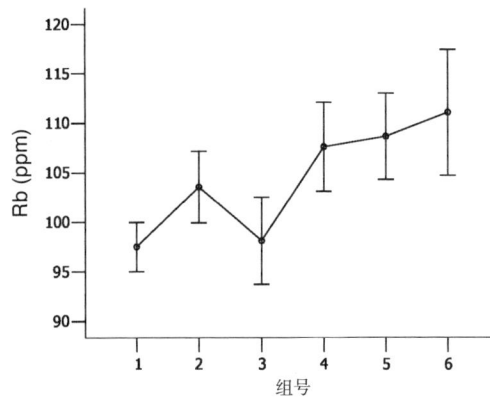

图 10.15　Rb 的含量平均值变化

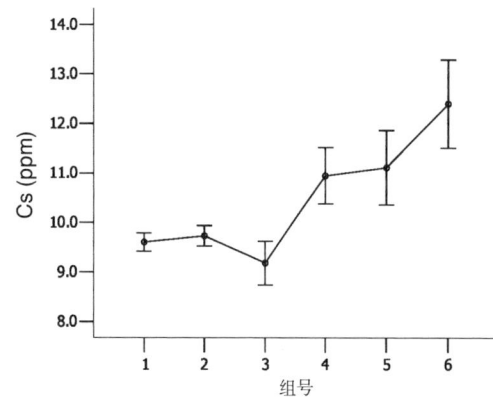

图 10.16　Cs 的含量平均值变化

图 10　原始瓷胎中微量元素的含量平均值变化

U 的变化范围为 2.2ppm~7.4ppm，最大含量值是最小值的 3 倍多，平均值为 3.3ppm~5.1ppm，前 3 组的平均值彼此接近，最大值出现在第 6 组，其变化规律与 La 和 Sm 不相同；元素 Ce 的含量在 90ppm~136ppm 之间变化，不同器形组的平均值范围为 99ppm~114ppm，第 4 和第 6 组中的平均值最高，第 3 组的最低，变化趋势与 Sm 相近；元素 Eu 的含量在 1.53ppm~2.16ppm 范围内变化，不同组的平均值范围为 1.76ppm~1.97ppm，第 3 组平均值最低，最高值出现在第 5 组；Tb 的含量在 0.6ppm~1.99ppm 之间，最高含量是最低值的 3 倍多，平均值范围为 1.11ppm~1.46ppm，前 3 组的平均值彼此接近，后 3 组相近，后 3 组高于前 3 组；元素 Yb 的含量在 3.48ppm~8.73ppm 之间变化，平均值为 4.19ppm~5.82ppm，它在各组的变化规律与 Tb 相似；Lu 的含量在 0.49ppm~0.95ppm 之间变化，平均值为 0.59ppm~0.73ppm，除了第 4 组外，其余 5 组的平均值接近；元素 Hf 的含量在 6.7ppm~10.3ppm 之间变化，平均值波动范围为 7.45ppm~8.98ppm，第 3 组中的平均值最高，第 4 组的最低；Ta 的含量在 1.46ppm~2.57ppm

表 4　亭子桥原始瓷胎中微量元素的含量平均值和标准偏差（ppm）

组号	时代	La		Sm		U		Ce		Eu	
		Aver	Std	Aver	Std	Aver	Std	Aver	Std	Aver	Std
1	战国	64.8	1.8	8.9	0.3	3.4	0.8	101	4	1.79	0.09
2	战国	66.4	3.7	9.3	0.6	3.3	0.7	103	6	1.85	0.08
3	战国	63.0	3.9	8.7	0.8	3.3	0.6	99	6	1.76	0.15
4	战国	73.3	5.5	10.4	0.9	4.0	1.0	114	10	1.91	0.11
5	战国	70.9	4.1	9.3	0.6	3.5	0.5	110	7	1.97	0.10
6	战国	64.0	6.0	9.5	0.9	5.1	1.1	114	10	1.93	0.09

组号	时代	Tb		Yb		Lu		Hf		Ta	
		Aver	Std	Aver	Std	Aver	Std	Aver	Std	Aver	Std
1	战国	1.13	0.19	4.19	0.32	0.61	0.04	8.22	0.58	1.67	0.14
2	战国	1.12	0.18	4.32	0.60	0.62	0.07	7.89	0.43	1.62	0.12
3	战国	1.11	0.15	4.21	0.48	0.59	0.06	8.98	0.74	1.72	0.18
4	战国	1.41	0.24	5.52	0.96	0.73	0.11	7.45	0.58	1.92	0.22
5	战国	1.46	0.15	5.60	0.56	0.62	0.06	8.28	0.69	1.81	0.19
6	战国	1.46	0.20	5.82	1.04	0.64	0.11	8.20	0.60	1.88	0.25

组号	时代	Th		Sc		Fe$_2$O$_3$（%）		Rb		Cs	
		Aver	Std	Aver	Std	Aver	Std	Aver	Std	Aver	Std
1	战国	21.3	0.84	16.6	0.6	2.46	0.23	98	5	9.6	0.3
2	战国	22.3	1.4	17.2	0.4	2.50	0.11	104	7	9.7	0.4
3	战国	21.7	1.6	15.9	1.0	2.51	0.18	98	9	9.2	0.9
4	战国	25.4	2.6	16.4	0.9	2.13	0.35	108	10	10.9	1.2
5	战国	23.5	1.6	17.4	1.0	2.33	0.34	109	9	11.1	1.5
6	战国	24.9	2.4	17.1	1.1	2.21	0.29	111	13	12.4	1.8

之间，平均值范围为 1.62ppm~1.92ppm，不同组之间的平均值的差异相对不显著；元素 Th 的含量在 19.7ppm~30.5ppm 范围变化，各组的平均值范围为 21.3ppm~25.4ppm，它在第 4 组中平均值最高，第 1 组的最低，它的变化规律与 La 和 Sm 相同；Sc 的含量在 14.5ppm~19.7ppm 之间变化，平均值为 15.9ppm~17.4ppm，它在第 3 组最低和第 5 组最大；元素 Cr 的含量在 68ppm~101ppm 范围内变化，不同组的平均值范围为 57ppm~90ppm，Fe$_2$O$_3$ 的含量在 1.66%~3.07%，平均值范围为 2.13%~2.51%，元素 Cr 和 Fe 的含量平均值变化规律相同，前 3 组较高且数值相近，后 3 组较低；元素 Rb 的含量在 80ppm~137ppm 之间变化，它的平均值范围为 98ppm~111ppm，Cs 的含量数值在 7.9ppm~17.9ppm 之间波动，平均值为 9.2ppm~12.4ppm，元素 Rb 和 Cs 的平均值变化特点类似，除了第 3 组偏低，具有单调升高趋势，前 3 组偏低，后 3 组偏高，与 Cr 和 Fe 变化趋势正好相反。

　　亭子桥原始瓷胎中最高含量高于最低数值 2 倍的元素有 5 个（U、Ce、Tb、Yb、Cs），其中 U 和 Tb 的差异大于 3 倍。分析不同样品组中微量元素含量平均值的变化趋势和规律，可以将它们分成 4 类型，第一类有 Sm、U、Ce、Lu、Ta 和 Th，这些元素的最大平均值大多出现在第 4 组样品；第二类有 Eu、Tb、Yb、Rb 和 Cs，它们在 1~3 组平均值低于 4~6 组；Cr 和主量元素 Fe 为第三类，变化规律相似；第 4 类是 La 和 Hf，这 2 个元素的含量平均值与其他所有元素都不同。

3. 亭子桥原始瓷中微量元素含量数据的统计分析

为了进一步分析亭子桥原始瓷的内在联系和特征，应用 SPSS 统计分析软件对瓷胎中微量元素含量的实验数据进行主因子（PCA）分析，结果如图 11 和 12 所示。图 11 为全部 NAA 分析数据的 PCA 分析结果，第 7 组为 2 个瓷石原材料样品。第 1、2 和 3 组的样品数据点彼此交叉地分布在偏下的区域，第 1 和 2 组之间重叠的样品点较多，第 3 组的一部分样品点相对独立分布；第 4 和第 6 组样品数据点相互交叉分布在中上区域；第 5 组样品点主要分布在两个交叉区域；一个瓷石样品点落入下部区域，另 1 个偏离了全部样品点的分布范围。稀土元素的 PCA 分析结果（如图 12 所示）与图 11 类似，两个瓷石样品都在原始瓷胎的分布区域之外，偏离距离变小。

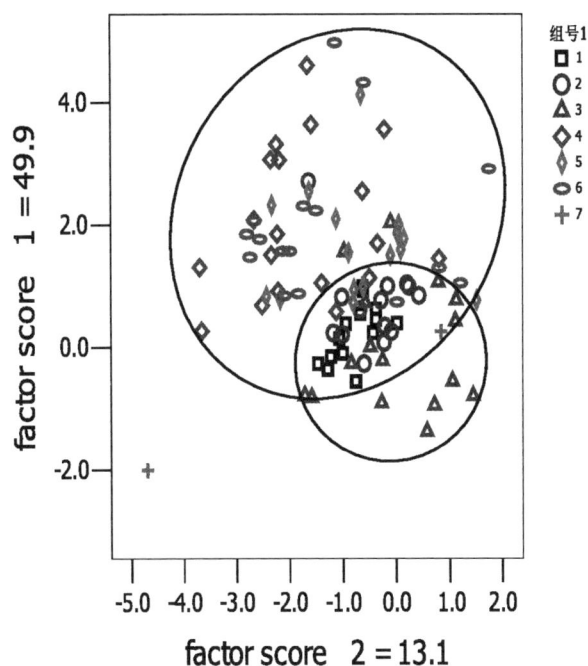

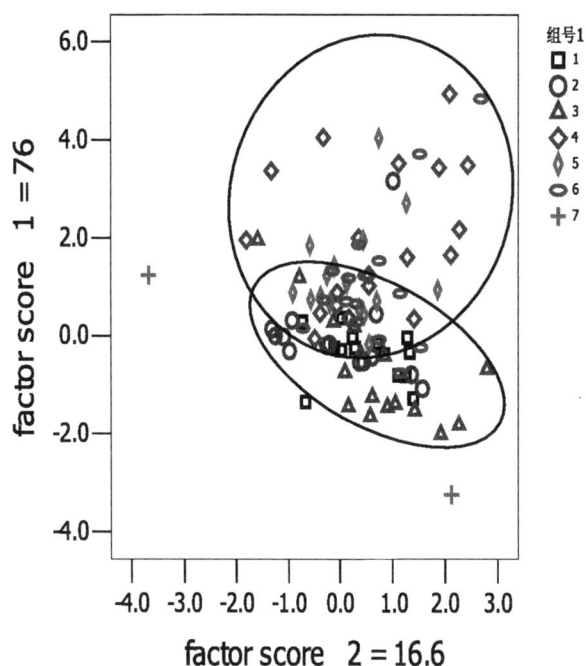

图 11 全部 NAA 数据的 PCA 分析   图 12 稀土元素的 PCA 分析

四 亭子桥原始瓷样品图片、瓷胎微形貌和烧成温度

从 6 组样品中各选 1 个用于烧成温度测量，所选样品如彩版一五八所示。

经放大 10 倍后的不同器形原始瓷样品的断面微形貌如彩版一五九所示，这些图清晰表明胎质粗糙，气孔很多且存在较大的空洞，没有玻璃化特征，原料未经过细加工是主要原因之一。这 6 个样品的烧成温度测量是中国科学院研究生院完成的，结果如表 5 所示，其中 3 个样品的烧成温度范围为 1007℃ ~1084℃，另 3 个样品烧成温度范围为 1238℃ ~1255℃。

表 5　亭子桥原始瓷烧成温度

样品编号	时代	器形	胎质	胎色	烧成温度℃
ZJDQ0006	战国	条纹大罐	中粗	灰	~1238.5
ZJDQ0020	战国	无条纹大罐	中粗	灰	~1252.2
ZJDQ0033	战国	中型罐	中粗	灰	~1007.8
ZJDQ0051	战国	中型罐	中粗	灰	~1255.9
ZJDQ0073	战国	碗片	中粗	灰	~1078.6
ZJDQ0090	战国	盅式钵片	中粗	灰	~1084.7

五　德清亭子桥和火烧山原始瓷比较分析

　　将亭子桥战国时期原始瓷与火烧山春秋时期的原始瓷进行比较分析，火烧山 24 件春秋原始瓷为第 7 组。瓷胎的对比分析结果如图 13 和图 14 所示。亭子桥和火烧山原始瓷胎的绝大部分样品点分布在 2 个区域，有少量火烧山的样品点分布在亭子桥的区域，稀土元素的 PCA 分析结果（如图 14）验证了这个结果，表明两个遗址的瓷胎原料存在一定差异或加工流程的区别。

　　原始瓷釉的 XRF 实验数据的对比分析结果如图 15 和图 16 所示，瓷釉中主量化学成分的分析结果表明亭子桥的 6 组瓷釉样品点相互交叉地分布在较大区域，火烧山原始瓷釉样品点分为两部分，多数样品独立分布，小部分样品点与亭子桥交叉，这个结果说明火烧山在烧制原始瓷的过程中，也许使用的瓷釉原料发生了变化。瓷釉中全部 XRF 分析数据的分析结果验证了主成分的分析结果。

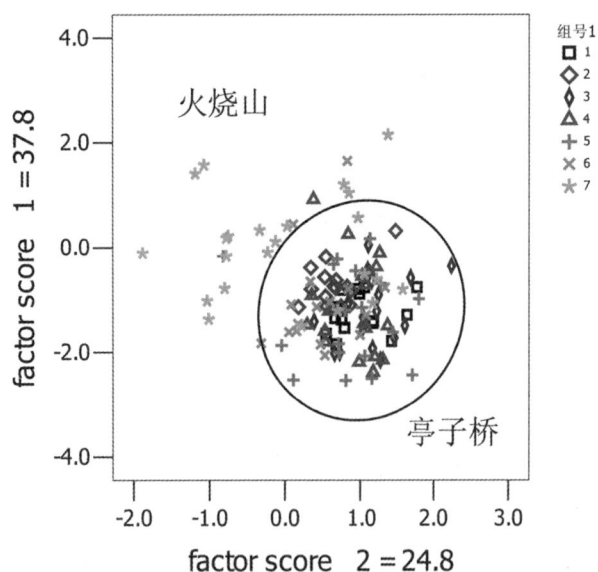

1~6. 亭子桥　7. 火烧山
图 13　德清原始瓷胎主成分 PCA 分析

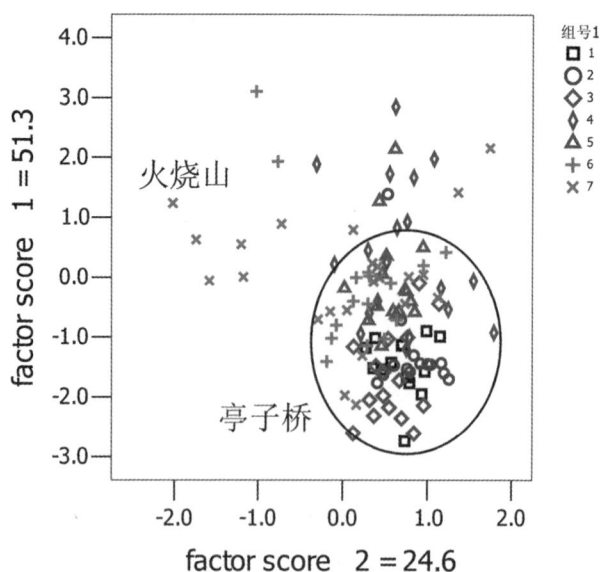

1~6. 亭子桥　7. 火烧山
图 14　德清原始瓷胎稀土元素 PCA 分析

　　将两个窑址的原始瓷胎与瓷石原料的微量元素 NAA 实验数据进行综合分析，微量元素和稀土元素的 PCA 分析结果如图 17 和图 18 所示，结果完全相似。亭子桥和火烧山的样品数据点分布在一个较大区域，存在差异趋势，表明两个窑址所使用瓷胎原料的微量元素组成是相似的，原材料产自相距相邻的地区。两个原料样品点落入此大区域，说明瓷石原料与两个窑址胎料的化学成分不同，按就地取材的原则，瓷石采样欠合理。

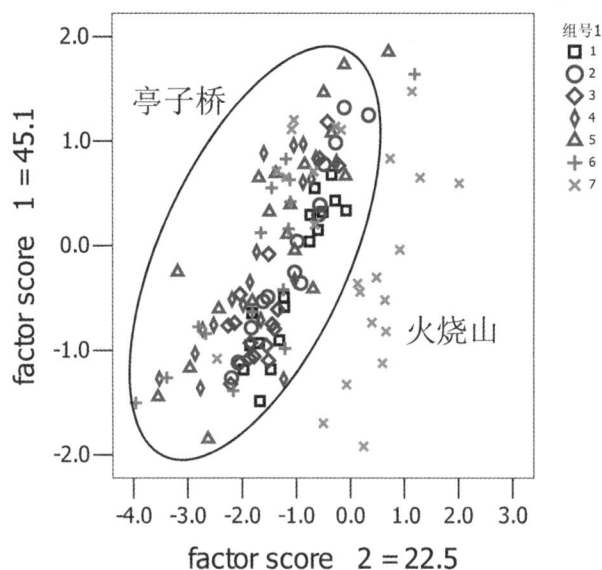

1~6.亭子桥　7.火烧山

图 15　德清原始瓷釉主成分 PCA 分析

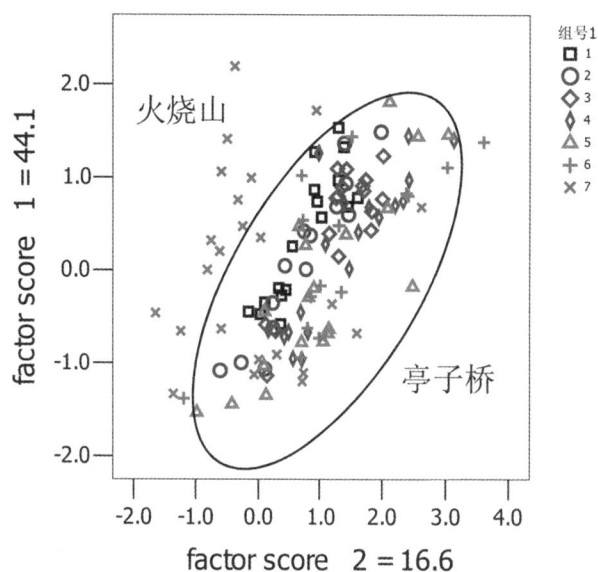

1~6.亭子桥　7.火烧山

图 16　德清原始瓷釉全部成分 PCA 分析

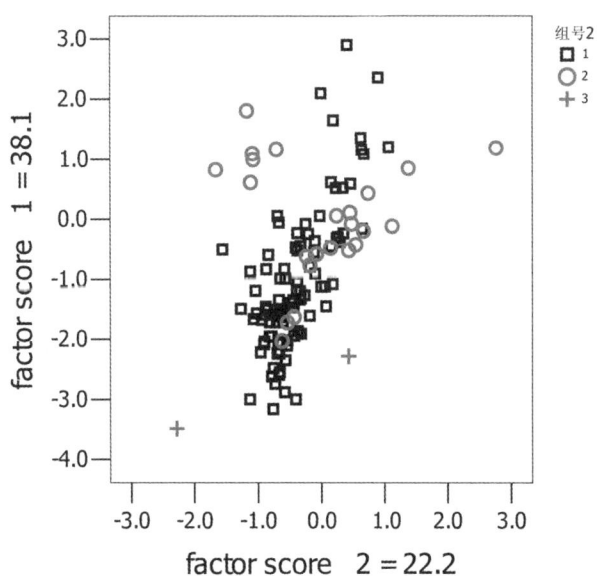

1.亭子桥　2.火烧山　3.原料

图 17　NAA 数据的 PCA 分析

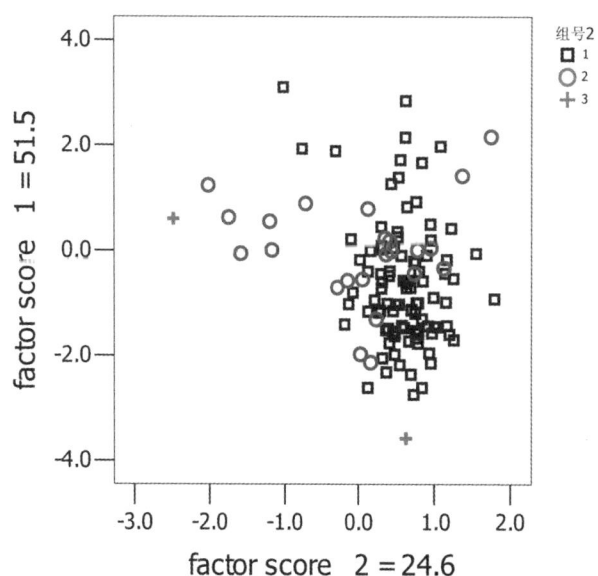

1.亭子桥　2.火烧山　3.原料

图 18　稀土数据的 PCA 分析

六 结语

浙江德清亭子桥原始瓷胎气孔较多，胎质欠细腻，施釉不平滑和均匀；3 个样品的烧成温度范围为 1007~1084℃，另 3 个样品烧成温度范围为 1238~1255℃，仍未呈现玻璃化特征；不同个体瓷胎和瓷釉中主量化学成分含量的变化范围很大，瓷釉中化学成分的个体差异远比瓷胎更大，尤其是瓷釉中 Al_2O_3、K_2O 和 CuO 的含量最高与最低值的差别达到 5 倍，P_2O_5 和 ZnO 达到 10 倍左右，MnO 的差异达到 17 倍，CaO 竟然达到 40 倍；SrO 和 ZrO_2 的个体差异也十分的明显，瓷胎中 ZrO_2 含量为 900ppm 左右，瓷釉中含量 1000ppm 左右，这是原料未经过细加工造成的；这些特点表明亭子桥窑场的制瓷业技术比较粗糙，亭子桥的标本具有原始瓷特征。

致谢

本工作得到中国科学院知识创新项目（KJCX3.SYW.N12），NSFC（10675143，10705032，10875137）和北京市基金（1082009）的资助。

附表 1　德清亭子桥原始瓷胎 XRF 数据表

样品号	组号	时代	器形	釉色	Na₂O %	MgO %	Al₂O₃ %	SiO₂ %	P₂O₅ %	K₂O %	CaO %	TiO₂ %	MnO %	Fe₂O₃ %	Rb₂O ppm	SrO ppm	Y₂O₃ ppm	ZrO₂ ppm
ZJDQ001	1	战国	条纹大罐	青	0.68	0.35	15.8	76.9	0.076	1.85	0.28	1.40	0.039	2.44	130	99	50	859
ZJDQ002	1	战国	条纹大罐	青	0.82	0.44	15.8	77.1	0.054	1.73	0.35	1.47	0.033	2.05	125	89	50	863
ZJDQ003	1	战国	条纹大罐	青	#	0.35	15.7	78.3	0.062	1.80	0.32	1.38	0.042	1.95	117	88	55	818
ZJDQ004	1	战国	条纹大罐	青	0.47	0.46	15.8	77.4	0.056	1.86	0.30	1.40	0.035	2.09	132	85	47	856
ZJDQ005	1	战国	条纹大罐	青	1.22	0.56	16.0	76.2	0.057	1.81	0.28	1.43	0.035	2.25	130	85	50	812
ZJDQ006	1	战国	条纹大罐	青	1.49	0.52	16.1	76.2	0.060	1.77	0.28	1.39	0.029	2.09	122	87	48	796
ZJDQ007	1	战国	条纹大罐	青	#	0.44	16.3	77.1	0.050	1.91	0.31	1.39	0.034	2.35	122	94	45	860
ZJDQ008	1	战国	条纹大罐	青	1.89	0.63	15.4	76.7	0.057	1.70	0.26	1.35	0.025	1.87	120	91	51	850
ZJDQ009	1	战国	条纹大罐	青	#	0.29	16.1	77.3	0.047	1.90	0.33	1.47	0.038	2.34	121	92	51	818
ZJDQ010	1	战国	条纹大罐	青	#	0.16	15.6	78.3	0.053	1.74	0.29	1.53	0.024	2.12	133	95	34	816
ZJDQ011	1	战国	条纹大罐	青	1.30	0.56	15.6	76.4	0.062	1.78	0.19	1.41	0.044	2.53	115	74	54	765
ZJDQ012	1	战国	条纹大罐	青	1.22	0.72	16.0	76.3	0.066	1.76	0.27	1.37	0.035	2.13	128	87	54	843
ZJDQ013	1	战国	条纹大罐	青	1.06	0.51	15.9	76.9	0.051	1.77	0.28	1.39	0.035	2.03	119	86	40	792
ZJDQ014	1	战国	条纹大罐	青	0.63	0.57	15.8	77.2	0.059	1.77	0.28	1.48	0.034	2.07	126	94	59	838
ZJDQ015	1	战国	条纹大罐	青	1.18	0.53	15.4	77.3	0.055	1.78	0.29	1.40	0.039	1.90	110	93	48	759
ZJDQ016	1	战国	条纹大罐	青	0.35	0.39	16.0	77.3	0.055	1.79	0.26	1.55	0.026	2.24	138	88	51	889
ZJDQ017	1	战国	条纹大罐	青	0.79	0.52	16.5	76.1	0.057	1.86	0.30	1.50	0.034	2.22	133	84	50	846
ZJDQ018	2	战国	无条纹大罐	青	0.75	0.70	16.7	75.7	0.049	1.80	0.33	1.41	0.038	2.36	125	88	43	787
ZJDQ019	2	战国	无条纹大罐	青	1.36	0.62	16.4	75.8	0.065	1.85	0.34	1.38	0.030	2.06	129	97	48	765
ZJDQ020	2	战国	无条纹大罐	青	0.74	0.52	16.3	76.4	0.067	1.85	0.32	1.46	0.041	2.19	130	104	56	890
ZJDQ021	2	战国	无条纹大罐	青	0.57	0.50	15.9	77.1	0.047	1.89	0.31	1.44	0.047	2.12	132	86	55	878
ZJDQ022	2	战国	无条纹大罐	青	#	0.47	16.5	76.9	0.053	1.96	0.36	1.46	0.033	2.17	138	100	64	835
ZJDQ023	2	战国	无条纹大罐	青	1.31	0.52	15.7	76.7	0.041	1.79	0.31	1.41	0.039	2.12	110	86	45	799
ZJDQ024	2	战国	无条纹大罐	青	0.67	0.33	16.5	76.4	0.044	1.91	0.34	1.38	0.040	2.25	128	88	50	845
ZJDQ025	2	战国	无条纹大罐	青	#	0.50	16.4	77.0	0.046	1.88	0.36	1.48	0.032	2.23	125	90	56	833
ZJDQ026	2	战国	无条纹大罐	青	1.22	0.68	16.3	75.8	0.064	1.89	0.32	1.36	0.042	2.18	123	88	56	199
ZJDQ027	2	战国	无条纹大罐	青	0.78	0.42	16.0	76.7	0.063	1.91	0.32	1.42	0.042	2.20	142	102	49	857
ZJDQ028	2	战国	无条纹大罐	青	1.65	0.66	16.2	76.1	0.066	1.79	0.23	1.34	0.069	1.85	141	85	65	694
ZJDQ029	2	战国	无条纹大罐	青	1.77	0.63	16.2	75.6	0.051	1.73	0.30	1.40	0.031	2.20	128	88	39	720
ZJDQ030	2	战国	无条纹大罐	青	#	0.43	16.5	77.0	0.047	1.92	0.32	1.42	0.041	2.23	133	94	68	830
ZJDQ031	2	战国	无条纹大罐	青	#	0.29	17.8	75.2	0.052	1.98	0.33	1.66	0.032	2.57	142	95	59	914
ZJDQ032	2	战国	无条纹大罐	青	#	0.57	16.4	77.1	0.052	1.85	0.35	1.45	0.029	2.11	125	89	54	852
ZJDQ033	3	战国	中型罐	青	0.35	0.42	16.9	75.9	0.057	1.68	0.21	1.61	0.018	2.73	132	80	49	936
ZJDQ034	3	战国	中型罐	青	1.65	0.61	14.9	77.4	0.061	1.66	0.31	1.41	0.036	1.80	109	97	52	856
ZJDQ035	3	战国	中型罐	青	#	0.52	15.4	78.1	0.052	1.74	0.25	1.47	0.028	2.34	116	84	66	898
ZJDQ036	3	战国	中型罐	青	#	0.38	15.3	78.4	0.055	1.70	0.24	1.39	0.026	2.39	121	73	52	976
ZJDQ037	3	战国	中型罐	青	0.85	0.50	15.1	77.7	0.069	1.68	0.28	1.40	0.030	2.31	123	87	56	923
ZJDQ038	3	战国	中型罐	青	0.41	0.61	16.9	75.6	0.071	1.85	0.25	1.54	0.032	2.57	126	70	56	960
ZJDQ039	3	战国	中型罐	青	3.50	0.37	15.0	75.4	0.065	1.67	0.28	1.31	0.020	2.21	114	83	56	907

续附表 1

样品号	组号	时代	器形	釉色	Na$_2$O %	MgO %	Al$_2$O$_3$ %	SiO$_2$ %	P$_2$O$_5$ %	K$_2$O %	CaO %	TiO$_2$ %	MnO %	Fe$_2$O$_3$ %	Rb$_2$O ppm	SrO ppm	Y$_2$O$_3$ ppm	ZrO$_2$ ppm
ZJDQ040	3	战国	中型罐	青	0.62	0.32	15.3	77.8	0.052	1.75	0.28	1.38	0.023	2.34	113	76	60	912
ZJDQ041	3	战国	中型罐	青	1.54	0.61	16.0	75.9	0.053	1.78	0.27	1.52	0.027	2.16	127	89	50	886
ZJDQ042	3	战国	中型罐	青	#	0.52	15.9	77.5	0.063	1.79	0.28	1.43	0.046	2.32	112	87	49	840
ZJDQ043	3	战国	中型罐	青	0.44	0.43	15.9	77.8	0.055	1.84	0.25	1.34	0.068	1.84	132	84	51	232
ZJDQ044	3	战国	中型罐	青	1.13	0.41	15.8	76.9	0.058	1.76	0.24	1.39	0.028	2.15	108	77	44	905
ZJDQ045	3	战国	中型罐	青	1.13	0.64	16.8	75.1	0.064	1.83	0.24	1.41	0.020	2.61	118	82	54	826
ZJDQ046	3	战国	中型罐	青	1.84	0.53	17.1	74.2	0.073	1.87	0.27	1.47	0.049	2.51	145	107	51	962
ZJDQ047	3	战国	中型罐	青	1.77	0.70	15.2	76.7	0.069	1.84	0.27	1.38	0.026	1.93	128	98	53	997
ZJDQ048	3	战国	中型罐	青	0.76	0.36	15.3	77.9	0.072	1.61	0.29	1.47	0.035	2.03	111	83	46	948
ZJDQ049	3	战国	中型罐	青	1.22	0.62	16.7	75.2	0.075	1.84	0.25	1.43	0.033	2.50	120	75	60	932
ZJDQ050	4	战国	中型罐	青	0.78	0.52	16.1	76.9	0.031	1.97	0.27	1.51	0.049	1.81	144	96	81	765
ZJDQ051	4	战国	中型罐	青	1.82	0.57	15.4	77.0	0.050	1.73	0.25	1.27	0.034	1.79	109	76	46	676
ZJDQ052	4	战国	中型罐	青	1.16	0.53	17.0	74.9	0.055	1.87	0.25	1.48	0.017	2.62	139	99	56	852
ZJDQ053	4	战国	中型罐	青	0.79	0.61	15.9	77.2	0.051	1.83	0.26	1.33	0.041	1.90	115	96	62	688
ZJDQ054	4	战国	中型罐	青	1.98	0.60	15.9	76.5	0.046	1.86	0.23	1.31	0.056	1.47	131	86	78	734
ZJDQ055	4	战国	中型罐	青	1.02	0.50	15.9	76.9	0.048	1.85	0.21	1.31	0.061	2.09	128	80	69	911
ZJDQ056	4	战国	中型罐	青	0.35	0.39	15.7	78.2	0.046	1.83	0.22	1.45	0.040	1.81	121	87	50	201
ZJDQ057	4	战国	中型罐	青	0.44	0.39	14.9	79.2	0.048	1.84	0.22	1.36	0.055	1.35	129	86	76	825
ZJDQ058	4	战国	中型罐	青	1.16	0.59	14.8	78.3	0.062	1.82	0.22	1.42	0.058	1.55	137	86	70	759
ZJDQ059	4	战国	中型罐	青	0.83	0.59	16.8	75.7	0.048	2.00	0.17	1.38	0.021	2.32	132	86	41	736
ZJDQ060	4	战国	中型罐	青	1.82	0.72	14.6	77.7	0.068	1.77	0.23	1.42	0.047	1.57	120	84	58	163
ZJDQ061	4	战国	中型罐	青	#	0.62	18.3	75.0	0.055	2.02	0.26	1.47	0.043	2.10	156	82	78	763
ZJDQ062	4	战国	中型罐	青	#	0.06	15.5	78.9	0.040	1.85	0.28	1.31	0.039	1.88	122	87	50	725
ZJDQ063	4	战国	中型罐	青	0.82	0.31	14.9	78.8	0.054	1.85	0.22	1.39	0.056	1.53	128	84	62	790
ZJDQ064	4	战国	中型罐	青	0.57	0.63	15.5	77.9	0.053	1.77	0.27	1.32	0.029	1.87	117	88	53	785
ZJDQ065	4	战国	中型罐	青	1.22	0.61	16.5	75.8	0.068	1.76	0.27	1.45	0.051	2.15	123	85	60	817
ZJDQ066	4	战国	中型罐	青	#	0.58	17.8	75.4	0.034	2.13	0.32	1.41	0.066	2.11	151	94	84	789
ZJDQ067	4	战国	中型罐	青	1.33	0.46	15.0	77.5	0.043	1.85	0.28	1.46	0.030	1.99	109	92	61	840
ZJDQ068	4	战国	中型罐	青	1.35	0.36	15.4	77.4	0.054	2.03	0.21	1.40	0.052	1.61	148	90	89	810
ZJDQ069	5	战国	碗片	青	1.05	0.52	15.6	77.5	0.055	1.83	0.19	1.46	0.044	1.66	140	82	54	68
ZJDQ070	5	战国	碗片	青	0.31	0.41	15.1	78.5	0.059	1.87	0.30	1.35	0.046	1.91	126	107	51	827
ZJDQ071	5	战国	碗片	青	1.09	0.53	16.8	75.4	0.060	2.01	0.30	1.43	0.056	2.14	146	95	66	817
ZJDQ072	5	战国	碗片	青	0.88	0.51	14.6	78.5	0.064	1.80	0.36	1.31	0.040	1.77	118	111	57	726
ZJDQ074	5	战国	碗片	青	0.65	0.57	15.0	78.1	0.075	1.88	0.28	1.44	0.039	1.84	107	88	55	887
ZJDQ075	5	战国	碗片	青	1.55	0.34	14.1	78.6	0.053	1.67	0.20	1.45	0.028	1.88	108	82	54	991
ZJDQ076	5	战国	碗片	青	0.83	0.74	17.1	74.8	0.056	2.07	0.23	1.40	0.026	2.68	144	99	50	758
ZJDQ077	5	战国	碗片	青	0.74	0.40	17.5	75.7	0.044	1.97	0.38	1.26	0.040	1.90	126	96	74	735
ZJDQ078	5	战国	碗片	青	0.74	0.58	15.8	76.6	0.057	1.86	0.28	1.43	0.043	2.54	131	98	56	825
ZJDQ079	5	战国	碗片	青	0.86	0.62	17.4	75.4	0.059	2.03	0.19	1.40	0.033	1.98	144	88	59	689

续附表 1

样品号	组号	时代	器形	釉色	Na₂O %	MgO %	Al₂O₃ %	SiO₂ %	P₂O₅ %	K₂O %	CaO %	TiO₂ %	MnO %	Fe₂O₃ %	Rb₂O ppm	SrO ppm	Y₂O₃ ppm	ZrO₂ ppm
ZJDQ080	5	战国	碗片	青	0.29	0.37	16.2	77.0	0.038	1.86	0.34	1.42	0.048	2.28	119	98	55	799
ZJDQ081	5	战国	碗片	青	0.35	0.47	16.0	77.2	0.053	1.89	0.31	1.44	0.031	2.14	126	104	54	764
ZJDQ082	5	战国	碗片	青	0.90	0.52	15.7	77.6	0.062	1.69	0.32	1.27	0.033	1.85	118	94	45	806
ZJDQ083	5	战国	碗片	青	0.76	0.40	15.0	78.4	0.056	1.76	0.27	1.32	0.053	1.83	110	93	62	892
ZJDQ084	5	战国	碗片	青	1.23	0.45	15.5	77.0	0.052	1.84	0.28	1.44	0.041	2.05	107	86	62	838
ZJDQ085	5	战国	碗片	青	1.88	0.67	15.6	76.0	0.051	1.71	0.23	1.60	0.031	2.08	119	85	48	899
ZJDQ086	5	战国	碗片	青	0.62	0.55	14.9	78.4	0.054	1.76	0.29	1.44	0.033	1.92	109	91	47	824
ZJDQ087	5	战国	碗片	青	0.57	0.27	14.2	80.0	0.037	1.64	0.24	1.31	0.035	1.58	98	80	58	776
ZJDQ088	6	战国	盅式钵和浅盘	青	1.16	0.51	16.1	76.4	0.079	1.81	0.28	1.43	0.027	2.17	123	83	27	754
ZJDQ089	6	战国	盅式钵和浅盘	青	0.53	0.38	14.9	78.7	0.045	1.87	0.29	1.29	0.040	1.86	116	91	53	850
ZJDQ090	6	战国	盅式钵和浅盘	青	0.58	0.51	19.0	73.4	0.053	2.21	0.20	1.35	0.057	2.57	132	73	50	187
ZJDQ091	6	战国	盅式钵和浅盘	青	0.98	0.50	15.3	77.9	0.058	1.77	0.34	1.20	0.046	1.81	102	89	63	785
ZJDQ092	6	战国	盅式钵和浅盘	青	0.97	0.49	15.7	77.3	0.061	1.82	0.31	1.27	0.039	1.91	117	91	46	761
ZJDQ093	6	战国	盅式钵和浅盘	青	0.53	0.47	16.1	77.4	0.066	1.79	0.31	1.28	0.043	1.88	125	82	59	791
ZJDQ094	6	战国	盅式钵和浅盘	青	0.39	0.53	16.6	76.6	0.051	1.83	0.33	1.38	0.044	2.07	126	89	63	744
ZJDQ095	6	战国	盅式钵和浅盘	青	#	0.43	16.8	77.2	0.070	1.76	0.23	1.39	0.044	1.99	124	92	69	789
ZJDQ096	6	战国	盅式钵和浅盘	青	#	0.08	15.8	78.1	0.035	1.87	0.29	1.49	0.046	2.19	129	87	62	996
ZJDQ097	6	战国	盅式钵和浅盘	青	0.71	0.36	15.0	78.6	0.054	1.78	0.27	1.29	0.040	1.82	112	81	54	768
ZJDQ098	6	战国	盅式钵和浅盘	青	1.25	0.51	15.0	77.7	0.045	1.80	0.32	1.29	0.041	1.92	128	97	51	784
ZJDQ099	6	战国	盅式钵和浅盘	青	1.18	0.45	16.1	76.9	0.049	1.95	0.25	1.33	0.044	1.68	137	91	81	724
ZJDQ100	6	战国	盅式钵和浅盘	青	#	0.30	16.0	78.2	0.038	1.85	0.31	1.27	0.043	1.90	120	93	62	792
ZJDQ101	6	战国	盅式钵和浅盘	青	0.92	0.56	17.0	75.9	0.062	1.76	0.22	1.37	0.032	2.06	109	78	63	780
ZJDQ102	6	战国	盅式钵和浅盘	青	#	0.47	17.6	76.5	0.067	1.53	0.27	1.39	0.026	2.06	107	70	52	203
ZJDQ103	6	战国	盅式钵和浅盘	青	3.30	0.46	16.9	74.1	0.031	1.98	0.22	1.35	0.047	1.60	143	91	116	210

#：低于检测限

附表 2　德清亭子桥原始瓷釉 XRF 数据表

样品号	组号	时代	器形	釉色	Na₂O %	MgO %	Al₂O₃ %	SiO₂ %	P₂O₅ %	K₂O %	CaO %	TiO₂ %	MnO %	Fe₂O₃ %	CuO ppm	ZnO ppm	Rb₂O ppm	SrO ppm	Y₂O₃ ppm	ZrO₂ ppm
ZJDQ001	1	战国	条纹大罐	青	#	1.30	12.3	62.4	0.50	1.84	17.7	1.16	0.65	1.99	117	103	139	593	40	1119
ZJDQ002	1	战国	条纹大罐	青	1.60	1.47	14.0	66.5	0.43	2.23	9.1	1.31	0.38	2.82	65	52	151	221	63	1014
ZJDQ003	1	战国	条纹大罐	青	1.40	1.65	11.8	63.0	0.71	1.80	15.7	1.17	0.63	1.93	110	66	166	392	56	1053
ZJDQ004	1	战国	条纹大罐	青	0.82	1.82	12.0	61.9	0.57	2.05	16.5	1.21	0.83	1.99	135	47	143	559	55	1060
ZJDQ005	1	战国	条纹大罐	青	#	1.62	12.2	59.0	0.82	1.40	20.4	1.21	0.80	2.32	142	77	140	771	72	981
ZJDQ006	1	战国	条纹大罐	青	0.93	1.49	12.2	61.0	0.52	1.73	17.6	1.11	1.06	2.07	162	145	110	692	63	996
ZJDQ007	1	战国	条纹大罐	青	0.72	1.66	12.6	60.0	0.74	1.25	18.7	1.21	0.71	2.24	145	66	114	677	74	1012
ZJDQ008	1	战国	条纹大罐	青	0.94	1.11	12.6	67.2	0.40	3.27	10.6	1.45	0.26	1.96	91	50	184	210	55	1135
ZJDQ009	1	战国	条纹大罐	青	1.34	1.48	13.0	62.6	0.47	2.07	14.6	1.17	1.03	2.04	130	95	144	486	87	958
ZJDQ010	1	战国	条纹大罐	青	0.64	1.22	13.6	68.9	0.40	3.22	8.3	1.26	0.30	2.06	71	58	167	211	64	1058
ZJDQ011	1	战国	条纹大罐	青	#	1.10	13.2	67.9	0.51	2.89	9.9	1.29	0.44	2.67	77	132	159	180	51	989
ZJDQ012	1	战国	条纹大罐	青	0.38	1.24	13.9	68.2	0.45	2.55	9.2	1.40	0.31	2.18	103	67	167	188	54	1078
ZJDQ013	1	战国	条纹大罐	青	#	1.40	13.2	66.1	0.49	3.24	11.5	1.28	0.43	2.24	149	50	186	222	63	1122
ZJDQ014	1	战国	条纹大罐	青	0.55	1.43	13.2	67.1	0.48	2.82	10.4	1.34	0.39	2.05	100	53	167	234	59	1094
ZJDQ015	1	战国	条纹大罐	青	#	1.38	11.4	66.5	0.52	2.14	13.5	1.28	0.70	2.41	133	83	172	338	69	1137
ZJDQ016	1	战国	条纹大罐	青	0.66	1.20	12.1	63.5	0.43	2.42	15.2	1.27	0.81	2.15	146	62	162	432	55	1036
ZJDQ017	1	战国	条纹大罐	青	0.80	1.48	13.8	66.3	0.45	3.07	10.1	1.30	0.36	2.20	109	37	183	179	52	1032
ZJDQ018	2	战国	无条纹大罐	青	1.38	1.83	13.1	58.3	0.52	2.24	17.4	1.14	1.48	2.37	190	71	158	549	53	1071
ZJDQ019	2	战国	无条纹大罐	青	0.62	1.56	13.1	62.1	0.62	1.85	15.7	1.18	0.93	2.11	151	118	143	514	58	1030
ZJDQ020	2	战国	无条纹大罐	青	2.29	1.34	14.4	69.4	0.31	3.47	4.4	1.48	0.26	2.61	70	79	163	140	65	966
ZJDQ021	2	战国	无条纹大罐	青	#	1.30	12.9	64.7	0.45	2.76	13.2	1.31	0.81	2.42	130	113	171	320	71	1077
ZJDQ022	2	战国	无条纹大罐	青	1.04	1.40	13.0	60.2	0.60	2.10	17.4	1.10	1.03	1.99	159	109	106	892	62	963
ZJDQ023	2	战国	无条纹大罐	青	0.36	1.51	12.6	64.5	0.48	2.74	13.3	1.17	0.91	2.26	131	124	181	398	66	1015
ZJDQ024	2	战国	无条纹大罐	青	1.79	1.33	14.7	68.1	0.35	3.01	6.6	1.25	0.38	2.25	93	69	177	192	44	932
ZJDQ025	2	战国	无条纹大罐	青	1.81	1.55	13.8	65.2	0.52	2.18	10.7	1.26	0.58	2.28	108	108	174	237	61	1039
ZJDQ026	2	战国	无条纹大罐	青	0.66	1.57	13.5	63.3	0.57	1.97	13.4	1.31	0.79	2.70	120	114	165	349	73	1160
ZJDQ027	2	战国	无条纹大罐	青	1.13	1.51	14.4	65.6	0.46	2.86	10.0	1.31	0.41	2.15	84	52	154	274	64	952
ZJDQ028	2	战国	无条纹大罐	青	#	1.04	13.8	66.7	0.37	3.46	10.2	1.30	0.59	2.42	142	121	190	271	50	1143
ZJDQ029	2	战国	无条纹大罐	青	#	1.04	13.8	66.7	0.37	3.46	10.2	1.30	0.59	2.42	142	121	190	271	50	1143
ZJDQ030	2	战国	无条纹大罐	青	1.16	1.20	14.7	70.7	0.24	4.43	3.8	1.32	0.21	2.13	98	48	166	137	60	932
ZJDQ031	2	战国	无条纹大罐	青	0.52	1.36	13.5	63.2	0.51	2.36	13.9	1.19	0.94	2.31	143	87	167	494	52	984
ZJDQ032	2	战国	无条纹大罐	青	#	1.28	13.0	72.1	0.35	2.57	6.4	1.44	0.32	2.36	39	79	181	178	63	955
ZJDQ033	3	战国	中型罐	青	0.32	1.39	15.0	68.4	0.36	3.42	6.2	1.33	0.73	2.72	98	78	157	177	67	953
ZJDQ034	3	战国	中型罐	青	0.95	0.97	13.0	73.0	0.24	3.37	4.7	1.37	0.27	1.98	58	72	176	142	59	971
ZJDQ035	3	战国	中型罐	青	0.41	1.67	12.8	63.5	0.60	2.08	14.0	1.25	0.87	2.59	88	47	154	359	55	1100
ZJDQ036	3	战国	中型罐	青	0.92	1.60	12.4	61.4	0.58	2.24	15.9	1.16	1.10	2.44	99	39	158	550	51	1139
ZJDQ037	3	战国	中型罐	青	0.93	1.63	11.6	64.2	0.58	2.63	13.2	1.28	0.95	2.72	147	63	166	296	71	1264
ZJDQ038	3	战国	中型罐	青	#	1.40	14.2	68.4	0.49	2.69	7.9	1.48	0.48	2.71	91	57	191	183	58	1249
ZJDQ039	3	战国	中型罐	青	#	1.62	13.0	61.1	0.68	2.45	16.4	1.10	1.05	2.37	111	56	143	591	53	1205

续附表 2

样品号	组号	时代	器形	釉色	Na₂O %	MgO %	Al₂O₃ %	SiO₂ %	P₂O₅ %	K₂O %	CaO %	TiO₂ %	MnO %	Fe₂O₃ %	CuO ppm	ZnO ppm	Rb₂O ppm	SrO ppm	Y₂O₃ ppm	ZrO₂ ppm
ZJDQ040	3	战国	中型罐	青	1.17	1.54	12.3	60.9	0.70	2.24	15.6	1.28	1.11	2.97	135	53	144	549	65	1251
ZJDQ041	3	战国	中型罐	青	0.67	1.42	12.6	63.3	0.60	2.18	14.7	1.19	1.07	2.07	111	55	150	451	62	1231
ZJDQ042	3	战国	中型罐	青	#	1.23	12.6	63.6	0.42	2.32	14.5	1.18	1.51	2.42	137	42	148	460	71	1059
ZJDQ043	3	战国	中型罐	青	1.07	1.54	12.6	61.9	0.57	2.30	15.8	1.12	0.88	2.04	133	146	178	444	61	993
ZJDQ044	3	战国	中型罐	青	#	1.57	11.8	64.4	0.62	2.43	13.9	1.27	0.94	2.87	128	47	166	397	76	1251
ZJDQ045	3	战国	中型罐	青	#	1.45	13.5	59.6	0.67	2.70	16.6	1.22	1.24	2.71	122	39	131	780	72	1288
ZJDQ046	3	战国	中型罐	青	0.78	1.63	13.3	61.4	0.54	2.17	14.4	1.15	1.28	3.13	116	20	146	616	80	1078
ZJDQ047	3	战国	中型罐	青	0.52	1.18	12.7	66.7	0.38	2.89	11.4	1.23	0.87	2.05	122	107	176	258	63	965
ZJDQ048	3	战国	中型罐	青	0.60	1.47	12.0	66.4	0.47	2.04	12.5	1.18	1.03	2.10	122	119	170	310	64	1072
ZJDQ049	3	战国	中型罐	青	1.02	1.57	12.7	59.3	0.68	2.28	17.5	1.16	1.27	2.39	117	50	158	750	57	1062
ZJDQ050	4	战国	中型罐	青	0.43	1.59	14.6	68.3	0.35	2.90	7.9	1.33	0.46	1.99	84	74	183	175	77	988
ZJDQ051	4	战国	中型罐	青	#	1.56	12.2	60.5	0.59	2.49	17.9	1.09	1.40	1.96	161	93	147	694	80	962
ZJDQ052	4	战国	中型罐	青	0.97	1.56	12.6	59.4	0.61	2.30	17.1	1.20	1.07	3.05	129	42	137	712	55	1121
ZJDQ053	4	战国	中型罐	青	#	1.90	13.0	60.6	0.79	2.04	16.3	1.14	1.79	2.13	170	164	142	651	69	1008
ZJDQ054	4	战国	中型罐	青	1.64	1.98	12.8	60.7	0.69	1.61	16.6	1.13	1.18	1.46	131	218	140	533	91	944
ZJDQ055	4	战国	中型罐	青	0.43	1.33	13.0	63.4	0.57	1.65	15.3	1.15	0.83	2.19	131	98	161	405	71	1020
ZJDQ056	4	战国	中型罐	青	2.05	1.74	12.5	63.6	0.49	1.65	13.4	1.10	1.30	2.02	133	47	148	374	49	972
ZJDQ057	4	战国	中型罐	青	0.62	1.61	13.3	62.8	0.60	2.23	14.9	1.18	0.87	1.74	137	274	187	428	92	942
ZJDQ058	4	战国	中型罐	青	0.81	1.55	12.5	63.0	0.70	1.78	15.9	1.16	0.98	1.35	120	98	156	487	78	982
ZJDQ059	4	战国	中型罐	青	0.41	1.64	13.9	63.4	0.55	2.21	12.6	1.27	0.94	2.90	99	75	196	344	54	955
ZJDQ060	4	战国	中型罐	青	1.02	1.24	13.3	71.8	0.37	2.89	6.1	1.29	0.27	1.56	61	82	178	155	79	942
ZJDQ061	4	战国	中型罐	青	0.48	1.48	15.1	66.8	0.40	2.67	9.0	1.26	0.56	2.03	96	131	190	244	105	934
ZJDQ062	4	战国	中型罐	青	0.47	1.39	13.1	65.2	0.47	2.33	12.9	1.14	0.89	1.92	134	125	174	271	68	991
ZJDQ063	4	战国	中型罐	青	0.90	1.69	13.4	66.6	0.60	1.96	11.0	1.17	0.62	1.87	99	131	176	245	99	1033
ZJDQ064	4	战国	中型罐	青	1.21	0.74	14.2	75.7	0.10	1.33	3.2	0.82	0.53	2.03	111	111	116	297	47	795
ZJDQ065	4	战国	中型罐	青	1.97	1.22	13.8	68.5	0.34	2.50	7.4	1.31	0.56	2.24	72	70	168	167	84	954
ZJDQ066	4	战国	中型罐	青	#	1.05	15.3	67.8	0.30	3.21	8.5	1.24	0.33	2.18	89	122	202	180	79	865
ZJDQ067	4	战国	中型罐	青	1.40	1.39	12.9	63.5	0.47	1.93	13.8	1.23	1.26	1.96	136	103	164	368	62	1021
ZJDQ068	4	战国	中型罐	青	1.33	1.07	14.7	69.3	0.35	2.83	6.9	1.28	0.37	1 67	61	86	176	178	115	961
ZJDQ069	5	战国	碗片	青	0.61	0.47	11.1	83.0	0.10	0.92	0.5	0.64	0.15	2.40	79	109	140	142	77	777
ZJDQ070	5	战国	碗片	青	1.40	1.63	12.6	64.8	0.51	1.51	13.0	1.17	0.98	2.25	97	61	132	424	71	1105
ZJDQ071	5	战国	碗片	青	0.50	0.90	15.4	69.3	0.29	2.85	6.2	1.32	0.56	2.47	62	76	164	153	67	849
ZJDQ072	5	战国	碗片	青	1.68	1.29	13.6	69.6	0.33	3.23	6.8	1.26	0.33	1.76	66	76	202	182	67	942
ZJDQ073	5	战国	碗片	青	0.48	1.38	13.8	69.5	0.40	2.65	7.7	1.33	0.74	1.90	77	53	178	181	65	248
ZJDQ074	5	战国	碗片	青	0.68	0.26	5.0	86.0	0.09	0.86	4.1	0.79	0.53	1.59	78	66	124	191	49	798
ZJDQ075	5	战国	碗片	青	#	0.73	14.0	74.8	0.22	3.45	2.9	1.48	0.25	2.10	73	60	144	135	59	1072
ZJDQ076	5	战国	碗片	青	0.62	1.54	14.2	60.6	0.45	2.66	14.9	1.31	0.89	2.62	114	84	181	430	38	918
ZJDQ077	5	战国	碗片	青	0.40	1.12	16.1	71.8	0.33	3.36	3.0	1.21	0.28	2.20	56	90	168	139	60	859
ZJDQ078	5	战国	碗片	青	1.31	0.91	16.0	71.8	0.20	3.56	1.8	1.45	0.18	2.76	67	57	172	117	59	883

续附表 2

样品号	组号	时代	器形	釉色	Na$_2$O %	MgO %	Al$_2$O$_3$ %	SiO$_2$ %	P$_2$O$_5$ %	K$_2$O %	CaO %	TiO$_2$ %	MnO %	Fe$_2$O$_3$ %	CuO ppm	ZnO ppm	Rb$_2$O ppm	SrO ppm	Y$_2$O$_3$ ppm	ZrO$_2$ ppm
ZJDQ079	5	战国	碗片	青	#	1.15	14.0	68.4	0.39	3.36	8.6	1.33	0.21	2.37	102	144	221	175	106	990
ZJDQ080	5	战国	碗片	青	#	1.07	13.3	66.4	0.45	2.28	11.9	1.26	0.75	2.45	140	135	167	292	57	990
ZJDQ081	5	战国	碗片	青	0.83	1.49	12.8	63.7	0.57	1.68	14.1	1.24	1.34	2.04	134	104	148	473	79	966
ZJDQ082	5	战国	碗片	青	1.58	1.34	11.7	72.4	0.36	2.52	6.8	1.10	0.33	1.75	48	50	163	145	62	1036
ZJDQ083	5	战国	碗片	青	0.86	1.23	13.4	68.1	0.38	2.11	9.7	1.13	0.63	2.30	84	34	164	274	53	933
ZJDQ084	5	战国	碗片	青	0.85	1.90	11.7	60.7	0.71	1.82	17.5	1.14	1.67	1.77	142	113	126	875	57	961
ZJDQ085	5	战国	碗片	青	0.59	1.43	12.3	61.3	0.61	1.59	17.4	1.17	1.54	1.86	185	98	149	682	72	1047
ZJDQ086	5	战国	碗片	青	0.97	1.23	13.2	67.7	0.39	2.60	9.4	1.37	0.79	2.14	105	80	162	219	66	1010
ZJDQ087	5	战国	碗片	青	0.47	1.92	10.8	59.7	0.69	2.16	19.9	1.05	1.11	1.95	149	69	120	874	66	1029
ZJDQ089	6	战国	盅式钵和浅盘	青	#	1.18	12.3	64.1	0.56	1.14	16.1	1.08	0.66	2.68	132	104	118	637	66	979
ZJDQ090	6	战国	盅式钵和浅盘	青	#	0.36	14.9	72.8	0.12	4.01	3.0	1.45	0.10	3.16	63	80	205	116	64	916
ZJDQ091	6	战国	盅式钵和浅盘	青	1.46	1.94	12.2	60.7	0.59	2.11	17.2	0.94	0.80	1.89	150	76	109	771	67	946
ZJDQ092	6	战国	盅式钵和浅盘	青	1.43	1.13	13.2	70.4	0.34	3.50	6.7	1.13	0.43	1.60	59	68	148	158	64	956
ZJDQ093	6	战国	盅式钵和浅盘	青	0.62	1.74	12.6	61.7	0.72	1.92	16.0	1.04	1.51	1.90	129	116	145	553	82	999
ZJDQ094	6	战国	盅式钵和浅盘	青	0.95	1.37	14.9	66.0	0.52	2.98	8.7	1.29	0.74	2.36	109	102	170	186	70	972
ZJDQ095	6	战国	盅式钵和浅盘	青	1.17	1.89	14.0	60.5	0.73	2.16	14.2	1.21	1.55	2.40	126	137	149	491	70	916
ZJDQ096	6	战国	盅式钵和浅盘	青	0.64	1.31	13.3	63.7	0.63	1.48	14.8	1.24	0.57	2.10	126	143	130	469	68	1086
ZJDQ097	6	战国	盅式钵和浅盘	青	1.34	0.86	12.6	73.2	0.25	3.52	5.2	1.13	0.20	1.49	57	60	153	132	50	927
ZJDQ098	6	战国	盅式钵和浅盘	青	0.80	1.41	14.1	68.1	0.38	2.79	8.3	1.32	0.70	1.98	76	62	161	225	60	910
ZJDQ099	6	战国	盅式钵和浅盘	青	#	1.23	13.3	68.1	0.47	1.83	11.1	1.21	0.72	1.84	80	76	165	262	94	956
ZJDQ100	6	战国	盅式钵和浅盘	青	#	2.02	12.9	60.3	0.91	1.71	17.3	1.07	1.72	1.88	143	108	147	588	76	1079
ZJDQ101	6	战国	盅式钵和浅盘	青	#	1.89	13.6	63.1	0.68	1.66	14.1	1.15	1.47	2.27	138	111	135	543	47	864
ZJDQ102	6	战国	盅式钵和浅盘	青	0.82	1.76	13.9	62.9	0.59	1.50	14.5	1.05	0.77	2.02	108	93	121	342	66	972
ZJDQ103	6	战国	盅式钵和浅盘	青	#	1.37	14.3	65.6	0.47	2.11	12.4	1.23	0.55	1.80	86	100	196	297	105	940

#：低于检测限

附表 3 德清亭子桥原始瓷 NAA 数据表

样品名	组号	时代	器形	釉色	La ppm	Sm ppm	U ppm	Ce ppm	Eu ppm	Tb ppm	Yb ppm	Lu ppm	Hf ppm	Ta ppm	Th ppm	Sc ppm	Fe₂O₃ %	Co ppm	Rb ppm	Cs ppm
ZJDQ0004	1	战国	条纹大罐	青	64.2	9.0	3.8	105	1.87	1.25	4.48	0.59	9.14	1.91	21.6	17.2	2.43	7.5	103	9.6
ZJDQ0005	1	战国	条纹大罐	青	63.6	9.0	3.7	100	1.75	1.04	4.29	0.68	8.25	1.79	22.4	17.2	2.67	8.1	97	9.8
ZJDQ0006	1	战国	条纹大罐	青	63.9	8.8	3.5	100	1.87	1.24	4.27	0.67	8.32	1.80	22.4	16.9	2.54	8.6	103	9.7
ZJDQ0007	1	战国	条纹大罐	青	61.8	8.6	3.1	94	1.73	0.60	3.75	0.62	7.53	1.56	19.7	15.6	2.40	7.4	93	9.1
ZJDQ0008	1	战国	条纹大罐	青	65.0	9.0	4.1	101	1.80	1.08	4.63	0.61	9.19	1.66	20.9	15.8	2.14	7.8	93	9.6
ZJDQ0009	1	战国	条纹大罐	青	67.5	9.5	3.1	104	1.97	1.26	4.34	0.55	7.41	1.84	22.8	17.9	2.62	8.8	97	10.1
ZJDQ0010	1	战国	条纹大罐	青	68.7	9.6	5.0	103	1.90	1.25	4.19	0.62	8.33	1.68	21.9	17.0	2.42	9.6	103	9.8
ZJDQ0011	1	战国	条纹大罐	青	64.9	8.9	4.9	91	1.65	1.15	3.50	0.55	7.35	1.49	20.6	16.0	3.07	8.5	93	9.5
ZJDQ0012	1	战国	条纹大罐	青	66.3	9.2	2.9	103	1.79	0.99	4.25	0.61	8.87	1.53	21.4	16.9	2.52	8.6	101	10.1
ZJDQ0013	1	战国	条纹大罐	青	63.5	8.8	2.9	102	1.67	1.06	3.97	0.60	8.06	1.50	21.5	16.5	2.36	7.9	99	9.4
ZJDQ0014	1	战国	条纹大罐	青	66.3	9.0	2.9	99	1.77	1.35	4.19	0.58	8.56	1.57	20.6	16.2	2.33	9.1	91	9.3
ZJDQ0015	1	战国	条纹大罐	青	64.4	8.9	3.2	104	1.80	1.29	4.32	0.67	8.17	1.78	21.2	16.4	2.20	8.1	102	9.0
ZJDQ0016	1	战国	条纹大罐	青	64.0	8.6	2.2	103	1.84	1.04	4.60	0.63	7.91	1.74	20.8	16.4	2.37	7.2	100	10.0
ZJDQ0017	1	战国	条纹大罐	青	63.2	8.6	2.3	102	1.70	1.16	3.86	0.59	7.94	1.58	21.0	16.5	2.37	8.2	91	9.4
ZJDQ0018	2	战国	无条纹大罐	青	63.3	8.8	3.1	98	1.82	1.08	4.08	0.64	8.48	1.49	21.2	17.2	2.60	8.5	98	9.8
ZJDQ0019	2	战国	无条纹大罐	青	63.5	8.8	2.8	102	1.78	1.14	4.40	0.59	7.78	1.51	21.9	17.1	2.31	8.1	101	9.6
ZJDQ0020	2	战国	无条纹大罐	青	61.5	8.4	2.7	96	1.71	1.20	3.74	0.61	7.53	1.65	20.5	16.3	2.60	8.5	96	9.1
ZJDQ0021	2	战国	无条纹大罐	青	64.0	8.8	2.6	98	1.72	1.26	3.88	0.57	7.70	1.67	21.2	16.5	2.43	9.3	100	9.2
ZJDQ0022	2	战国	无条纹大罐	青	66.3	9.4	3.4	101	1.86	0.96	4.17	0.55	7.49	1.51	22.4	17.2	2.40	8.7	112	9.9
ZJDQ0023	2	战国	无条纹大罐	青	66.5	9.3	4.2	107	1.91	0.96	4.66	0.64	8.61	1.70	22.0	17.4	2.47	9.4	104	10.0
ZJDQ0024	2	战国	无条纹大罐	青	66.8	9.3	4.9	103	1.96	1.06	4.23	0.56	8.13	1.61	23.1	17.7	2.66	9.1	104	9.6
ZJDQ0026	2	战国	无条纹大罐	青	65.5	9.4	4.2	101	1.86	1.07	3.95	0.62	7.78	1.80	22.4	17.6	2.62	9.4	103	9.6
ZJDQ0027	2	战国	无条纹大罐	青	68.0	9.4	3.1	104	1.88	1.33	4.30	0.66	8.00	1.68	21.9	17.1	2.46	8.6	110	9.7
ZJDQ0028	2	战国	无条纹大罐	青	77.5	11.0	3.6	121	1.97	1.60	6.20	0.82	7.01	1.82	26.5	17.0	2.31	8.4	108	10.6
ZJDQ0029	2	战国	无条纹大罐	青	66.7	9.4	2.7	106	1.87	0.90	4.31	0.59	8.46	1.48	22.3	17.8	2.62	9.5	118	9.9
ZJDQ0030	2	战国	无条纹大罐	青	67.7	9.4	3.3	103	1.93	0.95	4.57	0.59	7.79	1.72	22.6	17.6	2.54	9.2	104	10.2
ZJDQ0031	2	战国	无条纹大罐	青	65.1	9.1	2.9	97	1.78	1.11	4.06	0.59	7.90	1.62	22.1	17.2	2.46	9.5	100	9.6
ZJDQ0032	2	战国	无条纹大罐	青	66.5	9.3	3.0	100	1.87	1.09	3.87	0.61	7.73	1.47	21.7	17.0	2.47	9.0	92	9.4
ZJDQ0033	3	战国	中型罐	青	62.5	8.5	3.8	98	1.67	1.43	4.02	0.65	8.50	1.63	21.0	16.1	2.89	8.5	95	9.1
ZJDQ0034	3	战国	中型罐	青	61.4	8.3	3.4	92	1.70	1.07	3.96	0.54	8.31	1.67	19.9	15.4	2.16	7.3	94	8.2
ZJDQ0035	3	战国	中型罐	青	60.8	8.2	3.4	98	1.62	0.82	3.76	0.55	9.65	1.70	21.8	15.1	2.56	9.0	102	8.4
ZJDQ0036	3	战国	中型罐	青	59.2	8.1	2.3	94	1.53	1.07	3.84	0.56	9.51	1.80	20.9	14.9	2.57	8.9	89	8.6
ZJDQ0037	3	战国	中型罐	青	59.5	7.9	2.2	94	1.69	1.20	4.24	0.51	9.65	2.03	20.0	14.6	2.53	9.4	89	8.4
ZJDQ0038	3	战国	中型罐	青	60.1	7.9	3.3	95	1.79	1.24	3.48	0.55	8.25	1.46	20.2	15.6	2.60	7.0	91	9.0
ZJDQ0039	3	战国	中型罐	青	63.0	8.5	3.5	98	1.70	1.02	3.64	0.54	8.63	1.60	21.0	16.5	2.60	8.3	102	9.2
ZJDQ0040	3	战国	中型罐	青	58.1	7.9	2.3	90	1.54	0.93	3.94	0.59	9.65	1.50	20.1	14.5	2.49	8.9	80	8.5
ZJDQ0041	3	战国	中型罐	青	60.5	8.1	2.9	97	1.72	0.96	4.29	0.49	9.58	1.56	20.3	14.8	2.26	7.8	97	7.9
ZJDQ0042	3	战国	中型罐	青	62.9	8.5	3.2	98	1.85	1.14	4.04	0.56	8.06	1.50	20.3	15.9	2.47	9.1	96	9.0
ZJDQ0043	3	战国	中型罐	青	71.2	10.6	3.4	115	2.08	1.12	5.36	0.73	7.90	2.03	24.8	16.8	2.52	9.4	108	10.7

续附表 3

样品名	组号	时代	器形	釉色	La ppm	Sm ppm	U ppm	Ce ppm	Eu ppm	Tb ppm	Yb ppm	Lu ppm	Hf ppm	Ta ppm	Th ppm	Sc ppm	Fe$_2$O$_3$ %	Co ppm	Rb ppm	Cs ppm
ZJDQ0044	3	战国	中型罐	青	62.5	8.8	3.8	102	1.82	1.10	4.47	0.63	10.30	1.90	22.6	15.4	2.44	8.1	101	9.4
ZJDQ0046	3	战国	中型罐	青	65.1	9.6	3.7	105	1.89	1.18	4.55	0.62	8.98	1.72	23.4	17.4	2.64	9.8	107	9.9
ZJDQ0047	3	战国	中型罐	青	71.3	10.1	3.7	110	1.98	1.22	4.82	0.64	8.57	1.85	24.2	17.2	2.34	8.0	115	10.7
ZJDQ0048	3	战国	中型罐	青	66.4	9.2	3.8	101	1.90	1.21	4.25	0.67	8.44	1.75	22.7	16.3	2.33	7.9	99	9.6
ZJDQ0049	3	战国	中型罐	青	64.2	9.1	3.6	101	1.69	0.98	4.62	0.65	9.74	1.85	23.2	17.3	2.77	7.9	106	10.4
ZJDQ0050	4	战国	中型罐	青	81.2	11.9	5.2	125	2.16	1.71	6.14	0.80	7.69	1.98	27.5	16.9	2.13	9.3	118	11.2
ZJDQ0051	4	战国	中型罐	青	69.7	10.3	2.3	110	1.85	1.25	4.90	0.59	7.69	1.77	24.4	16.3	2.09	6.5	96	11.5
ZJDQ0052	4	战国	中型罐	青	64.9	9.3	4.3	104	1.84	1.42	4.54	0.67	9.28	2.02	24.0	17.2	2.92	8.1	116	10.2
ZJDQ0053	4	战国	中型罐	青	74.7	10.7	4.3	116	2.09	1.20	4.89	0.66	6.93	1.72	25.3	17.2	2.23	7.1	104	12.3
ZJDQ0054	4	战国	中型罐	青	79.5	11.6	4.7	125	1.91	1.62	6.61	0.79	7.04	2.02	27.4	16.8	1.74	7.8	115	11.8
ZJDQ0055	4	战国	中型罐	青	75.5	10.6	5.1	117	1.75	1.58	5.90	0.74	7.70	2.17	27.1	16.3	2.44	9.4	113	10.3
ZJDQ0056	4	战国	中型罐	青	70.0	9.9	2.4	103	1.90	1.26	4.82	0.75	7.64	1.72	23.1	16.6	2.07	7.6	99	10.4
ZJDQ0057	4	战国	中型罐	青	79.3	11.5	4.6	122	1.87	1.67	6.45	0.84	6.79	2.07	27.8	16.4	1.73	8.6	109	11.2
ZJDQ0058	4	战国	中型罐	青	72.8	10.3	4.6	111	1.84	1.34	4.89	0.65	7.48	2.20	26.5	15.4	1.69	6.4	98	10.0
ZJDQ0059	4	战国	中型罐	青	65.8	9.2	2.6	97	1.98	1.25	4.16	0.58	7.33	1.66	20.2	17.3	2.70	8.7	117	14.1
ZJDQ0060	4	战国	中型罐	青	73.1	10.2	4.1	115	1.94	1.30	5.47	0.79	7.53	1.98	24.8	15.3	1.79	6.5	112	10.2
ZJDQ0061	4	战国	中型罐	青	84.7	12.3	5.3	135	1.91	1.80	7.22	0.94	6.72	2.16	30.1	17.5	2.23	8.4	113	12.8
ZJDQ0062	4	战国	中型罐	青	70.7	9.9	2.3	112	1.83	1.20	4.32	0.52	7.16	1.84	23.5	16.1	2.11	6.4	98	11.5
ZJDQ0063	4	战国	中型罐	青	70.5	9.8	4.3	110	1.95	1.65	5.50	0.69	7.08	1.86	24.9	15.1	1.66	6.4	103	9.8
ZJDQ0064	4	战国	中型罐	青	67.7	9.4	3.6	106	1.83	1.13	4.72	0.64	6.72	1.49	22.0	15.4	2.03	6.3	91	10.3
ZJDQ0065	4	战国	中型罐	青	70.8	9.7	3.5	114	1.76	1.34	5.87	0.83	7.86	1.75	25.6	16.2	2.43	8.3	98	9.5
ZJDQ0066	4	战国	中型罐	青	77.1	11.2	4.8	124	2.12	1.21	6.18	0.85	7.48	1.86	28.3	17.9	2.42	10.2	126	11.7
ZJDQ0067	4	战国	中型罐	青	67.7	9.2	2.8	104	1.91	1.04	4.89	0.75	7.77	1.74	21.7	16.2	2.30	8.5	101	9.0
ZJDQ0068	4	战国	中型罐	青	77.6	10.5	4.7	122	1.89	1.75	7.43	0.87	7.72	2.39	28.5	15.0	1.76	7.1	119	10.2
ZJDQ0069	5	战国	碗片	青	77.0	10.0	3.9	119	1.98	1.76	6.48	0.71	7.49	1.98	24.8	17.1	2.00	9.3	111	11.0
ZJDQ0070	5	战国	碗片	青	66.8	8.8	3.7	105	1.90	1.33	5.34	0.61	8.58	1.72	22.1	16.1	2.09	9.1	99	9.7
ZJDQ0071	5	战国	碗片	青	72.3	9.6	3.6	110	2.14	1.56	5.76	0.64	7.61	1.69	24.3	18.5	2.40	9.3	105	11.4
ZJDQ0072	5	战国	碗片	青	69.8	9.2	3.8	109	1.87	1.45	5.21	0.57	7.80	1.60	22.2	16.2	2.00	7.5	97	10.6
ZJDQ0073	5	战国	碗片	青	69.5	8.9	4.6	109	1.77	1.42	6.00	0.68	7.98	1.89	24.6	16.4	2.23	9.1	106	10.3
ZJDQ0074	5	战国	碗片	青	69.0	8.9	3.8	107	1.89	1.36	5.33	0.58	8.72	1.68	22.4	16.9	2.13	8.6	106	9.4
ZJDQ0075	5	战国	碗片	青	67.9	8.9	3.2	106	2.04	1.39	5.34	0.61	8.97	1.80	22.2	17.0	2.14	8.4	101	9.8
ZJDQ0076	5	战国	碗片	青	68.8	9.1	3.2	105	2.03	1.36	5.12	0.59	7.71	1.58	21.7	19.2	3.03	10.5	120	14.8
ZJDQ0077	5	战国	碗片	青	74.0	9.8	3.1	120	1.96	1.57	5.74	0.63	7.51	1.79	26.1	17.8	2.21	7.3	108	14.0
ZJDQ0078	5	战国	碗片	青	66.4	8.6	2.8	99	1.85	1.29	4.91	0.56	9.15	1.61	21.3	17.2	3.02	12.1	112	10.8
ZJDQ0079	5	战国	碗片	青	82.7	10.9	4.3	127	2.07	1.81	7.12	0.78	6.99	2.34	26.7	18.3	2.36	11.0	129	12.6
ZJDQ0080	5	战国	碗片	青	68.9	9.1	3.9	108	1.96	1.37	5.06	0.57	8.64	1.75	22.9	18.3	2.59	9.5	113	10.9
ZJDQ0081	5	战国	碗片	青	69.2	9.0	3.5	107	2.05	1.30	5.51	0.58	8.48	1.91	23.7	18.6	2.52	9.0	114	11.2
ZJDQ0085	5	战国	碗片	青	70.5	9.2	3.8	111	2.04	1.50	5.78	0.62	9.06	1.97	24.2	17.8	2.46	9.3	114	10.4
ZJDQ0086	5	战国	碗片	青	71.1	9.2	3.0	112	2.00	1.39	5.41	0.62	9.17	1.90	24.7	17.6	2.29	8.8	109	9.9

续附表 3

样品名	组号	时代	器形	釉色	La ppm	Sm ppm	U ppm	Ce ppm	Eu ppm	Tb ppm	Yb ppm	Lu ppm	Hf ppm	Ta ppm	Th ppm	Sc ppm	Fe$_2$O$_3$ %	Co ppm	Rb ppm	Cs ppm
ZJDQ0087	5	战国	碗片	青	70.5	9.5	2.5	109	1.94	1.42	5.47	0.59	8.56	1.80	22.8	15.6	1.84	6.9	95	11.0
ZJDQ0088	6	战国	盅式钵和浅盘	青	65.5	8.2	2.9	105	1.81	1.23	5.29	0.59	9.42	1.82	23.1	17.5	2.56	9.8	115	10.7
ZJDQ0089	6	战国	盅式钵和浅盘	青	65.9	8.5	5.5	104	1.73	1.37	5.10	0.54	8.52	1.77	23.3	15.7	2.21	7.5	113	11.0
ZJDQ0090	6	战国	盅式钵和浅盘	青	70.0	9.1	3.6	106	1.93	1.21	5.38	0.62	7.70	1.77	22.8	19.7	3.04	12.9	130	17.9
ZJDQ0091	6	战国	盅式钵和浅盘	青	75.0	10.0	4.6	119	1.93	1.55	5.62	0.60	8.39	1.88	25.3	15.9	2.00	6.5	99	12.3
ZJDQ0092	6	战国	盅式钵和浅盘	青	72.0	10.0	4.1	116	1.88	1.50	5.49	0.62	8.13	1.85	25.0	16.3	2.03	6.6	106	12.5
ZJDQ0093	6	战国	盅式钵和浅盘	青	60.9	9.6	5.6	112	1.93	1.65	5.54	0.59	7.93	1.84	24.6	16.2	2.07	7.1	100	12.3
ZJDQ0094	6	战国	盅式钵和浅盘	青	61.8	9.8	5.6	116	2.07	1.55	5.55	0.62	7.49	1.89	25.0	18.2	2.24	8.3	107	13.1
ZJDQ0095	6	战国	盅式钵和浅盘	青	61.9	9.9	5.2	118	1.95	1.50	5.74	0.62	7.91	1.80	25.2	18.4	2.27	8.5	113	13.1
ZJDQ0096	6	战国	盅式钵和浅盘	青	57.1	9.0	4.9	104	2.04	1.25	5.48	0.59	9.49	1.74	23.0	17.8	2.42	10.0	107	10.7
ZJDQ0097	6	战国	盅式钵和浅盘	青	57.7	9.0	5.3	110	1.92	1.31	5.54	0.61	8.27	1.81	23.0	16.0	1.97	7.5	92	11.3
ZJDQ0098	6	战国	盅式钵和浅盘	青	54.5	8.5	4.6	102	1.80	1.31	5.09	0.55	8.45	1.70	22.3	17.5	2.40	9.2	115	10.1
ZJDQ0099	6	战国	盅式钵和浅盘	青	68.3	10.8	7.4	131	1.99	1.67	8.11	0.87	8.19	2.57	30.2	16.5	1.93	9.3	133	11.9
ZJDQ0100	6	战国	盅式钵和浅盘	青	59.2	9.5	5.6	115	1.96	1.41	5.42	0.59	8.31	1.75	25.4	16.7	2.14	7.1	103	12.7
ZJDQ0101	6	战国	盅式钵和浅盘	青	59.8	9.4	4.5	111	1.98	1.47	5.39	0.60	7.25	1.67	23.8	17.7	2.19	8.1	106	12.7
ZJDQ0102	6	战国	盅式钵和浅盘	青	62.3	9.9	5.9	120	1.95	1.45	5.58	0.60	7.87	1.80	26.5	17.1	2.10	6.6	102	13.6
ZJDQ0103	6	战国	盅式钵和浅盘	青	71.9	11.5	7.1	136	2.00	1.99	8.73	0.95	7.84	2.45	30.5	16.7	1.84	9.4	137	12.5
ZJDQ0158	10	原料			58.0	7.1	3.2	86	1.37	0.77	3.43	0.46	6.09	1.22	15.7	17.2	4.44	6.4	185	13.0
ZJDQ0159	10	原料			39.2	11.0	2.9	66	3.13	2.20	4.59	0.73	9.66	0.89	11.2	12.0	1.97	5.7	47	4.2

后 记

浙江地区出土仿铜的原始瓷礼器与乐器是较早的事，近些年来尤为多见。2004年，长兴鼻子山和安吉龙山越国贵族墓发掘，出土了不少仿青铜的原始瓷礼器与乐器，促使我们产生了寻找此类仿铜礼乐器烧造地点的念头。2005年，江苏无锡鸿山邱承墩等越国贵族墓发掘，出土大量原始瓷礼乐器，推动了我们对上述学术课题探索活动开始具体实施。

由于德清县博物馆的同行们，特别是长年奔波在乡村田野、对古窑址情有独钟的朱建明同志，长期以来坚持古窑址调查，早在上世纪80年代就在德清境内发现了大批商周原始瓷窑址，更发现了亭子桥、冯家山窑址烧造原始瓷乐器的重要线索，使我们对这一学术课题的探索一开始就有比较明确的目标，并能取得事半功倍的效果。

亭子桥窑址的发掘由浙江省文物考古研究所和德清县博物馆联合进行，领队陈元甫，参加发掘工作的有浙江省文物考古研究所的陈元甫、郑建明，德清县博物馆的周建忠、费胜成，技工孙晓治、王春明、岳友军。参加整理工作的有陈元甫、郑建明、周建忠、王春明、岳友军。窑址发掘材料的整理工作，得到了德清博物馆俞友良馆长等馆领导的高度重视与大力支持，他们腾出了宽大的展厅给考古队作为整理场地，使我们得以顺利完成对数以吨计的出土标本的分类统计和拼对工作。

野外发掘期间，浙江省文物考古研究所朱伯谦、任世龙、沈岳明三位陶瓷专家不辞辛苦，曾多次到现场指导发掘工作，省内外不少同行专家也到现场给我们提供过许多帮助；整理过程中，"瓷之源——原始瓷与德清窑"国际学术研讨会召开，与会的国内外陶瓷专家，给我们的整理和研究工作提出了许多宝贵的意见与建议，使我们受益匪浅。在此，一并向他们表示衷心的感谢！

本考古报告由陈元甫、郑建明和周建忠分章执笔完成，其中第一章由郑建明、周建忠执笔，第二、三、五章由陈元甫执笔，第四章由郑建明执笔，在相互阅读对方文稿并提出修改意见后，最后由陈元甫统一定稿。文物修复由王春明完成，田野照片由陈元甫、郑建明拍摄，器物照片由李永嘉、郑建明拍摄。田野遗迹图由岳友军和孙晓治绘制，齐东林清描，器物线图由吴学功、景继魁绘制，吴学功完成清描工作。英文提要由中国社会科学院考古研究所李新伟翻译。

从2008年4月窑址发掘结束、到现在进入报告编辑出版阶段，三年已经过去。期间，召开"瓷之源——原始瓷与德清窑"国际学术研讨会，启动"瓷之源"项目，组织出版《古越瓷韵——浙江出土商周原始瓷集粹》图录，完成本报告的整理与编写，一切都是在紧锣密鼓地进行，一直都在行动之中。现在，报告即将付梓，两次来京，校正图片颜色，对稿件做最后的核改。在核改稿件过程中，懊恼着当初的怎样，也憧憬着以后要如何，深切地体味着遗憾，又满怀着收获的喜悦。这就是我们的工作吧，在得间失，又在失间得。

不管是由于水平的局限，还是由于现有资料的限制，本报告肯定有许多不足之处，诚望同行和学者们能不吝赐教。

编 者

2011 年 6 月 8 日

DEQING TINGZIQIAO

Report on an Proto-porcelain Kiln Site of the Warring-States Period

(Abstract)

The Tingziqiao 亭子桥 kiln site is located on a mountain slop to the north of Dongshan 东山 , a village of the Longsheng 龙胜 Village Group in the Economic Development Zone of the Deqing 德清 County, Zhejiang 浙江 Province. The site, which is 1500 sqm in area, was a factory for proto-porcelain manufacture in the Warring-States period. The Zhejiang Provincial Institute of Cultural Relics and Archaeology, with the help of Deqing County Museum, had conducted a salvage excavation at the site from September 2007 to April 2008, during which 7 kilns had been unearthed within the 720 sqm exposed area together with a large quantity of proto-porcelain vessels and kiln furniture.

The 7 kilns evenly distribute on the slop of a small hill. They are typical Southern China style long "dragon-kilns" and all had been repaired for several times during their use period. The best preserved kiln Y2 is 8.7m in length. Its furnace bed is 3.32m wide at the front part and 3.54m wide at the back part. Its burning room is rectangular in shape. This is the most complete Warring-States period dragon-kiln ever found and is significant for the researches on the structure and construction of dragon-kilns in that time.

Artifacts found at the site demonstrate that it had the location for the manufacture of high-grade proto-porcelain imitations of bronze ritual and musical objects. Besides some every-day use vessels, a large amount of the proto-porcelain objects which are totally several tons in weight are different kinds of ritual objects and musical instruments. Ritual objects include basin-shaped *ding* 鼎 tripods, *yan* 甗 -shaped *ding* tripods, lids of *ding* tripods, *dou* 豆 stemmed-plates, *jian* 鉴 -basin tripods, flat-bottom plates, plate tripods, ring-foot plates, flat-bottom basins, handled *hu* 壶 -vessels, handled *he* 盉 vessels, long-neck vases, *zun* 尊 vessels, pot tripods, *bu* 瓿 vessels, *hu* 壶 tripods, *bo* 钵 bowls, *yi* 匜 vessels and *zhen* 镇 objects. Musical instruments include *yongzhong* 甬钟 bells, *chunyu* 镎于 bells, *goudiao* 句鑃 bells, drum seats and *fou* 缶 tripods. This is the first kiln site for making proto-porcelain imitations of bronze ritual and musical objects ever found in China and is especially important in the research history of kilns and the Yue 越 culture. The discovery and excavation at the site demonstrate that the large number of proto-porcelain imitations of bronze ritual and musical objects found in the noble burials at Hongshan 鸿山 in Wuxi 无锡 might have been made in the Deqing area in northern Zhejiang, where might have been the manufacture center of high-grade proto-porcelain objects.

The proto-porcelains found at the Tingziqiao site are relatively higher in burning temperature with hard body and glazed shinning surface. Their quality is not far from the developed celadon in the later periods. The imitations of bronze ritual and musical objects are especially finely made. They are similar with their bronze prototypes not only in size and shape, but also in surface designs such as the *yunlei* 云雷 cloud designs, the S designs, the C designs and the corrugation designs. They are elegant in shape, fine in manufacture techniques and are excellent imitations of the real bronze objects. The making of these large proto-porcelain objects indicates a great progress of porcelain making techniques more than 2000 years ago in the Zhejiang area.

A large amount of supporters in the shape of the trump, cylinder, plate and ring had been found in the kilns at Tingziqiao. In other words, almost all the supporter types found in the Han period kilns had appeared in the Warring-States period. Obviously, different types of supporters had been widely used at Tingziqao to improve the quality of proto-porcelain products. Before the discoveries at Tingziqao, the earliest supporters were those found in the kilns of the Eastern Han period which were nearly 500 years later. Hence the new discoveries will rewrite the history of porcelain making in China.

1. 发掘前远景（东—西）

2. 发掘现场（东—西）

彩版一　窑址发掘前远景及发掘现场

1. T202废品堆积层（⑤层）清理

2. T302东壁废品堆积层（⑤层）

彩版二　窑址废品堆积层

1. T303西壁废品堆积层（⑤层）

2. T303西壁废品堆积层（⑤层）

彩版三　T303西壁废品堆积层

1. T303、T304北壁地层堆积

2. T304北壁废品堆积层（③层）

彩版四　T303、T304北壁地层堆积

彩版五　遗迹全景（东—西）

1. 草筋痕迹

2. 草筋痕迹

3. 草筋痕迹

4. 草筋痕迹

5. 草筋痕迹

6. 竹木条痕迹

彩版六　窑壁坍塌块上的草筋痕迹及竹木条痕迹

彩版七　Y3、Y4、Y5叠压打破关系（东—西）

1. Y3火膛和Y4窑床残部（东—西）

2. Y3火膛（东—西）

彩版八　Y3火膛和Y4窑床残部

解剖沟

Y2窑床

Y1窑床

扰乱坑

1. Y1、Y2叠压关系（东—西）

窑顶坍塌块

解剖沟

07德亭Y1

07德亭Y2

Y2窑床

Y1窑床

扰乱坑

2. Y1、Y2叠压关系（东—西）

彩版九　Y1、Y2叠压关系

1. Y1、Y2叠压关系（东—西）

2. 全景（东—西）

彩版一〇　Y1、Y2叠压关系及Y2全景

1. Y2窑顶坍塌层（东—西）

2. Y2窑顶坍塌层（北—南）

3. Y2窑顶坍塌层（东—西）

彩版一一 Y2窑顶坍塌层

1. Y2窑顶坍塌层和窑底解剖（北—南）

2. Y2窑顶坍塌层和窑底解剖

彩版一二　Y2窑顶坍塌层与窑底解剖

1. 火膛（东—西）

2. 火膛（北—南）

3. 窑灰堆积（东—西）

4. 火门处烧结块堆积（东—西）

5. 窑床上遗留的原始瓷残器（西北—东南）

彩版一三　Y2火膛及窑床上遗留的原始瓷残器

1. 南侧壁

4. 北侧壁

2. 南侧壁

3. 南侧壁后段

内面　　　外面

5. 窑壁厚度和内外面

彩版一四　Y2两侧窑壁

1. 南侧壁内面竹木条印痕

2. 南侧壁内面竹木条印痕

彩版一五　Y2南侧壁内面竹木条印痕

1. 后壁（南—北）

2. 后壁（北—南）

3. 后壁（东—西）

4. 南侧壁与后壁转角处（东北—西南）

彩版一六　Y2后壁

1. 底部南侧残留器物（东—西）

2. 底部北侧残留器物（东—西）

彩版一七　Y1底部残留器物

1. 叠压打破关系（东—西）

2. 火膛叠压关系（东北—西南）

彩版一八　Y6、Y7叠压打破关系

窑炉坍塌块

窑床

火膛

1. 清理火膛内窑灰堆积（东南—西北）

Y7窑床

Y6窑床   Y7火膛

清理后的Y6火膛

2. 火膛（东—西）

彩版一九　Y6火膛

彩版二〇　句鑃T201⑤：4与支垫具T202④：1装烧方法示意

1. Ba型碗叠烧标本T302⑤：32

2. Ba型碗叠烧标本T202⑤：43

3. Ba型碗叠烧标本T304③：74

4. Ba型碗叠烧标本T304③：59

5. Ba型碗叠烧标本T304③：86

彩版二一　叠烧标本

1. Bc型碗叠烧标本T202⑤：35

2. Bc型碗叠烧标本T202①：6

3. Cc型碗叠烧标本T304③：27

4. Cc型碗叠烧标本T304③：58

5. Cc型碗叠烧标本T304③：98

6. Ba型碗与C型盅叠烧标本T201⑤：29

彩版二二　叠烧标本

1. Ba型碗与C型盅叠烧标本T302⑤：31

2. Cb型碗与A型杯叠烧标本T304③：138

3. C型盅叠烧标本T304③：45

4. C型盅叠烧标本T302①：19

5. A型杯叠烧标本T201⑤：54

6. A型杯叠烧标本T202⑤：56

彩版二三　叠烧标本

1. A型盒与C型盅叠烧标本T302④：45

2. Ba型碗与A型盏叠烧标本T304③：146

3. Aa型碗Y1：9与Bb型碗Y1：26叠烧标本

4. Aa型碗Y1：19与Bb型碗Y1：36叠烧标本

5. Aa型碗Y1：16与Bb型碗Y1：33叠烧标本

6. 小罐叠烧标本T304③：76

彩版二四　叠烧标本

1. T201⑤：65

2. T302⑤：68

3. T303⑤：25

4. T304⑤：20

5. T403④：36

6. T302⑤：70

彩版二五　A型铺首

1. A型 T202④：9

2. B型 T403④：28

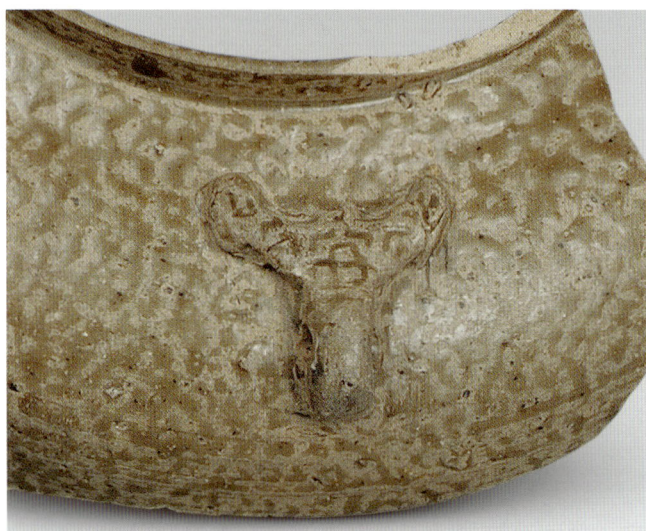

3. B型 T403④：30

4. C型 T303⑤：26

5. D型 T202⑤：69

6. D型 T403④：27

彩版二六　A型、B型、C型、D型铺首

1. E型T201⑤：75

2. E型T302⑤：80

3. E型T302⑤：81

4. E型T304③：14

5. F型T302⑤：74

6. F型T302⑤：76

彩版二七　E型、F型铺首

1. F型T302⑤：79

2. F型T304⑤：22

3. F型T302④：78

4. F型T403④：29

5. G型T302⑤：83

6. G型T302⑤：84

彩版二八　F型、G型铺首

1. 填彩标本 Y2：1

2. 填彩标本 T503④：1

3. 刻划符号标本 T201⑤：67

4. 刻划符号标本 T201⑤：68

5. 刻划符号标本 T302④：84

6. 刻划符号标本 T204③：19

7. 刻划符号标本 T202⑤：72

8. 刻划符号标本 T304⑤：48

彩版二九　填彩与刻划符号标本

1. T302⑤：3

2. T304⑤：29

彩版三〇　Aa型罐

1. T303⑤：6

2. T303⑤：8

彩版三一　Aa型罐

1. T303⑤：12

3. T304⑤：2

4. T304③：3

2. T303⑤：13

5. T304③：6

彩版三二　Aa型罐

1. T304⑥：1

2. T304⑥：3

3. T304⑥：5

4. T303⑤：14

彩版三三　Ab型罐

1. T302⑤：2

2. T303⑤：15

3. T304⑤：51

彩版三四　Ab型罐

1. T303⑤：17

2. T304⑤：28

彩版三五　Ab型罐

彩版三六　Ac型罐T304③：8

1. T201⑤：2

2. T202⑤：3

3. T202⑤：4

4. T202⑤：77

彩版三七　B型罐

1. T203⑤：1

2. T203⑤：3

3. T302⑤：4

4. T303⑤：48

彩版三八　B型罐

1. T203⑤：10

2. T302⑤：1

彩版三九　B型罐

1. T303⑤：43

2. T302④：14

彩版四〇　B型罐

1. T303⑤：124

2. T201④：3

3. T201④：5

4. T304③：2

彩版四一　B型罐

1. T201⑤：1

2. T201⑤：77

彩版四二　C型罐

1. T302⑤：10

2. T302⑤：11

彩版四三　C型罐

1. T302⑤：12

2. T302⑤：13

3. T303⑤：20

4. T304②：1

1. T303⑤：102

2. T304③：4

3. T403①：2

彩版四五　D型罐

1. T202⑤：22

2. T303⑤：97

3. T303⑤：98

4. T201④：8

5. T201④：7

6. T302④：77

7. T201④：10

彩版四六　E型罐

1. T202⑤：73

2. T303⑤：96

3. T303⑤：101

4. T302④：80

5. T403④：32

6. T403④：33

彩版四七　F型罐

1. G型罐T302④：1

2. 其他罐T201⑤：74

3. 其他罐T302⑤：51

彩版四八　G型及其他罐

1. T304⑥：6

2. T304⑤：9

3. T304⑤：13

彩版四九　瓿

1. T304⑤：8

2. T304⑤：10

彩版五〇　瓽

彩版五一　瓿T304⑤：15

1. T304⑤：16

2. T304③：7

彩版五二　瓿

1. T203⑤：4

2. T203⑤：4

3. T303⑤：21

1. T303⑤：22

2. T303⑤：23

彩版五四　A型盆

1. T304②：4

2. T304②：5

彩版五五　A型盆

1. T303⑤：64

2. T203④：1

3. T302①：28

彩版五六　Ba型盆

1. T302④：17

2. T302④：19

3. T403④：2

彩版五七　Ba型盆

1. T201⑤：66

2. T 201④：9

3. T203④：2

4. T302④：81

彩版五八　Bb型盆

1. Bb型T201④：20

1. C型T302①：8

1. T302⑤：52

2. T302①：9

3. T303①：2

4. T403①：4

彩版六一　E型盆T403④：45

1. T302④：90

2. T302④：90

3. T202①：23

1. T201⑤：73

2. T303⑤：66

3. T303⑤：67

4. T303⑤：103

5. T202④：6

6. T302④：22

彩版六三　B型鉴

1. T302④：23

2. T303④：3

3. T303④：4

4. T202①：16

5. T202①：3

彩版六四　B型鉴

1. T201⑤：21

2. T201⑤：22

3. T201⑤：71

彩版六五　Aa型盘

1. T201⑤：72

2. T302⑤：17

3. T202④：2

彩版六六　Aa型盘

1. Ab型T403④：1

2. B型T302⑤：15

3. B型T303④：6

彩版六七　Ab型、B型盘

1. T303⑤：62

2. T303⑤：122

彩版六八　C型盘

1. T202⑤：9

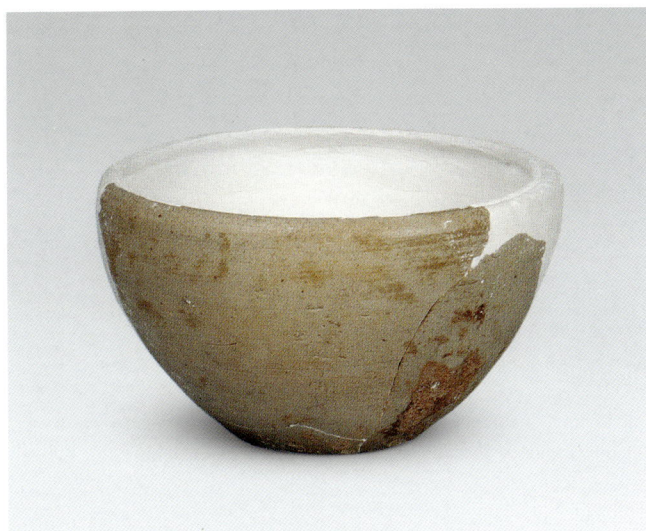

2. T202⑤：20

3. T303⑤：53

4. T303⑤：54

5. T303⑤：55

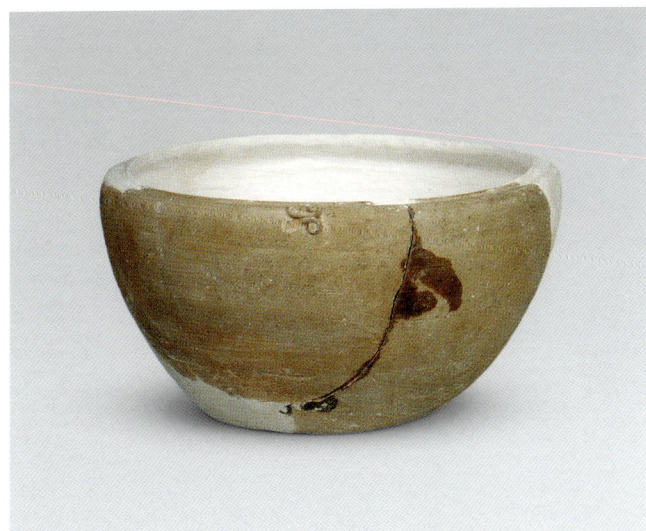

6. T302④：18

彩版六九　A型钵

1. B型T303⑤：65

2. B型T403④：3

3. B型T204③：11

4. B型T302①：10

5. C型T302④：20

彩版七〇　B型、C型钵

1. T201⑤：23

2. T201⑤：70

3. T303⑤：123

4. T204③：13

5. T204③：14

6. T204③：16

彩版七一　D型钵

1. T304③：29

4. T304③：150

2. T304③：102

5. T304③：152

3. T304③：120

6. T304③：158

彩版七二　A型盒

1. T201⑤：14

4. T302④：42

2. T201⑤：15

5. T302④：43

3. T203④：3

6. T302④：44

1. B型T302④：46

2. C型T302④：41

3. C型T302①：11

4. D型T304③：25

5. D型T304③：62

彩版七四　B型、C型、D型盒

1. T304③：128

2. T304③：153

3. T203①：4

彩版七五　D型盒

彩版七六　A型鼎T403④：24

1. A型T201④：2

2. A型T302④：75

3. B型T201④：1

1. T304⑤：33

2. T403①：3

彩版七八　B型鼎

1. T302⑤：16

2. T303⑤：105

1. T302⑤：20

2. T302⑤：21

3. T302④：2

彩版八〇　匜

1. T403④：4

2. T304③：32

3. T204②：1

彩版八一　匜

彩版八二　尊T201⑤：69

彩版八三　尊 T304⑤：36

1. T304⑤：50

2. T303④：14

彩版八四　尊

彩版八五　镂孔长颈瓶T302⑤：14

彩版八六　镂孔长颈瓶T304⑤：31

彩版八七　镂孔长颈瓶T304⑤：49

彩版八八　镂孔长颈瓶T304⑤：30

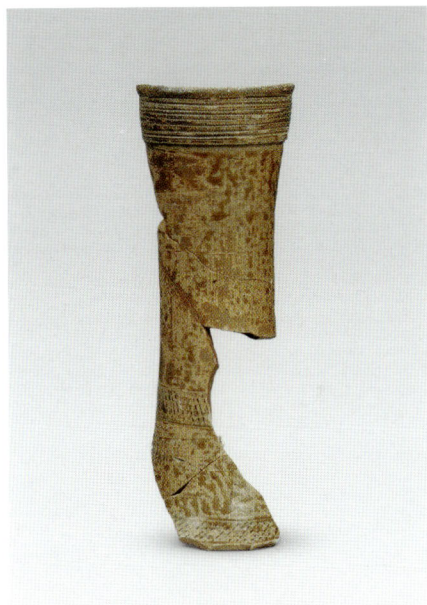

1. T201⑤：3

2. T202⑤：5

3. T304⑤：32

4. T201⑤：5

5. T304⑤：38

6. T304⑤：46

7. T204②：4

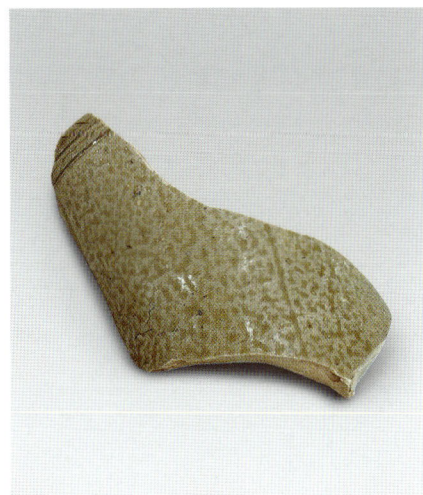

8. T202①：2

9. T403①：1

1. T304⑤：34

2. T304⑤：37

3. T304⑤：39

4. T304⑤：40

5. T304⑤：48

6. T304⑤：41

7. T304⑤：44

8. T304⑤：45

彩版九〇　镂孔长颈瓶

1. 镂孔长颈瓶T304④：13

4. 提梁盉T303⑤：108

2. 镂孔长颈瓶T303①：1

5. 提梁盉T303⑤：109

3. 镂孔长颈瓶T304⑤：35

6. 提梁盉T303⑤：107

彩版九一　镂孔长颈瓶与提梁盉

1. T202⑤：76

2. T202⑤：76

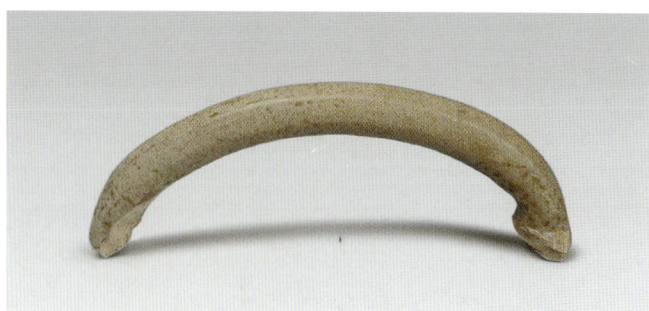

3. T302⑤：53

4. T302④：85

彩版九二　提梁壶

彩版九三　钫盖T403④：7

1. T202⑤：6

2. T202⑤：7

1. T202⑤：12

2. T202⑤：13

3. T202⑤：14

4. T202⑤：15

5. T202⑤：8

6. T202⑤：11

1. 豆T201⑤：13

2. 豆T204②：2

3. A型小豆T302④：5

4. A型小豆T302④：9

5. A型小豆T302④：13

6. A型小豆T302①：1

彩版九六　豆与A型小豆

1. A型T302①：3

2. A型T302①：5

3. B型T302⑤：28

4. B型T302④：8

5. C型T302④：11

6. C型T403④：9

彩版九七　A型、B型、C型小豆

1. Aa型T302④：26

2. Aa型T302④：31

3. Aa型T303④：8

4. Ab型T302④：27

彩版九八　Aa型、Ab型器盖

1. T302④：32

2. T302④：33

彩版九九　Aa型器盖

1. Ab型T302④：30

2. Ab型T302④：36

3. Ac型T302④：39

4. Ac型T302④：40

彩版一〇〇　Ab型、Ac型器盖

1. Ba型T302④：29

2. Ba型T302④：35

3. Ba型T302④：37

4. Bb型T201④：16

5. Bb型T201④：17

6. Bb型T201④：18

彩版一〇一　　Ba型、Bb型器盖

1. Bc型T201④：13

4. C型T302④：34

2. Bd型T302⑤：18

3. Be型T302①：12

5. C型T302④：38

彩版一〇二　　Bc型、Bd型、Be型、C型器盖

1. C型T303④：17

2. D型T201④：12

3. D型T201⑤：6

4. D型T302④：25

5. D型T403④：40

6. D型T302①：30

彩版一〇三　C型、D型器盖

1. 口沿T403④：41

2. 流T202①：22

3. 平底器T304③：11

彩版一〇四　口沿、流、平底器

1. 三足器T201⑤：10

2. 三足器T201⑤：11

3. 三足器T303⑤：112

4. 三足器T303⑤：113

5. 三足器T204②：3

6. 圈足器(?)T201④：35

彩版一〇五 三足器、圈足器(?)

1. T202⑤：16

2. T302⑤：27

3. T202⑤：18

4. T302⑤：26

5. T303⑤：30

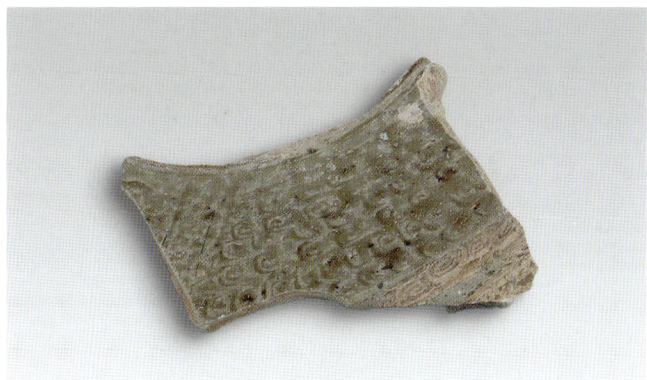

6. T303⑤：31

7. T303④：9

8. T303⑤：29

1. T303⑤：32

2. T303⑤：35

3. T303⑤：39

4. T303⑤：40

5. T304⑥：4

6. T303④：10

1. T201⑤：7

2. T303⑤：38

3. T303①：3

彩版一〇九　A型錞于

1. A型T303①：4

2. A型T303⑤：33

3. B型T202⑤：10

彩版一一〇　A型、B型錞于

彩版一一一　句鑃T201⑤：4

彩版一一二　句鑃T201⑤：8

1. T202④：3

2. T303⑤：37

3. T302⑤：24

4. T303⑤：34

5. T403④：8

6. T503④：2

彩版——四　鼓座T303⑤：126

彩版一一五　　鼓座T302⑤：88

1. T403④：61

2. T303④：23

彩版一一六　鼓座

1. T302④：91

2. T403④：62

3. T403④：63

4. T403④：64

彩版一一八　缶T303④：5

1. T202⑤：62

2. T304③：51

3. T304③：144

4. T304③：198

5. T204②：7

6. T202①：17

彩版一一九　Aa型碗

1. T403④：20

2. T304③：82

3. T304③：103

4. T304③：135

1. T201⑤：32

2. T201⑤：34

3. T302⑤：34

4. T201④：27

5. T304③：53

6. T304③：106

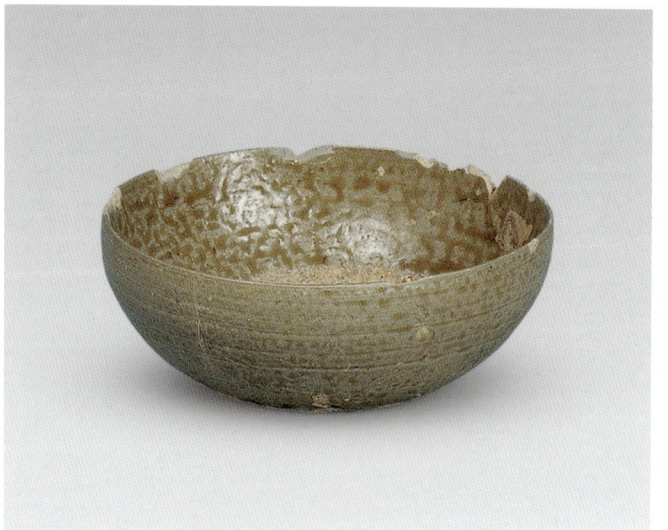

1. Ba型T302④：49   2. Bb型T202⑤：40

彩版一二二　　Ba型、Bb型碗

1. T202⑤：46

2. T202⑤：48

3. T302⑤：30

4. T503④：5

5. T304③：105

6. T202①：13

彩版一二三　Bb型碗

1. Bc型T201⑤：44

2. Bc型T201⑤：46

3. Bc型T201④：22

4. Bc型T304③：107

5. Bc型T202①：8

6. Ca型T304③：54

彩版一二四　Bc型、Ca型碗

1. Bc型T202⑤：37　　　　　　　　　　　2. Cc型T304③：84

彩版一二五　　Bc型、Cc型碗

1. T302④：54

2. T503④：6

3. T304③：56

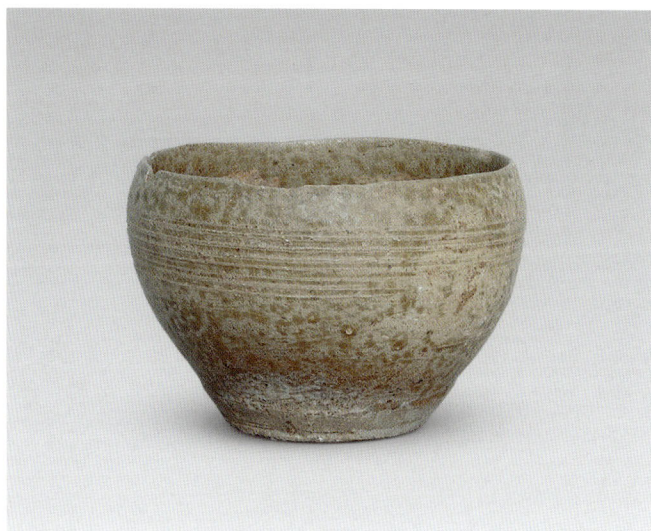

4. T304③：66

5. T304③：122

6. T304③：130

彩版一二六　Cb型碗

1. Cc型T201⑤：49

2. Cc型T302⑤：41

3. Cc型T304③：96

4. Cc型T304③：140

5. Cc型T304③：147

6. Cd型T304③：134

彩版一二七　Cc型、Cd型碗

1. T201④：34

2. T302④：62

3. T403④：16

4. T503④：3

5. T204③：8

6. T302①：23

彩版一二八　A型杯

1. B型T202④：4

2. B型T403④：23

3. C型T302⑤：42

4. C型T204③：6

1. T201⑤：24

2. T304③：31

3. T304③：70

4. T304③：156

彩版一三〇　大杯

1. A型T202①：19

2. B型T201⑤：52

3. B型T201⑤：59

4. B型T302④：67

5. B型T302④：69

6. B型T302④：73

彩版一三一　　A型、B型盅

1. B型T503④：4

2. C型T202⑤：57

3. C型T403④：15

4. C型T304③：35

5. C型T304③：42

6. C型T304③：46

彩版一三二　B型、C型盅

1. T201⑤：51

2. T302④：56

3. T302④：57

4. T302④：58

5. T302④：59

6. T302①：17

彩版一三三　碟

1. A型T202⑤：27

2. B型T202⑤：25

3. B型T202⑤：26

4. B型T403④：11

5. B型T304③：124

6. C型T304③：91

1. T201⑤：30

2. T302⑤：39

3. T303⑤：80

4. T302④：52

5. T403④：12

6. T204②：6

彩版一三五　A型盏

1. A型盏T302①：14

2. B型盏T202⑤：34

3. A型小罐T303⑤：56

4. A型小罐T303⑤：57

1. A型T303⑤：58

2. A型T303⑤：59

3. A型T203④：6

4. A型T302④：16

5. A型T304②：2

6. B型T201⑤：16

彩版一三七　A型、B型小罐

1. B型T201⑤：17

2. B型T302⑤：23

3. C型T201⑤：18

4. C型T201⑤：19

5. C型T202⑤：17

6. C型T202⑤：28

彩版一三八　B型、C型小罐

1. Aa型盘Y1：2

2. Aa型盘Y1：4

3. Aa型盘Y1：6

4. E型钵Y1：7

5. Aa型碗Y1：14

6. Aa型碗Y1：19

彩版一三九　Y1底部残留的Aa型盘、E型钵、Aa型碗

1. Bb型碗Y1：30

2. Bb型碗Y1：36

3. A型杯Y1：21

4. A型杯Y1：22

5. A型杯Y1：23

6. A型杯Y1：24

彩版一四〇　Y1底部残留的Bb型碗、A型杯

1. Ab型罐Y2：2

2. 小罐Y2：1

3. Ab型罐Y2：3

4. C型盅Y2：4

5. Ba型碗Y2：5

彩版一四一　Y2底部残留的小罐、Ab型罐、C型盅、Ba型碗

1. 瓮T303⑤：125

2. 罐T302④：86

3. 罐T302④：87

4. 盆T303④：20

彩版一四二　印纹硬陶瓮、罐、盆

1. T203⑤：11

2. T201④：40

3. T202④：7

4. T202①：24

彩版一四三　印纹硬陶坛

1. T303⑤：118

2. T303⑤：120

3. T304③：171

4. T304③：177

1. Aa型T204②：12

2. Ab型T303⑤：119

3. Ab型T304③：160

4. Ab型T304③：162

1. T304③：173

2. T304③：189

彩版一四六　Ab型支垫具

1. Ba型T304③：176

2. Ba型T304③：196

3. Ba型T304③：197

4. Bb型T303⑤：117

1. T201④：42

2. T403④：56

3. T304③：164

4. T304③：195

1. T302⑤：55

2. T304③：161

3. T304③：174

4. T304③：182

彩版一四九　Ca型支垫具

1. Cb型T303⑤：42

2. Cb型T304③：163

3. Cb型T304③：188

4. Da型T202⑤：31

彩版一五〇　Cb型、Da型支垫具

1. T302⑤：57

3. T202④：1

2. T302⑤：54

4. T403①：53

5. T403④：54

1. T302⑤：56

2. T304③：179

3. T304③：191

1. Ea型T204②：16

2. Eb型T403④：55

3. Eb型T204③：20

4. Eb型T204②：14

1. T302⑤：59

3. T302⑤：60

2. T302⑤：61

4. T302⑤：60

彩版一五四　Fa型支垫具

1. T302⑤：63

3. T303④：22

2. T302⑤：65

4. T303④：22

1. Fb型T302⑤：66

2. G型T302⑤：62

3. H型T201⑤：62

4. H型T302④：88

1. T303⑤：116

2. T303④：21

3. T302④：89

1. ZJDQ0006样品图

2. ZJDQ0020样品图

3. ZJDQ0033样品图

4. ZJDQ0051样品图

5. ZJDQ0073样品图

6. ZJDQ0090样品图

彩版一五八　亭子桥原始瓷核分析研究样品图片

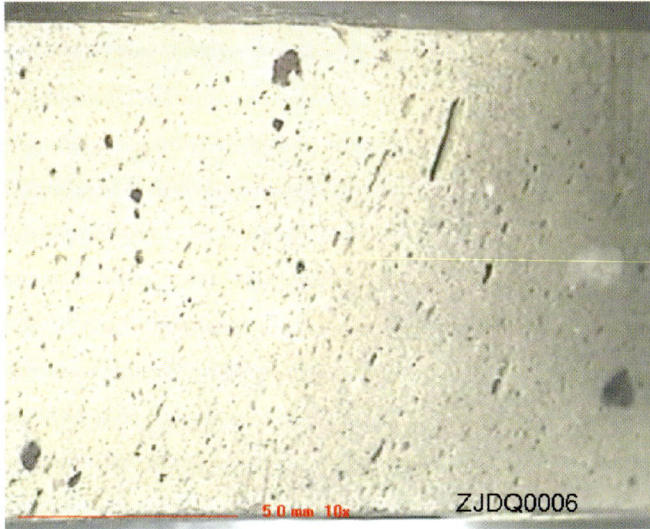

1. ZJDQ0006微形貌样品图

2. ZJDQ0020微形貌样品图

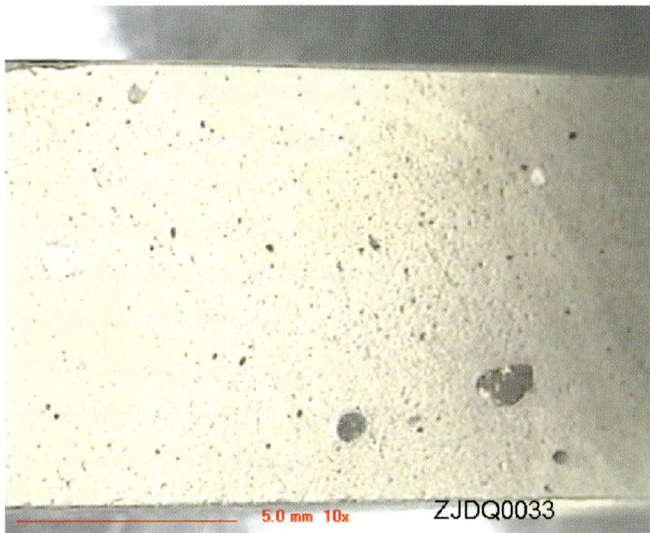

3. ZJDQ0033微形貌样品图

4. ZJDQ0051微形貌样品图

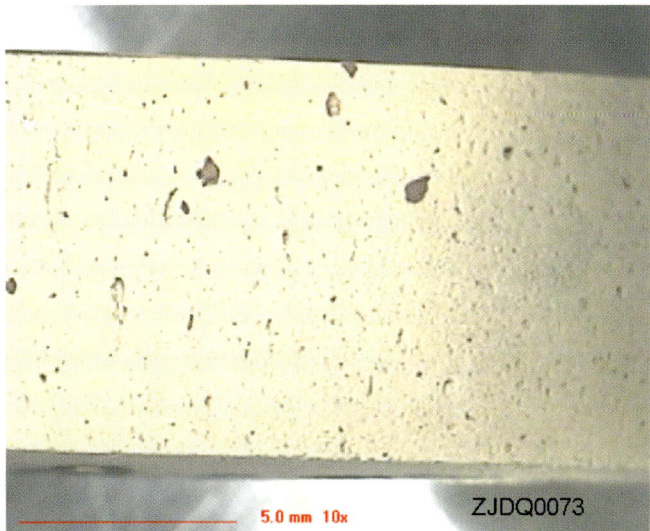

5. ZJDQ0073微形貌样品图

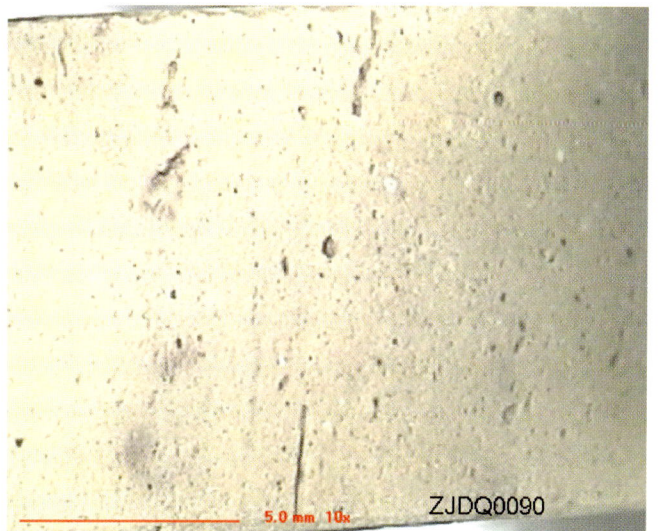

6. ZJDQ0090微形貌样品图

彩版一五九　亭子桥原始瓷瓷胎微形貌样品图